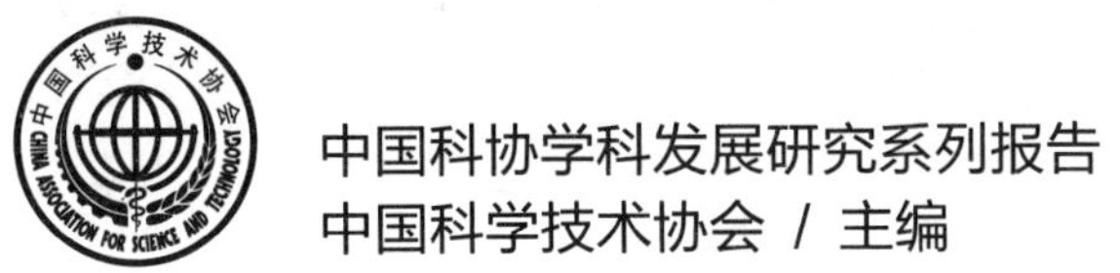

REPORT ON ADVANCES IN URBAN SCIENCE:
HEALTHY CITY

2020—2021

# 城市科学
# 学科发展报告
## 健康城市

中国城市科学研究会　编著

中国科学技术出版社
·北　京·

**图书在版编目（CIP）数据**

2020—2021城市科学学科发展报告. 健康城市 / 中国科学技术协会主编；中国城市科学研究会编著. -- 北京：中国科学技术出版社，2022.7

（中国科协学科发展研究系列报告）

ISBN 978-7-5046-9616-8

Ⅰ. ①2… Ⅱ. ①中… ②中… Ⅲ. ①城市学—研究报告—中国—2020-2021 Ⅳ. ①C912.81

中国版本图书馆CIP数据核字（2022）第085305号

| | |
|---|---|
| 策　　划 | 秦德继 |
| 责任编辑 | 王　菡 |
| 封面设计 | 中科星河 |
| 正文设计 | 中文天地 |
| 责任校对 | 焦　宁 |
| 责任印制 | 李晓霖 |

| | |
|---|---|
| 出　　版 | 中国科学技术出版社 |
| 发　　行 | 中国科学技术出版社有限公司发行部 |
| 地　　址 | 北京市海淀区中关村南大街16号 |
| 邮　　编 | 100081 |
| 发行电话 | 010-62173865 |
| 传　　真 | 010-62173081 |
| 网　　址 | http：//www.cspbooks.com.cn |

| | |
|---|---|
| 开　　本 | 787mm × 1092mm　1/16 |
| 字　　数 | 400千字 |
| 印　　张 | 17.25 |
| 版　　次 | 2022年7月第1版 |
| 印　　次 | 2022年7月第1次印刷 |
| 印　　刷 | 河北鑫兆源印刷有限公司 |
| 书　　号 | ISBN 978-7-5046-9616-8 / C·199 |
| 定　　价 | 106.00元 |

# 2020—2021

# 城市科学学科发展报告：健康城市


顾　　问　仇保兴　刘德培　杨焕明

首席科学家　王　兰

专家编写组　（按姓氏音序排列）

谌　丽　丁哲渊　贾　鹏　蒋希冀　乐可锡
李　翅　李　芳　李　芬　李海龙　李　娜
李新虎　刘佳燕　罗　非　戚均慧　单　峰
王　云　吴　康　谢　波　徐文珍　杨建荣
叶蒙宇　袁　泉　张　宁　周　卫

学术秘书组　林　戈　张司亮　米名璇

# 序

学科是科研机构开展研究活动、教育机构传承知识培养人才、科技工作者开展学术交流等活动的重要基础。学科的创立、成长和发展，是科学知识体系化的象征，是创新型国家建设的重要内容。当前，新一轮科技革命和产业变革突飞猛进，全球科技创新进入密集活跃期，物理、信息、生命、能源、空间等领域原始创新和引领性技术不断突破，科学研究范式发生深刻变革，学科深度交叉融合势不可挡，新的学科分支和学科方向持续涌现。

党的十八大以来，党中央作出建设世界一流大学和一流学科的战略部署，推动中国特色、世界一流的大学和优势学科创新发展，全面提高人才自主培养质量。习近平总书记强调，要努力构建中国特色、中国风格、中国气派的学科体系、学术体系、话语体系，为培养更多杰出人才作出贡献。加强学科建设，促进学科创新和可持续发展，是科技社团的基本职责。深入开展学科研究，总结学科发展规律，明晰学科发展方向，对促进学科交叉融合和新兴学科成长，进而提升原始创新能力、推进创新驱动发展具有重要意义。

中国科协章程明确把“促进学科发展”作为中国科协的重要任务之一。2006 年以来，充分发挥全国学会、学会联合体学术权威性和组织优势，持续开展学科发展研究，聚集高质量学术资源和高水平学科领域专家，编制学科发展报告，总结学科发展成果，研究学科发展规律，预测学科发展趋势，着力促进学科创新发展与交叉融合。截至 2019 年，累计出版 283 卷学科发展报告（含综合卷），构建了学科发展研究成果矩阵和具有重要学术价值、史料价值的科技创新成果资料库。这些报告全面系统地反映了近 20 年来中国的学科建设发展、科技创新重要成果、科研体制机制改革、人才队伍建设等方面的巨大变化和显著成效，成为中国科技创新发展趋势的观察站和风向标。经过 16 年的持续打造，学科发展研究已经成为中国科协及所属全国学会具有广泛社会影响的学术引领品牌，受到国内外科技界的普遍关注，也受到政府决策部门的高度重视，为社会各界准确了解学科发展态势提供了重要窗口，为科研管理、教学科研、企业研发提供了重要参考，为建设高质量教育体系、培养高层次科技人才、推动高水平科技创新提供了决策依据，为科教兴国、人才强国战略实施做出了积极贡献。

2020 年，中国科协组织中国生物化学与分子生物学学会、中国岩石力学与工程学会、中国工程热物理学会、中国电子学会、中国人工智能学会、中国航空学会、中国兵工学会、中国土木工程学会、中国风景园林学会、中华中医药学会、中国生物医学工程学会、中国城市科学研究会等 12 个全国学会，围绕相关学科领域的学科建设等进行了深入研究分析，编纂了 12 部学科发展报告和 1 卷综合报告。这些报告紧盯学科发展国际前沿，发挥首席科学家的战略指导作用和教育、科研、产业各领域专家力量，突出系统性、权威性和引领性，总结和科学评价了相关学科的最新进展、重要成果、创新方法、技术进步等，研究分析了学科的发展现状、动态趋势，并进行国际比较，展望学科发展前景。

在这些报告付梓之际，衷心感谢参与学科发展研究和编纂学科发展报告的所有全国学会以及有关科研、教学单位，感谢所有参与项目研究与编写出版的专家学者。同时，也真诚地希望有更多的科技工作者关注学科发展研究，为中国科协优化学科发展研究方式、不断提升研究质量和推动成果充分利用建言献策。

中国科协党组书记、分管日常工作副主席、书记处第一书记<br>中国科协学科发展引领工程学术指导委员会主任委员<br>张玉卓

# 前言

作为一门系统研究城市经济、社会、文化、环境，以及城市规划、建设和管理的综合性交叉学科，城市科学的发展始终与社会经济发展、国民现实需求和城市建设实践密切联系。随着居民健康提升诉求的日益增长，健康城市研究已成为城市科学学科领域的热点和重点。新冠肺炎疫情的突如其来暴发给人口密集的城市带来严峻的公共健康挑战，城市脆弱性特征和健康安全问题引起人们普遍关注和高度关切。在迎来社会经济和城市发展“新常态”之时，发挥学科优势主动干预和全面响应以提升突发卫生事件应对能力、改善国民健康水平、增强居民幸福感，成为城市科学在当前阶段的重要任务。

在中国科学技术协会的支持与指导下，中国城市科学研究会先后完成了《2007—2008 年城市科学学科发展报告》《健康城市前沿热点与研究进展》等学科发展系列项目。本报告在前次学科发展研究的基础上，依托健康城市专业委员会相关工作，聚焦城市的公共健康问题，系统梳理近年来城市科学中关于健康城市的相关研究进展与热点问题，探讨其学科发展历程及学科建设情况，比较、分析了国内外健康城市研究的发展现状，审视了我国健康城市研究的发展水平，并对发展趋势进行判断和展望，提出了重点发展方向和发展对策。同时，鉴于健康城市建设发展有着非常强的复杂性，且健康城市研究呈现鲜明的综合性和多学科特点，本次学科发展结合新冠肺炎疫情背景和新型城镇化建设要求，基于多维健康观理念，以多尺度健康空间和城市规划建设要素视角开展了多方面的专题研究，阐述了各领域国内外研究进展情况，对综合报告进行了深化和补充。

本次报告编写集中了由仇保兴院士、刘德培院士和杨焕明院士组成的顾问组以及以王兰教授为首席科学家的专家编写组，其中包含来自清华大学、同济大学、浙江大学、武汉大学、北京林业大学、上海市建筑科学研究院等 10 余家单位的 30 多位专家学者，涉及城市规划学、地理学、建筑学、公共医学、生态环境学、心理学、公共管理学等多个学科领域。在本次报告的编写过程中，召开了多次研讨会，来自北京大学、中国科学院、中国疾病预防控制中心等单位的专家学者为报告的内容提出了宝贵的意见和建议。在此，向所有专家的付出一并表示感谢。

本报告集中了参编专家长期积累的研究成果，体现了专家学者们的学术智慧和严谨的治学态度。但由于时间短、任务重，同时受报告篇幅等限制，本报告在内容上难免存在疏漏或不当之处，在此诚望健康城市的相关研究者、决策者以及关心健康城市发展的广大专家学者、社会各界不吝赐教。

中国城市科学研究会<br>2021 年 10 月

## 综合报告



## 专题报告

# ABSTRACTS

## Comprehensive Report



## Report on Special Topics

# 综合报告

# 城市科学学科：健康城市研究进展与发展趋势

## 一、引言

健康城市，是指从城市规划、建设到管理各个方面都以人的健康为中心，保障广大市民健康生活和工作，成为人类社会发展所必需的健康人群、健康环境和健康社会有机结合的发展整体[1]。

改革开放以来，我国经历了全球规模最大、发展速度最快的城镇化进程[2]。1978 年年末，我国城镇常住人口数量仅有 1.7 亿，城镇化率仅为 17.92%；2020 年年底，城镇常住人口数量已超 9 亿，城镇化率高达 63.89%[3]。在 40 余年快速城镇化过程中，城市数量不断增加，城市规模显著扩大，城市人口快速增多，人口集聚效应明显。2014 年，《国家新型城镇化规划（2014—2020 年）》出台，规划提出全面提高城镇化质量的新要求，强调重拾城市的人本内核，贯彻“以人的城镇化为核心”的指导思想，这与健康城市的内涵与原则相一致。健康不仅是人的一项基本权利，更是经济增长和发展的基石，以健康为导向的城镇化发展将成为未来城乡建设的主旋律。

现代城市规划学和城市科学都来源于对城市健康的追求[4]。纵观历史，公共健康是现代城市规划中一个悠久并将持续存在的议题。现代城市规划的缘起即是为了应对 19 世纪后期西方快速工业化和城市化过程中由于环境恶化、卫生设施短缺以及空气污染等造成的公共健康问题[5]。放眼全球，超过一半以上的人口生活在城市当中，城市已成为促进公共健康的关键空间载体。随着近三十年城市公共健康问题愈发凸显，特别是慢性非传染性疾病发病率及死亡率大幅上升，全球范围内健康城市研究和实践在整体上推动了城市科学、城市规划等学科通过高要求和新视角重新关注公共健康。在我国，健康城市是“健康中国”战略实施的重要抓手。十八届五中全会上，习近平总书记强调推进“健康中国”建设，《“健康中国 2030”规划纲要》明确提出要把健康城市建设作为推进健康中国发展的重要抓手。国家对国民健康与福祉的关切已提升到战略高度，落实健康中国战略、促进健康城市发展是向第二个百年奋斗目标进军的重要支点，预防为主、从广泛的健康影响因素入手，“将健康融于所有政策”（Health in All Policies，HiAP）以提升公共健康水平是新时期健康事业的指导思想。

自世界卫生组织（World Health Organization，以下简称 WHO）于 1984 年提出健康城市的主张以来，健康城市的研究和规划实践在全球范围内开展[6]。据研究显示，城市环境要素对慢性非传染性疾病患病和心理健康问题有显著影响，而新型冠状病毒肺炎（以下简称“新冠肺炎”）的全球性灾害更暴露了当前城市系统在抵抗传染性疾病传播、预防和处理突发公共卫生事件方面的巨大风险。目前，疫情防控进入常态化阶段，面对不确定因素和突发风险依然存在的客观现实，提高公共卫生事件应对能力、保障城市健康安全是未来城市规划与治理的核心要务，深入开展健康城市理论研究，有序推进健康城市建设实践是必然趋势。

作为一门系统研究城市经济、社会、文化、环境，以及城市规划、建设和管理的综合性交叉学科，城市科学的发展始终与社会经济发展、国民现实需求和城市建设实践密切联系。随着健康问题的日益凸显和健康提升诉求的不断提出，健康城市研究已成为城市科学领域的热点和重点。2016 年以来，《柳叶刀》等国际著名医刊和《科学通报》等国内重要期刊多次推出“健康城市”专题，旨在从多学科视角探索城市公共健康水平的提升。在跨学科交叉汇聚与多技术跨界融合引领新一轮科技革命潮流的大背景下，基于城市科学的交叉学科特点优势，对健康城市研究领域发展进行系统梳理，比较国内外差异，预测新问题，布局新方向，充分发挥学科战略引领作用，是当前本学科发展的重要使命。

## 二、城镇化发展中的公共健康问题

### （一）城镇化发展对公共健康的影响

纵观各国城镇化发展过程，其共同特征为工业化与城镇化相互促进、城市群形成、城市与乡村公共服务水平差距缩小、政府调控与市场引导相结合等，这些特征为公共卫生服务的发展起到积极作用，有利于医疗卫生服务资源配置实现均等化与合理化。比如，英国城市化的快速发展缩小了城乡经济差距，使卫生服务支付能力差别减小；美国在交通建设和医疗卫生资源的配置上均以市场为导向且按市场规律进行；日本制定一系列法律与措施，加强乡村经济发展与城乡社会保障体系建设，有效促进了卫生服务均等化[7]。

与此同时，城镇化进程同样加剧了环境污染，改变了生活与工作方式，扩大了疾病传播范围，由此降低了居民健康状况、增加了卫生成本。WHO 指出，城镇化建设及其带来人口的加剧流动，会扩大因为环境污染而导致的医疗卫生服务支出，即便增加财政支出这一问题仍无法解决。全球人居环境论坛主席、联合国前副秘书长和高级代表安瓦尔·乔杜里曾表示，全球城市化水平在未来的40年内将高达70%，可持续的城市发展，是21世纪人类社会面临的最严峻的挑战之一。而随着越来越多的人在城市定居，城市在各个层面将面临巨大挑战。

随着我国城镇化过程的不断推进，城市经济日趋繁荣，社会发展水平不断提升，城乡卫生环境日益受到重视，国民的健康意识也逐渐提高。但同时也带来住房紧张、交通拥堵、环境污染、资源短缺、生活方式改变等问题，进而对公共健康带来了前所未有的威胁和挑战[8]。

其具体表现在以下三个方面。

（1）生活方式的改变。随着城镇化的发展，城镇建设用地快速扩张造成的城市蔓延，其体量的增大加剧了居民对汽车交通的依赖。交通机动化对公共健康的影响主要包括通过对空气、噪声污染对居民产生间接的健康负面影响和对汽车使用者产生的直接健康影响，如交通事故引发的死亡伤害和依赖机动车出行导致的体力活动不足等健康问题[9]。此外，从乡村向城镇地区的迁移，带来了社会关系、物理生活环境、生活节奏、生产方式等多方面变化，而城市的集聚特征带来日益攀升的房价与拥挤的生活环境，使得部分居民以及外来人口生活、工作及居住环境质量存在不同程度下降。

（2）环境品质的下降。工业化是城镇化的主要驱动力，同时也带来如空气、水环境、土壤等环境污染，使得生活环境品质下降，威胁到公共健康[10]。其中，空气污染是城镇化导致的最严重的环境问题之一。2016年，城市和农村地区的空气污染导致全世界预估近420万人过早死亡，原因是直径小于等于2.5微米或更小的颗粒物质（$PM_{2.5}$）长时间悬浮于空气中，这些颗粒物会导致人类患有心血管和呼吸道疾病以及癌症[11]。同时，工业废水造成的水源污染也对城镇健康用水和生态环境都造成了巨大的威胁。

（3）疾病谱不断变化。城市的快节奏生活和工作习惯导致人类的不合理饮食、缺乏锻炼、久坐等不良的生活方式，使得心脏病、高血压、糖尿病、肥胖等慢性非传染性疾病发病率逐年升高。目前，慢性病已成为威胁我国居民健康的致命因素且基数仍将不断扩大，为公共健康事业带来严峻挑战。国家卫生服务调查结果显示，2019年我国居民因心脑血管疾病、癌症、慢性呼吸系统疾病和糖尿病等四类重大慢性病导致的过早死亡率为16.5%，因慢性病导致的死亡占总死亡88.5%，其中心脑血管病、癌症、慢性呼吸系统疾病死亡比例为80.7%[12]。与此同时，城镇化进程中城市人口聚集、流动人口增多，外加气候、环境的变化和基础卫生设施不够等问题，导致传染病传播概率显著上升，近年来，乙型肝炎、肺结核、梅毒、丙型肝炎、淋病等传染病发病率居高不下，占甲乙类传染病报告发病总数的80%以上，严重影响居民生活质量。重症急性呼吸综合征（以下简称“SARS”）、人感染高致病性禽流感、甲型H1N1流感病毒、中东呼吸综合征、新冠肺炎等新发传染性疾病不断出现，给经济、社会和生活带来巨大影响。据研究显示，我国大陆地区新冠肺炎暴发早期 3 个月的伤残调整寿命年（DALYs）为 3.08 万年，造成的间接经济负担为 6.26 亿元。

## （二）城市环境对居民健康的影响

### 1. 个体健康的综合影响因素

居民健康是多种因素作用的结果，这些因素及其关系一直是多学科研究关注的热点。许多学者都曾提出健康影响模型，比如诺斯里奇和舒尔茨等从宏观、中观和微观三个层面建立起人群健康促进的决定因素分析框架，认为宏观层面的自然和社会因素可以通过作用于城市的建成环境和社会环境进而影响到人群的健康行为和状况，并最终产生不同的健康结果[13，14]。巴顿和格兰特从健康与人居环境关系角度绘制了人居健康地图（A health map for the local human habitat），将影响人群健康的圈层分为社区、地方活动、建成环境及自然资源等圈层。这些圈层共同决定了人群的健康和幸福，而且圈层之间相互影响，任一圈层变动都会对其他圈层以及人群健康产生直接或者间接的影响[15]。

其中，达尔格伦和怀特黑德建立的健康影响模型（图 1）包含个人遗传因素、个人生活方式、社会与社区网络、居住和工作条件，以及社会经济、文化和环境等因素，展示了人群健康受多层次的影响。模型由内向外形成不同圈层，分别代表影响个体健康的主要因素，处于内层的因素都将受到外层因素的影响，这些因素的相互作用会影响到人群最终的

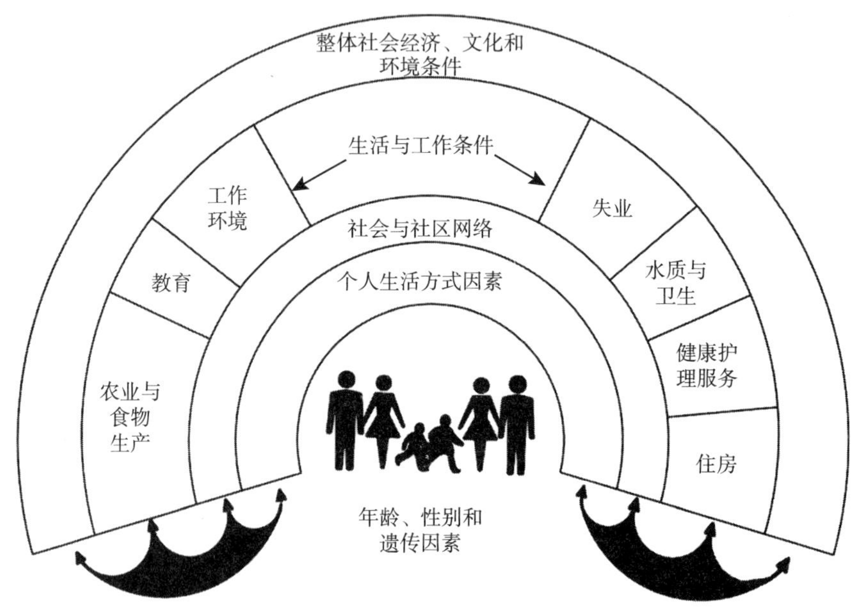


图 1 健康影响模型中的决定因素[16]

健康状况[16]，具体如下。

（1）年龄、性别和遗传层面。现代医学发现，遗传病不仅有两三千种之多，且发病率高达 20%。因此，重视遗传对健康的影响具有特殊意义[17]。此外，在不同疾病中都存在年龄和性别差异带来的深远影响。比如，男女性的遗传学差异不仅影响男女所患疾病的种类，还会影响发病率、临床特征以及病情轻重，甚至影响治疗[18]。

（2）个人行为与生活方式层面。尽管个人遗传因素看起来难以改变，但实际上也被认为是外部因素不断作用和进化的结果[19]。WHO 认为，影响人健康的各种因素中，60% 取决于个人的生活方式和行为，包括生活的行为习惯、生活时间、生活节奏、生活空间、生活消费等[20]。不良的生活方式与行为会造成人体诸多疾病。例如，吸烟可能与肺癌、高血压、冠心病、慢性阻塞性肺病等有关系，高血压与吸烟、高盐饮食、缺乏运动锻炼等多种不良生活方式有关[21]。

（3）社会与社区网络层面。许多研究证明，良好的社会关系有利于个体的健康[22]。从个体层面看，良好的社会关系会刺激机体产生一种内源性阿片类物质，这种物质可以缓解疼痛，使人们产生更多的幸福感[23]。流行病学对大量样本做过十年以上的追踪研究，探究社会联系是否可以预测死亡率。据研究结果发现，社会关系、社会联系频率、家庭关系都是有利于生存的保护性因素，而孤独、社会隔离、离婚、单身、独居都是不利于生存的危险性因素[22]。

（4）生活与工作条件层面。人们的居住与工作环境会对健康产生很大的影响。如废水、废气、噪声、废渣对人类健康危害极大，环境中气候、气流、气压的突变，也会影响人类健康[24]。

（5）一般的社会经济、文化和环境条件层面。居民身边的社会、经济、文化等条件会对其所处环境的产业、居住、生态、文化、社区等产生积极或消极的影响，并最终作用于居民的健康。例如，经济发展有利于增加卫生投资，促进医疗卫生事业发展，卫生事业发展可影响居民健康状况。经济发展通过对教育的影响间接影响人群健康，文化水平的提高将影响人群接受卫生保健知识的能力，从而影响人群的健康[25, 26]。而经济水平低下影响人们的收入和开支、营养状况、居住条件、受教育机会、职业和婚姻状况等，形成特定的社会不良环境，在此条件下，人们的机体、器官功能状态及社会行为方面容易失去平衡，继而引起疾病的发生[27]。

#### 2. 城市规划对居民健康的影响

居民的健康与城市环境存在极其密切的关系，受到特定的经济、社会和环境的影响，具有多维度、多层次的特征[28]。作为城市环境的重要塑造手段，城市规划在全球健康城市运动中一直扮演着重要的角色。特别是近年来随着慢性非传染性疾病病患数量占比的增加，城市规划在应对公共健康、促进健康城市建设方面的作用被重新重视，WHO 甚至提出“健康必须是城市规划者的首要重点”。

作为一种调配公共资源、营造物质环境的重要公共政策，城市规划对居民健康所起到的作用已愈发显著[29, 30]。首先，城市规划通过对城市环境的塑造进而影响人类生活方式的选择，从而导致不同的健康结果。例如，一个适宜、安全、高质量和优美的环境会促进人们进行户外体育锻炼和休闲活动，鼓励人们选择步行和自行车出行，由此可以预防一些慢性疾病的发生。其次，城市规划通过对社区和重要设施布局影响人群所处的社会与社区网络，从而影响到人群的健康。例如，一个积极和健全的城市环境（比如有商店、广场、学校和公园等）能够维系人与人之间的日常交流，促进人们积极沟通，有助于人们缓解各种压力，从而能够改善人们的健康状况。再次，城市规划可以通过产业、交通、教育及医疗等对人们居住和工作环境质量产生直接和间接的影响，进而作用于居民健康。最后，城市规划能够影响到复杂的社会、经济、政治和环境过程，对城市空间、交通、产业、居住、生态、文化、邻里、社区、空气以及环境质量等产生积极或消极的影响，并最终作用于人群健康[19]（图 2）。

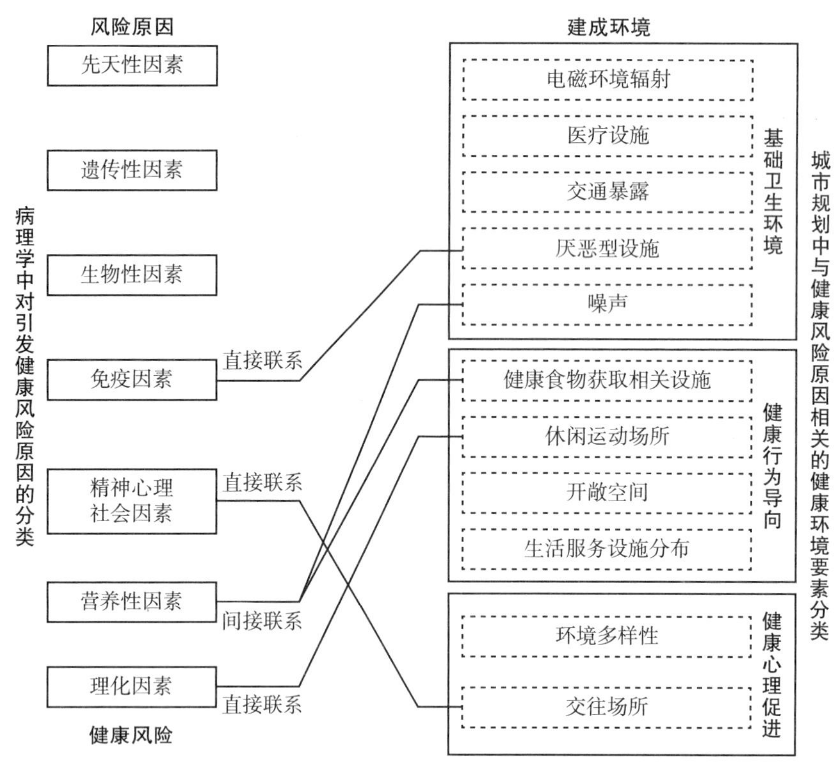

图 2　健康风险与相关建成环境要素关系示意图

总体而言，城市规划的制定和实施会直接或间接地影响到人类生存的物质环境和社会环境，并最终通过各种途径作用于人群健康。不同环境因子均可能在不同层次和方面对居民的身心健康产生影响，而城市规划与设计能够通过对城市建成环境的塑造对人群健康产生潜在的积极或消极影响[31]。目前，我国城市地区正面临着巨大的慢性病负担，预计到2030年每年由于慢性病而过早死亡的人数将达到352万人[32]，通过增加体力活动和社会交往、减少污染源及其人体暴露风险（Exposure Risk）等健康城市规划手段，以及提供可获得的健康设施，将是减少慢性病发病率的重要措施。同时，后疫情时代的到来使人们重新重视城市规划中的传染病防控理念。从整体规划层面，对城镇、交通、林地、农田、水体等的合理布局，可减少居民与野生动物、家畜家禽的接触频率，减少不必要的人口聚集；对居住拥挤、卫生条件落后地区进行改造，可减少污染源，保护易感人群；从社区层面，合理配置供水设施、厕所、垃圾场、活禽交易市场、医疗机构、生活支持等基础设施，可降低病原体传播风险，并为突发事件应对提供必要的应急保障。

## （三）城市发展与公共健康的演进历程

### 1. 19世纪：公共卫生运动的形成与现代城市规划的诞生

18世纪中叶以来，随着工业革命的爆发，大批农民迁入城市，在工厂周围聚集，形成贫民窟。工人住房拥挤不堪，通风采光条件差，加之城市基础设施严重缺乏，给城市的公共卫生带来了严峻的挑战；同时，随着对外贸易的发展和人口的集聚，各类传染病在世界范围内蔓延，严重的公共卫生问题成为现代公共卫生形成的契机，并间接导致了现代城市规划的诞生。1831—1832年发生在英国的霍乱导致了一系列官方和私人健康调查，其中最著名的是查德威克（E. Chadwick）于1842年发表的《英国劳动人口健康状况报告》，指出公共卫生问题“更多地归因于环境问题，而不是医疗问题”[33]。1848年，他制定的公共卫生法在英国议会获得通过，成为人类历史上第一部全面的公共卫生法。对公共卫生的思考主要集中在物质环境的营造上，一系列措施成为现代城市规划实践的开拓者，也推动了现代城市规划理论的发展。

### 2. 20世纪初期：健康标准的重视与城市卫生的改善

20世纪初，人类对健康和良好生活环境的追求促进了规划师对乌托邦式城市的探索，由此产生了田园城市、卫星城建设、城市美化运动、有机疏散理论和新城运动等一系列实践与探索。众多理论与实践者不断试图通过物质环境建设来改善公众的健康水平。人口疏散、住房改良、绿地组织、功能分区与交通分离等成为规划师应对公共健康问题的重要手段，并一定程度上得到了公共卫生领域的认可。这些实践使特定健康标准（日照、通风、污染物处理和水源质量保证等）在城市规划中得到重视，城市卫生条件也因此不断被改善[34]。

### 3. 20世纪中后期：城市规划与公共卫生合作淡化

20世纪中后期，城市化在全球大范围扩大进而导致城市之间的竞争激烈、城市经济迅速发展，城市人的健康也面临一定的威胁与挑战。然而，在此期间现代城市规划忽视了城市化加快自身带来的疾病，在一定程度上给人类健康带来负面影响，如现代城市规划促使人们形成对小汽车出行的依赖以及养成久坐不动和个体化的生活方式等[35]。同时，第二次世界大战后，学界对公共卫生领域的研究转向更加微观的层次（如微生物理论），而城市规划由关注人类健康转向关注宏观的经济、社会及环境问题，城市规划和公共卫生领域的合作逐渐淡化。

4. 20 世纪 80 年代之后：新公共卫生时代的来临与健康城市建设的兴起

WHO 于 1984 年在加拿大多伦多召开的国际会议上提出了“健康城市”主张。并于 1986 年提出了“健康促进”概念，进一步扩展了公共健康的领域以及目标状态，使其涵盖政治、经济、社会、文化、环境、行为和生物等各方面，并将地方政府、社区、家庭和个人纳入行动主体。该概念的提出被视为“新公共卫生”的开端。与传统的公共卫生相比，新公共卫生的关注领域得以扩充，主要涉及以下六个方面：①社会资本、社会和物质环境对生活方式的决定性作用；②所有威胁健康的问题（慢性病、精神卫生和环境可持续发展等）；③公平的社会环境；④社区参与；⑤对健康全面的理解（疾病预防和健康促进）；⑥跨部门合作机制[36]。在新公共卫生运动的促进下，1986 年在葡萄牙里斯本召开的健康城市研讨会正式发起“健康城市项目”，其随后逐渐演变为影响全球的“健康城市运动”，使健康问题重新得到城市规划领域的重视。同时，新公共卫生运动强调社会因素及跨部门合作，城市规划与公共卫生领域密切合作的必要性凸显[37]，城市规划和公共卫生之间的联系重新得到强化[38]。1994 年，“健康城市”定义由 WHO 得以明确，1998 年健康城市规划在雅典召开的国际城市会议上被首次提出，为世界各地建设健康城市提供了新的规划范式[39]。此后，基于健康城市运动的观念、原则和方法，健康城市规划的行动框架得以不断发展和完善。

## 三、健康城市相关概念与建设发展历程

### （一）概念的提出

#### 1. 健康理念的提出

1948 年，WHO 提出，健康乃是一种在身体上、精神上的完美状态，以及良好的适应力，而不仅仅是没有疾病和衰弱的状态。这一理念打破了长久以来将健康认为是“生理健康”的观念，被称为“多维健康观”。

健康的理念最初起源于医疗卫生领域。随着人们认识程度的提高，对健康的理解和认识不断丰富。一方面，从医疗卫生层面对“个体”健康的关注扩展到对健康施加影响的外部环境乃至整个社会层面的关注；另一方面，健康的内涵和影响逐渐超越医疗卫生领域而进一步拓展至社会经济领域的范畴。健康问题研究具有相当的复杂性和综合性，因其影响因素散布于多个空间尺度和层面，且受制于众多因素的交叉和连锁影响。

### 2. 健康城市概念的提出

随着城镇化进程加快，城市成了公共健康问题的重灾区，公共健康的促进已不再仅限于公共卫生研究领域的范畴，其影响因素众多，作用机制复杂，对于各个国家的发展战略和统筹协调能力提出了极高的要求。健康城市便是在这种要求下产生的答案。

1984 年，WHO 在加拿大多伦多召开的“超级卫生保健——多伦多 2000 年”会议上首次提出“健康城市”的概念：建设“不断开发、发展自然和社会环境、扩大社会资源，使人们能够在享受生命、充分发挥潜能方面能够互相支持的城市”。这也是在除医疗健康领域外，首次利用“环境 – 生活 – 人”的交互作用来探索健康城市的相关性质[40]。随后，WHO 又在《渥太华宪章》(1986) 和《健康城市：促进城市背景下的健康》(1986) 中对“健康城市”的要素构成和目标状态作出了概念性描述。

1988 年，汉科克（T. Hancock）和杜尔（L. Duhl）将健康城市定义为：“健康城市是一个能够促使创造和改善其自然和社会环境，扩大社会资源，使人们能够相互支持，履行生命中所有功能，实现能达到的最理想的健康状态的城市。”[41]之后这个定义一直被 WHO 所引用。随着 WHO 以及各个国家和地区的健康城市项目推进，健康城市概念也在不断演进。1992 年，WHO 提出健康城市应该是由健康的人群、健康的环境和健康的社会有机结合发展的一个整体，应该能改善其环境，扩大其资源、使城市居民能互相支持，以发挥最大的潜能。到 1994 年，WHO 又提出，健康城市是一个不断开发、发展自然和社会环境，并不断扩大自然和社会资源，使人们在享受生命和充分发挥潜能方面能够相互支持的城市。

1996 年，WHO 提出了理想健康城市的十条具体标准：①为市民提供清洁安全的环境；②为市民提供可靠和持久的食物、饮水和能源供应，并具有有效的清除垃圾系统；③通过富有活力和创造性的各种经济手段，保证市民在营养、饮水、住房、收入、安全和工作方面达到基本要求；④拥有强有力的相互帮助的市民群体，其中各种不同的组织能够为改善城市的健康而协调工作；⑤使市民能一起参与制定涉及他们日常生活，特别是健康和福利的各种政策；⑥提供各种娱乐和休闲活动场所，以方便市民的沟通和联系；⑦保护文化遗产并尊重所有居民（不分种族或宗教信仰）的各种文化和生活特征；⑧把保护健康视为公共政策，赋予市民选择利于健康行为的权利；⑨努力不懈地争取改善健康服务质量，并能使更多市民享受健康服务；⑩能使人们更健康长久地生活和减少疾病。将这一系列的行为作为发展目标也进一步说明了，“健康城市”不是某个目的，而是包含多领域、多维度的发展过程[42]。

总体而言，WHO 认为，健康城市是对健康的内涵有深层的认识，并努力对其进行改善的城市，任何一座城市，无论其当前健康状况如何，只要“对健康的改善有承诺，并设立和制定相应的架构和程序以实现该承诺”的城市，即是 WHO 健康城市[43]。在此概念下，WHO 提出和推动的健康城市项目致力于长期持续寻求将健康纳入世界范围内各个城市的发展日程，建构支持公共健康的城市层面的体制机制。

我国健康城市概念多引用于复旦大学傅华教授于 2003 年发表的《现代健康促进理论与实践》，书中提出："所谓健康城市是指从城市规划、建设到管理各个方面都以人的健康为中心，保障广大市民健康生活和工作，成为人类社会发展所必需的健康人群、健康环境和健康社会有机结合的发展整体。"强调健康城市是健康人群 - 环境 - 社会的有机整体，并以人的健康为中心进行规划、建设和管理。中国城市科学研究会理事长仇保兴博士则提出目前有待创建针对新型传染病、慢性病和心理疾病的 2.0 版的现代健康城市学，通过跨学科研究的协同创新，以健康的城市组成健康中国。

## （二）相关概念辨析

### 1. 健康城市与城市健康

健康城市可以是城市本身的健康，也可以将城市中人的健康作为核心。需要厘清"健康的城市（Health of City）""城市中的健康（Health in City）"和"为健康的城市（City for Health）"。

健康的城市意味着城市作为生命体自身的健康发展，可分为健康的环境、健康的经济和健康的社会三个维度，包含着经济繁荣、社会稳定、交通便捷、环境品质高等多个方面。城市的健康影响着城市中人的健康；通过社会经济条件、物质建成环境品质、自然环境状况等对人体健康产生直接影响，也通过影响人的生活方式和工作状态对人体健康产生间接影响。因此，居民健康是城市健康的重要表征和结果。

城市中的健康是居民健康的保障和支撑。因而，健康城市的概念中应蕴含着城市本体健康和城市中人的健康两个内涵，前者对后者具有包含关系，城市科学和城市规划从早期关注人的健康，延展到关注社会、经济和环境多方面的可持续发展，体现了从人的健康到城市的健康的拓展。20 世纪 80 年代开始对健康城市研究和规划的回归，是以人的健康为核心开展。城市科学中的"健康城市"探讨的是人体身心健康与建成环境的关联性，并基于此优化规划建设管理原则和标准。而针对城市中人的健康开展基础实证研究和规划设计，将作用于人体健康，同时可推进城市本体的健康。

因此，健康城市应该既是"健康的城市（Health of City）"，也是"城市中的健康（Health in City）"，是两者的统一，并通过规划设计建设"为健康的城市（City for Health）"。其中健康的城市为实现城市中人的健康提供保障，为健康的城市是规划建设的目标。在城市科学领域中，健康城市是以推进健康环境、健康经济和健康社会的规划建设为前提，以建成环境的优化为核心，提升居民身心健康的城市。

### 2. 健康城市与健康城市规划

WHO 提出，健康城市规划（Healthy Urban Planning）是鼓励城市规划师在规划策略和项目中，融入和支持对公共健康的考虑，并特别强调公平、福祉可持续发展和社区安全。

在健康城市规划框架下，规划师需要理解他们的规划设计会在有意识和无意识情况下产生健康影响。WHO 欧洲分部认为，健康城市规划是为人的规划和关于人的规划[44]。其核心目标是将健康的考虑纳入城市规划过程、计划和项目中，并建立必要的体制和机制能力实现这一目标。城市规划师及其相关职业可以改变和优化城市居民健康、福祉和生活质量的决定要素，包括居民的生活和工作条件、设施和服务的可达性，以及建立有效社会网络的能力 。

"健康的城市规划"是在规划的方法论层面，体现规划方式、方法和流程是健康的，同时将健康理念和要素纳入规划的编制和管理。"健康城市的规划"是规划的城市模型和发展目标，在城市本体论层面，强调为特定城市范式而规划设计。

### 3. 健康城市的内涵与特征

自 19 世纪末埃比尼泽·霍华德（Ebenezer Howard）提出"田园城市"理论以来[45]，由城市化和工业化带来的环境问题与社会问题层出不穷，为解决各类问题而衍生出的城市建设理念也在不断演化[46]。比如，为应对城市中碳排放快速增长带来的各种问题提出了应对能源危机和气候变暖提出的"低碳城市"，为适应未来不确定的气候变化风险的"韧性城市"，为缓解极端暴雨下城市的内涝灾害的"海绵城市"，为应对科技发展对人类健康带来的负担提出了用公共交通引导城市发展的"TOD"模式，以居民住房为重点的"宜居城市"，强调社会－经济－自然和谐发展的"生态城市"、万物互联的"智慧城市"等[46]（表 1）。

相比之下，"健康城市"的基本内涵与特点以人的基本需求——健康为出发点，非简单的物质和经济等方面的改善，而是去寻找城市在环境、社会等方面存在的问题，从而改善居民的生活环境，推动社会公平的发展，进而促进公共健康水平的提升。

**表 1　各城市发展理念的定义及主要内容**

| 城市理论名称 | 定义 | | | 特征 / 内容 |
|---|---|---|---|---|
| 关注类型 | 城市整体的生态运行 | 城市整体居住感受 | 城市整体健康环境 | |
| 生态城市 | 一种社会和谐、经济高效、生态良性循环的人类住区形式 | | | 和谐型、高效性、持续性、整体性、区域性 |
| 宜居城市 | 适宜人类居住和生活的城市，自然、城市与社会间有机结合 | | | 优美、整洁、和谐的自然和生态环境；安全、便利、舒适的社会和人文环境 |
| 健康城市 | 开发、发展自然和社会环境与资源，使人们在享受生命和充分发挥潜能方面能够相互支持的城市 | | | 制定健康公共政策，创造健康的支持性环境。强调社区行为、发展个人技能、调整卫生服务方向、促进对健康的社会责任与保障 |

续表

| 城市理论名称 | 定义 | | | 特征 / 内容 |
|---|---|---|---|---|
| 关注类型 | 城市整体的生态运行 | 城市整体居住感受 | 城市整体健康环境 | |
| 低碳城市 | 以经济发展模式、消费理念和生活方式转变，在保证质量的前提下能够达到碳排放坚守的城市建设模式 | | | 产业结构优化促循环经济发展、以技术提升生态环境质量、用地布局优化改善能耗结构、发展绿色建筑提高建筑能源利用效率 |
| 韧性城市 | 通过灾害管理和科学规划以适应未来不确定的气候变化风险 | | | 动态平衡、兼容性、高效率的流动、扁平特征、缓冲特征、冗余度 |
| 海绵城市 | 从生态服务系统出发，低影响开发构建区域水生态基础设施，提高城市的生态和水文涵养能力 | | | 保护原有水生态系统，回复被破坏的水生态系统，推行低影响开发以降低地表水径流 |
| TOD | 公共交通引导城市发展 | | | 土地混合开发、高密度建设、宜人的空间设计 |
| 慢城 | 具有独特的地方感，拥有当地美食与健康的环境，拥有可持续发展的经济和节奏舒服的生活 | | | 人口 5 万以下的小镇。合理发展与利用土地、新技术改善城市生活环境、保护当地美食与传统手工艺、培养居民的审美意识和慢城意识 |
| 智慧城市 | 大数据、人工智能等方法，实现城市建设、治理与运营的信息化管理与服务 | | | 智慧政务、智慧生活、智慧交通、智慧教育、智慧经济、智慧环境 |

尽管各个国家和地区的学者和机构对“健康城市”有着不同的定义，但其内涵都包括以下几点：①健康城市并不同于以往的城市建设项目，它不是一个项目的结果，而是一个动态建设的工程，即“它不是一个已达到特定健康状况水平的城市，而是对健康有清醒认识、并努力对其进行改善的城市”。[47] ②任何一个城市都可以加入健康城市的建设中来，健康城市的参与不应该设立基点，而应该在国际范围内广泛推动。③各个国家间、地区间、城市间的实际情况不尽相同，不能用单一的模式固定健康城市的发展。④健康城市的建设强调社会的协同作用，即健康城市的建设应该保证全社会营造出一个支持性的环境。

在我国，对健康城市内涵的理解目前存在着两种看法：一种认为健康城市是改善城市人居环境促进人群健康；另一种是将城市本身的健康作为研究的对象，健康城市即城市系统的健康运行。一般认为，健康城市是指从城市规划、建设到管理各个方面都以人的健康为中心，保障广大市民健康生活和工作，成为人类社会发展所必需的健康人群、健康环境和健康社会有机结合的发展整体[1]。自从我国提出“实施健康中国战略”、树立“大健康、大卫生”理念以来，健康城市的内涵进一步明确。战略指出，要始终把健康放在优先发展的战略位置，把健康融入经济社会政策判定的全过程、各环节，以人民健康需求为导向完成产业转型与生态保护、改善卫生服务和公平、最终实现健康中国。实施“把健康融入所有政策”策略，要坚持“共建共享”，发挥政府、部门、社会和个人的责任，共同应对城市化发展中的健康问题。同时强调以预防为主，全方位全周期保障人群健康。随着“健康中国”上升为国家优先发展战略，健康城市作为中国城市未来发展的方向之一，始终将“人”放在建设首位，强调人民健康基本需求，重视“以人民健康为本”的城市精神塑造，旨在激发潜在的城市生机和追求人的全面发展。

## （三）学科性质与定位

### 1. 城市科学的性质与定位

城市（City）是一种有别于乡村（Village）的居民点（Settlement），是其所在地域或更大腹地的经济、政治和文化生活的中心。城市是集约人口、经济、科学和文化的空间地域系统，也历来是一个多学科的研究对象。对于城市科学（Urban Science）及城市问题的关注，随着城市化进程的推进而不断增强。目前，多数研究工作在自然科学、社会科学和工程科学相关领域均有分布，城市科学研究的成果在人类社会发展中发挥着日益重要的作用。

城市科学，是一门对城市的产生、兴衰发展进行研究的科学。城市科学是以揭示城市本质、成因、机理、生存条件、系统运转、内在发展规律、外在表现特征和生命力为主要任务的科学，它是对城市生命体及其可持续发展条件进行研究的科学门类。它必然涉及国家和地区国计民生的发展需要，目的是阐明城市在国民经济和社会发展中的地位与作用；它必然涉及城市自然、历史、经济、政治、社会、文化、科技等各个方面，但并不研究这些方面的具体内容，目的在于剖析它们之间的内在关系及其运行轨迹所致的外部特征；它必然涉及城市巨系统的构成要素和运转方式，目的是要透视维系其能够健康发展的脉络、中枢神经和支撑条件；它必然涉及城市的规划、建设、管理和经营，但不是对这些内容的全面阐述，目的在于揭示城市成长发展的客观规律和发展目标，为城市的科学规划、建设、管理和经营提供理论依据与发展战略。城市科学学科的研究成果，必然有助于城市建设发展的科学预见和正确决策，有助于城市全面、协调、可持续地健康发展[48]。

城市科学是以城市为研究对象的综合性科学，是一门研究人类聚居及其相关自然与人文要素相关作用和时空演进规律的学科。它是自然科学和社会科学的有机结合，是基础科学和应用科学汇合而成的。它涉及自然科学和社会科学的许多方面，比如经济学、社会学、人口学、史学、法学、哲学、美学、地理学、国土学、地质学、气象学、环境科学、生态学、城市规划学、建筑学、市政工程学、园林学、交通工程学、城市管理学、城市防卫学等多种学科。城市科学研究的范围将随着学术研究的展开逐步发展。在世界上，随着现代科学技术、经济和社会的日新月异的发展，城市的作用将日益显著，城市科学的内容也将日益广泛和丰富。展望未来，城市科学具有极为广阔的前景[49]。

随着第四次工业革命的到来，一系列新兴技术如大数据、人工智能、云计算、物联网、增强现实等，为研究城市提供了新的机会，拓展了其研究广度和深度。同时，这些颠覆性技术也对城市空间和日常生活产生了巨大影响，使城市研究客体自身发生了实质性改变。以此为背景，传统的城市科学焕发了新的生机，新城市科学应运而生。新城市科学既是新的“城市科学”，即利用新数据、新方法和新技术研究城市，也是“新城市”的科学，即研究受到颠覆性技术影响的城市。

### 2. 城市科学视角下的健康城市研究

由于健康及其影响要素的多元化和复杂性，城市系统的多尺度、多要素和开放动态性，健康城市研究极具挑战性，涉及自然科学和社会科学的许多方面，如地理学、环境科学、生态学、城市规划学、建筑学、公共医学等多种学科，多学科融合属性鲜明。在“以人为核心”的新型城镇化发展阶段，强调人民的健康为基本需求，重拾城市的人本属性，积极开展健康城市研究，符合城市科学始终与社会经济发展需求相适应的特点。总体而言，城市科学视角下的健康城市研究充分体现城市科学和新城市科学的学科特点与发展趋势，除了研究城市规划、建设和管理过程中一系列与居民健康相关的问题之外，也注重探讨健康影响、规律、机制等科学问题。

## （四）国内外健康城市建设发展历程

### 1. 国外健康城市建设发展历程

自 20 世纪 80 年代以来，国外的健康城市建设发展先后经历了理念萌芽与实践探索、内涵丰富与试点工程、方法多元与全球实践、理论深化与实践推进等阶段。

（1）第一阶段：20 世纪 80 年代中后期。该阶段为健康城市理念萌芽和实践探索时期，为健康城市建设在全球的开展奠定了早期的认知基础。WHO 提出“健康城市”理念，并在《渥太华宪章》和《健康城市：促进城市背景下的健康》中对“健康城市”的要素构成和目标状态作出了概念性描述[50]，但健康城市建设的具体对象、边界、目标、方法、程序、保障和评价等内容并不清晰，缺少普适性标准和引导指南[51]。因此，该时期的初步探索仅在少数几个地区开展，主要包括加拿大多伦多健康城市运动和 21 个欧洲城市的“健康城市计划”。1988 年，在欧洲“健康城市计划”基础上启动了欧洲健康城市网络建设（当时被称为“欧洲健康城市项目”），开启了为期五年的第一发展阶段。

（2）第二阶段：20 世纪 90 年代。这一时期，健康城市的内涵逐渐丰富，实践活动也不断扩展。一系列相关指南陆续颁布，构建了从目标设定到建设步骤，再到评估测度的流程范式，为开展实践提供了最初的技术支持。该时期的健康城市建设实践已拓展到全球许多地区，WHO 成立了六个地区分支机构以共同开展全球实践。其中欧洲地区获得的成效最大，欧洲健康城市网络进入了实践扩展阶段。

（3）第三阶段：21 世纪初。在这一阶段，随着健康城市在全球实践，健康影响评估（Health Impact Assessment，HIA）逐渐成为一项重要政策工具被运用于健康城市规划和建设之中，进一步促进了健康理念的全面融入。HIA 首先被引入欧洲健康城市网络的进一步建设之中，并作为工作核心予以推广应用[52]。例如，赫尔辛堡市政府专业技术人员开发了一套本地 HIA 筛选工具，用于判断申请项目是否需要开展评估工作，极大地扩展了 HIA 的实践[53]。

（4）第四阶段：2010 年以来。全球许多城市将“提升公共健康水平”设定为重要发展目标，通过拓展对健康城市的认知、持续开展健康城市规划实践、架构 HIA 理论模型并开展评估实践，以推进其深度应用。欧洲地区先后推进了新阶段的健康城市网络建设，日益关注城市建成环境对公共健康的影响，HIA 成为推动健康城市运动发展的重要工具。WHO 在其中仍起到较强的组织领导作用，并基于实践进行理论深化与总结，在《欧洲健康城市网络第五期的评估总结（2009—2013 年）》中构建了一个针对“健康城市环境和设计”的健康影响理论模型，包括先决条件、评估对象、具体干预措施、生活方式的变化和健康影响五个部分。亚洲和美洲等地区的地方实践也逐渐兴起，但缺乏 WHO 地区机构的统筹组织，多以地方规划为主导，且涉及的部门较为单一，如日本大和市的《健康都市大和综合计划（2019—2028）》（2019）和美国洛杉矶市的《健康洛杉矶规划：总体规划的健康要素》（2015）等。

### 2. 我国健康城市建设发展历程与特点

我国的健康城市建设可追溯于 20 世纪 50 年代的“爱国卫生运动”。1952 年，为防御细菌战，在全国倡导发起爱国卫生运动，其目的是组织全社会的力量，改善生活、工作环境，讲究卫生、除害灭病，提高人民群众的健康水平。爱国卫生运动的方针是政府组织、地方负责、部门协调、群众动手、科学治理、社会监督。从那时起，爱国卫生运动就围绕解决不同时期人民群众生产生活中的突出卫生问题，先后开展了“除四害”“两管五改”“五讲四美三热爱”、城乡环境卫生整洁行动、卫生城市（镇）创建、健康城市（镇）建设等一系列工作。其中，由全国爱国卫生运动委员会办公室（中华人民共和国国家卫生健康委员会疾病预防控制局）评选命名的“国家卫生城市”已成为目前全国重要的城市品牌之一，也是新时期深化爱国卫生运动的主要载体。

20 世纪 90 年代，我国正式引入 WHO“健康城市”理念，其建设发展处于探索和试点阶段，主要包括对“健康城市”理念的介绍，与 WHO 合作开展相关的培训等。1994 年初，WHO 对中国进行了考察，认为中国完全有必要也有条件开展健康城市规划运动。随后，从 1994 年 8 月起，WHO 与中华人民共和国卫生部（以下简称“卫生部”）合作，先后在中国北京市东城区、上海市嘉定区等启动健康城市项目试点工作。这标志着中国正式加入世界性的健康城市规划建设运动中。

进入 21 世纪后，尤其是经历了 2003 年 SARS 疫情之后，我国政府更加重视城市公共卫生领域，促进了健康城市项目向全国更广泛的区域发展，“健康城市”试点逐步扩大，项目建设日趋标准化。在卫生部的鼓励和倡导下，许多城市为进一步改善城市环境、提高市民健康和生活质量，纷纷自觉自愿地开展健康城市的创建。2007 年年底，全国爱国卫生运动委员会办公室（爱卫办）在全国范围内正式启动了建设健康城市、区（镇）活动，并确定全国第一批建设健康城市试点，拉开了中国建设健康城市的新篇章。2008 年，卫生部提出“健康中国 2020”的国家战略，健康理念和健康城市建设越来越受到重视、鼓励和支持。2015 年，党的十八届五中全会上提出推进“健康中国”建设。2016 年 10 月，《“健康中国 2030”规划纲要》印发并实施。越来越多的城市开始制订具有自身特色的健康行动方案和规划，且制定了相应的健康城市建设指标。2018 年，全国爱卫会组织制定了《全国健康城市评价指标体系（2018 版）》，涵盖了健康环境、健康社会、健康服务、健康人群、健康文化五个方面，各系统有机结合，旨在全面改善影响群众健康的自然和社会因素。（表 2）

**表 2　我国健康城市建设与发展战略政策的关系**[54]

| 1989—2002 年，初步探索阶段 | |
|---|---|
| 1989 年 | 颁布《关于加强爱国卫生工作的决定》，开启卫生城市的创建。 |
| 1994 年 | 开始与 WHO 合作展开健康城市探索<br>发布卫生城市检查考核标准实施细则 |
| 1999 年 | 印发《国家卫生城市标准》及《国家卫生城市考核命名方法》 |
| 2000 年 | 印发《国家卫生区标准（试行）》 |
| 2002—2012 年，快速推进阶段 | |
| 2002 年 | 《卫生事业第十个五年计划纲要》 |
| 2005 年 | 修订《国家卫生城市考核鉴定和监督管理办法（试行）》 |
| 2007 年 | 《卫生事业发展“十一五”规划纲要》提出组织健康城市试点<br>全国爱卫办确定第一批健康城市试点 |
| 2010 年 | 修订《国家卫生城市、区标准及其考核命名和监管管理方法》<br>在大连举办健康城市市长论坛 |
| 2012 年至今，全面深化阶段 | |
| 2012 年 | 发布《健康中国 2020 战略研究报告》<br>《卫生事业发展“十二五”规划纲要》提出全面启动健康城镇活动 |
| 2014 年 | 修订《国家卫生城市标准》 |
| 2015 年 | 十八届五中全会将健康中国上升为国家战略 |
| 2016 年 | 发布《“健康中国 2030”规划纲要》<br>发布《关于开展健康城市健康村镇建设的指导意见》 |
| 2017 年 | 十九大提出“实施健康中国战略”，明确“为人民群众提供全方位全周期健康服务” |
| 2018 年 | 组建国家卫生健康委员会，发布《全国健康城市评价指标体系》 |
| 2020 年 | 通过《中共中央关于制定国民经济和社会发展第十四个五年规划和 2035 年远景目标的建议》，提出“全面推进健康中国建设”重大任务 |

由于我国健康城市运动是在爱国卫生运动的基础上发展起来的，与国外相比，其建设发展呈现出一定的自身特点。首先，政府主导地位明确。健康城市建设延续爱国卫生运动的建设模式，且均由政府主导。通过自上而下系统调节社会各项资源，使得健康城市呈现实质且快速发展的势头。其次，非政府组织和社会层面的参与程度不高，政府主导的建设模式在一定程度上使政府与非政府组织之间、公共部门与私有部门之间存在一定界限和隔阂，其对健康城市建设的推动作用有待加强。例如，我国健康城市项目培训一般是由政府机构组织，非官方组织、高校、基金等机构的参与和合作不多。再次，项目内涵与领域有待进一步拓展。以爱国卫生运动为基础上发展起来的健康城市建设面临卫生治理转变到全面健康促进的挑战，其工作思路、运行机制仍主要集中在公共卫生领域，而健康城市建设中包括的健康城市规划、健康社会等内涵有待进一步挖掘和深化。最后，对城市建成环境关注度不够，目前许多欧美国家已深入应用健康影响评估工具并制定健康城市专项规划，发布了一系列促进健康的空间设计导则。相比之下，我国健康城市建设对与人类健康密切相关的物质空间环境、基础设施的规划与设计关注度不高，在城市规划设计实践层面落实“健康促进”理念仍待进一步加强。

### （五）我国城镇化趋势对健康城市建设发展的影响

#### 1. 从理念上，以人为本思想愈发凸显

党的十八大以来，“以人民为中心”成为城市工作的核心思想。《国家新型城镇化规划（2014—2020）》指出要推进“以人为核心”的城镇化建设。党的十九届五中全会通过的《中共中央关于制定国民经济和社会发展第十四个五年规划和2035年远景目标的建议》提出“推进以人为核心的新型城镇化”，明确了新型城镇化目标任务和政策举措，是新时代中国特色社会主义坚持以人民为中心的基本方略在城镇化工作中的具体体现。当前，我国进入全面建设社会主义现代化国家、向第二个百年奋斗目标进军的新发展阶段，加快推进以人为核心的新型城镇化意义重大。城市发展要把人民生命安全和身体健康作为基础目标，“使城市更健康、更安全、更宜居，成为人民群众高品质生活的空间”。

#### 2. 从格局上，城市群发展趋势日益显著

经过40余年的快速城镇化过程，我国的城市规模显著扩大，区域分布更加均衡。同时，随着社会主义市场经济的不断发展，城市发展的行政壁垒逐渐被打破，传统的行政区经济逐步向城市群经济过渡，城市群不断发展壮大。进入21世纪，长江三角洲、珠江三角洲和京津冀城市群作为区域经济增长极，发展速度快，引领作用强，集聚效应明显，逐渐发展为世界级的城市群。党的十八大以来，我国高度重视城市群建设工作，城市群发展进入新阶段。中央城镇化工作会议、《国家新型城镇化规划（2014—2020年）》和中央城市工作会议都明确提出以城市群为主体形态，推动大中小城市和小城镇协调发展，“抱团”发展成为我国城市发展新潮流。

3. 从技术上，信息化智慧化水平持续提升

当前，以互联网、大数据、人工智能为代表的新一代信息技术蓬勃发展，给经济发展、社会进步、人民生活带来重大而深远的影响，给人的生产、生活方式和空间的组织及功能形态带来巨大变革，也给城市规划和城市治理带来新的挑战。新型智慧城市是党中央、国务院立足于我国信息化和新型城镇化发展实际而做出的重大决策，智慧城市建设是为我国以人为核心的新型城镇化服务，承载了人民对美好生活的向往，也能为健康城市研究提供新方法与新范式，助力健康城市建设向信息化、智慧化方向迈进。

在新理念、新格局和新技术引领之下，我国的新型城镇化建设呈现出了新特点，城市居民的健康问题也面临着新的问题与挑战。疫情防控进入常态化阶段，对城市规划在空间上应对公共安全危机和公共健康方面的支撑和保障作用提出了更高的要求。当前我国建构的国土空间规划体系致力于科学高效地管理一定空间范围内的各类要素，“一张蓝图绘到底”，对于健康理念融入规划提供了契机和平台。从空间角度提升公共健康水平，提高城市规划应对不确定风险的科学性和韧性，有效提升国土空间的规划治理能力，保障城市健康安全是未来城市规划与治理的核心要务，深入开展健康城市理论研究，有序推进健康城市建设实践是必然趋势。

## 四、我国主要研究进展与学科建设情况

### （一）我国健康城市研究发展历程

我国的健康城市建设实践和研究已开展 30 多年，总体而言与城市发展和公共卫生事业相关政策息息相关，大致分为四个阶段[54]。

（1）第一阶段（2000 年之前），为健康城市研究的探索与起步阶段，主要为健康城市概念的引入。研究多集中在对国外健康城市理论的研究总结与国内健康城市的试点建设研究层面，对我国开展健康城市的建设理论与方法展开了初步探索。

（2）第二阶段（2001—2009 年），在经历了以 SARS 疫情为代表的公共卫生事件之后，相关文献开始涌现，研究进入平稳发展期。主题多集中于城市建成环境及可持续发展等内容，通过理论与实践相结合的形式初步形成了健康城市的指标体系和评价标准，并探讨了城镇化进程中城市病对人类健康的影响。

（3）第三阶段（2010—2016 年），随着国家对国民健康的日益关注，研究进入快速发展期。该阶段主要基于新理念和新技术，围绕城市环境、疾病防控、社会政策等多方面展开，方法与主题都呈现多元化发展。

（4）第四阶段（2017 年以后），党的十九大报告提出了实施健康中国战略，我国健康城市研究进入了空前繁荣期。研究不再集中于城市功能及生态环境的健康化，而是开始重视公共政策对健康的促进及健康社区与信息化技术的结合领域等。此外，新冠肺炎疫情的

暴发使传染病的防控以及突发公共卫生事件的应对等引起广泛关注。

## （二）我国健康城市研究现状概况

### 1. 研究文献分布总体情况

以中国知网（CNKI）作为研究文献数据的来源，选取时间跨度为1990—2021年的期刊论文，对国内健康城市相关研究文献进行检索。截至2021年12月1日，共计逾1800篇期刊文献。从期刊文献的发表年度和数量分布（图3）可以看出，30年来整体产出为稳步上涨趋势。其中，2000年前研究数量相对较少，2000年后则持续波动增长，特别是2010年后增长速度明显加快。而新冠肺炎疫情暴发之后，更是呈现井喷式增长。

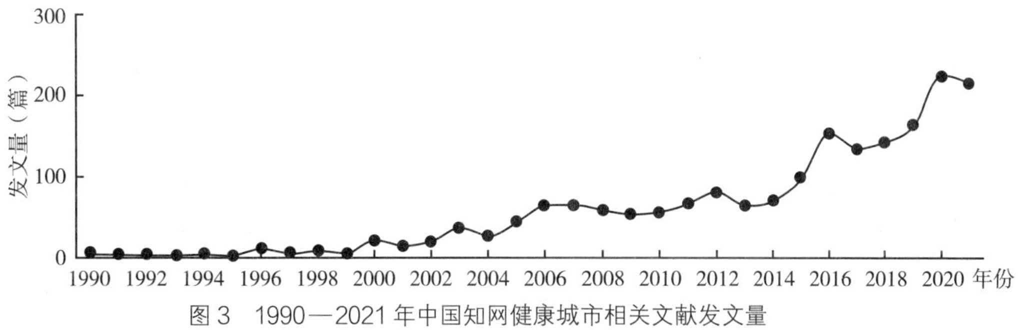


图3 1990—2021年中国知网健康城市相关文献发文量

通过Citespace分析文献关键词能够看出健康城市知识领域研究的主要内容、研究热点以及发展脉络。文献关键词共现图谱（图4）显示，研究频次较高的有健康促进、城市规划、健康社区、公共健康、城市化，关键词共现的频次和中心性较大的主要包括对健康城市内容、方向和方法的研究。通过文献时间线图谱和时区图谱（图5，图6）可以看出，初始时期，国内研究多聚焦于国际经验学习和总结，为健康城市研究奠定了基础；2000年后，有关景观环境、建成环境、人居环境等对于居民健康的规划干预研究，以及健康企业、健康社区、健康建筑等健康空间单元研究有增强趋势。同时，随着新技术的发展，大数据、智慧城市方向与健康城市相结合的研究也成为热点；而新冠肺炎疫情暴发使疫情防控、韧性规划的相关研究大量涌现。学科分布方面（图7），健康城市已经成为一个跨学科研究对象，涉及公共卫生学与医学、环境学、管理学、城乡规划学与建筑学等相关学科，且在不同时期不同学科占比也有所差异，从一开始的卫生医学为主，到建筑学、社会学、生态学等多种学科研究加强，再到以建筑学、城乡规划学为主导的跨学科交叉研究，多学科融合趋势明显。

### 2. 各阶段研究主题及学科分布情况

根据中国知网显示，我国第一篇关于健康城市文献出现于1991年，是对美国文献《健康城市——世界卫生组织的一个新项目》的翻译介绍[55]，并着重阐述了WHO健康城

图 4　1990—2021 年健康城市文献关键词共现图谱

图 5　1990—2021 年健康城市文献时线图图谱

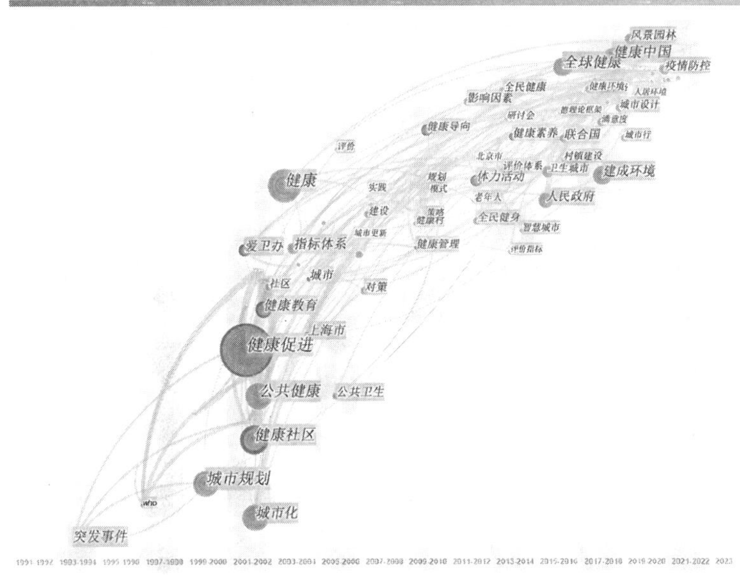


图 6　1990—2021 年健康城市文献时区图谱

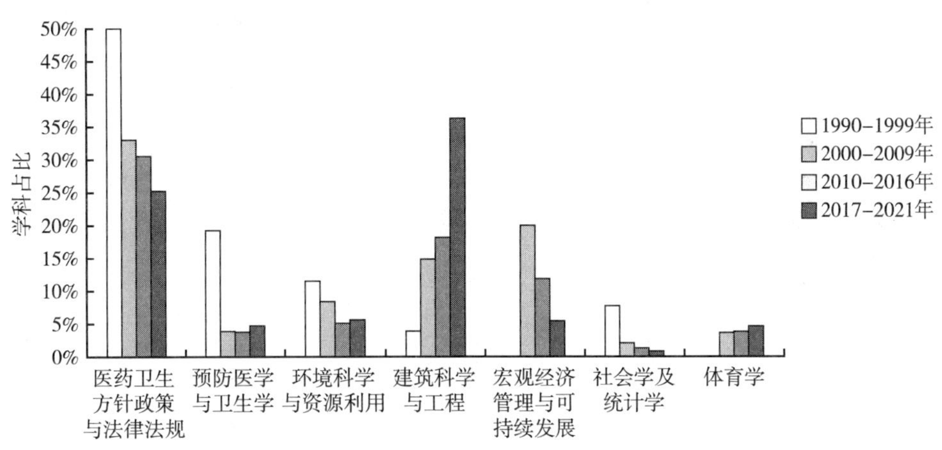


图 7　1990—2021 年健康城市文献学科占比分布图

市计划。随着 1992 年 WHO 建议我国开展健康城市试点，相关研究开始涌现，主要论述城市卫生保健与健康城市的关系[56]，探讨城市环境与健康城市的关系并研究我国推行健康城市的可行性（图 8）[57]。这一时期文献产出较少，主题主要围绕健康城市等基本概念开展研究并对国外健康城市理论研究进行总结，研究对象非本土化现象严重。学科分布以卫生医学主导，其中医药卫生方针政策与法律法规在所有学科中占比 50%。其次为预防医学与卫生学（19.23%）和环境科学与资源利用（11.54%）（图 9）。

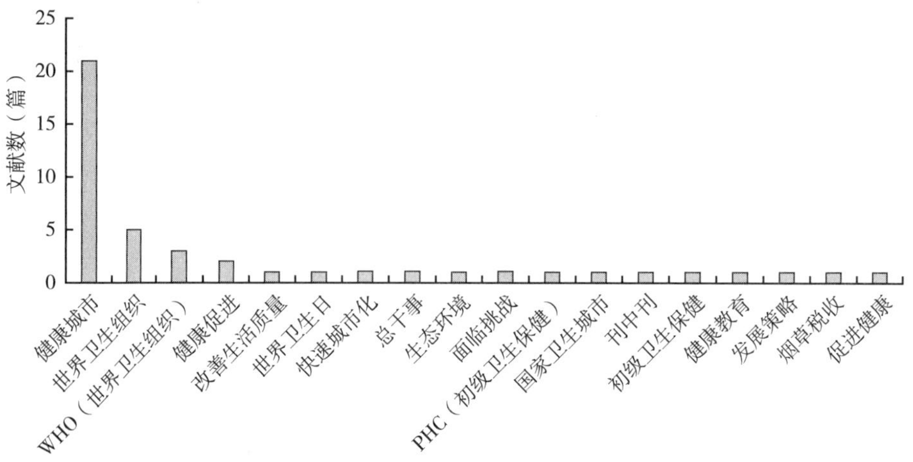


图 8　1990—1999 年健康城市文献研究主题分布

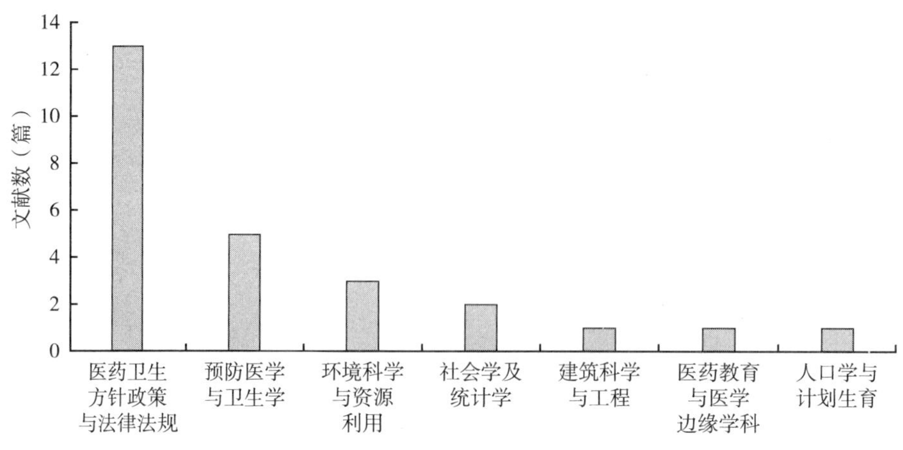


图 9　1990—1999 年健康城市文献所属学科分布

随着我国健康城市试点建设工作的推进和 SARS 疫情的暴发，相关研究文献在 2000 年后大幅增加。这一阶段的研究内容更为丰富，包括经济社会、生态环境城市建设与行为心理等各方面，如探讨社会经济的发展与健康城市的关系并探究健康城市建设与社会经济发展的良性互动机制[58]；分析国内外对城市化与城市生态环境的研究[59]；随着健康城市研究对于城市建设的不断深入，研究逐渐关注建成环境的评价指标与空间建设方向，完善了健康城市的指标体系和评价标准，并提出健康城市空间建设的层级、重点和方向[60]，随着研究视角的逐渐微观化，健康社区、健康村等小型健康空间单元开始出现；随着“以人为本”理念深入人心，国民的健康需求趋于多样，从单一的生理健康扩展到多维健康，心理健康、行为健康和社会健康逐渐受到关注。伴随我国健康城市试点建设的城市增多，研究对象开始向本土化转化，一些学者总结了中国健康城市建设情况并指出健康城市的建设在于公共卫生体系建设[61]；对比国内外健康城市建设并形成经验，为减少我国城镇化进程中的健康问题提供了借鉴[62]（图 10）。学科分布方面，这一时期更多学科加入健康城市的研究当中，宏观经济管理与可持续发展与建筑科学与工程占比显著增加，打破了卫生医学主导的局面，与医药卫生方针政策与法律法规共同引领健康城市研究发展，同时也吸引了如地理学、心理学、计算机软件与应用等多学科的加入（图 11）。

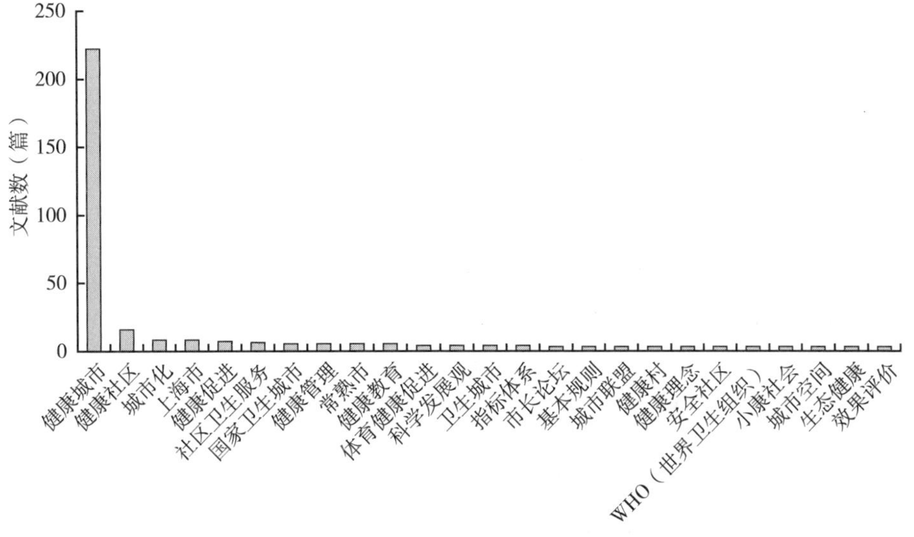


图 10　2000—2009 年健康城市文献研究主题分布

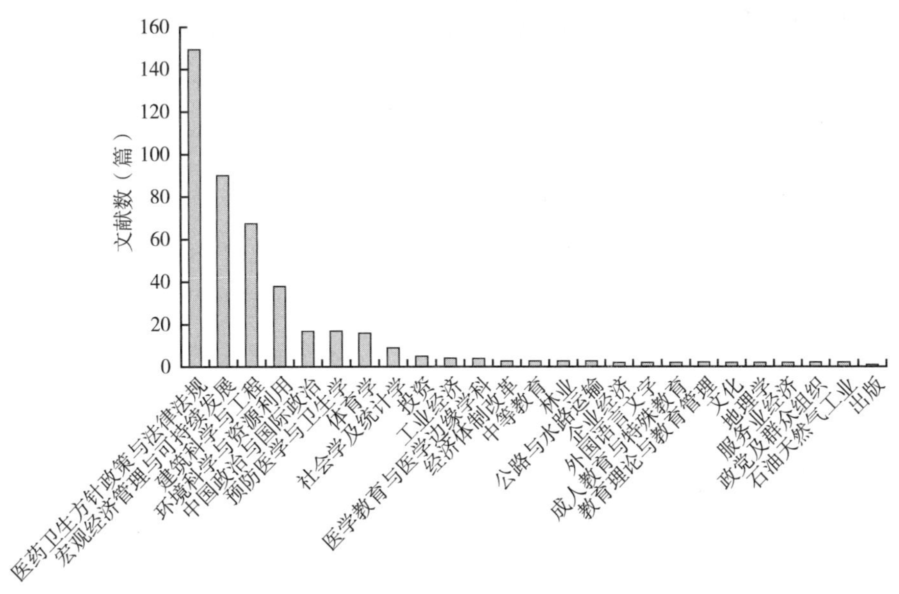


图 11　2000—2009 年健康城市文献研究学科分布

随着党的十八届五中全会将健康中国建设纳入国家“十三五”规划，将其上升为国家战略，我国健康城市建设进入新的发展阶段，相关研究也进入了快速发展期。研究主要围绕着城市环境、疾病防控、社会政策等展开，对城市环境、城市空间的关注显著提升。这一阶段研究主题主要包括“城市病”“城市理念”“城市规划”等大量城市科学相关内容，如探讨了公共健康与城市规划之间的历史渊源、理论研究进展及具体规划实践[63]；探究了城市化进程中城市病对人类健康的影响，阐述城市规划的健康干预策略[64]；分析了空间要素的健康影响，并提出健康城市规划的路径[29, 65]；随着多维健康观的发展，健康公平也逐渐成为重要议题，研究对象开始关注儿童、老年人等特定人群，对全生命周期进行了特定健康内容研究[66]；在新兴学科的助力下，这一时期，健康城市研究的新理念发展，新技术应用，与大数据、智慧城市结合等逐渐成为新的研究热点（图 12）。

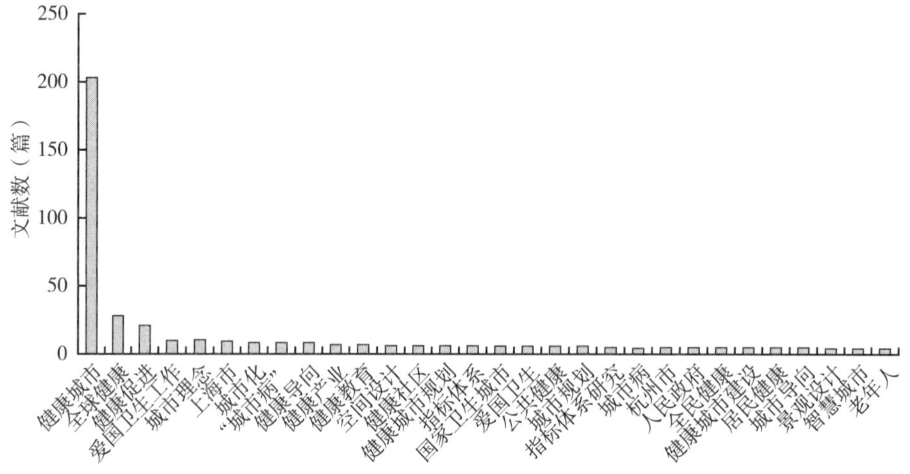


图 12　2010—2016 年健康城市文献主题分布

学科分布方面，医药卫生方针政策与法律法规占比持续收缩，建筑科学与工程占比不断提升，城市规划、建筑科学学科等逐渐占据主导地位，在健康城市研究中发挥出越来越重要的作用，计算机软件及应用在学科中地位逐渐加强（图 13）。

党的十九大报告提出实施健康中国战略和相关健康城市建设政策及纲领性文件的相继出台，健康城市研究越来越受到多学科的广泛关注。吴良镛院士提出，规划建设健康城市是提高城市宜居性的关键[67]，健康城市研究主题逐渐聚焦人的需求、关注以人为核心的城市建设与城市环境。而在 2019 年年底新冠肺炎疫情的全球暴发中所暴露出的城市地区公共健康脆弱性，更是进一步凸显了健康城市研究的重要性和必要性，因此文献数量出现爆发式增长，有关疾病防控、安全韧性城市等成为新的研究热点。这一阶段的健康城市研究主要围绕着健康促进和规划主动干预来展开，研究城市规划对人群健康产生的潜在影响，提出在进行城市规划的过程中实施健康影响评估[19, 68, 69]，并将其作为创新工具把健

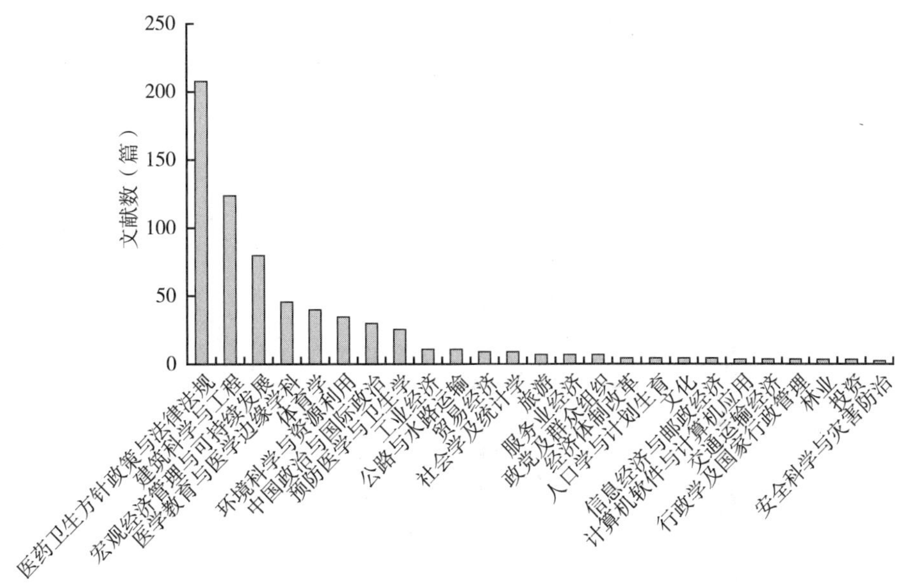


图 13 2010—2016 年健康城市文献所属学科分布

康理念融入城市规划决策。有学者在最新研究中指出，应构建多层级多尺度的健康城市空间建设体系，从城市整体层面、社区层面和关键设施 3 个空间尺度提出城市规划的空间干预策略，以城市空间规划为抓手增强传染性疾病防控能力，提高突发公共卫生事件应对能力，推进健康城市建设[70]。在对抗新冠肺炎疫情的过程中，有学者提出了以“健康城市”与“韧性城市”为理念应对突发性公共卫生事件的空间规划策略[71]，且社区作为应对健康风险和疾病防控的基本单元，逐渐成为健康城市研究中的重点研究对象（图 14）。

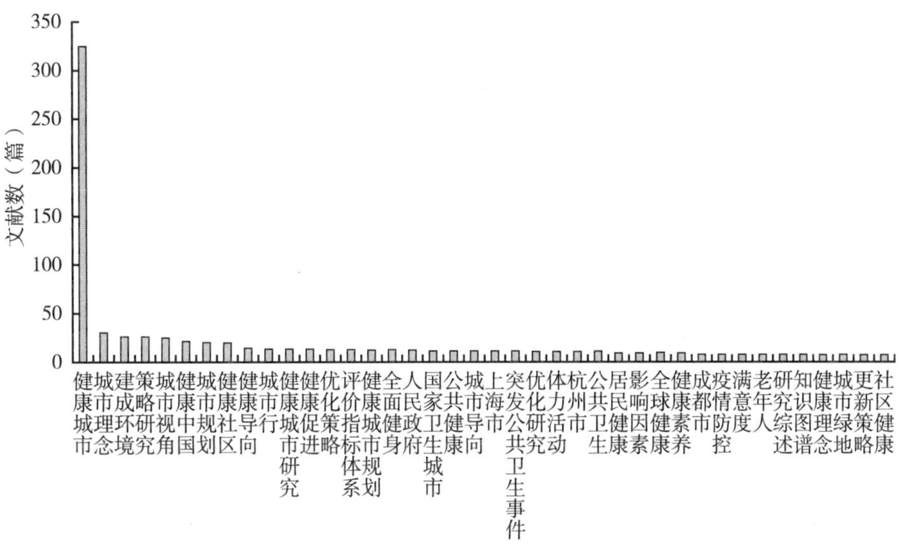


图 14 2017—2021 年健康城市文献研究主题分布

在学科分布方面，城市规划与设计、建筑科学、医药卫生学、环境科学与地理学共同在其中发挥重要作用。其中，建筑科学与工程代替医药卫生学成为占比最高学科，其次为医药卫生方针政策与法律法规和环境科学与资源利用，参与健康城市研究学科领域进一步扩充，交叉融合态势明显（见图 15）。

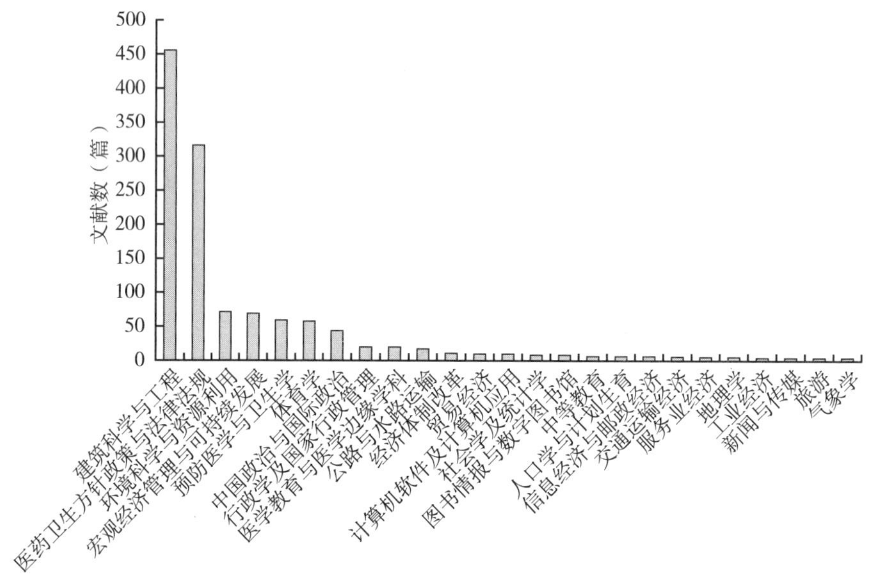


图 15　2017—2021 年文献研究学科分布

### 3. 主要研究团队发展情况与特点

目前，我国已发展多种类型的健康城市研究团队（表 3），大部分依托于综合性高校建立，整合环境、医学、人文、管理与建筑的多学科力量，构建健康城市发展研究平台。2007 年，北京大学最早建立环境与健康中心，加强了环境与健康领域的交叉学科研究，促进了环境健康研究和管理人才的培养。近年来，越来越多的高校机构建立了健康城市研究中心。如 2017 年，清华大学建立中国新型城镇化研究院健康城市研究分中心；2018 年，中国城市科学研究会成立健康城市专业委员会，同济大学建立健康城市实验室，四川大学建立健康城市发展研究中心等，健康城市研究团队日益壮大。

**表 3　我国主要健康城市研究团队情况**

| 团队名称 | 成立时间 | 依托单位 | 研究方向与特点 |
|---|---|---|---|
| 北京大学环境与健康研究中心 | 2007 年 10 月 | 北京大学前沿交叉学科研究院 | 在环境暴露学、环境流行病学和环境毒理学开展跨学科的环境与健康交叉综合研究 |
| 中国科学院城市环境与健康重点实验室 | 2009 年 11 月 | 中国科学院城市环境研究所 | 城市生态格局与效应、城市环境质量演变过程与调控原理和城市环境毒理与健康 |

续表

| 团队名称 | 成立时间 | 依托单位 | 研究方向与特点 |
| --- | --- | --- | --- |
| 深圳市城市规划与决策仿真重点实验室－健康城市研究中心 | 2012 年 6 月 | 哈尔滨工业大学（深圳）建筑学院 | 城市空间健康诊断与布局优化、城市绿色人居环境 |
| 清华大学健康城市研究中心 | 2017 年 | 清华大学中国新型城镇化研究院 | 健康城市评价指标体系 |
| 中国城市科学研究会健康城市专业委员会 | 2018 年 7 月 | 同济大学建筑与城市规划学院 | 健康城市复杂系统的理论框架、健康城市中不同空间尺度的规划设计 |
| 同济大学健康城市实验室 | 2018 年 | 同济大学建筑与城市规划学院 | 健康城市规划与治理 |
| 四川大学健康城市发展研究中心 | 2018 年 11 月 | 四川大学华西公共卫生学院 | 健康服务、健康保障和健康产业多方融合的健康城市发展研究 |
| 健康中国研究中心 | 2021 年 7 月 | 国家卫生健康委中国人口发展与研究中心 | 全人群和全生命周期健康研究 |
| 中科院人居环境研究团队 | / | 中科院地理科学与资源研究所 | 人居环境评价与居民空间行为等社会健康研究 |
| 北京大学时空行为研究团队 | / | 北京大学城市与环境学院 | 时空行为与环境健康等行为地理学、健康地理学研究 |
| 中山大学人居环境与健康福祉研究团队 | / | 中山大学地理科学与规划学院 | 城市化与人口流动、健康不平等、城市社区环境对居民福祉和生活质量的影响 |

（1）中国城市科学研究会健康城市专业委员会。该会成立于 2018 年 7 月，专委会涵盖国内外本领域权威专家，包括主任委员中国工程院院士、中国医学科学院原院长刘德培，专委会顾问中国工程院院士吴志强，秘书长王兰教授，已搭建良好的研究与合作平台，发起“健康城市研究国际网络倡议”。就当前推进健康城市和健康中国所面临的重要问题和挑战，在理论层面完善健康城市复杂系统的理论框架搭建，并开展基于中国城市特点的健康城市实证研究；在实践方面针对当下中国的高发慢性疾病、传染性疾病、心理疾病等，并提出相应的政策建议和实施机制。

（2）北京大学环境与健康研究中心。依托北京大学前沿交叉学科研究院，于 2007 年 10 月成立，强调从基础学科到决策支持紧密联系的特色，促进北京大学环境健康相关学科间的交流、推动北京大学环境健康科学发展。环境健康研究中心以人为研究对象，探索影响人体健康的环境因素尤其是污染物暴露因素，一方面从基础科学层面揭示人类与环境的关系包括相互作用；另一方面为建立基于人体健康影响的环境评价和管理体系、环境质量标准体系和环境控制政策提供科学依据。团队组织了来自北京大学环境科学、化学、基础医学、公共卫生、临床医学等领域的专家，开展跨学科的环境与健康交叉综合研究。在环境暴露学、环境流行病学和环境毒理学开展跨学科的环境与健康交叉综合研究，承担的研究项目得到国家自然科学基金委员会、国家科学技术部、美国国立卫生研究院和美国健康效应研究所的资助。

（3）中国科学院城市环境与健康重点实验室。依托中国科学院城市环境研究所，成立于 2009 年 11 月，是专门从事城市环境研究与健康方面的研究机构。实验室围绕城市可持续发展，以城市生态系统为研究对象，以城市生态学分析和生物地球化学循环为主线，以生态学、环境化学、环境生物学和毒理学和信息学等学科为指导，结合我国重大的社会经济发展需求，开展城市生态系统物质与能量代谢的过程、机制与效应的研究，发展基于生物地球化学循环规律的系统调控原理，为我国城市可持续发展提供战略性、前瞻性和基础性的科技支撑，推动我国城市可持续科学的发展。实验室分为三个研究单元，分别是城市生态格局与效应研究单元、城市环境质量演变过程与调控原理研究单元和城市环境毒理与健康研究单元。

（4）清华大学中国新型城镇化研究院健康城市研究中心。依托清华大学中国新型城镇化研究院，成立于 2017 年，是在“健康中国 2030”背景下与全民健康的市场需求中应运而生的高端科研智库。中心旨在推动中国健康城市新标准的建立，支持健康城市的研究和应用，为政策制定提供建议，激发可应用、可实现的落地措施和解决方案，促进政策与产业结合、引导健康人居环境与生活方式的变革。中心整合环境、医学、人文、管理与建筑等多学科智慧，应用大数据分析和国际领先的健康城市研究工具，建立健康城市指标体系，识别因地而异的健康议题与挑战、引导变革性政策，从而推动健康与城市 GDP 的转化以及健康与社会幸福感的转化。

（5）健康中国研究中心。根据国家“健康中国 2030”发展战略，由国家卫生健康委中国人口发展与研究中心主理，隶属于中国管理科学院的国家健康第三方智库和评价机构，于 2021 年 7 月正式启动。作为从事国家健康管理科学和全球健康管理科学与相关交叉学科的非营利性科研机构，健康中国研究中心汇集国内科研院所、高校、企业研究室合作引领，以全民健康和建设健康中国，立足全人群和全生命周期健康研究，建设集健康发展战略研究、行业规范管理、医疗体系建设、产品与技术创新研究、智慧医疗、产学研转化为一体的服务平台。

根据研究团队的建设背景和基础条件，可分为以健康医学为基础、以城乡规划为基础和新设立具有交叉学科特点三类：①以健康医学为基础的健康城市研究团队，多为具有医学学科优势的学校，利用医学资源，推动健康城市研究团队建设，此类研究团队为推动全民健康事业，多关注健康服务、健康保障和健康产业多方融合的健康城市发展研究；②以城乡规划为基础的健康城市研究团队，多为处于建筑与规划学科发展前沿的综合性大学，借助城乡规划的学科优势，进一步利用其他学科资源建设健康城市研究团队，此类研究团队聚焦于城市空间基本要素对于身心健康的影响关系，开展健康城市规划与治理、健康城市设计等实践工作；③新建交叉学科的健康城市研究团队，具有较为严苛的建设前提，要求建设平台具有医学学科、规划学科、地理学科及环境学科的多重前沿发展基础，主要基于环境科学和人体健康科学等跨学科的交叉融合，探索影响人体健康的环境因素，一方面从基础科学层面揭示人类与环境的关系与作用，另一方面为建立基于人体健康影响的环境评价和管理体系、环境质量标准体系和环境控制政策提供科学依据。

目前，我国的健康城市研究团队主要依托高校与科研机构建设，清华大学、北京大学等院校已逐步开展以独立研究部门为载体的健康城市研究，研究成果丰富，学术影响力较大，但尚未有国家重点实验室、国家重点工程中心等重要基地建立。研究团队建设模式多为自筹模式，在人员组织和科研经费方面存在一定困难和局限，较难支撑和统筹开展深入的跨学科整合和多学科融合研究，一定程度上制约了学科发展。

#### 4. 健康城市实践与研究对学科发展建设的影响

随着健康城市实践持续推进，研究视角日益多元化，研究主题丰富，从而越来越多的学科理论和方法被引入，多学科交叉融合特点和趋势明显，为推动建立健康城市科学发展提供了有力支持。

我国经历了 30 多年健康城市建设与研究发展历程，不同学科在不同时期发挥出重要的学术引领作用。20 世纪 90 年代，在 WHO 建议下我国开展健康城市试点，正式开启健康城市研究起步阶段，主要从宏观经济管理与可持续性发展出发，围绕其概念开展基础研究，健康城市成为公共医学关注的新方向。21 世纪以来，随着健康城市实践的深入，研究主题扩展到经济社会、生态环境、城市建设等各方面，研究范式从理论阐释与构建转化为案例分析研究，医药卫生与建筑科学学科占比显著增加，与此同时首个健康科学研究团队于北京大学建立，初步形成了环境科学与医学健康领域的交叉学科研究格局。特别是党的十八大以来对生态环境和国民福祉关注度的提高，健康城市实践和研究也进入快速发展期，研究主题逐渐聚焦城市建设与城市环境，城市规划与设计、建筑科学、地理学与医药卫生学科共同在其中发挥重要作用，健康城市研究也引领了新时期城市规划、地理学等学科的前沿热点发展。

目前，健康城市的建设发展日益受到重视，相关研究也日趋丰富，涉及城市规划学、建筑学、医学、地理学、环境学、宏观经济学等多个学科，越来越多的综合性高校及研究机构建立了健康城市研究团队，极大促进了交叉学科研究和多学科融合发展。但限于多方面原因，健康城市尚未形成独立学科，一定程度上限制了研究理论方法的系统性构建和关键科学问题的进一步深入探究。

### （三）我国健康城市学科发展与建设情况

#### 1. 有关的国家重大科学研究计划

（1）国家科技重大专项

国家科技重大专项（National Science and Technology Major Project）是为了实现国家目

标，通过核心技术突破和资源集成，在一定时限内完成的重大战略产品、关键共性技术和重大工程。根据国家科技管理信息系统公共服务平台的查询结果，“十三五”规划中与健康城市相关的国家科技重大专项主要有三项。

1）艾滋病和病毒性肝炎等重大传染病防治专项：该专项总体目标为降低传染病的发病率和病死率提供科技支撑、为提升新发传染病应急处置能力提供有效手段、为带动传染病防治产业的发展提供技术基础、为国家科技计划实施机制提供创新性模版。最终实现全面提高我国传染病的诊断、预防和治疗水平，完善国家传染病科技、防治和应急三大支撑技术体系，为提高健康水平，保证国家安全、社会和谐稳定和经济持续发展提供保障。

2）水体污染控制与治理专项：通过实施城市水污染控制与水环境综合整治关键技术研究与示范主题，识别我国城市水污染的时空特征和变化规律，建立不同使用功能的城市水环境和水排放的标准与安全准则。以削减城市水污染负荷和保障城市水环境质量为核心目标，重点攻克清洁生产、污染控制和资源化关键技术，结合城市水体综合整治和生态景观建设，开展综合技术研发与集成示范，推动关键技术的标准化、设备化和产业化发展，为构建新一代城市水环境系统提供强有力的技术支持和管理工具。

3）高分辨率对地观测系统专项：全面提升我国自主获取高分辨率观测数据的能力，加快我国空间信息应用体系的建设，推动卫星及应用技术的发展，有力保障现代农业、防灾减灾、资源调查、环境保护和国家安全的重大战略需求，大力支撑国土调查与利用、地理测绘、海洋和气候气象观测、水利和林业资源监测、城市和交通精细化管理、卫生疫情监测、地球系统科学研究等重大领域应用需求，积极支持区域示范应用，加快推动空间信息产业发展。

（2）国家重点研发计划

国家重点研发计划由原来的国家重点基础研究发展计划（“973”计划）、国家高技术研究发展计划（“863”计划）、国家科技支撑计划、国际科技合作与交流专项、产业技术研究与开发基金和公益性行业科研专项等整合而成，是针对事关国计民生的重大社会公益性研究，以及事关产业核心竞争力、整体自主创新能力和国家安全的战略性、基础性、前瞻性重大科学问题、重大共性关键技术和产品，为国民经济和社会发展主要领域提供持续性的支撑和引领。根据国家科技管理信息系统公共服务平台的查询结果，“十三五”规划中与健康城市相关的国家重点研发计划主要有以下七项。

1）大气污染成因与控制技术研究：聚焦雾霾和光化学烟雾污染防治科技需求，通过“统筹监测预警、厘清污染机理、关注健康影响、研发治理技术、完善监管体系、促进成果应用”，构建我国大气污染精细认知 – 高效治理 – 科学监管的区域雾霾和光化学研究防治技术体系，开展重点区域大气污染联防联控技术示范，形成可考核可复制可推广的污染治理技术方案，培育和发展大气环保产业，提升环保技术市场占有率，支撑重点区域环境质量有效改善，保障国家重大活动空气质量。

2）数字诊疗装备研发：数字诊疗装备是医疗服务体系、公共卫生体系建设中最为重要的基础装备，也是催生新一轮健康经济发展的核心引擎。该专项以早期诊断、精确诊断、微创治疗、精准治疗为方向，以多模态分子成像、大型放疗设备等十个重大战略性产品为重点，系统加强核心部件和关键技术攻关，重点突破一批引领性前沿技术，协同推进检测技术提升、标准体系建设、应用解决方案、示范应用评价研究等工作，加快推进我国医疗器械领域创新链与产业链的整合，促进我国数字诊疗装备整体进入国际先进行列。

3）绿色建筑及建筑工业化：针对我国目前建筑领域全寿命过程的节地、节能、节水、节材和环保的共性关键问题，以提升建筑能效、品质和建设效率，抓住新能源、新材料、信息化科技带来的建筑行业新一轮技术变革机遇，通过基础前沿、共性关键技术、集成示范和产业化全链条设计，使我国在建筑节能、环境品质提升、工程建设效率和质量安全等关键环节的技术体系和产品装备达到国际先进水平，为我国绿色建筑及建筑工业化实现规模化、高效益和可持续发展提供技术支撑。

4）公共安全风险防控与应急技术装备：重点围绕公共安全共性基础科学问题、社会安全监测预警与控制、生产安全保障与重大事故防控、国家重大基础设施安全保障、城镇公共安全风险防控与治理、综合应急技术装备等重点方向不同重点任务的关键科技瓶颈问题，开展基础理论研究、技术攻关、装备研制和应用示范，旨在大力提升我国公共安全预防准备、监测预警、态势研判、救援处置、综合保障等关键技术水平，为健全我国公共安全体系、全面提升我国公共安全保障能力提供有力的科技支撑。

5）全球变化及应对：为妥善应对全球变化，为大幅度提升我国全球变化研究领域观测、分析、模拟能力，取得国际学术界公认的重大成果，为国家参与全球气候治理及国际气候谈判提供科学支撑。该重点专项重点关注以下关键科学和技术问题：全球变化关键过程、机制和趋势精确刻画和模拟，减少认识上不确定性；全球变化影响、风险、减缓和适应、数据产品及大数据集成分析技术体系研发；具有自主知识产权的地球系统模式研制；国家、区域应对全球变化和可持续发展途径。

6）重大慢性非传染性疾病防控研究：聚焦心脑血管疾病、恶性肿瘤、慢性阻塞性肺疾病（慢阻肺）、糖尿病和神经精神疾病等重大慢病，各病种联动推进，突出解决重大慢病防控中的瓶颈问题，重点突破一批重大慢病防治关键技术，搭建重大慢病研究公共平台，建立健全重大慢病研究体系和创新网络，为加快重大慢病防控技术突破、控制医疗费用增长、促进技术合理规范应用、降低医疗和社会负担、遏制重大慢病发病率、死亡率居高不下的局面提供积极有效的科技支撑。

7）主动健康和老龄化科技应对：聚焦健康风险因素控制、老龄健康服务等关键问题，融合移动互联网、大数据、可穿戴、云计算等新一代信息技术，以健康失衡状态的动态辨识、健康风险评估与健康自主管理为主攻方向，重点突破人体健康状态量化分层、健康信息的连续动态采集、健康大数据融合分析、个性化健身技术等难点和瓶颈问题，构建以主动健康科技为引领的一体化健康服务体系，同时发展适合我国国情的科技养老服务标准及评价体系，构建连续性服务的生命全过程危险因素控制、行为干预、疾病管理与健康服务的技术产品支撑体系，为积极应对人口老龄化提供科技支撑。

（3）国家自然科学基金

国家自然科学基金作为我国支持基础研究的主渠道之一，面向全国各高等院校和科研机构，重点资助具有良好研究条件、研究实力的高等院校中和科研机构中的研究人员。

近几年与健康城市相关的项目批准数量与投资金额不断增加，就国家自然科学基金资助的面上项目而言，2015 年共资助 137 项，累计金额 8430 万元；2016 年共资助 158 项，累计金额 9368 万元；2017 年共资助 161 项，累计金额 9321 万元；2018 年共资助 167 项，累计金额 9653 万元；2019 年共资助 189 项，累计金额 10783 万元。根据科学网中基金项目精确查询结果，项目主题多与健康城市中空间设计的定量评价与优化相关，2020 年也出现后疫情时代的健康城市研究，主要代表性项目有“城市空间要素对呼吸健康的影响及规划调控研究”“适应老年人身体活动需求的城市建成环境优化：基于跨尺度效应的规划调控”“基于肥胖症等流行病预防理论的当代城市设计中易致病空间因素影响机制及整治设计策略研究”等。

### 2. 主要成果产出

（1）期刊论文和研究报告

根据 Web of Science 平台数据库，健康城市研究领域载文量较多的外文期刊有《总体环境科学》（*The Science of the Total Environment*）、《美国科学公共图书馆》（*Plos One*）、《大气环境》（*Atmospheric Environment*）、《国际环境研究与公共卫生杂志》（*International Journal of Environmental Research and Public Health*）、《美国公共卫生杂志》（*American Journal of Public Health*）、《环境科学和污染国际研究》（*Environmental Science and Pollution Research International*）、《环境污染》（*Environmental Pollution*）、《环境监测与评价》（*Environmental Monitoring and Assessment*）、《英国医学委员会公共健康》（*Bmc Public Health*）、《公共卫生杂志》（*Revista de Saude Publica*）等。

在中文科技期刊中，关于健康城市研究的文章多发表在与“城市”“环境”“医学”相关的期刊上，如《城市规划》《城市规划学刊》《环境科学》《中国人口资源与环境》《中国农业环境与区划》《预防医学与卫生学》，也存在与“科学”“地理”“经济”“体育”相关的期刊上，如《科学通报》《科技导报》《地理研究》《地理科学进展》《经济地理》《经济研究》《体育科学》《生态学报》，以及很多高校办的综合性期刊等。

根据中国知网的查询统计，健康城市相关研究论文在近年来保持高速增长势头。从发文主题看，根据文章“题名”检索结果可以看出，“健康社区”“健康中国”“健康规划”“指标体系”等是关注热点，尤其是“健康规划”，一直是国内学者研究的重要主题，近年来研究内容从城市规划对于健康城市的重要性研究转向理论框架和具体规划策略上的研究。最近几年“儿童”和“老年人”也作为关键词逐渐出现，这表明学界逐步关注高敏感人群的健康风险控制与产业规划响应。此外，与健康城市建设相关的“健康产业”和“全民健身”也逐渐成为研究主题。另外从研究机构看，发文量排在前三的分别是北京大学、中国疾病预防控制中心、中国环境科学研究院。从项目资助情况看，主要是国家自然科学基金、国家社会科学基金、国家科技支撑计划、国家重点基础研究发展计划、国家重点研发计划等。

（2）专著出版

除了在科技期刊上发表文章之外，我国学者在健康城市的各个领域出版了一定数量的专著。据不完全统计，2008—2020年共有30余种与健康城市直接相关的主要著作。

这些著作中，有侧重国际经验总结的健康城市研究，如周向红编著的《健康城市：国际经验与中国》（中国建筑工业出版社，2008）、马祖琦编著的《健康城市与城市健康：国际视野下的公共政策研究》（东南大学出版社，2015），也有探究健康城市规划策略的专著，如吕飞编著的《健康城市建设策略与实践》（中国建筑工业出版社，2018）、法国AIA建筑工程联合设计基金会华夏幸福未来城市研究院编著的《健康城市：走向有益健康的城市规划》（中国建筑工业出版社，2019）、王兰编著的《健康城市规划与设计》《健康社区规划》（同济大学出版社，2020）。近几年也出现地区层面的健康城市研究著作，如谭伟良编著的《健康城市建设案例——世界卫生组织健康城市苏州获奖案例》（中国社会出版社，2018）、李娟所著的《超越卫生：上海市健康城市建设的政策过程研究》（中国社会科学出版社，2020）。

每年中国社会科学出版社都会发布《中国健康城市研究报告（健康城市蓝皮书）》，2020年健康城市蓝皮书以新冠肺炎疫情为背景，着重探讨其对健康环境、健康产业、健康服务等方面的影响和启示，以及在此背景下如何加强健康城市的研究和建设等工作，旨在为党和政府开展健康城市建设、推动健康中国战略实施，以及社会各界参与健康城市领域的研究与实践提供有益的理论和经验参照。

### 3. 人才培养和专业设置

近年来教育部重视学科交叉融合发展，批准设立健康相关交叉专业（如健康管理、环境与健康学）和城市规划建设相关交叉专业（如城市交通、城市学、城市与区域规划），体现出公共健康和城市规划的学科交叉特点，但尚未设立健康城市独立学科。

总体而言，健康城市领域的人才培养主要包括三类：①以公共医学专业为基础。如四川大学华西公共卫生学院建立“健康城市发展中心”基地，整合公共卫生与预防医学、临床医学、经济学、管理科学、地理科学、环境生态学等交叉学科优势，构架教学和研究平台。②以城市规划专业为基础。如同济大学建设“健康城市一流学科队伍”，整合不同学科方向的力量开展围绕健康城市研究和人才培养工作。③以前沿交叉学科为基础。如北京大学以与原北京医科大学合并为契机在国内率先开展环境健康交叉研究，随后开展环境健康课程体系建设和人才培养方案，已于 2015 年在环境科学与工程一级学科下设立国内首个环境健康二级学科。2021 年 1 月，北京大学环境科学与工程学院发文正式通知成立环境健康系，旨在构建“科学－工程－健康－管理”机制，促进环境健康人才培养。

#### 4. 相关学术交流会议

随着健康城市学科的发展，各方学者的对话与合作逐渐增加，共同探讨健康城市及其规划的内涵、要义以及理论与实践结合等议题，不断探索包括建设健康城市等更宽领域的交流。来自不同学科领域的从不同角度探索如何开展健康城市相关研究，国内政府部门也纷纷参与组织健康城市相关会议，促进了不同学科、群体的交流以及经验分享，例如，近三年召开的健康城市国际研讨会暨健康嘉定论坛、博鳌亚洲论坛全球健康论坛第二届大会等（表 4—表 6）。

表 4　2019 年国内外召开的“健康城市”会议

| 会议名称 / 主题 | 时间 | 地点 | 会议主办 |
|---|---|---|---|
| 第十一届健康中国论坛 | 1 月 8 日 | 中国北京 | 人民网、健康时报 |
| 健康城市 2019：东亚地区的城镇化、基础设施和日常生活 | 5 月 1—3 日 | 英国曼彻斯特市 | 曼彻斯特大学 |
| “规划实施与健康城市”：城乡规划实施学术委员会 2019 年年会 | 5 月 18—19 日 | 中国珠海 | 中国城市规划学会主办，中国城市规划学会城乡规划实施学术委员会、珠海市自然资源局、珠海市规划设计研究院联合承办 |
| 博鳌亚洲论坛全球健康论坛首届大会 | 6 月 10—12 日 | 中国青岛 | 博鳌亚洲论坛、山东省人民政府 |
| 第十三届国际中国规划学会年会“健康城市规划与治理”分论坛 | 6 月 15—16 日 | 中国成都 | 国际中国规划学会（IACP） |
| 2019 城市、交通及健康研讨会 | 6 月 17—20 日 | 中国香港 | 国家自然科学基金委员会、中国香港浸会大学、京港学术交流中心 |
| 第 56 届 IMCL 会议：“为了所有人的健康城市” | 6 月 17—21 日 | 美国波特兰 | 全球促进城市宜居组织（International Making Cities Livable，IMCL） |
| 城市分析：环境、健康和行为交叉界面中英研讨会 | 7 月 2—4 日 | 中国上海 | 同济大学建筑与城市规划学院 |
| 2019 欧洲规划院校大会健康城市规划：食品、体力活动和社会正义分论坛 | 7 月 9—13 日 | 意大利威尼斯 | 欧洲规划院校组织（AESOP）、威尼斯建筑大学 |
| 建设更健康的城市：健康公平论坛 | 9 月 1 日 | 加拿大多伦多 | 多伦多大学 |

续表

| 会议名称 / 主题 | 时间 | 地点 | 会议主办 |
| --- | --- | --- | --- |
| 第 9 届国际城市健康会议："城市健康和伤害减少" | 10 月 3—4 日 | 澳大利亚墨尔本 | 国际健康城市组织（City Health International，CHI） |
| 健康城市设计 2019：设计乌托邦还是反乌托邦？处于十字路口的人类和地球健康 | 10 月 14—15 日 | 英国伦敦 | 皇家医师学院 |
| 生态・智慧・健康——多维视野下的城市与建筑国际学术会议 | 10 月 25—28 日 | 中国合肥 | 安徽建筑大学 |
| 世界城市日中国健康城市论坛 | 10 月 27—28 日 | 中国上海 | 上海市健康产业发展促进协会、中国市长协会、世界城市日事务协调中心主办 |
| 第 16 届城市健康国际会议 | 11 月 4—8 日 | 中国厦门 | 中国科学院城市环境研究所、国际科联"城市健康与福祉计划（Urban Health and Wellbeing Programme，UHWB）"办公室和中国科学院海西创新研究院共同承办 |
| 健康城市国际研讨会暨健康嘉定论坛 | 11 月 20—22 日 | 中国上海 | 上海市健康促进中心、上海市嘉定区卫生健康促进委员会 |
| 中国健康城市建设高层论坛暨健康城市蓝皮书发布会 | 12 月 11 日 | 中国北京 | 中国健康教育中心、人民日报《中国城市报》社、北京市卫生健康委员会等主办 |

**表 5　2020 年国内外召开的"健康城市"会议**

| 会议名称 / 主题 | 时间 | 地点 | 会议主办 |
| --- | --- | --- | --- |
| 健康城市国际合作论坛——"加强国际合作，促进健康城市发展" | 5 月 29 日 | 线上 | 中国科协 |
| City Health International Conference 2020（城市健康国际会议 2020） | 6 月 4 日 | 线上 | 城市健康国际 |
| （雁栖湖）健康发展论坛 2020 | 11 月 1 日 | 中国北京 | 健康发展论坛组委会、健康中国 50 人论坛组委会 |
| "景观与健康城市"高峰论坛 | 11 月 26 日 | 中国上海 | 上海市景观学会 |
| 2020 健康建筑产业创新发展高峰论坛 | 11 月 29 日 | 中国北京 | 健康建筑产业技术创新战略联盟、中国建筑科学研究院有限公司 |
| Healthy City Design 2020（健康城市设计大会） | 11 月 30 日—12 月 3 日 | 中国线上 | SALUS |
| "2020 年城市健康理论、方法与应用"学术研讨会 | 12 月 4 日 | 中国广州 | 中山大学地理科学与规划学院、广东省公共安全与灾害工程技术研究中心 |
| 世界卫生组织欧洲健康城市线上年会 | 12 月 8 日—10 日 | 中国线上 | 世界卫生组织（WHO） |
| 中国健康城市建设高层论坛暨健康城市蓝皮书《中国健康城市建设研究报告（2020）》和《北京健康城市建设研究报告（2020）》发布会 | 12 月 28 日 | 中国北京 | 中国城市报中国健康城市研究院、中国医药卫生事业发展基金等单位 |

表 6　2021 年国内外召开的“健康城市”会议

| 会议名称 / 主题 | 时间 | 地点 | 会议主办 |
|---|---|---|---|
| 2021 健康人居与未来城市国际论坛 | 3 月 27 日 | 中国西安 | 国际生态景观协会、中国自然资源学会、园冶杯组委会 |
| 2021 年京津冀健康城市建设联盟大会 | 5 月 12 日 | 中国北京 | 京津冀健康城市建设联盟、北京健康教育协会、北京有害生物防制协会 |
| 第五届“健康交通 · 健康城市”论坛会议 | 5 月 28 日 | 中国南京 | 中国城市规划学会城市交通规划学术委员会、南京市城市与交通规划设计研究院股份有限公司 |
| 博鳌亚洲论坛全球健康论坛第二届大会 | 6 月 2 日 | 中国青岛 | 博鳌亚洲论坛、山东省人民政府 |
| 2021 健康中国发展大会 | 7 月 18 日 | 中国北京 | 人口与健康杂志社、暨南大学 |
| 2021（第三届）健康建筑大会 | 7 月 23 日 | 中国北京 | 健康建筑产业技术创新战略联盟、中国建筑科学研究院有限公司、中国绿发投资集团有限公司 |
| 后疫情时代和极端气候背景下的健康、安全、韧性国土空间规划 | 9 月 3 日 | 线上 | 同济大学建筑与城市规划学院 |
| 中国城市规划年会暨 2021 中国城市规划学术季——平疫结合的安全与健康规划 | 9 月 26 日 | 中国广州 | 中山大学地理科学与规划学院 |
| Healthy City Design 2021（健康城市设计大会） | 10 月 11—14 日 | 线上 | SALUS |
| The 9th Global Conference of The Alliance For Healthy Cities（第九届健康城市联盟全球大会） | 11 月 3—5 日 | 线上 | 健康城市联盟 |
| 中东欧首都市长论坛健康城市建设研讨会 | 11 月 17 日 | 线上 | 北京市卫生健康委员会 |
| 中国城市科学研究会健康城市专业委员会 2021 年会 | 12 月 8 日 | 线上 | 中国城市科学研究会 |

## （四）我国健康城市研究进展与学科建设的现状特点与挑战

### 1. 主要现状与特点

（1）研究对象呈现“本土化”转向，研究视角和方法日趋多元化

我国部分城市开展的具有特色和地方化的健康城市建设探索，对于发展我国健康城市建设理论以及指引未来健康城市建设工作具有重要价值。伴随我国健康城市试点建设的城市增多，研究对象开始向本土化转化，学术研究逐渐重视我国健康城市建设的本土化探索经验的理论总结，开始建构具有我国特色的健康城市建设理论与方法体系。与此同时，随着国民对健康诉求的日益提升和“健康中国”战略的不断推进，对健康的认知不再局限于生理健康，而向心理健康、社会行为健康等多维健康观转变。城市科学、城乡规划学、地理学、公共医学、心理学等多个学科的理论和方法被运用到健康城市的研究中，研究视角

和手段日趋多元化。

（2）健康影响评估及循证规划设计逐步深化，规划主动干预研究稳健起步

将健康融于所有政策（HiAP）是新时期健康城市建设发展的重要路径，也成为我国城市科学学者关注的前沿问题之一。习近平总书记在审议《“健康中国 2030”规划纲要》时特别指出要全面建立健康影响评价评估制度，系统评估各项经济社会发展规划和政策、重大工程项目对健康的影响。作为一种能帮助将健康理念融入城市规划决策的创新工具，健康影响评估及其相关分析与数据工具在理论研究和实践中得到越来越多应用，循证规划设计在风景园林、建筑等方面的探索日益增加。基于城乡规划学理论方法，集成健康影响评估和循证规划设计相关研究，通过城市规划对慢性非传染性疾病进行主动干预方面的研究稳健起步，并初步探索将健康融于所有政策（HiAP）的规划理论方法体系。

（3）公共卫生事件响应研究成为热点，健康空间单元研究异军突起

2019 年新冠肺炎疫情的暴发，在危害人类健康的同时，对城乡人居环境营建也提出了诸多挑战。这次疫情引发了各个行业的深刻反思与广泛讨论，各界对健康城市的认识又有了新的转变，更是让人的活动回归到最本质的安全健康层面。因此，健康城市结合公共卫生管理、传染病防控、安全韧性城市等文献数量出现爆发式增长。一方面，空间流行病学把流行病学、统计学和地理信息科学的方法加以结合，借助地理信息系统开展了大量疾病风险或发病率的空间变化相关研究。这些分析方法帮助研究者更深入地理解人是如何暴露于健康风险的，从而探索借助政策和物质空间规划对其加以缓解。从城市规划的空间干预、城市信息化建设等多角度出发，如何早期识别疾病暴发风险，降低突发公共卫生事件发生概率，提高应急响应能力逐渐成为研究热点。另一方面，随着研究视角逐渐微观化，社区作为应对健康风险前沿阵地的作用进一步得到凸显，健康社区和健康建筑等健康空间单元的构建标准、内容和模式等问题受到了前所未有的关注。

（4）新发展理念得到贯彻，新技术应用和多学科交叉趋势明显

党的十八大以来，“以人民为中心”成为核心发展理念。习近平总书记做出了“关键是要把人民生命安全和身体健康作为城市发展的基础目标”的重要指示。从城市和地区层面来看，北京、上海、广州等城市近年出台的最新规划中相关“疗愈空间”“健康街道”的实践纷纷涌现，无障碍城市、适老性城市、儿童友好型城市也在开展尝试，体现出城市规划建设和管理中对全人群全生命周期的健康关怀。而以计算机技术和多源城市数据为代表的新技术和新数据的迅猛发展，应用城市大数据及相关技术的健康城市研究数量稳步上升。此外，近年来健康城市相关研究既包含了传统城市规划和公共卫生领域议题，还涉及经济社会、生态环境、社会公正等多个领域。其学科主体从最初的公共医学主导转为医学、建筑学、社会学、统计学和生态学共同发展，再转为以城市规划设计、建筑学、城市科学等为主体跨学科统筹交叉研究，呈现出了明显的多学科融合趋势。（图 16）

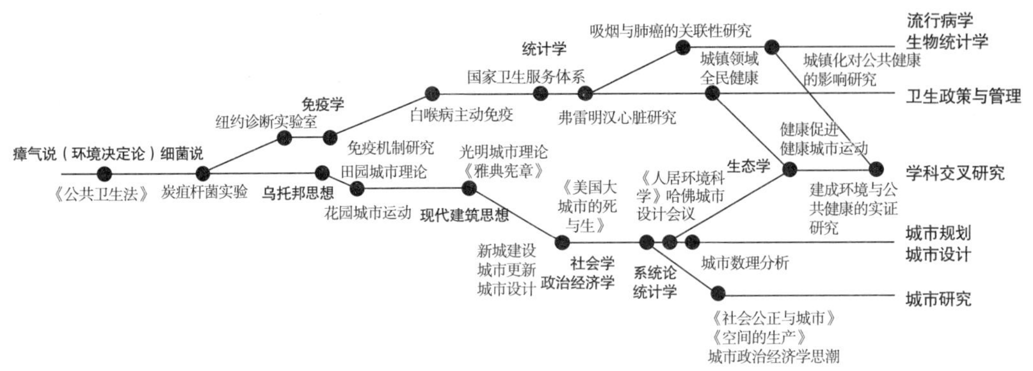


图 16　健康城市研究相关学科发展脉络图[35]

## 2. 主要问题与挑战

（1）尚未有专门学术期刊，缺少开展广泛交流的学术阵地

近年来健康城市研究论文数量持续攀升，对各项国家战略举措做出积极响应。其成果多发表在于“城市”“环境”“医学”相关的期刊上（如《城市规划》），也存在于“地理”“经济”“科学”相关的期刊上（如《地理研究》），呈现出较鲜明的多学科特点。然而，目前尚未有专门的健康城市学术期刊，缺少聚焦健康城市领域展开广泛讨论交流的学术阵地，不利于融合多学科理论方法优势对健康城市开展系统性研究。

（2）国家项目立项较少，不利于发挥多学科整合优势

在国家“十三五”项目计划立项项目中，共有包含“健康城市”标题的国家自然科学基金 6 项，其他相关自然科学基金项目 700 余项，年均资助金额约 9000 万元。但国家科技重大专项、国家重点研发计划等均无直接立项，仅有数个“艾滋病和病毒性肝炎等重大传染病防治专项”“水体污染控制与治理专项”等医学、环境方面相关项目。项目多综合采用多学科理论和方法，已呈现一定的交叉融合趋势，健康城市的跨学科研究已成为一个明显的趋向。但因重大项目主题未聚焦健康城市发展，多学科融合优势有待进一步发挥。同时，当前有关健康城市建设发展的跨学科研究也面临缺乏整合的问题，加强跨学科合作和交流的平台亟待构建。

（3）尚未设立学科专业，基地建设多为自筹模式

近年来教育部重视学科交叉融合发展，批准设立健康相关交叉专业（如健康管理、环境与健康学）和城市规划建设相关交叉专业（如城市交通、城市学、城市与区域规划），体现出公共健康和城市规划的学科交叉特点，但目前尚未设立健康城市专业。清华大学、同济大学等院校已建立健康城市研究院、健康城市实验室等载体开展相关研究，在国内外具有较大影响。研究团队建设模式均为自筹模式，尚未有国家重点实验室、国家重点工程中心等重要基地。复合型专业化人才的匮乏、重点专业研究基地的缺失和物力财力的局限影响了健康城市研究的系统性和可持续发展，一定程度上制约了学科发展。

## 五、近年来国内外重点和热点问题研究进展

鉴于健康城市涉及领域多、部门多、学科多，是一项复杂的系统工程。本报告基于学科现实和拓展应用的需求，按照内容前沿性、学科交叉性、对象人本化、战略导向性原则对近年来国内外前沿理论方法、重点和热点问题、主要发展趋势等进行系统梳理和深入分析。研究发现，城乡规划学、地理学、建筑学、风景园林学、公共医学、公共管理学、资源环境学、心理学等多个学科均从不同视角开展了健康城市相关研究，其中基于景观、交通等城乡规划要素视角的研究最为充分。同时，随着健康城市建设的不断推进，健康空间的多尺度效应逐步受到关注，健康观念得以从一维健康更新成多维健康。在新的时代背景和技术发展影响下，健康城市研究的热点、重点和手段方法也呈现出一定特点，全人群全生命周期的健康管理受到前所未有的关注，后疫情时代对健康城市发展建设重点提出新要求。

研究主要大致分为多要素多场景健康影响、多尺度健康空间、多维健康观、全人群友好、新形势与新技术影响等多个视角，包括城市规划对慢性非传染性疾病的主动干预研究、城市景观与居民健康研究、健康社区研究、城市环境心理健康影响研究、居民健康行为研究、老年健康人居环境研究等热点和重点问题（图 17）。

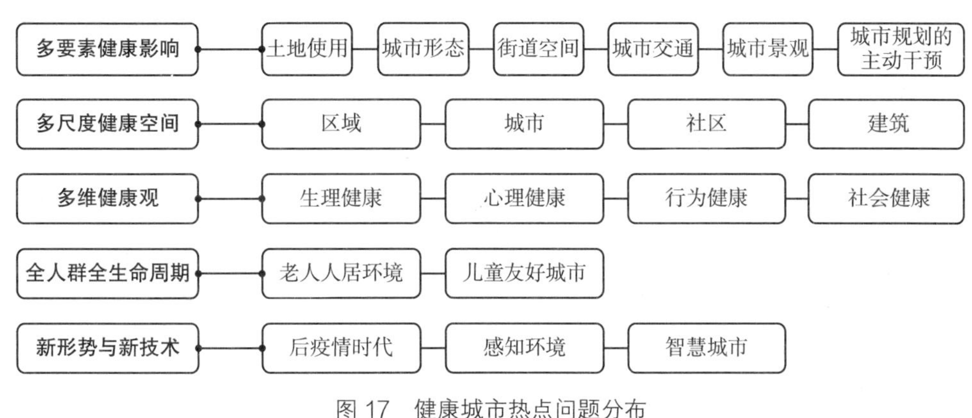


图 17　健康城市热点问题分布

### （一）多要素多场景的公共健康影响及干预研究进展

早在 20 世纪初期，国际现代建筑协会在希腊雅典通过了《雅典宪章》，提出了城市功能分区，将其概括为生活、工作、游憩和交通，是现代城市规划理论的基石（图 18）。城市规划对公共健康的影响主要体现在各规划要素对城市环境、人们的行为模式、心理状态等方面的影响。通过主动干预建成环境，营造有利于体力活动、均衡膳食、健康公平的人居环境，具有作用效果长期性、普及人群广泛、低社会经济成本等多重优势。因此，健

康城市规划逐渐成为实现健康城市建设的重要基础。2014 年 12 月，国务院发布《关于进一步加强新时期爱国卫生工作的意见》，明确指出：结合推进新型城镇化建设，鼓励和支持开展健康城市建设，根据城市发展实际，编制健康城市发展规划。我国健康城市的实证基础研究方兴未艾；从研究分析落实到空间的规划设计需要从理论到实践的传递和互动。近年来，关于明确健康城市规划中重要的空间要素以及分析不同路径下各类空间要素与健康相关性的研究数量逐步增加。

图 18 《雅典宪章》城市功能示意图

### 1. 城市规划对慢性非传染性疾病的主动干预研究

目前，心脑血管疾病、糖尿病、恶性肿瘤、慢性阻塞性肺部疾病、肥胖症、精神疾病等慢性非传染性疾病已成为公众面临的主要健康危机，成为城市“新疫情”[72]，造成了严重的社会经济负担。相比于预防医学，城市规划能够通过主动干预建成环境，营造有利于体力活动、均衡膳食、健康公平的人居环境，具有作用效果长期性、普及人群广泛、低社会经济成本等多重优势。在此背景下，健康城市规划逐渐成为实现健康城市建设的重要基础[73]，对慢性非传染性疾病的主动干预是相关研究的焦点。

（1）我国主要研究进展

目前国内相关研究也涵盖了理论建构、基础实证和健康影响评估等方面，但研究起步较晚，存在文献数量少、涉及的慢性非传染性疾病类型较少，以及相关实践运用仍处在探索阶段等特点。

理论研究方面，学者在明确规划干预要素以及健康影响路径的基础上建构理论模型，进而对包括慢性非传染性疾病在内的居民健康促进提供理论支持[8, 74]。实证分析方面，既有文献已反映出跨学科交叉、关心特定群体的特点，但关注的环境变量较为单一，并且分析针对慢性非传染性疾病类型较少。近几年，越来越多的学者开始开展国内实证研究，主要关注呼吸健康、肥胖和脑卒中等慢性疾病[75]，其中也有针对老年或青少年等群体的肥胖（或超重）研究[76-79]。健康影响评估方面，目前，国内城乡规划领域相关研究以国外相关概念引介和案例评析为主[80]，但也有少数学者开始探索健康影响评估工具与我国规划实践的结合路径，并开展了初步实践应用[35]。

（2）国外研究进展与比较

国外相关研究大致可分为理论建构、实证分析和健康影响评估（HIA）三大类型，对慢病的干预往往包含在促进公共健康的总体目标之中。

理论建构聚焦于如何将健康理念融入城市规划之中，关注建成环境对居民健康影响的作用路径以及规划管理方式，其中物质环境、体力活动和社会关系往往被视为路径影响型理论模型的关键中介因素[81, 82]。总体来看，并未单独针对慢性非传染性疾病，未来理论研究有必要进一步细化建成环境对慢性非传染性疾病的影响路径，明确不同空间尺度下的干预方式，同时探究规划组织管理的实现机制。实证分析主要提供可调控建成环境要素对居民健康影响的现实证据，相关研究关注的病种较为丰富，包括呼吸系统（如肺癌、慢阻肺、哮喘）、心血管（如高血压、心脏疾病、脑血管疾病）、神经系统等类别的疾病以及肥胖症、糖尿病和脑卒中等。目前研究探讨的建成环境要素多样，既包括总体层面的城市形态[83]，也涵盖土地利用特征[84-86]、街道空间[86]、绿色空间[86, 87]、道路系统[86]和出行模式[88]等。虽然目前国外学者针对建成环境与慢性非传染性疾病之间关系的实证分析已有一定积累，但总体而言，对建成环境作用路径的研究相对较少，且研究以截面分析为主。同时，当下学者也较少关注群体差异性、全生命周期效应和环境因素之间交互影响等问题。健康影响评估，能够对污染源、体力活动缺乏、设施可达性等慢性非传染性疾病的作用要素进行评价，为城市规划提供新的支持和依据，目前针对慢性非传染性疾病的健康影响评估也已积累了较丰富的经验与成果[78]。

（3）问题与研究展望

目前该领域的研究主要存在理论研究的系统性、对规划的指引性以及与国家规划语境的结合待深化，基础实证研究以横截面分析为主、关注慢病类型有限且对建成环境复杂健康影响机制的挖掘不充分，健康影响评估与城市规划并未形成紧密联系，能够预测健康结果（包括慢性非传染性疾病）的相关评估工具较少等问题。未来可从以下方面进一步开展研究：①从规划干预与组织管理视角持续深化理论研究。未来研究有必要以健康城市规划为核心调控手段，多维视角拓展和细化理论的内容构成和方法路径，促进健康融入城市规划的各个环节。同时，构建适应我国国土空间规划语境的理论体系，统筹多元健康影响因素，明确空间干预和规划调控的原则和方法。②拓展慢性非传染疾病相关病种的实证分析，揭示建成环境要素对健康结果影响的复杂机制。③提高健康影响评估工具的适用性，加强与规划编制和实践的结合。

2. 城市交通与居民健康研究

城镇化和信息化进程改变了城市居民的生活方式与货物的运输模式，环境污染、交通拥堵等问题也引发了各类公共健康问题。作为居民日常生活组织和城市运作的重要层次、城市可持续发展的重要内容，城市交通成为影响城市居民健康的关键因素之一，如车辆噪声和空气污染、交通机会不均等、不积极的交通方式和久坐行为等现象正威胁着公共健康。

（1）我国主要研究进展

出行与运输作为居民日常生活组织和城市运作的重要层次，一方面影响市民维持生活质量、获取社会经济资源、与建筑环境互动的方式；另一方面产生影响居民健康的环境影响，成为城市居民健康的关键因素之一，其中城市客运交通和货运交通以不同的方式产生环境负外部性，从而影响居民健康和福祉。

对于居民出行需求与方式的健康影响，现有文献主要从交通供需、居民通勤和慢行交通等方面展开。比如，从交通政策和制度角度出发，从法律法规的制定、治理平台的建立、经营权的转移、运营模式的创新等方面对区域公共交通服务供给提供了发展意见[89, 90]；针对通勤行为，探讨通勤与健康风险之间的关系，揭示通勤方式对 BMI 和自评健康的影响等[91-92]。值得注意的是，随着信息化快速发展，交通大数据资源种类的日益多样化，对于通勤行为提取与通勤满意度评估的研究方法与模型也日益发展[93, 94]。出行者在出行过程中的主观体验，为城市交通政策制定和精细化设计改善提供新的视角[95]。慢行交通作为最有利于居民健康的交通方式，正受到政策制定者和学界的共同关注，相关研究内容主要包括慢行交通友好性评价[96]，空间层面上对居民公共健康的影响，提升及优化城市公共空间可步行性[97]。

在居民受到交通活动环境污染的健康影响方面，现有文献则主要对城市交通活动产生的噪声、环境污染和交通安全等方面进行分析。关于交通噪声影响，学者主要探索交通噪声与相关环境因素的关系，及其对神经系统和心理健康的影响[98]。关于车辆空气污染物排放，学者主要研究其对不同的空间尺度与人群造成的影响、与相关疾病的关系，以及对排放标准的制定和完善[99]。关于交通安全事故，学者探讨了包括城市区域特征、车辆类型、基础设施设计等影响城市交通安全的主要因素，以及公共部门针对这一问题的规划与政策尝试[98]。

（2）国外研究进展与比较

客运交通方面，发达国家（美国东北海岸、日本沿海、德国莱茵鲁尔等）城市连绵地区已建立起完备的多层级轨道交通服务系统，支撑长距离出行以减少长时通勤带来的健康隐患；中国城市的发展及相关研究在此方面仍存在缺失[100]。健康影响评估体系近年来在许多欧美国家被纳入交通规划领域，并取得了一定的成果和经验。然而我国健康影响评估工作还处于发展阶段，对公共健康影响的评估还较为缺失[101]。在城市规划领域对于环境如何主动干预健康的研究相较于国外尚处于起步阶段，亟须针对具体健康问题提出相应的干预手段及途径[102]。

此外，不同于国外对于货运车辆对环境、居民影响的关注程度，我国对于货运车辆与公共健康的相关研究很少，目前仍停留在对于国外相关文献的综述阶段，相关实证研究非常缺乏。

（3）我国发展趋势与对策

针对我国城市交通供需发展不平衡的现状，有必要重构大数据、智能网络时代的城市交通认知，加快城市交通基础理论研究，着眼于区域内多元化出行需求，进而实现城市与区域的协调发展，不断解决服务供给中的新问题。同时，幸福感和满意度评价的研究将对改善交通用户的出行体验、完善交通网络服务等交通细化起到重要作用，也将有助于在构建优质交通服务体系的过程中践行社会公平和人文关怀。而随着智能驾驶技术的发展和应用，未来城市空间布局和街道空间设计也将发生巨大变化。智能驾驶的实现将大大提高道路资源的利用效率，进而减少车辆对道路资源的占用，释放出更多的空间给街道本身。随着电子商务的持续发展，大量货运车辆对居民健康带来了严重的隐患，有必要进行相关实证研究，准确挖掘其背后的原因与作用机理，进行详细的制度设计和利益协调，协同治理，各部门共建共享，促进我国新时期城镇化进程中人居环境和城市货运交通的可持续发展。最后，城市交通学作为健康城市科学的重要支撑学科，对于健康城市建设和“健康城市科学”构建将产生关键性的促进作用。未来研究应与健康城市科学等相关学科加强合作交流，聚焦多学科交叉解决人民健康问题。

### 3. 城市景观与居民健康研究

城市高密度发展导致绿色空间与自然环境的不断减少，成为引发各类精神疾病和慢性病的重要因素，城市的健康问题日益凸显[103]。过去几十年里城市景观在理念研究、规划设计、管理运行等方面开展了丰富的研究，近年来其与公共健康的关系也引起了广泛关注。

（1）我国主要研究进展

近年来，国内的研究集中在城市景观对居民健康的影响机制方面，具体体现在宏观与微观的两个层面。以宏观视角来看，城市绿地的健康评价和可持续性评价均尚处于初级的探索阶段，杨健等[104]结合新版城市绿地分类标准，将其分为三种类型。国内学者大多较为关注城市绿地提供生态服务的这一研究视角，从社会经济、生态保护等方面，对城市绿地进行评价[105，106]。

从微观层面来看，城市景观对居民健康影响主要体现在三个方面。首先，绿色空间内的体育活动可以提高人们的健康水平，对公众健康具有积极的作用[107]。同时，对绿色空间的健康促进进行空间设计特征研究[108]。其次，缓解压力和恢复注意力已被证实是城市绿地的健康促进的一种重要作用途径[109]，大量相关研究证实公园环境中的绿色植被等要素对释放精神压力、减缓疲劳更有积极作用[110]。最后，绿地与社会交往之间具有积极关联性，而社会交往及社会支持又能改善个体健康状态和社会健康状态[111]。越来越多的学者关注在健康城市视角下，城市景观如何促进社会交往与联系[112]。

后疫情时代，中国将进入新公共卫生发展阶段，城市景观与居民健康研究热点主要聚焦居民健康的规划设计、管理运行和跨学科研究。规划设计方面，社区绿地是需要关注的重点[113, 114]。在管理运行方面，趋势为通过运营公共健康活动项目和构建智慧管理体系来提供更完善的公共健康改善和卫生防疫服务[115]。在跨学科研究方面，居民健康包含了多方面的学科内容，涵盖医学、历史、社会、经济、地理等方面的知识，其研究目的在于为多学科的互相借鉴与融合提供基础，继而推动我国以健康为导向的风景园林研究快速发展[116, 117]。

（2）国内外研究比较

国内外城市景观与居民健康领域研究的主要区别在于：发展时期不同、研究内容不同、发展中面临的问题不同。

具体来讲，国内研究起步晚于国外，且在数量和深度上不及国外水平。国内研究多以实际项目为基础，目标导向明显。国内既往研究卓有成效，对提升健康人居环境的规划设计方法进行了持续探索，但尚未形成完整的理论研究体系，与国外研究的理论框架、主客观结合定量方法、多时空尺度实证实地研究、科学技术研究、综合实践应用等方面仍存在较大差距。对于国内来说，规范化和标准化是发展中面临的主要问题。后续研究亟须通过城市自然环境的健康绩效及机理的基础研究，逐步探索中国特色城镇化背景下，风景园林对于生理健康、心理健康、社会健康的功效。立足于风景园林学科健康领域理论体系、规划设计方法体系、科学技术研究支撑体系的构建，为健康人居环境建设提供实证基础和询证设计方法，为“健康中国”的理念落地提供有效的数据支撑和实证基础。

（3）研究趋势与对策

随着生态环境与社会问题在全球、区域与地方等多个尺度上的联动效应凸显，走向时空多尺度关联研究和理论研究的系统化将成为这一领域发展的必然主题。此外，通过多学科、多领域合作和共同参与，不断丰富学科理论体系与实践技术手段，有效应对当前及未来全球变化对人居环境的冲击与挑战；新技术工具将成为景观与健康在数据获取、可视化、定量分析与评价、模拟决策与预警等方面的新助力。

### 4. 健康城市评价与标准研究进展

健康城市评价指标体系，是综合反映一个地区公众健康状况及环境、社会、公众协调发展状态的综合指标体系，是对其发展特征、发展趋势及总体能力的一种判断，也是制订健康城市建设方案的基础。健康城市指标可以描述和比较各城市现状，引导健康城市建设方向、监测建设过程、评估建设成效、推进城市的可持续发展，也为下一步全国健康城市评价相关技术咨询和指导工作提供借鉴[118，119]。

（1）我国主要研究进展

2016 年 11 月，中华人民共和国国家卫生和计划生育委员会等十部门发布《关于加强健康促进与教育工作的指导意见》，要求全面建立健康影响评价评估制度，系统评估各项经济社会发展规划和政策、重大工程项目对健康的影响。2018 年 4 月，国家卫生健康委办公厅印发了《全国健康城市评价指标体系（2018 版）》，旨在引导各城市改进自然环境、社会环境和健康服务，全面普及健康生活方式，满足居民健康需求，实现城市建设与人的健康协调发展[120]。在此之前，我国多个城市已陆续开展健康城市建设，也出台了各自的指标体系，但由于各城市健康城市建设切入点和侧重点不一，所选指标也有所差异。各地维度结构与国家指标体系维度结构契合度高，而具体指标的制定和维度的归属差异较大。我国城市规划界对健康城市的评价思路有所探讨，2013 年中国城市发展研究会课题组发布了《中国健康城市评价指标体系以及 2013 年度测评结果》。傅华指出，健康城市指标体系可以在一定程度横向比较的基础上，更应该强调城市自身的纵向比较，强调针对城市当地的自身健康需求，因地制宜地解决本地的健康问题[121]。

（2）国外研究进展与比较

自 WHO 欧洲健康城市网络建立起，健康城市指标用于监控过程、在城市内部作比较以及激励变化的需求就已明确。世卫组织健康城市项目办公室专门设立了工作小组并发展了一套指标来覆盖城市生活的不同方面，53 个指标涵盖了“健康”（包括传统的死亡率指数）、健康服务、环境和社会经济情况，并于 1999 年出版，随后又进行了数阶段修改，将指标数量下降至 32 个，应用于许多国际机构、组织以及其他项目测度并监控城市健康[122]。

WHO 强调，健康的城市是重视健康并努力改善健康，而不是要达到特定的健康水平。城市参与取决于它对健康的承诺以及是否具备实现这一承诺的基础设施和过程，而不是目前的健康状况。WHO 神户中心在 2010 年发布的《城市健康公平评价和应对工具》，提出了城市健康公平性评价的指标体系，含 12 个核心指标、18 个推荐指标和 6 个备选指标，并大力推荐在健康城市评估与建设中使用。城市健康公平性的理念，以及其评价指标体系对于健康城市建设标准的建立，具有一定的参考意义。

（3）研究展望

首先，要开展制度研究，促进多部门合作，健康城市建设是一个多部门合作的长期系统工程，全程监测、动态评估健康城市建设对及时评价建设效果、发现和改进存在的问题、指导和推进健康城市可持续发展具有显著意义[123]。其次，强调针对城市当地的自身健康需求。因此，要因地制宜地解决本地区健康问题，而不应该简单地将国家的指标体系当作自己本城市的工作指标，把当地的健康城市的建设工作局限于国家所制定的指标体系中。最后，要加强能力建设，对决策者及具有资质的相关专业人员进行相关培训，促进健康城市的可持续发展。同时加强对数据收集人员的培训，更有效地执行任务。

## （二）多尺度健康空间塑造研究进展

城市是一个复杂开放的巨系统，形成“区域 – 城市 – 社区 – 建筑”等宏观 – 中观 – 微观的不同尺度。近年来，建成环境对居民健康的影响成为跨学科研究的重点，在不同的空间尺度上，建成环境对健康影响的机制与研究方法也有所差异。例如，在建筑层面，涉及日常使用的大量性建筑、材料和空间的健康问题。在社区层面，通过城市设计对居民的日常运动、生活轨迹乃至生活方式产生重要影响。在城市层面，涉及由规划与基础设施引发的环境健康和传染病问题。城市群方面则涉及区域空间结构等带来的人口流动问题。基于此，学者对不同尺度的健康空间的塑造开展研究，进而对人民生活环境及生活模式产生重要影响（图 19）。

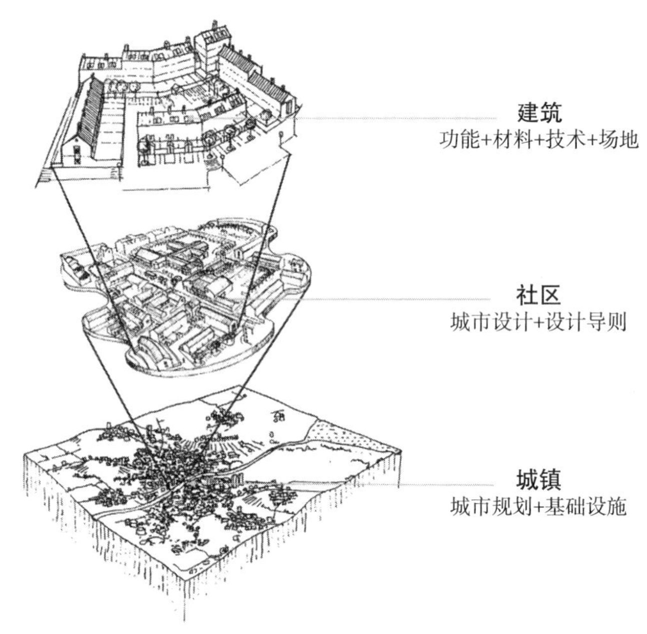


图 19　不同空间尺度对健康的影响[124]

### 1. 城市群视角下的健康城市发展研究

城市群作为当下推进新型城镇化的主体空间形态，其在地域空间上范围更大，功能上更加强调城市间的协同互动。在社会发展的载体——城市的发展逐渐从单一城市变为以城市群为主体进行协调发展的时代中，健康城市建设需关注城市健康发展的区域协同与合作，在城市群层面建设“健康城市”一体化体系，稳固区域一体化发展优势。

（1）我国主要研究进展

由于城市群是一系列生态环境问题的高度集中且激化的高度敏感地区，研究多围绕城市群生态效率、绿色发展、可持续发展、低碳发展等[125-128]，但以“人”为出发点探讨健康城市的研究并不多。近年来，一些学者开始探讨跨省域低碳城市群健康发展策略[129]、系统建构城市群“互联网＋医疗健康”协同发展机制等[130]。同时，《健康上海行动（2019—2030年）》《健康北京行动（2020—2030年）》纷纷提出长三角健康一体化和京津冀健康协同发展，可为进一步推动城市群视角下的健康城市研究提供契机。

（2）国外研究进展与比较

国外关于大空间尺度的健康研究相对较多。从文献计量分析来看，关键词除了健康城市（Urban Health）、健康（Health）、死亡率（Mortality）外，风险因素（Risk Factor）、体力活动（Physical Activity）、流行病和流行率（Epidemiology & Prevalence）、差异（Disparity）、邻里（Neighborhood）、可利用性（Availability）等也构成国外城市群、大都市尺度健康城市研究主题，主题词之间关联性强且各主题词有较强的纵深研究。2014年以前，健康风险因素研究较多；2014年后则对大都市区、城市群中的社区生活质量、健康城市空间设计、气候变化、环境绿色等关注增加。其中，自2004年起健康公平主题一直繁荣至今，涉及收入不平等、医疗服务卫生资源的可得性、城乡健康水平差异的研究[131-133]。此外，对城市健康不平等的日益关注推动了绅士化（Gentrification）与健康之间关系的研究，从概念和方法的角度实证研究绅士化与健康和幸福之间关系，是城市更新背景下的新问题[134]。

国外健康城市群、健康区域概念很少提及，但面临空间蔓延带来的健康挑战，北美等都市区逐渐开展建成环境对体力活动、公共健康影响评估，推进城市规划设计与公共健康的结合[134]。与国内大量综述研究、案例引介但缺乏健康城市实证研究的情形相反，得益于完善的健康数据库建设，基于个体的健康数据可获得性较强的研究主题丰富，以及学科交叉研究特征显著。

国外健康评价侧重于国家整体健康战略，具体评价内容包括健康状况、健康的非医疗影响因素、健康服务三大基本维度，相对于国内健康评价概念框架设计的一致性更强。

（3）问题与研究展望

如关注城市群整体，忽视内部区域差异性，则难以准确认清城市健康症结；但若关注城市个体忽视区域性城市群，则难以高效解决城市健康问题。因此，研究开展一方面要立足于城市个体精细化评价城市健康情况，另一方面又要着眼于城市群整体，运用区域联动的思路，集约高效地提出健康提升策略。同时，城市群健康评价数据采集过程中，存在同一指标各地统计标准不一的问题。应规范数据收集整理，使健康数据细化至社区尺度，建立区域医疗卫生信息平台，推进健康信息互联互通。并借助科技手段实现城市健康大数据的深度推进，通过对相关指标数据的科学监测和评估分析，提高健康城市决策的科学水平，助力健康城市建设向信息化、智慧化方向迈进[135]。

2. 健康社区研究进展

自 1986 年 WHO 启动健康城市促进计划以来，健康社区作为健康城市营造的微观单元，逐渐在西方国家引发重点关注，并扩展至日本、新加坡、中国等国家[136]。在新冠肺炎疫情带来突发公共卫生事件的应对中，社区作为应对健康风险前沿阵地的作用进一步得到凸显。“健康融于万策”的战略理念以及社区的复杂性，决定了健康社区作为落实“健康中国”国家战略的重要抓手，呈现出高度的跨学科研究、跨行业协作的特质，是亟须众多学科和行业共同探索的新领域。

（1）我国主要研究进展

理论研究方面，我国健康社区相关研究发文量最多的类别是医药卫生科技，主要集中在医药卫生方针政策与法律、临床医学、预防医学与卫生学等学科。总体来讲，国内的研究大致可分为从关注医疗卫生到身心健康，再到规划设计干预多维健康的三个阶段：1994—2000 年，关注社区健康教育、社区卫生服务与健康服务；2000 年之后，研究进入快速发展时期，进一步重视高血压、糖尿病等病理问题以及心理健康问题；2020 年以来，随着新冠肺炎疫情的出现，通过规划设计手段影响健康社区建设的研究迅速增多。研究热点以健康和社区为中心，围绕空间环境质量、社会治理水平对社区居民健康的影响展开[136]。

实践活动方面，现阶段我国健康社区建设的实践主要结合爱国卫生运动，重点集中在公共卫生领域内的组织推动、活动开展等内容[137-139]。同时我国先后出台了《上海市健康社区指导指标》《北京市健康社区指导标准细则》《健康社区评价标准》等健康社区评价指标体系，侧重政府管理和资源投入，对健康社区的实践活动具有重要的指导与监督意义。

（2）国外研究进展与比较

从学科领域分布来看，国外健康社区领域研究中发文量最多、最重要的学科是公共、环境与职业健康（Public，Environmental & Occupational Health），其他主要研究学科还包括内科 - 普通内科（Medicine，General & Internal）、营养学（Nutrition & Dietetics）、老年医学（Geriatrics & Gerontology）等。

国外健康社区研究大致可分为从关注物质环境到身心健康，再到多维健康、多学科融合转变的三个阶段：相关研究起步于 20 世纪 90 年代，从对健康的关注逐渐转向健康社区，开展健康社区运动，重视物质环境的营造；进入 21 世纪之后，开始关注影响居民健康的因素、进行健康影响评估等，重视心理健康与精神健康；2010 年以来，呈现社会学、经济学、环境工程等多学科融合趋势，更加关注社会公平、社会资本、绿色空间等。当前研究热点主要集中在与健康有关的人的感受与活动、邻里环境、社会作用等方面。

实践活动方面，加拿大、美国是健康城市和健康社区运动开展较早的国家，加拿大在

1986年开展健康城市建设的同时开展健康社区建设，居民主要以自愿的方式参与其中[140]。美国则是在健康城市建设的过程中逐渐把关注点转移到健康社区上，通过具体项目来推动实施。如2013年洛杉矶城市规划发展部门发布《设计一个健康的洛杉矶》规划设计编制手册[141]，综合考虑物理环境对社区居民的身体和心理健康的影响，将建设重点放在营造社交环境、卫生环境和建成环境三方面，重视增加社区参与，增进社区交流，突出社区人文建设。

（3）研究趋势与展望

首先，加强健康社区领域跨学科、跨层级的研究。强化与协调健康社区建设与环境保护、社会治理、社区经济发展、文化建设等领域之间的互动协作，推动公共卫生、建筑科学与工程、社会学、经济学、环境科学等多学科间的跨学科合作，加强社区与区域、城市、建筑等多尺度健康空间之间联系的研究。其次，加强健康社区影响机制的系统性架构研究。通过对健康社区多维度和全要素的影响因素、影响机制的研究，系统性地架构健康社区影响机制与路径，为健康社区规划建设和公共政策制定提供理论支撑。再次，加强健康社区全流程实施机制研究。构建从确定影响社区健康的因素与干预点、拟订规划行动计划、评估干预措施、制定政策与行动组合，到落实行动计划的健康评估与健康社区规划全流程实施机制，指导健康社区实施[142]。最后，依托物联网、5G、云计算、大数据、人工智能等技术的生态融合，推动智慧健康社区的落地[143]。

### 3. 健康建筑标准研究

健康建筑标准的研究发布是该领域的重要特点。由于人们80%的时间均位于室内[144]，建筑对人体的健康影响受到广泛关注。早在20世纪80年代，建筑的健康因素就已经得到了很多组织和国家的重视。在我国，健康建筑目前也已成为一个新的建筑研究方向。健康建筑的发展离不开健康建筑标准体系的引领。

（1）我国主要研究进展

早在1999年，国家住宅工程中心就已开展居住与健康的相关研究，并接连发布了《健康住宅技术要点》《健康住宅建设技术规程》《住宅健康性能评价体系》[145]。2016年，国内首个健康建筑评价标准《健康建筑评价标准》正式发布。2020年，健康建筑的内涵实现了从单体到区域的发展，《健康社区评价标准》（T/CECS 650–2020）[146]和《健康小镇评价标准》（CECS 710–2020）正式发布[147]。另现有多部健康建筑标准正在编制过程中，如《健康酒店评价标准》《健康医院评价标准》《健康养老建筑评价标准》《健康体育建筑评价标准》《健康校园评价标准》《健康乡村评价标准》《健康建筑检测技术规程》《既有住区健康改造技术规程》《既有住区健康改造评价标准》等。

国内学者主要从健康建筑的评价标准研究[148, 149]、案例分析[150]、发展现状[151, 152]、发展展望[151–152]、影响因素、室内环境、健康建材、防潮及抑菌、通风技术等方面进行研究[153–154]。随着健康建筑的发展，国内学者对健康技术的研究逐步加深，对各个技术点的研究逐渐深化。

（2）国外研究进展与比较

现阶段，全球领先的国外绿色建筑评价标准中均设有对健康性能的评估指标。1990年，全球第一部绿色建筑评估体系 BREEAM 标准由英国建筑研究院研究并发布，该标准中设有独立的“健康和福祉”评价章节。随后发布的美国 LEED 标准[155]、德国 DGNB 标准[156]、法国绿色建筑标准（Haute Qualité Environnementale，简称 HQE）、日本建筑物综合环境性能评价体系（Comprehensive Assessment System for Building Environmental Efficiency，简称 CASBEE）、加拿大 Green Globes、澳大利亚 Green Star、意大利 ITACA（Istituto per l'innovazione e Trasparenza degli Appalti e la Compatibilità Ambientale）等绿色建筑评价标准中均涉及了健康性能相关指标，但并不全面。

在标准体系上，国内外健康建筑的研究均覆盖了单体建筑和社区建筑群，但在发展形式上，国外标准是将健康建筑母标准版本升级，以适应所有类型和地域建筑的发展需求。国内则在针对各种建筑类型的《健康建筑评价标准》发布之后，以此为母标准，向涵盖范围更广、建筑类型更多、覆盖阶段更全三个方向发展的多个健康建筑系列标准发展。

在标准技术层面上，通过对国外和国内健康体系中较完整、发布较早、适用性广、推广情况较好的现行美国 WELL 建筑标准（V2 版本）与我国《健康建筑评价标准》（T/ASC 02-2021）进行对比发现，美国 WELL 标准（V2 版本）更加强调建筑通过设计策略对心理健康、舒适等进行引导，并在社区层面表达了对不同人群健康和福祉的关注。而我国《健康标准》更加侧重提供有形的健康生活的环境和设施，使使用者获取健康知识、培养健康习惯，类似美国 WELL 标准（V2 版本）阐述的无形的健康促进措施或策略相对较少[148]。

（3）发展趋势与对策

我国健康建筑正处于初期发展阶段，承载着改善民生、推动健康中国战略的落地实施、促进行业发展的重要使命[156]，将健康建筑的理念融入建筑行业发展中是必然趋势。目前，健康建筑的发展主要呈现标准体系进一步发展完善、健康建筑逐步与健康城市建设实现有机融合等发展趋势。

健康建筑的未来研究建议主要从如下方面进一步展开：①加强对健康建筑标准关键问题研究，促进交叉学科深度融合，从生理、心理和社交等方面多尺度、更全面地评价健康建筑，让与健康建筑相关的不同学科形成专业优势互补和协同合作，从而促进从整体上解决健康建筑面临的科学问题，形成健康建筑元素的集成融合；②加强对健康建筑的“平”“疫”结合研究，促进健康城市建设发展，使健康建筑能在应对突发公共卫生事件中发挥更大的作用，切实保障疫情下建筑使用者的安全与健康；③加强对健康建筑产业化全链条的研究，促进健康建筑产业协同发展，加快关键技术和创新产品的研发与应用，提升科技竞争力，建立内涵丰富、结构合理的产业化全链条，共同带动和促进健康建筑产业向前发展。

## （三）多维健康观视角的健康城市研究进展

WHO 对健康的定义体现了多维化的健康观，是健康的最高目标。随着国民健康诉求的日益提升和“健康中国”战略的不断推进，当前阶段的公共健康事业，已从传统的“身体健康”的单一健康观扩展到“身体健康、心理健康、社会行为健康”等多维健康观。其中，由于心理健康问题已在全球疾病负担中占据非常重要的地位，且所占比重越来越大。健康行为和健康生活方式的推动是健康城市建设中的重要组成部分，针对城市环境对心理健康影响以及居民健康行为的研究成为当前健康城市研究的热点（图 20）。

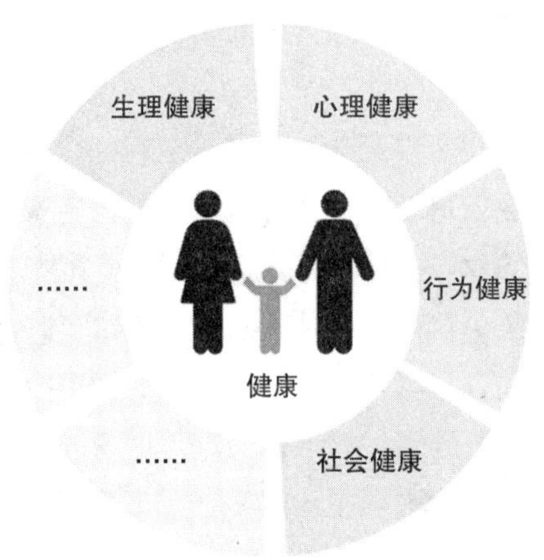


图 20　多维健康观示意图

### 1. 城市环境对心理健康的影响研究

目前，心理健康问题已在全球疾病负担中占据非常重要的地位，且所占比重越来越大[157]。已有大量文献表明，物理和社会环境会对心理健康存在影响。随着城镇化进程的不断推进，城市环境对人类心理健康的影响越来越重要[158]。

（1）国内外主要研究进展

城市环境与多种心理健康问题和精神疾患的发病有关，目前已经受到城市科学、地理学、心理学和神经科学等学科的共同关注，其中环境心理学的理论方法应用最为广泛。

一方面，城市生活的“快节奏”已经形成了综合性的负面社会心理影响，导致易感人群慢性应激反应。交通通勤作为城市居民的主要活动之一，成为影响心理健康的重要原因。公共交通中拥挤而凌乱的乘车环境、难以预计的交通拥堵或安全威胁等对个人的情绪、活力以及精神状态存在较大的负面影响[159，160]。另一方面，城市环境主要是“人为环境”，建成环境的特点，如土地使用强度、社区环境质量、道路交通流量和公共空间设置等对心理健康会产生不同的影响，城市环境污染对心理健康的影响在近年来越来越受关注[161]。城市大气中包含的复杂的空气污染混合物通过影响神经系统从而引起心理问题[162，163]，另外，城市环境中噪声污染也会导致人体焦虑水平的增加[164]。自然体验好的城市会对心理健康起到改善作用。研究表明置身大自然中进行身体活动可以改善主观感受和注意力水平，减少焦虑、疲劳、愤怒和悲伤等负面情绪[165]。城市社区中绿色空间的充足与居民的心理健康之间存在着剂量依赖关系，包括未成年人、老年人以及贫困人群[165]。

在影响心理健康的城市环境诸多因素之间，城市环境与其他健康因素之间经常存在着交互作用。这种因素之间互相影响的现象表明，不同因素可能通过不同但相互作用的心理和生理机制，影响着人类的心理健康状况[166]。这给相关研究的开展带来了一定困难，也进一步显示出集成多学科开展交叉融合探索的需求和趋势。

（2）国内外研究比较

在研究方法上，国外研究更为多元化，包括从宏观到微观的多尺度多要素理论研究分析和实践决策指导。国内研究已有基于个体感知、穿戴设备等方法的相关探索，但主要采用问卷调查等传统定量分析方法，与国外已形成的"理论框架、方法体系和实践应用"体系存在一定差距。研究内容上，国外研究从建筑、街道、公共空间、社区、道路交通、城乡差异、社会资本、社会经济条件等多个层面展开研究。国内研究从城市规划要素和社会经济因素这两方面入手，更关注建筑、社区和交通等因素的影响识别，尚未进入机制探讨层面。涉及学科上，国外相关研究吸引了建筑学、城市规划学、地理学、心理学、神经科学等多个领域开展系统性研究，推动构建了"城市环境 – 居民感知 – 心理健康"这一研究系统框架。而国内研究以建筑学和社会心理学为主，风景园林学、城乡规划学和地理学为辅，已呈现出交叉研究发展趋势但融合水平有待进一步提升。

（3）我国发展趋势与对策

城市是一个开放的复杂巨系统，各因素之间进行着交互作用。生理健康和心理健康亦互相影响，环境对身心健康影响的作用过程和机制相当复杂。因此，"哪些环境因素对心理健康产生影响""环境影响通过哪些方式产生影响"等影响因子识别、影响过程解析和影响机制阐释问题仍需展开更为深入和细致的探究。

我国在该领域的研究尚在探索发展阶段。在未来研究中，应提升多学科交叉水平，广泛采用时空地理大数据、虚拟现实（VR）、物联网（IoT）等新技术，利用新城市科学思维和理论，推动建立新的研究范式，为建立城市规划设计循证研究体系、主动干预促进公共心理健康、构建全龄友好的健康城市环境提供支撑。

**2. 健康城市背景下的健康行为研究**

随着公共健康的理念从"诊断和治疗为中心"向"预防和健康管理为中心"转变，越来越多的研究开始关注健康生活方式参与度对健康的影响。

（1）我国主要研究进展

国内近年关于健康行为的研究主要描述中国民众的健康行为参与度并分析其相关的影响因素，坚持健康的饮食、有规律的身体活动、不吸烟和饮酒、有足够的睡眠已被证明是必不可少的改善和维护健康的方式。

饮食是影响健康的重要生活方式因素之一，健康的饮食习惯对公众健康有积极影响，例如地中海饮食可以显著改善老年人的延迟记忆、工作记忆和整体认知能力[167]。不健康饮食是许多疾病（如糖尿病、心脑血管疾病等）的风险因素[168, 169]。近年来，许多与饮食相关的健康风险都呈现增加的趋势，比如，研究发现，我国糖尿病发病率迅速上升的一个重要风险因素是红肉消费量的增加[170]。有规律的身体活动有助于预防至少 25 种常见的慢性病，通常会降低 20% ~ 30% 的疾病风险[171]。最新研究通过对约 50 万中国人近十年的追踪，针对我国不同饮酒人群（如弱势群体、特殊人群等）的特点进行分析，发现饮酒对健康的影响没有安全水平，任何水平的饮酒都存在健康风险[172]。高吸烟率仍然是国内外公共卫生面临的主要挑战之一[173, 174]，除传统烟草以外，电子烟对公众健康的影响不容忽视[175]。睡眠健康也是影响公众健康的主要生活方式之一，健康的睡眠（包括睡眠周期、连续性、时间、警觉水平和满意度等）对心血管疾病、肥胖、心理健康和神经退行性疾病、饮食健康、生活质量、幸福感、免疫力等一系列关键健康结果均具有积极影响，而睡眠障碍将影响生活质量、心理健康、认知功能、心脑血管疾病等[176-178]。主要研究影响睡眠时间和质量的因素，包括年龄、性别、社会经济地位、价值观以及心理因素等[176-178]，同时探索常见的睡眠干预措施[170, 172]。

（2）研究趋势与展望

在我国健康城市建设背景下，国民健康行为参与度有所提升，但与推荐的健康行为参与度指标和“健康中国行动（2019—2030）”的目标相比仍然有很大的差距，相关基础研究和政策支持仍显不足。目前针对国民健康行为干预研究还非常缺乏，有必要进一步开发适用于中国文化情境和中国人的健康行为助推干预策略，并探索如何将行为科学关于行为改变的原则和最新的健康技术结合来提升干预策略的反馈性、趣味性和依从性。此外，健康行为参与涉及各个年龄段的人群，需从全生命周期的视角来开发适宜于促进各个年龄段（包括婴幼儿、青少年、成人和老年人）人群的健康行为参与度的干预策略。特别是伴随着中国人口老龄化的趋势，如何提升老年人的健康生活方式参与度也是未来中国公共健康领域所面临的一个重大挑战。同时，由于健康生活方式参与度受到个体因素、情境因素、社会因素和公共健康政策因素等多个层面的因素的影响，未来需要整合多学科力量从多层次视角共同探索提升健康生活方式参与度的有效策略，也需要进一步增强不同部门之间的协作性，提高公共健康政策的协同性和一致性，实现全民共同参与，为自己的健康负责。

## （四）全人群友好的健康城市建设研究进展

随着世界上不少大城市老龄化的到来，儿童和老人的人口比重双双上升，劳动年龄人口的育儿养老负担不断加重，总抚养比从 2010 年的 34.2% 大幅上升至 2020 年的 45.9%，老人和儿童成为城市中最应该受到关注的人群。《“健康中国 2030”规划纲要》要求，立足全人群和全生命周期两个着力点，提供公平可及、系统连续的健康服务，实现更高水平的全民健康，突出解决好妇女儿童、老年人、残疾人、低收入人群等重点人群的健康问题。要覆盖全生命周期，针对生命不同阶段的主要健康问题及主要影响因素，实现从胎儿到生命终点的全程健康服务和健康保障，全面维护人民健康。聚焦“一老一小”和特殊群体，建设老幼关爱青年友好的全龄友好城市势在必行，这也是“以人为核心的城镇化”的价值追求和具体体现。

### 1. 老年人居环境研究

面对我国人口快速老龄化的挑战，城市老年人的快速郊区化、社会空间隔离、出行受限、养老模式缺位、社区空间结构失衡、服务设施与公共空间错位等现象与问题日益凸显，构建面向老年人居环境可持续发展的理论和实践体系迫在眉睫。关注老年人居环境问题，全面实施人口老龄化国家战略将对于提高老年人居环境质量、提升城镇化内涵具有重要作用。

（1）我国主要研究进展

老年人居环境涉及理论主要包括老年学、行为地理学、人类生态学、社会地理学等[179-181]。目前研究主要集中在老年人的空间分布、社会空间特征、交通出行、居住空间环境、老年人居环境的空间发展模式，以及影响老年人健康的建成环境因素等方面。

国内研究中，空间分布相关研究主要围绕区域、城市层面老年人的空间分布特征、演变机制等方面展开[182-183]。社会空间特征方面，主要运用社会地理学方法探讨了老年人的社会空间隔离问题、社会交往特征、日常活动特征及影响因素[184, 185]。交通出行层面，主要探讨了老年人的出行特征、道路交通规划策略[186]。对老年人的居住空间环境的研究涵盖了社区及服务设施规划[187]和公共空间规划[188]，主要包括老年人居住和养老空间模式、老年人社区的规划布局模式与设计方法，并从老年人生理、心理、行为活动特征对公共空间的影响分析入手，从微观层面的功能组织、布局模式、营造手段等方面探讨了老年人的户外、社区、建筑内部的公共空间设计方法[189]。老年人居环境空间发展模式层面，主要基于老年人的需求特征，从城市用地布局和道路交通规划等方面探讨了老龄化社会的城市空间发展模式。在老年人健康与建成环境关系的研究中，对建成环境对老年人生理健康和体力活动的影响与作用机制进行探究，主要包括密度、土地利用混合度、设计、距公交站距离和设施可达性、可步行性、城市蔓延、食品环境等[190]。

（2）国外研究进展与比较

空间分布方面，国外老年人的空间分布已呈现郊区化特征[191]，研究尺度涵盖了全球层面[192]、区域层面[193]和城市层面。社会空间方面，社会排斥作为西方国家人口老龄化最典型的问题[194]，也是国外研究的重要对象之一。人居环境发展模式方面，国外学者及研究机构提出了明确的人居环境发展目标、技术框架和行动指南。“积极老龄化”政策明确了城市人居环境发展的框架体系，涉及生活环境、社区建设、安全交通出行等多方面[195]，构建了完善的老年人居环境发展模式。交通出行方面，发达国家居民出行的机动化水平较高，围绕老年人小汽车出行的研究较多，并对居民出行调查开展的比较系统，因此对老年人出行行为的研究较为深入[196]。居住空间环境方面，国外学者侧重于探讨“老年人友好环境”目标下的社区规划模式与方法[197]，并从环境心理学、社会性等多学科视角探讨老年人公共空间规划理论与方法，为国内的研究视角提供了思路。健康与建成环境研究方面，国外学者深入探讨了城市建成环境与老年人健康的多层级关系与内在机理，形成了较为完善的理论体系。

在研究方法方面，国际上对于老年人空间的研究，已体现为现代前沿科学技术的全面渗透与植入，尤其是GPS、虚拟现实技术、大数据已全面应用于研究老年人居环境中宏观、微观要素的知识挖掘、规律分析和决策指导。而国内研究仅停留在初步的定量化分析层面，技术手段的单一和分析模型的欠缺使得老年人居住环境研究成果不成体系。而国内受基础数据缺乏的限制，相关研究较少，关于老年人交通出行规划的研究也大多停留在定性分析层面。

（3）发展趋势与对策

总体而言，国内外关于老年人居环境的研究呈现多学科交叉融合的发展趋势[198]。国外老年人居环境研究在多学科交叉背景下形成了老年地理学的新学科方向，聚焦于探讨城市建成环境对老年人社会需求、出行行为、健康等的影响和作用机理；国内研究从早期关注老年人的社区发展、空间分布特征、日常行为特征，逐渐全面研究老年人的时空演化特征、空间发展模式、社会空间分异、养老设施规划以及建成环境对老年人健康和幸福感的影响。目前，国内相关研究缺乏战略性纲领指导，亟须在政策引导下引入核心理念构建面向老年人居环境可持续发展的理论体系，包括构建“市场引导”与“政府调控”相结合的城市养老空间模式，面向老龄化社会的城市空间发展模式及道路交通系统，满足老年人社会需求的社区、服务设施、公共空间的规划理论与方法。同时，以问题为导向，“自上而下”统筹兼顾城市空间资源配置的“公平与效率”，积极应对日益复杂、多元化的老年人居环境问题。此外，在“友好老年人环境”发展目标引导下，充分运用新技术方法，从多学科视角，可视化模拟、多维度评价、深层次挖掘老年人的空间分布、社会空间、交通出行、行为活动的特征与规律，将对城市老年人居环境研究有重要指导意义。

2. 儿童友好城市研究

儿童作为数量庞大的特殊群体，也是城市生活中的弱势群体，党和国家始终高度重视儿童事业和儿童发展，《"十四五" 规划纲要》对儿童友好城市建设做出重要部署，明确提出 "开展 100 个儿童友好城市示范" 的建设要求，儿童友好城市建设首次上升到了国家战略的高度[199]。关注儿童健康与发展问题，建设儿童友好型城市是以人为本的城市发展理念的具体体现。

（1）我国主要研究进展

健康城市强调对儿童权益的关注和保障，以保障儿童安全、满足儿童基本需求为底线，促进其身心健康成长。近年来我国儿童健康的相关研究主要包括分析研究我国儿童的成长特征，如隔代抚育特征突出、室外活动强度低、儿童独立性活动比例低[200]；分析儿童健康成长的基本需求及影响因素，包括个体因素（性别、体重、年龄、生活习惯及技能、情绪感知等）、社会因素（家庭、学校、朋友、政策等）、建成环境因素（公共设施、交通环境、土地混合利用、居住密度等），且这些多维因素之间相互影响，营造利于提升儿童健康水平的健康空间迫在眉睫[201]，结合国内外优秀案例分析[202]，从不同尺度对我国儿童友好型城市、社区提出相应的对策和建议。

（2）国外主要研究进展

国际上对建设儿童友好型城市的探索包括构建儿童友好型城市规划体系、加强保障儿童受保护权益、营造安全的城市环境、塑造多样自然的儿童友好空间等方面。当前，全球已有 3000 多个城市采取了若干措施推动儿童友好型城市的建设，并从不同维度出发做出理论研究与实践探索，包括联合国儿童基金会的《构建儿童友好型城市和社区手册》、英国的《儿童和城市规划》等，从不同的分类方式建立起各自儿童友好空间建设的原则体系[203]。

（3）发展趋势与对策

当前我国儿童友好型城市仍然存在儿童服务落实情况不佳、需求考虑不充分、设施品质不高等现状问题[204]，未来应结合国内现状与特点进一步明确各级各类空间规划与建设的标准指导，通过对具体的建设要素进行详细的建设指引引导城市各类场所空间的建设。另外，结合城市更新和老旧小区改造等，建设一批儿童友好居住社区试点，为儿童提供适宜的、友好的城市空间做出示范。

## （五）新形势与新技术影响下的健康城市研究进展

随着我国新型智慧城市建设的提出，数字化时代的城市体检信息技术、大数据监测平台和智慧空间设计为健康城市研究带来了研究思维与方式的转变，也提供了新方法与新范式。新冠肺炎疫情的来袭，让人们重新审视城市的功能，以新冠肺炎疫情为代表的突发公共卫生事件威胁下的健康城市理念如何贯彻和落实，成为健康城市研究领域的前沿热点。

### 1. 后疫情时代城市传染病早期预警研究进展

在新冠肺炎疫情冲击下，暴露出人口高度集聚的城市在应对突发公共安全事件中的脆弱性。在全球新冠肺炎暴发的大背景下，疫情防控已成为居民生产生活、城市建设管理、社会经济发展中普遍关注的议题。随着防控疫情进入常态化阶段，后疫情时代背景下的健康城市发展研究成为近两年我国健康城市研究的热点问题。面对公共资源结构、基层治理水平，以及高层高密度住房建设、各级健康空间与开放空间分布、老旧小区改造等方面存在的潜在问题，学者们从人口集聚和流动、社区公共空间和治理、规划体系等角度对城市健康问题提出思考[205]。同时，防控疫情常态化为我国城镇化的中长期发展都带来了影响，一方面，疫情暴发后进入的“后全球化时代”[206]对城市发展动力提出了新要求；另一方面，疫情期间城市自身暴露的短板亟待补充，包括基层服务、健康设施、基层治理等[207]。而针对后疫情时代的规划行动，专家学者们从不同角度提出了提高社区自组织能力，做好健康影响评估，形成针对公共健康的空间性法定规划，混合土地利用功能等策略及具体建议，为健康城市规划与发展献言建策[208-211]。

其中，城市传染病早期预警成为多学科共同关注的重大议题。城镇化进程的不断加速，增加了传染病传播风险。近几年我国报告的突发公共卫生事件中，80% 左右为传染病事件。梅毒、艾滋病、丙肝的发病率较 20 世纪 90 年代翻倍增长，肺结核、乙肝的发病率更是一直居高不下，对居民健康产生长期影响。而 2019 年暴发的新冠肺炎疫情，是中华人民共和国成立以来传播速度最快、波及范围最广、防控难度最大的疫情。如何早期识别传染病（尤其是新发传染病）的暴发风险，构建城市智慧化疫情监测和预警系统，及时采取应对措施，降低防控成本，减少疫情对人民健康和城市社会经济发展的影响，已成为后疫情时代健康城市建设的热点问题。

（1）我国主要研究进展

传染病预警是指以传染病监测数据为基础，在传染病暴发出现前或暴发早期，及时发现暴发或流行异常信息，发出警示信号，以提醒暴发或流行风险及可能波及范围[212，213]。传染病预警研究主要包括预警模型研究和预警系统应用两方面。

传染病预警模型早期研究以时间预警模型为主，采用方法主要为统计过程控制、自回归移动平均模型等，随着空间、时空统计学方法的应用，空间预警模型和时空预警模型研究逐步发展，用于探索传染病在空间和时空维度的聚集性和异常波动。基于传染病疫情影响因素的传染病预警模型研究也得到广泛开发和应用，尤其是新冠肺炎疫情暴发以来，气象数据[214]、空气污染指标[215]等自然环境因素，互联网搜索引擎[216，217]、社交媒体[218]、人口流动[219]、药品销售[220]等人群行为数据在新冠肺炎、流行性感冒 / 流感样疾病、登革热、流行性腮腺炎、人感染 H7N9 禽流感等多种传染病预测预警中得到广泛应用，方法主要包括时间序列模型、回归模型、决策树、支持向量机、神经网络模型、传播动力学模型（包括 SI、SIR、SIRS、SEIR 模型及其扩展模型）等。

传染病预警系统研究是对传染病预警理论和模型的实践应用。传统的传染病预警系统研究主要基于病例监测数据，如我国基于法定传染病网络直报系统建立了国家传染病自动预警系统，于 2008 年在全国范围投入使用[221，222]。在此基础上，基于症状监测的预警系统研究逐步发展，尤其在城市大型活动保障和学校传染病预测预警中广泛应用[223-226]。新冠肺炎疫情以来，学者们开始探讨智慧化预警系统建设思路及对策，通过依托智慧城市建设平台，融合病原监测、症状监测、医疗数据、药物销售、互联网信息等多源数据，应用大数据技术和信息化平台，探索建设城市传染病综合预警系统，从而提升城市突发传染病公共卫生事件应对能力[227-229]，但基本还处于理论和模型探索阶段。

（2）国内外研究比较

国外传染病预警模型起步早，研究方法和模型呈现多样化特征，近 20 年来新模型新方法不断涌现，并重视多源数据融合和数据共享的预警系统和平台的构建[230，232]。国内研究起步普遍略晚于国外研究，且创新性相对不足，但自从 2003 年 SARS 疫情后便发展非常迅速，除了建立全国传染病自动预警系统，我国还建成了流感、不明原因肺炎、AFP 等专病监测预警系统。总体来说，我国对现有系统的研究和应用已较为成熟，但存在预警关口滞后、预警信息来源单一、预警技术落后等问题[227]，所采用的预警技术以不具学习能力的模型为主，新技术新方法的开发和应用较为缺乏。

（3）研究趋势与展望

后疫情时代的健康城市研究亟待整合大数据、物联网等新技术，促进城乡规划和公共卫生、环境健康学等学科的交叉融合，加强对区域层面健康空间的优化研究，结合新型智慧城市建设等共同建设和维护公共卫生体系。

加强城市智慧化预警多点触发和多渠道监测预警。传染病疫情的影响因素纷杂多样，而目前大部分研究仍局限于单一或单方面因素，预警效能不高，应建立传染病事件“全程观”，打通各领域数据壁垒，推进学科融合，综合利用城市环境中影响传染病发生、发展过程中多个环节的高维、多元数据源，建立城市内部及城市间的智慧化预警多点触发机制，实现具有更高敏感性和准确性的传染病疫情早期预警[227]。

继续推进城市传染病智慧化预警系统开发和建设。目前各地传染病预警研究主要依托于国家传染病自动预警系统，阈值标准和方法单一，预警效果参差不齐，各城市应以增加预警信息灵敏度和特异度为目标，以智慧城市数字化平台为支撑，探索建立适宜当地城市结构、医疗卫生体系和传染病防控需求的预警技术与应用系统，并加强实证研究。

### 2. 感知环境与居民健康研究进展

当前，大数据、机器学习、人工智能等新技术新方法的应用不断涌现，对城市空间和社会生活产生了深远的影响，也为健康城市相关研究提供了新数据和新方法。相关研究主要包括了分析新技术对人类健康的影响，如新技术带来的屏幕使用时长、外卖、在线购物、社交媒体、共享交通等对健康的影响[233]，以及疫情防控中新技术的应用探索，例如移动互联网技术应用于疫情信息上报与咨询预约、物联网应用于医疗物资的运输与全流程监管、云计算应用于疫情期间远程协作式办公与线上教育的在线运行、人工智能应用于疫情的分析预报与决策优化、区块链技术运用于行程信息的回溯与加密等，为疫情防控与城市突发公共事件的应对提供支持[234，235]。

在健康城市研究方法不断创新、人本尺度的研究大量涌现的背景下，感知环境作为一种主观的影响因子在评价体系中的作用日益凸显，越来越多的研究学者将感知环境这一指标运用在探究其对城市健康的影响。新技术的不断涌现为感知环境研究提供了新方法。

（1）国内外研究进展与比较

环境感知是指人类在外界环境的刺激下在头脑中形成的意识、态度及认知等映象，人对环境的意识或感觉，以及通过感官理解环境的一种行为[236]。目前已有较多研究分别关注城市建成环境对居民健康的影响，包括城市客观地理环境和城市服务环境。城市客观地理环境主要包括城市内的土地、植被、水系、光照和小气候等[237，238]，城市服务环境主要包括城市为居民提供的基础服务设施和公共服务水平等，例如基础设施分布和医疗康养水平等[239]。

由于主观感知环境的结果受居民个体属性、参照对象的不同等因素影响，并对居民健康感产生不同影响[240-242]，可参考社会生态学模型和环境行为学模型来设计实证研究，在计量分析时可采用回归模型和结构方程分析等评价影响因子的系数，最终目的是找出影响最大的影响要素。数据来源多采用问卷调查、访谈等。由于传统的理论并未明确定义客观居住环境与感知环境的刻度，加之环境本身既已存在的广泛性与多维性，对很多环境的界定和研究存在复杂性和矛盾性，并且存在数据获取的困难性等问题，目前针对客观环境与感知环境刻度的研究尚未能形成统一的范式，且往往依赖于研究数据的可得性。

目前，国内学者关于环境与居民感知的研究，往往关注的重点在于居民感知到环境之后的表征，如满意度、幸福感等居民心理因素，用这些指标来探究其对居民感知之后的行为的作用机制[243，244]。

（2）问题与研究展望

感知环境对健康的影响作为中介因素，是对传统的客观研究的有益补充，使之更加具有科学性。目前研究的主要感知对象也集中在邻里社区尺度，且重点都是关注单一的要素对健康的影响。未来研究可从丰富感知方式（如利用可穿戴设备、定点感知装置等）、突破感知的地理空间尺度（如考虑地理背景不确定性的情景单元等），构建要素多元的感知评价体系等。

## 六、结合我国国情的健康城市研究趋势与发展对策

### （一）国家战略指向与国民健康诉求

#### 1. 新型城镇化发展和现代化强国建设的重大要求

党的十八大以来，以习近平同志为核心的党中央坚持以人民为中心的发展思想，把人民健康放在优先发展的战略地位，把维护人民健康摆在更加突出的位置，全面推进健康中国建设。“十四五”时期正是我国城镇化从快速发展进入成熟阶段的转变时期，进入从高质量的城镇化走向全面现代化的城镇化的新发展阶段。“推进以人为核心的新型城镇化”仍是重中之重的任务，体现了以人民为中心的根本宗旨。习近平总书记深刻指出，没有全民健康，就没有全面小康。在现代化强国建设过程中，建设健康城市是其中的重要组成部分。

#### 2. 实施“健康中国”战略的重要抓手

2016 年 8 月，全国卫生与健康大会在北京召开。2016 年 10 月，中共中央、国务院印发并实施《“健康中国 2030”规划纲要》，通过完善政策，优化环境，促进公平，推进以人为核心的健康城镇建设。2017 年党的十九大将“健康中国”上升为国家优先发展战略，强调健康和环境之间的关键作用，并进一步强调，居民期待生活品质和环境质量的提升，建设健康城市成为迫切需求。2020 年中共中央关于制定国民经济和社会发展第十四个五年规划和 2035 年远景目标的建议进一步提出全面推进健康中国建设。把保障人民健康放在优先发展的战略位置，坚持预防为主的方针，深入实施健康中国行动，完善国民健康促进政策，织牢国家公共卫生防护网，为人民提供全方位全周期健康服务。预防为主、从广泛的健康影响因素入手以提升公共健康水平是新时期健康事业的指导思想，健康城市是“健康中国”战略实施的重要抓手。

#### 3. 城市可持续发展的重大需求

城市是人民健康和美好生活的重要载体，目前我国常住人口城镇化率已超过 60%，建设健康城市，成为城市可持续发展的必然选择。2020 年，习近平总书记强调，要树立“大卫生、大健康”理念，加快将健康融入所有政策，把全生命周期健康管理理念贯穿城市规划、建设、管理全过程各环节。创造健康的人居环境、提升居民生活水平是城市规划的主要目标之一。促进城市与人民健康协调发展。城镇化带来的人口集聚客观上给公共健康事业提出要求，从乡村迁移到城市的环境改变对个体产生的健康影响也亟待关注，聚焦健康城市建设对提高我国全民健康水平至关重要。在实践方面，我国面临较大的健康城市建设需求和技术、管理等多方面的挑战。以学科建设发展科学指导和有效促进健康城市实践，是现实的迫切需求。

4. 公共卫生安全与疫情防控常态化的迫切需要

新冠肺炎疫情给人口集聚的城市带来严峻的公共健康挑战，凸显了健康城市建设的重要性和必要性。随着疫情防控进入常态化阶段，公众对公共卫生和医疗服务体系的应急能力、服务能力以及创新能力提出更高的需求。健康城市的深入研究，将有利于为城市建立自免疫、自适应和自修复的发展机制，从城市的空间结构、经济结构、社会结构的规划、建设、管理等各方面保障广大市民健康生活和工作，确保城市在遭受不确定或突发城市灾害时能够快速分散风险，最大程度降低外界因素产生的冲击与干扰，推动城市健康有序发展。随着城市人口规模的不断扩大和功能的不断延伸，未来城市将面临更多复杂且极具不确定性的风险灾害，增强城市韧性，建设健康城市，必将成为城市未来发展方向。

5. 国民健康的重大诉求

人民健康是民族昌盛和国家富强的重要标志。随着中国特色社会主义进入新时代，人民群众对健康的需求也不断提高。随着我国城镇化的快速发展，城市的基础设施、市容环境、医疗服务等明显改善，传染疾病发病率的下降，居民寿命的显著提高等。同时，城市中老年人口比例逐步增加，城镇老龄化现象愈发严重且呈现加速趋势。未来如何满足老年人需求，进行适老化改造，将是我国城镇化发展面临的主要问题之一。此外，近年来我国的慢性医疗负担迅速上升，2010 年，慢性病已成为中国死亡原因的第一大因素；2015 年，慢性病已占全部死因的 80% 以上。与此同时，精神疾病也正呈现出上升的趋势，国民心理健康问题亟待关注。而新冠肺炎疫情的暴发也对城市公共健康提出了极大挑战。健康是人的全面发展的基础，是经济社会发展的根本目标。满足国民健康需求，是未来城市科学研究和健康城市发展的重要任务。

## （二）研究发展趋势

1. 多学科交叉融合推动理论体系构建

在新一轮科技革命和产业变革快速发展背景下，跨学科研究是取得重大科学发现和产生引领性原创成果重大突破的重要方式，也是提升创新能力的重要途径。近年来，健康城市研究不仅包含了传统城市规划和公共卫生领域议题，还涉及经济领域（就业、健康支出）、社会领域（文化、福利、保障）、生态环境（污染控制和资源保护）、社区生活（健康的社区邻里关系、文明的风尚）、个人行为（心理卫生、行为矫正和健康生活方式的鼓励等）、社会公正（消除社会阶层之间的隔离，公交优先等）等诸多方面，呈现出明显的多学科交叉融合趋势，理论体系不断完善。

2. 新技术融合助力研究方法和范式转变

以互联网产业化和工业智能化为标志、以技术融合为主要特征的第四次工业革命正以一系列颠覆性技术深刻地影响和改变着我们的城市。随着以计算机技术和多源城市数据为代表的新技术和新数据的迅猛发展，（新）城市科学在过去的十几年间逐渐兴起，成为一门融合了城市计算、人工智能、增强现实、人机交互等方向的交叉学科，为城市研究和城市规划设计带来了变革可能。这些新技术的发展与融合不但促进了研究定量化技术的进步，也带来了研究思维与方式的转变。为健康城市研究提供了新方法，并推动建立了新范式。

### 3. 新发展阶段和理念促进研究主题与内容深化

城市是一个开放的复杂巨系统，形成“城市群 – 城市 – 社区 – 建筑”等宏观 – 中观 – 微观不同尺度，健康城市的研究、规划与设计也从不同层面对人民生活环境及生活模式产生重要影响。总体而言，随着国民经济社会发展水平的不断提高，生态文明建设、以人为本的城镇化等重要理念的先后提出，特别是“健康中国”战略等政策方针的实施，健康城市的研究主题和内容不断深化，从生理健康单一维度转变为生理、心理和社会健康等多维度，对老年、儿童等群体关注持续增加，并初步呈现在多空间尺度关联和长时间跨度动态变化方面的研究探索。

## （三）重点发展方向

由于健康城市实践历程的不同，国内外健康城市在研究方法、主要研究内容等方面均存在较大差异。从研究方法上来看，随着对健康内涵、健康影响要素的认识不断深化和扩展，健康影响评估已成为一项重要政策工具在健康城市规划和建设中得到运用[245]。对人居环境空间的研究，已体现为现代前沿科学技术的全面渗透与植入，尤其是 RS、GIS、GPS 技术已全面应用于研究人居环境中宏观、微观要素的知识挖掘、规律分析和决策指导。而我国健康城市的实践和研究相对起步较晚，呈现出一定的本土化特点[54]，研究技术手段的相对单一和分析模型的欠缺使研究成果不成体系，与国外研究的理论框架、主客观结合定量方法、多时空尺度实证实地研究综合实践应用等方面仍存在差距。

从研究内容上来看，国外研究中对于城市化带来的健康挑战逐步开展了建成环境对公共健康的影响评估，持续推进城市规划设计与公共健康的结合。得益于完善的健康数据库建设，国外基于个体的健康数据可获得性较强的研究主题丰富，学科交叉研究特征显著，对健康状况、健康的非医疗影响因素、健康服务三大基本维度开展健康影响评估极大促进了健康城市研究和实践开展。而国内研究主要包括规划设计方案、综述研究和案例引介为主，缺乏健康城市的实证研究。相关研究对提升健康人居环境的规划设计方法进行了持续探索，但尚未形成完整的理论研究体系。其中，健康影响评估工作亟待加强，受到基础数据缺乏的限制，相关研究较少并大多停留在定性分析层面，在城市规划领域对于环境如何主动干预健康的研究相较于国外尚处于探索阶段，亟须针对具体健康问题提出相应的干预手段及途径。

当前阶段，规范化和标准化是我国健康城市研究发展中面临的主要问题。后续研究亟须通过城市环境的身心健康影响及机理的基础研究，逐步探索中国特色城镇化背景的健康城市研究框架。立足于健康领域理论体系、规划设计方法体系、科学技术研究支撑体系的构建，为健康人居环境建设提供实证基础和询证设计方法，为“健康中国”的理念落地提供有效的数据支撑和实证基础。

### 1. 健康行为干预研究

在“健康中国”和健康城市建设的背景下，虽然中国民众的健康行为参与度有所提升，但是与推荐的健康行为参与度指标和“健康中国行动（2019—2030）”的目标相比仍然有很大的差距。因此有必要对健康行为干预策略进行研究，既包括提高健康行为干预策略的有效性，也包括各个年龄段群体的健康行为参与度提升。

### 2. 城市群尺度的健康评价研究

随着城市群成为新型城镇化的发展主体形态，健康城市研究须相应放宽视野，关注城市健康发展的区域协同合作，开展城市群层面的健康评价研究。将反映城市群内部城镇之间人口流动、设施互通、产业协作、创新协同、环境共治、交通互联、服务共享以及城市群一体化特征的评价指标纳入评价体系，探索在城市群运行模式下的健康城市发展水平，有利于建设“健康城市”的一体化体系，充分发挥区域一体化所带来的发展优势。

### 3. 健康社区规划与健康评估的互动研究

面对当前健康社区评价体系难以转化为有效的行动指引，导致规划缺乏专业支撑和可操作性的问题，加强健康社区规划与健康评估的互动研究，通过实证研究评估规划决策对居民健康产生的影响，并将其结果作为健康社区规划的重要依据，以生成较为准确全面的健康促进策略。

### 4. 健康建筑的“平”“疫”研究

人口密集的现代大城市可能会在新传染病的袭击下变得非常脆弱。新冠肺炎疫情的暴发暴露了建筑学对“健康”的诉求，开展健康建筑的“平”“疫”结合研究，应对各类突发公共事件的功能支持于应急使用研究，提升与优化健康建筑的各项应急预案及应急资源，实现建筑“平”“疫”使用场景的快速灵活转换，使健康建筑能在应对突发公共卫生事件中发挥更大的作用，切实保障疫情下建筑使用者的安全与健康。

### 5. 建成环境要素对身心健康结果影响的复杂机制研究

慢性非传染性疾病成为公众面临的主要健康危机，心理健康问题也亟待各界的密切关注。人类在现实生活中高密度聚集且缺乏健康的交往，容易导致心理疾病的大暴发，进而带来很多社会问题[4]。城市规划能够通过主动干预建成环境，对营造有利于人体身心健康的环境具有显著作用。由于建成环境对健康的影响机制比较复杂，亟待挖掘。有必要通过拓展实证分析、采取新分析方法等探析开放空间、交通通勤等建成环境因素对居民身心健康影响的具体因果联系，从而推动构建基于循证的规划设计方案。

### 6. 城市养老空间模式研究

伴随着中国人口老龄化的趋势，国内研究亟须构建“市场引导”与“政府调控”相结合的城市养老空间模式，包括面向老年人所需的城市空间发展模式、道路交通系统、服务设施、公共空间等，统筹兼顾城市空间资源配置的“公平与效率”，合理制定城市空间规划政策与措施，积极应对日益复杂、多元化的老年人居环境问题，实现健康老龄化。

### （四）健康城市科学构建思路

健康城市研究日益成为我国城市科学、地理学、城乡规划学等多学科领域的探讨热点和重要方向，迫切需要顾及适合我国城市发展人群特点的健康城市理论框架，探索相应的规划设计实践，构建健康城市科学体系。

#### 1. 学科性质与定位

科学是指建立在可检验的解释和对客观事物的形式、组织等进行预测的有序的知识系统。作为已系统化和公式化了的知识，其对象是客观现象，内容为科学理论，形式是自然语言与数学语言等语言。健康城市科学是研究健康城市规划、建设和管理过程，探索空间对于公共健康的影响和作用机制的学科系统。健康城市科学涉及自然科学、社会科学和工程科学等多个领域，是以城乡规划学、地理学、风景园林学、建筑学等为主，统计学、环境学、社会学、人口学、基础医学、公共卫生学、生物学等为辅的学科体系。

#### 2. 研究目标与对象

构建健康城市科学旨在集成多学科交叉融合优势，阐释“环境－社会－健康”复杂系统，以打造健康支撑环境，实现全生命周期健康管理，促进公共健康水平提升和城市可持续发展。

健康城市科学以城乡全域全空间要素为研究对象，以城乡空间发展、规划设计和治理运维对人体健康的长短期影响机制和作用机理为核心知识，以促进健康的城乡发展要素的组织配置原则、标准和技术方法为主要方法论，旨在促进基于政策、规划和设计实现城乡发展对健康的干预和促进。健康城市科学基于空间的健康性问题，从硬件保障和软件支持两大方面关注健康环境要素，以减少污染、提供健康设施、促进体力活动和交往等空间促进，隔离传染源、切断传播途径、保护易感人群等空间防控为主要手段，通过预防和减少慢性非传染性疾病和传染性疾病，优化期望寿命、人均伤残损失年、自评健康等综合健康结果。

#### 3. 主要理论方法与关键科学问题

健康城市科学将以城乡规划学、地理学、风景园林学、建筑学、统计学、环境学、社会学、人口学、基础医学、公共卫生学、生物学等多个学科的理论方法为支撑，全方面研究健康环境、健康设施和健康行为，通过空间分析、机器学习、虚拟现实与实测、案例研究等多种研究技术手段，开展相关性与因果关系、剂量－反应预测、标准与导则编制等生态学研究、试验类研究和规范性研究，并通过国土空间规划、健康城市治理和健康影响评估政策机制促进公共健康水平的提升。

健康城市科学将基于生理健康、心理健康、社会行为健康的多维健康观，重点围绕“哪些城市建成环境要素显著影响公共健康，如何影响？规划和设计如何优化城市建成环境及推动公共健康的提升？如何开发工具和方法，将健康融入规划和设计的各个类型和空间层面？”等问题，从环境污染、健康设施、健康食物、体力活动、社会交往、亲自然、游憩活动、疗愈功能等多个领域探究健康城市规划、建设和管理过程，探索空间对于公共健康的影响和作用机制。

## （五）学科发展对策建议

### 1. 加大科研项目支持力度，推动多学科融合的健康城市基础研究

设置健康城市相关重大战略性、基础性科研项目。完善的理论框架和多元的方法体系对健康城市研究至关重要。通过在国家科技支撑计划、国家自然科学基金等国家科技项目中设置健康城市相关专项，整合多学科优势，夯实健康城市理论基础，逐步建立统一公认的理论框架，明确城市健康发展建设和评价的多要素（环境、服务、社会等）、多目标（公平、协调、可持续等）、多层次（社区、城市、区域等），逐步完善健康城市学科体系。

突出健康城市在交叉学科专项中的地位。2020 年 11 月，国家自然科学基金委设立交叉科学学部，旨在探索新的科学研究范式。其中，生命与健康领域是四大主要方向之一，重点基于理学、工学、医学等领域的交叉科学研究，揭示生命现象背后的科学原理，阐明与生命、健康相关的复杂系统多层次作用机制，应对人类健康与疾病防治中的重大挑战。健康城市的研究涉及医学、地理学、城乡规划学、生态学、环境科学、社会学、心理学、神经科学、食品科学等多个学科，是典型的交叉学科研究。建议在国家基金委和其他国家和省部级科研项目中进一步突出健康城市领域，积极促进不同学科间的交叉碰撞，加强不同尺度的空间环境和影响因素对生命健康的影响及主动干预研究，有效提升公共健康和居民福祉水平。

### 2. 强化科教资源整合，促进复合型健康城市人才培养

扩大健康城市研究生教育项目。城市科学是典型的交叉学科，健康城市研究也越发呈现出交叉通融的趋势。目前，我国 50 所通过评估的城市规划院校中，有 10 所提供公共健康硕士学位（东南大学、华中科技大学、浙江大学、武汉大学、中山大学、中南大学、北京大学、四川大学、郑州大学、厦门大学），可根据自身的发展优势，通过整合校内资源和教学力量，率先探索设立健康城市专业方向，并推动在更多城市规划院校和其他具备条件的高校中开展健康城市研究生教育项目。

探索设立健康城市交叉学科专业。近年来，已有同济大学、上海大学、南京工业大学、杭州师范大学、中南大学、中山大学、首都经济贸易大学、天津大学等院校在城市交通和城市经济等方面新设立相关专业；有中国科学院大学、清华大学、天津中医药大学、南京大学、武汉大学等高校围绕健康与食品安全、医学、经济学、管理学等设立相关

交叉学科专业。与国际城市规划教育界风生水起的理论研究和多元化联合教育相比，尽管也有学者已经对这一跨学科的研究领域提出了框架性的发展构想，但对跨学科专业人才的教育培养问题还鲜有研究，鉴于当前我国城乡居民公共健康面临的严峻形势，亟待探索响应公共健康的中国城市规划教育模式[246]。在健康城市领域，目前主要以“健康城市实验室”“健康城市研究院 / 研究中心”等形式对科教资源进行一定整合，在人才培养、机制建设等方面仍需进一步推进。双一流学校和城乡规划、地理学等双一流学科所在院校中探索设立健康城市交叉学科人才培养机制，通过跨专业、跨学院、跨学校的科教资源整合，推动设立健康城市专业。

### 3. 夯实学科基地建设，拓展健康城市研究交流合作平台

推动健康城市国家重点实验室等研究基地建设。随着跨学科合作与复杂性课题研究的推进，为健康城市研究提供了数据获取、可视化、定量分析与评价、模拟决策与预警等方面的新方法。推动健康城市国家重点实验室、国家工程研究中心等引领型、突破型、平台型国家科学基地的建设，可使健康城市基础理论研究、系统数据集成、综合实践应用等有机整合，从而整体提升健康城市学科影响力，全面推进健康城市学科发展。同时，还可与城市信息模型（CIM）建设发展等工作进行衔接，加强 ICT 技术在健康城市研究领域的应用。此外，学科基地建设可为多学科合作开展健康城市研究提供有力保障，为人才培养、交流合作等多方面工作的深入推进提供平台。

探索面向人类卫生健康共同体的国际合作平台建设。在第七十三届世界卫生大会视频会议开幕式致辞中，习近平总书记提出了共建“人类卫生健康共同体”倡议。同济大学健康城市实验室发起“健康城市研究国际网络倡议”得到国内外诸多学者的响应。在构建人类命运共同体和高质量共建“一带一路”的时代背景下，面向人类卫生健康共同体的国际合作平台建设迫在眉睫。基于“一带一路”沿线国家和地区公共健康卫生水平普遍较低的情况，可结合国家发改委、国家卫健委等部门相关工作，探索设立“‘一带一路’健康城市联盟”“健康‘一带一路’工作委员会”等机构。同时，结合 WHO 既有在华工作基础和合作情况，建立健全合作机制，系统提升健康城市研究国际合作水平。

### 4. 完善跨部门合作机制，畅通健康城市实践和社会服务渠道

建立公共健康信息平台，助力健康城市研究系统化。健康城市的提出，旨在促进多部门、多学科广泛合作，协同提升公共健康水平。其研究包含了传统公共卫生领域议题，还涉及经济领域（就业、健康支出）、社会领域（文化、福利、保障）、生态环境（污染控制和资源保护）、社区生活（健康的社区邻里关系、文明的风尚）、个人行为（心理卫生、行为矫正和健康生活方式的鼓励等）、社会公正（消除社会阶层之间的隔离，公交优先等）等。应寻求多部门、多领域的合作，运用系统的、综合的方法解决城市化进程中的公共健康问题。目前，公共健康数据公开不甚详尽，或数据质量欠佳，或跨部门数据难以有效整合，给健康城市研究工作带来困难。建议打破行政数据壁垒，医疗卫生部门与自然资源部

门、城市建设部门、环境保护部门、人力资源保障部门等规范数据收集整理，使健康数据细化至社区尺度，建立区域医疗卫生信息平台，推进健康信息互联互通。

强化多主体多层级协调，激发健康城市学术服务活力。实践应用和学术服务是推动学科发展的重要动力。建议设立自上而下的健康城市建设机制，整合目前卫生城市创建等工作，按层次制定地方目标，并定时评估进度，积极调动地方力量，发挥政府、企业、非营利性组织以及公民在健康城市发展建设中的作用，有力推动实现跨行业、跨部门、跨地区之间的协调。同时，建议将健康城市议题纳入区域和城市发展规划中，形成以政府为主导、跨行业部门地区的健康城市战略框架，纵向由基层社区至城市群，横向由环保到医疗卫生、文化体育等多部门，促进健康城市建设，并通过“以任务带学科”的方式，推动健康城市研究的实践应用，并激发出学术服务活力。

## 参考文献


[1] 玄泽亮，傅华 . 城市化与健康城市［J］. 中国公共卫生，2003（2）：236- 238.

[2] 任碧云，郭猛 . 推动新型城镇化高质量发展［N］. 人民日报，2021-5-13

[3] 国家统计局 . 经济结构不断升级 发展协调性显著增强——新中国成立 70 周年经济社会发展成就系列报告之二［EB/OL］.（2019-07-08）［2021-11-1］. http：//www.stats.gov.cn/tjsj/zxfb/201907/t20190708_1674587.html

[4] 仇保兴：现代健康城市的三大新使命［J］. 中州建设，2018（5）：2.

[5] WHO. Healthy Cities and the City Planning Process：A Background Document on Links Between Health and Urban Planning［Z］. 1999：2-16.9

[6] BARTON H，GRANT M. Urban Planning for Healthy Cities：A Review of the Progress of the European Healthy Cities Programme［J］. Journal of Urban Health-bulletin of the New York Academy of Medicine，2013，90（S1）：129-141.12

[7] 蔡义鸿 . 城镇化对居民健康的影响［J］. 城市化，2017，1：34-35

[8] 田莉，李经纬，欧阳伟，等 . 城乡规划与公共健康的关系及跨学科研究框架构想［J］. 城市规划学刊，2016（02）：111-116.

[9] Gong P，Liang S，Carlton E J，et al. Urbanisation and health in China［J］. Lancer，2012，379（9818）：843-852

[10] 周雷，李枫，詹永红，等 . 人群健康与健康决定因素［J］. 中国健康教育，2004（2）：46-48

[11] WHO. Ambient air pollution：a global assessment of exposure and burden of disease［J］. Working Papers，2016.

[12] 中国居民营养与慢性病状况报告（2020 年）［J］. 营养学报，2020，42（06）：521.

[13] NORTHRIDGE M E，SCLAR E D，BISWAS M P. Sorting out the Connections Between the Built Environment and Health：A Conceptual Framework for Navigating Pathways and Planning Healthy Cities［J］. Journal of Urban Health，2003，80（4）：556-568.25

[14] SCHULZ A，NORTHRIDGE M E. Social Determinants of Health：Implications for Environmental Health Promotion［J］. Health Education & Behavior，2004，31（4）：455-471.26

[15] BARTON H，GRANT M. A Health Map for the Local Human Habitat［J］. The Journal for the Royal Society for the

Promotion of Health，2006，126（6）：252-253.

[ 16 ] DAHLGREN G，WHITEHEAD M. Policies and Strategies to Promote Social Equity in Health [ Z ] . 1991：11.23

[ 17 ] 胡诞宁 . 人类主要遗传病的发病率 [ J ] . 国外医学 . 遗传学分册，1983（04）：169-173.

[ 18 ] Mauvais-Jarvis，F.，et al.，Sex and gender：modifiers of health，disease，and medicine. The Lancet，2020. 396（10250）：p. 565-582.

[ 19 ] 丁国胜，魏春雨，焦胜 . 为公共健康而规划——城市规划健康影响评估研究 [ J ]. 城市规划,2017,41（07）：16-25.

[ 20 ] 健康中国行动推进委员会,《健康中国行动（2019—2030 年）》,[ Z ] .2019-7-9.

[ 21 ] 王健，马军，王翔 . 健康教育学 [ M ] . 高等教育出版社 .2012.

[ 22 ] 邵蕾，雷雳 . 社会关系如何影响健康？[ J ] . 心理与健康，2019（06）：79.

[ 23 ] Holt-Lunstad，J.（2018）. Why socialrelationships are important for physical health：a systems approach tounderstanding and modifying risk and protection. Annual review of psychology，69，437-458.

[ 24 ] 李群辉，李淑玲 . 工作环境对健康的影响 [ J ] . 国外医学 . 护理学分册，2005（04）：156-157.

[ 25 ] 柴正言 . 经济对健康的影响 [ J ] . 医学与哲学，1983（06）：40,，43.

[ 26 ] 钟晓妮，周燕荣 . 健康与社会经济发展关系研究 [ J ] . 现代预防医学，2007（04）：741-744.

[ 27 ] 梁鸿，许非，王云竹，等 . 论健康城市与社会经济发展 [ J ] . 中国卫生经济，2003（07）：8-9.

[ 28 ] 王曲，刘民权 . 健康的价值及若干决定因素：文献综述 [ J ] . 经济学（季刊），2005（4）：1-52

[ 29 ] 王兰，廖舒文，赵晓菁 . 健康城市规划路径与要素辨析 [ J ] . 国际城市规划，2016，31（04）：4-9.

[ 30 ] 马向明 . 健康城市与城市规划 [ J ] . 城市规划，2014，38（03）：53-55+59.

[ 31 ] GILES-CORTI B，VERNEZ-MOUDON A，REIS R，et al. City Planning and Population Health：A Global Challenge [ J ] . Lancet，2016，388（10062）：2912-2924.

[ 32 ] Yang J，Jos é G S，Remais J V，et al. The Tsinghua-Lancet Commission on healthy cities in China：Unlocking the power of cities for a healthy China. Lancet，2018，doi：http：//dx.doi.org/10.1016/S0140-6736（18）30486-0

[ 33 ] FEE E，BROWN T. The public health act of 1848 [ J ] . Bull World Health Organ，2005，83（11）：866-7.

[ 34 ] Barton Hugh，Grant Marcus，Mitcham Claire，Tsourou Catherine. Healthy urban planning in European cities. [ J ] . Health promotion international，2009，24 Suppl 1

[ 35 ] 丁国胜，蔡娟 . 公共健康与城乡规划——健康影响评估及城乡规划健康影响评估工具探讨 [ J ] . 城市规划学刊，2013（05）：48-55.

[ 36 ] 傅华 . 新公共卫生与新世纪预防医学 [ J ] . 职业与健康，2001（11）：1-4.

[ 37 ] NORTHRIDGE M E，SCLAR E. A joint urban planning and public health framework：contributions to health impact assessment [ J ] . American Journal of Public Health，2003，93（1）：118.

[ 38 ] World Health Organization. Regional Office for Europe WHO / EURO. Healthy cities and the city planning process：a background document on links between health and urban planning [ J ] . World Health Organization，1999.

[ 39 ] 唐燕，梁思思，郭磊贤 . 通向“健康城市”的邻里规划——《塑造邻里：为了地方健康和全球可持续性》引介 [ J ] . 国际城市规划，2014，29（06）：120-125.

[ 40 ] International Healthy Cities Foundation . What is the Healthy Cities Movement? [ EB/O L ]，2004-09-08

[ 41 ] Hancock T，Duhl L.Promoting Health in the Urban Context [ M ] .Copenhagen：FADL，1988：24.

[ 42 ] World Health Organization.Healthy Cities [ EB/OL ] . [ 2021-11-25 ] . http：//www.wpro.who.int/health_promotion/about/healthy_cities/en/.

[ 43 ] WHO. healthy cities [ EB/OL ] . http：//www.euro.who.int/en/health-topics/environment-and-health/urban-health/activities/healthy-cities.

[ 44 ] Giles-Corti B，Vernez-Moudon A，Reis R，et al. City planning and population health：a global challenge [ J ] . Lancet，2016：2912.

[ 45 ] 埃比尼泽・霍华德 . 明日的田园城市 [ M ] . 金经元，译 . 北京：商务印书馆，2006.

[ 46 ] 石磊 . 健康城市：理论特征与未来行动 [ J ]. 人民论坛・学术前沿，2020( 04 )：50–58.DOI：10.16619/j.cnki.rmltxsqy.2020.04.005.

[ 47 ] World Health Organization. [ EB/OL ] . [ 2021-11-25 ] . http：//www.who.dk/eprise/main/who/progs/hcp/How2MakeCities/20020114_1 [ OL ] .

[ 48 ] 城市科学学科发展报告：2007-2008. 中国科学技术协会主编，中国城市科学研究会编著 . 北京：中国科学技术出版社，2008

[ 49 ] 任致远 . 关于城市科学学科内容的思索 . 城市发展研究 [ J ]，2005，( 1 )：1-7.

[ 50 ] TSOUROS A D. World health organization health cities project：a project becomes a movement，review of progress 1987 to 1990 [ J ] . Sa ú de Ambiental，1991.

[ 51 ] 许从宝，仲德崑，李娜 . 当代国际健康城市运动基本理论研究纲要 [ J ] . 城市规划，2005 ( 10 )：52-59.

[ 52 ] Dannenberg A L.A brief history of health impact assessment in the United States [ J ] .Chronicles of Health Impact Assessment，2016，1 ( 1 ) .

[ 53 ] ISON E. The introduction of health impact assessment in the WHO European Healthy Cities Network [ J ] . Health promotion international，2009，24 ( suppl 1 )：i64–i71.

[ 54 ] 丁国胜，曾圣洪 . 中国健康城市建设 30 年：实践演变与研究进展 [ J ] . 现代城市研究，2020 ( 04 )：2–8.

[ 55 ] 约翰・阿斯顿，廖世雄译 . 健康城市——世界卫生组织的一个新项目 [ J ] . 中国健康教育，1991 ( 01 )：40–43.

[ 56 ] 郭清，蒋湘萍，邱伟，等 . 论城市初级卫生保健是健康城市的基础 [ J ] . 中国初级卫生保健，1996 ( 10 )：10–11.

[ 57 ] 谢先国，李建华，尹卉 . 推行健康城市为市民提供良好的生态环境 [ J ] . 中国公共卫生，1997 ( 01 )：29.

[ 58 ] 梁鸿，曲大维，许非 . 健康城市及其发展：社会宏观解析 [ J ]． 社会科学 2003 ( 11 )：70–76.

[ 59 ] 刘耀彬，李仁东，宋学锋 . 城市化与城市生态环境关系研究综述与评价 [ J ]．中国人口・资源与环境 2005 ( 3 )：55 – 60.

[ 60 ] 董晶晶，金广君． 论健康城市空间的双重属性 [ J ]． 城市规划学刊 2009 ( 4 )：22–26.

[ 61 ] 傅华，玄泽亮，李洋 . 中国健康城市建设的进展及理论思考 [ J ]． 医学与哲学 ( 人文社会医学版 )，2006 ( 1 )：12–15.

[ 62 ] 周向红． 欧洲健康城市项目的发展脉络与基本规则 论 略 [ J ]． 国 际 城 市 规 划，2007 ( 4 )：65 – 70

[ 63 ] 李志明，张艺． 城市规划与公共健康：历史、理论与实践 [ J ] . 规划师 2015，31 ( 06 )：5-11+28.

[ 64 ] 林钢． 我国健康城市规划策略初探 [ J ] . 黑龙江科技信息，2015 ( 24 )：219.

[ 65 ] 王兰，凯瑟琳・罗斯 . 健康城市规划与评估：兴起与趋势 [ J ] . 国际城市规划，2016，31 ( 04 )：1–3.

[ 66 ] 陈春，陈勇，于立，等． 为健康城市而规划：建成环境与老年人身体质量指数关系研究 [ J ]． 城市发展研究 2017 ( 4 )：7–13.

[ 67 ] 吴良镛． 规划建设健康城市是提高城市宜居性的关键 [ J ]． 科学通报 2018 ( 11 )：985.

[ 68 ] 王兰，贾颖慧，孙文尧，等 . 面向城市规划方案的定量健康影响评估研究 [ J ] . 规划师，2021，37 ( 19 )：72–77.

[ 69 ] 王兰，贾颖慧，朱晓玲，等 . 健康融入国土空间总体规划方法建构及实践探索 [ J ] . 城市规划学刊，2021 ( 04 )：81–87.DOI：10.16361/j.upf.202104012.

[ 70 ] 邓琳爽，王兰 . 突发公共卫生事件中的替代性护理场所规划及改造策略 [ J ] . 时代建筑，2020 ( 04 )：94–98.

[ 71 ] 李翅 . 健康与韧性理念下应对突发性公共卫生事件的空间规划策略 [ J ] . 风景园林，2020，27 ( 08 )：114–119.DOI：10.14085/j.fjyl.2020.08.0114.06.

[ 72 ] 王兰 . 健康城市规划：回归与提升 . 中国城市规划学会学术成果：品质规划 [ M ] . 北京：中国建筑工业出

版社，2018.
［73］王兰，蒋希冀，叶丹 . 中国健康城市规划研究热点与进展：基于 Citespace 的文献计量分析［J］. 城市发展研究，2020，27（11）：8-14+56.
［74］王兰，赵晓菁，蒋希冀，等 . 颗粒物分布视角下的健康城市规划研究——理论框架与实证方法［J］. 城市规划，2016，40（09）：39-48.
［75］谢波，伍蕾，王兰 . 基于自然实验的城市绿道对居民中高强度体力活动的影响研究［J］. 风景园林，2021，28（05）：30-35.
［76］陈春，谌曦，罗支荣 . 社区建成环境对呼吸健康的影响研究［J］. 规划师，2020，36（09）：71-76.
［77］杨秀，王劲峰，类延辉，王兰 . 城市层面建成环境要素影响肺癌发病水平的关系探析：以 126 个地级市数据为例［J］. 城市发展研究，2019，26（07）：81-89.
［78］张延吉，邓伟涛，赵立珍，等 . 城市建成环境如何影响居民生理健康？——中介机制与实证检验 . 地理研究，2020，39（04）：822-835.
［79］李泽，张瑶 . 社区建成环境对儿童健康影响的进展研究——基于体力活动视角的文献述评及展望［J］. 南方建筑，2020（05）：112-119.
［80］丁国胜，黄叶琨，曾可晶 . 健康影响评估及其在城市规划中的应用探讨——以旧金山市东部邻里社区为例［J］. 国际城市规划，2019，34（03）：109-117.
［81］GILES-CORTI B，VERNEZ-MOUDON A，REIS R，et al. City planning and population health：a global challenge［J］. Lancet，2016，388（10062）：2912-2924.
［82］KENT J L，THOMPSON S. The Three Domains of Urban Planning for Health and Well-being［J］. Journal of Planning Literature，2014，29（3）：239-256.
［83］Shen Y，Lung S C. Multiple impacts and pathways of urban form and environmental factors on cardiovascular mortality. Science of The Total Environment，2020，738：139512.
［84］Corburn J，Osleeb J，Porter M. Urban asthma and the neighbourhood environment in New York City. Health & Place，2006，12（2）：167-179.
［85］Wang L，Sun W，Zhou K，et al. Spatial Analysis of Built Environment Risk for Respiratory Health and Its Implication for Urban Planning：A Case Study of Shanghai. International Journal of Environmental Research and Public Health，2019，16（8）：1455.
［86］Wang L，Chen R，Sun W，et al. Impact of High-Density Urban Built Environment on Chronic Obstructive Pulmonary Disease：A Case Study of Jing' an District，Shanghai. International Journal of Environmental Research and Public Health，2020，17（1）：252.
［87］de Keijzer C，Basagaña X，Tonne C，et al. Long-term exposure to greenspace and metabolic syndrome：A Whitehall II study. Environmental Pollution，2019，255：113231.
［88］Patil G R，Sharma G. Overweight/obesity relationship with travel patterns，socioeconomic characteristics，and built environment. Journal of Transport & Health，2021，22：101240.
［89］赵一新，吕大玮，李斌，等 . 上海区域交通发展策略研究［J］. 城市交通，2014，12（03）：30-37.
［90］周华庆，杨家文 . 区域公共交通服务供给问题与策略［J］. 城市交通，2018，16（01）：17-22.
［91］朱菁，高鹏华，吴潇，等 . 大城市居民通勤行为的健康效应研究——以西安市为例［J］. 城市规划学刊，2014（06）：46-51.
［92］Sun B，Yin C. Relationship between multi-scale urban built environments and body mass index：A study of China［J］. Applied Geography，2018，94：230-240.
［93］张天然，周江评，周明芷 . 超大城市就业 - 居住格局与通勤绩效研究——以上海市为例［J］. 城市交通，2020，18（05）：18-26.
［94］刘贤腾，陈雪明，周江评 . 就业 - 居住空间关系及通勤效率——过剩通勤的评估潜力［J］. 城市交通，

2018，16（02）：10-18.

［95］邵源，孙超，张俊峰．大城市道路交通安全主动管理策略［J］．交通与运输，2019，35（03）：31-35.

［96］刘均玲，林耕，兰旭．天津市鞍山道历史街区步行环境舒适性评价［J］．城市建筑，2015，（14）：121-122，125.

［97］曹哲静，辜培钦，韩治远，等．面向街道的步行与骑行环境评估——以天津市为例［J］．城市交通，2018，16（06）：43-53.

［98］Quan Y. Location of Warehouses and Environmental Justice［J］. Journal of Planning Education and Research，2018：739456X-1878639X.

［99］袁泉，陈小鸿．城市物流环境影响的时空解析［J］．城市交通，2021，19（02）：29-36.

［100］欧心泉，周乐，张国华，等．城市连绵地区轨道交通服务层级构建［J］．城市交通，2013，11（01）：33-39.

［101］吴怡沁，田莉．健康影响评估导向下的城市总体规划：以美国洪堡县总体规划为例［J］．国际城市规划，2019，34（01）：127-133.

［102］谭少华，高银宝，李立峰，等．社区步行环境的主动式健康干预——体力活动视角［J］．城市规划，2020，44（12）：35-46.

［103］朱蕊蕊，赵烨，张安，等．风景园林学健康研究领域文献系统综述和研究前沿分析［J］．中国园林，2021，37（03）：26-31.

［104］杨健，戚智勇．公共健康视角下的城市绿色空间探索［J］．中外建筑，2020（09）：48-50.

［105］毛齐正，罗上华，马克明，等．城市绿地生态评价研究进展［J］．生态学报，2012，32（17）：5589-5600.

［106］李玉凤，刘红玉，曹晓，等．城市湿地公园景观健康空间差异研究——以杭州西溪湿地公园为例［J］．地理学报，2010，65（11）：1429-1437.

［107］谭少华，李进．城市公共绿地的压力释放与精力恢复功能［J］．中国园林，2009，25（06）：79-82.

［108］王兰，蒋希冀，汪子涵，等．绿色空间对呼吸健康的影响研究综述及综合分析框架［J］．风景园林，2021，28（5）：10-15.［J］.

［109］Urban green spaces and health：a review of evidence［R］. Copenhagen：WHO Regional Office for Europe，2016.［J］.

［110］董玉萍，刘合林，齐君．城市绿地与居民健康关系研究进展［J］．国际城市规划，2020，35（05）：70-79.

［111］谭少华，杨春，李立峰，等．公园环境的健康恢复影响研究进展［J］．中国园林，2020，36（02）：53-58.

［112］王晓博，宁晓笛，赫天缘．对国外5个中微观都市农业项目的思考［J］．中国园林，2016，32（04）：56-61.

［113］李倞，杨璐．后疫情时代风景园林聚焦公共健康的热点议题探讨［J］．风景园林，2020，27（09）：10-16.

［114］李翅．健康与韧性理念下应对突发性公共卫生事件的空间规划策略［J］．风景园林，2020，27（08）：114-119.

［115］付彦荣，贾建中，王洪成，等．新冠肺炎疫情期间城市公园绿地运行管理研究［J］．中国园林，2020，36（07）：32-36.

［116］吴晓，王慧，张莹，等．风景园林与公共卫生：共识、分野与融汇——2次公共卫生革命视野下的学科关系审视［J］．中国园林，2021，37（03）：6-13.

［117］钟乐，钟鹏，贺利平，等．风景园林与公共健康的历史渊源：基于应对传染病的视角［J］．风景园林，2020，27（10）：118-123.

［118］于海宁，成刚，徐进，等．我国健康城市建设指标体系比较分析．中国卫生政策研究，2012，5（12）：

30–33.

［119］黄文杰，白瑞雪，胡萍，等．关于健康城市指标体系的描述性系统评价．医学与哲学，2017，38（566）：56–59.

［120］全国爱卫会．关于印发全国健康城市评价指标体系（2018 版）的通知．Available at：http：//www.nhfpc.gov.cn/jkj/s5899/201804/fd8c6a7ef3bd41aa9c24e978f5c12db4.shtml.

［121］傅华，戴俊明，高俊岭．健康城市评价：改进重于达标［J］．中国卫生，2017，（11）：40–41.

［122］普蕾米拉·韦伯斯特，丹尼丝·桑德森，徐望悦，等．健康城市指标——衡量健康的适当工具？［J］．国际城市规划，2016，31（04）：27–31.

［123］杨玉洁，雷海潮．国外健康城市建设的新进展与启示等．医学与社会，2016，29（8）：33–36.

［124］李煜．健康建筑学：从卫生防疫到健康促进［J］．建筑创作，2020（4）：10.

［125］任宇飞，方创琳，蔺雪芹．中国东部沿海地区四大城市群生态效率评价［J］．地理学报，2017，72（11）：2047–2063.

［126］张含朔，程钰，孙艺璇．中国城市群绿色发展时空演变与障碍因素分析［J］.湖南师范大学自然科学学报，2020，43（04）：9–16+34.

［127］孙湛，马海涛．基于 BP 神经网络的京津冀城市群可持续发展综合评价［J］．生态学报，2018，38（12）：4434–4444.

［128］农宇．两大湾区城市群低碳效率评价研究［D］．广西大学，2019.

［129］单卓然，黄亚平．跨省域低碳城市群健康发展策略初探——以长江中游城市群为例［J］．现代城市研究，2013（12）：102–106.

［130］李磊，晏志阳，马韶君．城市群“互联网＋医疗健康”的内涵解析与路径构建——基于新区域主义视角的分析［J］．北京行政学院学报，2020（04）：1–9.

［131］Shi L，Macinko J，Starfield B，et al. Primary care，social inequalities and all–cause，heart disease and cancer mortality in US counties：a comparison between urban and non–urban areas.［J］. Public Health，2005，119（8）：699–710.

［132］Comparing health status and access to health care in Canada’s largest metropolitan areas［J］. Urban Geography，2014，35（8）：1156–1170.

［133］Rural–urban variations in psychological distress：findings from the Behavioral Risk Factor Surveillance System，2007［J］. International Journal of Public Health，2009，54（s1）：16–22.

［134］林雄斌，杨家文．北美都市区建成环境与公共健康关系的研究述评及其启示［J］．规划师，2015，31（06）：12–19.

［135］SpotaHome. The World’s healthiest cities：Which cities are the best for healthy living?［EB/OL］.［2019–12–20］. https：//www.spotahome.com/healthiest–cities–world#meth odology.

［136］吴一洲，杨佳成，陈前虎．健康社区建设的研究进展与关键维度探索——基于国际知识图谱分析［J］．国际城市规划，2020，35（05）：80–90.

［137］谢剑峰，陈小民，吴燕芬，等．苏州市沧浪区创建“健康社区”试点第一阶段评估［J］．江苏卫生保健，2001（02）：48–49.

［138］庄辉烈．琼海市健康细胞工程建设现状、问题及对策［M］．// 王鸿春，盛继洪．中国健康城市建设研究报告（2019）．北京：社会科学文献出版社，2019：248.

［139］郭燕葵，张燕，白天鸣．北京市西城区建设健康城区情况概述［M］．// 王鸿春．中国健康城市建设研究报告（2017）．北京：社会科学文献出版社，2017：207.

［140］Ontario Professional Planners Institute. PLANNING BYDESIGN：a healthy communities handbook［R］. Toronto，2009. https：//ontarioplanners.ca/inspiring–knowledge/calls–to–action/calls–to–action–archive/papers/planning–by–design–a–healthy–communities–handbook#/

[141] City of Los Angeles, Gensler. Designing a healthy LA [R]. 2013. http://urbandesignla.com/resources/DesigningAHealthyLA.php

[142] Goodman R A, Bunnell R, Posner S F. What is "community health"? Examining the meaning of an evolving field in public health [J]. Preventive medicine, 2014, 67: S58–S61.

[143] 袁熙，李强. 基于移动互联的智慧健康社区系统的研发 [J]. 计算机应用，2015，35（1）：239–242.

[144] 王清勤，李国柱，孟冲，等. 健康建筑的发展背景、标准、评价及发展平台 [J]. 建筑技术，2018，49(01)：5–8.

[145] 吴相科，张洋，韩建军. 我国健康建筑评价标准体系现状分析 [J]. 质量与认证，2021（03）：59–61.

[146] 健康社区评价标准：中国工程建设标准化协会，中国城市科学研究会. T/CECS 650–2020 [S]. 中国计划出版社：2020.

[147] 健康小镇评价标准：中国工程建设标准化协会. CECS 710–2020 [S]. 中国建筑工业出版社：2020.

[148] 王清勤，孟冲，张寅平，等. 健康建筑 2020 [M]. 中国建筑工业出版社，2020.

[149] 盖轶静，孟冲，韩沐辰，等. 我国健康建筑的评价实践与思考 [J]. 科学通报，2020，65（04）：239–245.

[150] 张迪. 基于国际 WELL 标准的健康住宅可持续评估案例分析 [J]. 中国住宅设施，2019（06）：32–33+29.

[151] 王清勤，孟冲，李国柱. 健康建筑的发展需求与展望 [J]. 暖通空调，2017，47（07）：32–35.

[152] 王清勤，孟冲，李国柱，等. 我国健康建筑发展理念、现状与趋势 [J]. 建筑科学，2018，34（09）：12–17.

[153] 裴智超. 健康住宅暖通空调应用技术研究 [A]. 中国城市科学研究会、苏州市人民政府、中美绿色基金、中国城市科学研究会绿色建筑与节能专业委员会、中国城市科学研究会生态城市研究专业委员会.2020 国际绿色建筑与建筑节能大会论文集 [C]. 中国城市科学研究会、苏州市人民政府、中美绿色基金、中国城市科学研究会绿色建筑与节能专业委员会、中国城市科学研究会生态城市研究专业委员会：北京邦蒂会务有限公司，2020：4.

[154] 张津奕，基于健康建筑评价的室内空气品质性能化设计关键技术研究与工程案例分析. 天津市，天津市建筑设计院，2019–10–23.

[155] 王静，郭夏清. 美国 LEED 绿色建筑评价标准 V4 版本修订的解读与比较 [J]. 南方建筑，2017（05）：104–108.

[156] 卢求. 德国 DGNB——世界第二代绿色建筑评估体系 [J]. 世界建筑，2010（01）：105–107.

[157] Tost H, Meyer–Lindenberg A. Puzzling over schizophrenia: schizophrenia, social environment and the brain. Nat Med, 2012, 18(2): 211 - 213.

[158] Clark C, Myron R, Stansfeld S, Candy B. A systematic review of the evidence on the effect of the built and physical environment on mental health. Journal of Public Mental Health 2007, 6(2): 14–27.

[159] Schaeffer M, Street S, Singer J, et al. Effects of control on the stress reactions of commuters [J]. Journal of Applied Social Psychology, 1988, 18 (11): 944–957.

[160] Hammig O, Gutzwiller F, Bauer G. Work–life conflict and associations with work– and nonwork–related factors and with physical and mental health outcomes: a nationally representative cross–sectional study in Switzerland [J]. BMC Public Health, 2009, 9 (2): 1–15.

[161] Calderón–Garcidueñas L, Torres–Jardón R, Kulesza RJ, Park SB, D'Angiulli A. Air pollution and detrimental effects on children's brain. The need for a multidisciplinary approach to the issue complexity and challenges. Front Hum Neurosci 2014, 8: 613.

[162] Wilker EH, Preis SR, Beiser AS, et al. Long–term exposure to fine particulate matter, residential proximity to major roads and measures of brain structure. Stroke, 2015, 46(5): 1161 - 1166.

［163］ Peterson BS，Rauh VA，Bansal R，Hao X，Toth Z，Nati G，Walsh K，Miller RL，Arias F，Semanek D，Perera F. Effects of prenatal exposure to air pollutants（polycyclic aromatic hydrocarbons）on the development of brain white matter，cognition，and behavior in later childhood. JAMA Psychiatry，2015，72（6）：531 - 540.

［164］ Stansfeld SA，Gallacher J，Babish W，Shipley M. Road traffic noise and psychiatric disorder：prospective findings from the Caerphilly study. BMJ，1996，313：266 - 267.

［165］ Bowler DE，Buyung-Ali LM，Knight TM，Pullin AS. A systematic review of evidence for the added benefits to health of exposure to natural environments. BMC Public Health，2010，10：456.

［166］ Pedersen CB，Mortensen PB. Evidence of a dose-response relationship between urbanicity during upbringing and schizophrenia risk. Arch Gen Psychiatry，2001，58（11）：1039 - 1046

［167］ Loughrey D G，Lavecchia S，Brennan S，et al. The Impact of the Mediterranean Diet on the Cognitive Functioning of Healthy Older Adults：A Systematic Review and Meta-Analysis［J］. Adv Nutr，2017，8（4）：571-586.

［168］ 宫伟彦，张妍，姚业成，等.2010-2012 年中国成年居民饮料消费状况分析［J］. 卫生研究，2018，47（3）：367-372.

［169］ 何宇纳，赵丽云，于冬梅，等.2010-2012 年中国成年居民蔬菜和水果摄入状况［J］. 中华预防医学杂志，2016，50（3）：221-224.

［170］ Zhou M，Wang H，Zeng X，et al. Mortality，morbidity，and risk factors in China and its provinces，1990 - 2017：a systematic analysis for the Global Burden of Disease Study 2017［J］. The Lancet，2019，394（10204）：1145-1158.

［171］ Rhodes R E，Janssen I，Bredin S S D，et al. Physical activity：Health impact，prevalence，correlates and interventions［J］. Psychology & Health，2017，32（8）：942-975.

［172］ Jernigan D，Noel J，Landon J，et al. Alcohol marketing and youth alcohol consumption：a systematic review of longitudinal studies published since 2008［J］. Addiction，2017，112 Suppl 1：7-20.

［173］ 央视网. 中国吸烟危害健康报告发布 我国吸烟人数超 3 亿［OL］.2021. http：//news.cctv.com/2021/05/26/ARTIqV02Jn8rwzXjlYVc7De2210526.shtml.

［174］ Hiemstra M，De Leeuw R N，Engels R C，et al. What parents can do to keep their children from smoking：A systematic review on smoking-specific parenting strategies and smoking onset［J］. Addict Behav，2017，70：107-128.

［175］ Khouja J N，Suddell S F，Peters S E，et al. Is e-cigarette use in non-smoking young adults associated with later smoking? A systematic review and meta-analysis［J］. Tob Control，2020. 30：8-15.

［176］ Bricker J B，Watson N L，Mull K E，et al. Efficacy of Smartphone Applications for Smoking Cessation：A Randomized Clinical Trial［J］. JAMA Intern Med，2020，180（11）：1472-1480.

［177］ Hale L，Troxel W，Buysse D J. Sleep Health：An Opportunity for Public Health to Address Health Equity［J］. Annu Rev Public Health，2020，41：81-99.

［178］ Fenton S，Burrows T L，Skinner J A，et al. The influence of sleep health on dietary intake：a systematic review and meta-analysis of intervention studies［J］. J Hum Nutr Diet，2021，34（2）：273-285.

［179］ 高晓路，吴丹贤，许泽宁，等. 中国老龄化地理学综述和研究框架构建［J］. 地理科学进展，2015，34（12）：1480-1494.

［180］ Robert F. Wiseman，Curtis C. Roseman. A Typology of Elderly Migration Based on the Decision Making Process［J］. Economic Geography，2016，55（4）.

［181］ 窦晓璐，约翰・派努斯，冯长春. 城市与积极老龄化：老年友好城市建设的国际经验［J］. 国际城市规划，2015，30（03）：117-123.

［182］ 王录仓，武荣伟，李巍. 中国城市群人口老龄化时空格局［J］. 地理学报，2017，72（06）：1001-1016.

［183］ 周婕. 城市老龄人口空间分布特征及演变趋势［J］. 城市规划，2014，38（03）：18-25.

[184] 马晖，赵光宇．独立老年住区的建设与思考[J]．城市规划，2002（03）：56–59.

[185] 黄建中，张芮琪，胡刚钰．基于时空间行为的老年人日常生活圈研究——空间识别与特征分析[J]．城市规划学刊，2019（03）：87–95.

[186] 黄建中，吴萌．特大城市老年人出行特征及相关因素分析——以上海市中心城为例[J]．城市规划学刊，2015（02）：93–101.

[187] 黄雯，李炜，陈婷婷，等．大城市中心区新型养老模式：高层复合型适老公寓[J]．规划师，2015，31（11）：34–40.

[188] 陆伟，周博，王时原，等．机构养老设施公共空间形态探索——以大连、沈阳市机构养老院为例（2）[J]．建筑学报，2011（S1）：160–164.

[189] 梁玮男，曹阳．基于社区养老模式的公共空间设计研究[J]．城市发展研究，2012，19（11）：132–134.

[190] Christie–Mizell C A，Steelman L C，Stewart J. Seeing their surroundings：The effects of neighborhood setting and race on maternal distress [J]. Social Science Research，2003，32（3）：402–428.

[191] Timothy Heleniak. Geographic Aspects of Population Aging in the Russian Federation [J]. Eurasian Geography and Economics，2003，44（5）.

[192] Kevin E. McHugh. Ageing and Place：Perspectives，Policy，Practice[J]. The Professional Geographer，2006，58（4）.

[193] Serow，W. J. and M. E. Cowart（1998）. "Demographic transition and population aging with Caribbean nation states." Journal of Cross–Cultural Gerontology 13（3）.

[194] Plouffe L A，Kalache A. Making communities age friendly：state and municipal initiatives in Canada and other countries [J]. Gaceta Sanitaria，2011，25：131–137.

[195] Hutchison T，Morrison P，Mikhailovich K. A review of the literature on active ageing [J]. Canberra：Healthpact Research Centre for Health Promotion and Wellbeing，2006.

[196] Maoh H，Kanaroglou P，Scott D，et al. IMPACT：An integrated GIS–based model for simulating the consequences of demographic changes and population ageing on transportation [J]. Computers，Environment and Urban Systems，2009，33（3）：200–210.

[197] Everingham J A，Petriwskyj A，Warburton J，et al. Information provision for an age–friendly community [J]. Ageing International，2009，34（1）：79–98.

[198] 于涛方，王瑾．面向人口老龄化的城市规划应对[J]．规划师，2012，28（09）：75–79+88.

[199] 郭丁源．国家发展改革委等23部门：试点建设100个儿童友好城市[N]．中国经济导报，2021–10–19（001）.DOI：10.28095/n.cnki.ncjjd.2021.002436.

[200] 张菁，刘昆轶．规划视角下的儿童友好城市建设[N]．中国建设报，2021–10–19（001）.DOI：10.38299/n.cnki.nzgjs.2021.002499.

[201] 何玲玲，王肖柳，林琳．中国城市学龄儿童体力活动影响因素：基于社会生态学模型的综述[J]．国际城市规划，2016，31（04）：10–15.

[202] 刘春芳．城市公园中的儿童公共活动空间设计研究[J]．工业设计，2021（10）：89–90.

[203] 武昭凡，雷会霞．儿童友好型城市研究进展与展望[C]//面向高质量发展的空间治理——2021中国城市规划年会论文集（07城市设计）.，2021：254–269.DOI：10.26914/c.cnkihy.2021.026514.

[204] 张振，陈思锦．立足国情 建设中国特色儿童友好城市[J]．中国经贸导刊，2021（20）：4–8.

[205] 段进，杨保军，周岚，等．规划提高城市免疫力——应对新型冠状病毒肺炎突发事件笔谈会[J]．城市规划，2020，44（02）：115–136.

[206] 黄安，田莉．后疫情时代规划议题与规划应对的国际国内进展[J]．西部人居环境学刊，2020，35（05）：7–17.DOI：10.13791/j.cnki.hsfwest.20200502.

[207] 王永贵，高佳．新冠疫情冲击、经济韧性与中国高质量发展[J]．经济管理，2020，42（05）：5–17.DOI：10.19616/j.cnki.bmj.2020.05.001.

［208］戴锏，朱美霖，吕飞．突发公共卫生事件下的城市开放社区规划反思与应对策略［J］．规划师，2020，36（06）：98-101.

［209］王兰，李潇天，杨晓明．健康融入 15 分钟社区生活圈：突发公共卫生事件下的社区应对［J］．规划师，2020，36（06）：102-106+120.

［210］马亮，林坚．健康社区：我国未来城市建设发展的重要选择［J］．北京规划建设，2020（02）：32-35.

［211］谭纵波．公共卫生突发事件引发的国土空间规划思考［J］．中国土地，2020（03）：8-12.DOI：10.13816/j.cnki.ISSN1002-9729.2020.03.03.

［212］杨维中．传染病预警理论与实践［M］．北京：人民卫生出版社．2012.

［213］王树坤，赵世文，伏晓庆，等．传染病暴发或流行的探测、监测和预警［J］．中华流行病学杂志，2021，42（05）：941-7.

［214］Zha W T，Li W T，Zhou N，et al. Effects of meteorological factors on the incidence of mumps and models for prediction，China［J］. BMC infectious diseases，2020，20（1）：468.

［215］Tang S，Yan Q，Shi W，et al. Measuring the impact of air pollution on respiratory infection risk in China［J］. Environmental pollution，2018，232（477-86.

［216］黄泽颖．基于百度指数的传染病预测精准性探索——以广东省 H7N9 亚型禽流感为例［J］．中国人兽共患病学报，2020，11）：962-8.

［217］Jia W，Wan Y，Li Y，et al. Integrating Multiple Data Sources and Learning Models to Predict Infectious Diseases in China［J］. AMIA Joint Summits on Translational Science proceedings AMIA Joint Summits on Translational Science，2019，2019（680-5.

［218］Wang W，Wang Y，Zhang X，et al. Using WeChat，a Chinese Social Media App，for Early Detection of the COVID-19 Outbreak in December 2019：Retrospective Study［J］. JMIR mHealth and uHealth，2020，8（10）：e19589.

［219］Findlater A，Moineddin R，Kain D，et al. The use of air travel data for predicting dengue importation to China：A modelling study［J］. Travel medicine and infectious disease，2019，31（101446.

［220］Zhang Y. Drug sales data analysis for outbreak detection of influenza-like illness in China［D］；University of Pittsburgh，2018.

［221］杨维中，兰亚佳，李中杰，等．国家传染病自动预警系统的设计与应用［J］．中华流行病学杂志，2010，11）：1240-1244.

［222］Yang W，Li Z，Lan Y，et al. A nationwide web-based automated system for outbreak early detection and rapid response in China［J］. Western Pacific surveillance and response journal：WPSAR，2011，2（1）：10-5.

［223］陈立新．奥运北京传染病症状监测系统在通州区奥运保障中的作用；proceedings of the 中华预防医学会第三届学术年会暨中华预防医学会科学技术奖颁奖大会、世界公共卫生联盟第一届西太区公共卫生大会、全球华人公共卫生协会第五届年会，中国北京，F，2009［C］.

［224］黄春萍，宋姝娟，刘牧文，等．G20 杭州峰会期间症状监测机制的建立与应用［J］．中国公共卫生管理，2020，（02）：204-6.

［225］何永超，林庆能，何懿，等．大型活动就诊异常情况监测预警系统的建立及在上海世博保障中的实践［J］．环境与职业医学，2011，（01）：1-5.

［226］王静，王远萍，叶楚楚，等．上海市浦东新区幼托机构缺课缺勤症状监测系统预警效果评价［J］．疾病监测，2017，（12）：966-9.

［227］杨维中，兰亚佳，吕炜，等．建立我国传染病智慧化预警多点触发机制和多渠道监测预警机制［J］．中华流行病学杂志，2020，41（11）：1753-7.

［228］无锡市政府研究室副主任 罗安斌．探索建设城市传染病综合预警平台［N］．2020-07-17.

［229］刘长娜，徐娜，韩冬，等．基于全民健康信息平台天津市传染病监测预警系统的实践［J］．职业与健康，

2021，11）：1560-2.

［230］ Lombardo J，Burkom H，Elbert E，et al. A systems overview of the Electronic Surveillance System for the Early Notification of Community-Based Epidemics（ESSENCE II）［J］. Journal of urban health：bulletin of the New York Academy of Medicine，2003，80（2 Suppl 1）：i32-42.

［231］ 赖圣杰，冯录召，冷志伟，等 . 传染病暴发早期预警模型和预警系统概述与展望［J］. 中华流行病学杂志，2021，42（08）：1330-5.

［232］ Dopson S A. Early warning infectious disease surveillance［J］. Biosecurity and bioterrorism：biodefense strategy，practice，and science，2009，7（1）：55-60.

［233］ 龙瀛，毛其智 . 城市规划大数据理论与方法［M］. 北京：中国建筑工业出版社，2019.

［234］ 龙瀛 .（新）城市科学：利用新数据、新方法和新技术研究"新"城市［J］. 景观设计学，2019，7（2）：8-21.

［235］ 龙瀛 . 泛智慧城市技术提高城市韧性——应对 2020 新型冠状病毒肺炎突发事件笔谈会［J/OL］. 城市规划：［2020-03-29］.http：//kns.cnki.net/kcms/detail/11.2378.tu.20200211.2048.014.html.

［236］ 雷金纳德 · 戈列奇，罗伯特 · 斯廷森 . 空间行为的地理学［M］. 北京：商务印书馆，2013.

［237］ Marans R W，Rodgers W. Toward an understanding of community satisfaction［J］. Metropolitan America in contemporary perspective，1975：299-352.

［238］ Kampa M，Castanas E. Human health effects of air pollution［J］. EnVironmental Pollution，2008，151（2）：362-367.

［239］ Kelaher M，Warr D J，Feldman P，et al. Living in 'Birdsville'：Exploring the impact of neighbourhood stigma on health［J］. Health & Place，2010，16（2）：381-388.

［240］ 谭少华 . 基于微博签到行为的城市感知研究——以深港地区为例［J］. 建筑与文化，2017（01）：204-206.

［241］ 张延吉，秦波，唐杰 . 城市建成环境对居住安全感的影响——基于全国 278 个城市社区的实证分析 . 地理科学，2017，37（09）：1318 - 1325.

［242］ 谌丽，党云晓，张文忠，等 . 城市文化氛围满意度及影响因素 . 地理科学进展，2017，36（09）：1119 - 1127.

［243］ 党云晓，张文忠，谌丽，等 . 居民幸福感的城际差异及其影响因素探析——基于多尺度模型的研究 . 地理研究，2018，37（03）：539 - 550.

［244］ 湛东升，张文忠，余建辉，等 . 基于地理探测器的北京市居民宜居满意度影响机理 . 地理科学进展，2015，34（08）：966 - 975.

［245］ 蒋希冀，叶丹，王兰 . 全球健康城市运动的演进及城市规划的作用辨析［J］. 国际城市规划，2020，35（06）:128-134.

［246］ 李志明，姚瀛珊，宋彦 . 响应公共健康的美国城市规划教育：历史、培养模式与启示［J］. 国际城市规划，2020，35（04）:104-113.

撰稿人：戚均慧　王　兰　李　翅　刘佳燕　吴　康　谢　波　袁　泉
李　芳　张　宁　谌　丽　贾　鹏　单　峰　蒋希冀　林　戈等

# 专题报告

# 城市规划对慢性非传染性疾病的主动干预研究进展

## 一、引言

随着全球范围内城市化的持续推进，更多人口居住在城市，而工业化和机动化带来的环境污染以及居民工作、生活方式的改变诱发了一系列健康问题。世界卫生组织（World Health Organization，WHO）在1980年代明确了健康城市概念，并在推动全球健康城市运动时，日益增加的慢性非传染性疾病（Noncommunicable chronic diseases，NCDs）（下文简称“慢性病”）患病率及其疾病负担对人类生存的影响受到重点关注。目前，慢性病已成为公众面临的主要健康危机，成为城市“新疫情”[1]。

从2006年到2016年，全球癌症病例数量上升了28%[2]，慢性病已成为全球人口死亡的主因，占到了2016年全球总死亡人数的71%[3]。根据《中国居民营养与慢性病状况报告（2020年）》显示，目前我国18岁及以上居民中超过20%的人口罹患至少一种慢性病；2019年全国因慢性病导致的死亡占总死亡88.5%，其中因心脑血管疾病、癌症、慢性呼吸系统疾病和糖尿病等4类重大慢性病导致的过早死亡率为16.5%；慢性病也是导致我国成年居民伤残的首要原因。由此可见，慢性病已成为影响我国居民健康水平、经济可持续发展和实现健康中国战略目标的重大挑战。国务院于2017年印发《中国防治慢性病中长期规划（2017—2025年）》，其中制定了“到2025年，慢性病危险因素得到有效控制，实现全人群全生命周期健康管理，力争30~70岁人群因心脑血管疾病、癌症、慢性呼吸系统疾病和糖尿病导致的过早死亡率较2015年降低20%”的规划目标，并提出了“控制危险因素，营造健康支持性环境”的相关策略。

在此背景下，世界卫生组织提出了旨在营造健康支持性环境的“健康城市”理念，同时强调了城市规划在应对健康挑战方面所具有的积极作用[4]，明确指出“健康必须是城市规划者的首要重点"①②。城市规划能够通过建成环境的优化，营造有利于体力活动、均衡膳食、健康公平的人居环境，具有作用效果长期性、普及人群广泛、低社会经济成本等多重优势。因此，健康城市规划逐渐成为实现健康城市建设的重要基础[5]，基于空间的规划和设计对慢性病如何更好地形成主动干预是研究的焦点。

## 二、相关概念阐析

### （一）慢性非传染性疾病

慢性非传染性疾病是指以心脑血管疾病（高血压、冠心病、脑卒中等）、糖尿病、恶性肿瘤、慢性阻塞性肺部疾病、肥胖症、精神疾病等为代表的一组疾病，具有起病隐匿，病程长、病因复杂、健康损害大、医疗费用昂贵和社会危害严重等特点[2]。随着疾病的发展，表现为功能进行性受损或失能，对健康损伤严重，且很难彻底治愈，表现为不可逆性。慢性病不仅严重影响病人的身体健康、降低其生活质量，而且持续性的医疗费用给患者个人、家庭和社会带来严重的经济负担[3-4]。

### （二）主动式规划干预

主动干预强调将传统的"被动防御"向"主动预防"的理念转变[6]。现代城市规划学科在主动预防各种慢性病方面具有显著作用[7]。构建主动式健康干预的人居环境是一项全新的健康城市发展理念。基于国土空间规划作为资源配置手段和工具，能够主动防范城市各类灾害风险，提升城市系统运行的功能和效率，全面改善人民生活质量，促进人群身心健康[8]。对于慢性病而言，健康城市规划能够为大规模地减少人群患病风险，对降低社会学医疗成本起到长远且重要作用。

### （三）健康影响评估

健康影响评估（Health Impact Assessment，HIA）被定义为"评判一项政策、计划或者项目对特定人群健康的潜在影响，及其在该人群中影响分布的一系列相互结合的程序、方法和工具"[9]。HIA 能够鉴定潜在的健康问题，帮助减缓或防止消极影响，增进市民健康，并可理解和优化某个特定方案或一系列竞争方案的健康影响，完善规划过程。健康影响评估能够对污染源、体力活动缺乏、设施可达性等慢性病的作用要素进行评价[10-11]，为城市规划提供新的支持和依据。

---

① 资料来源于 https：//www.cfsa.net.cn/Article/News.aspx?id=E1E08075103FAD0612874A398B443277B845E2D6141AABCC

② 资料来源于 http：//www.who.int/zh/news-room/commentaries/detail/health-must-be-the-number-one-priority-for- urban-planners.

## 三、国外相关研究进展

国外城市规划领域相关研究大致可分为理论建构、基础实证和评估方法三大类型，对慢性病的干预往往包含在促进公共健康的总体目标之中。其中，理论建构聚焦于如何将健康理念融入城市规划之中，关注建成环境对居民健康影响的作用路径以及规划管理方式；基于城市规划视角，基础实证主要提供可调控建成环境要素对居民健康影响的现实证据；评估方法相关研究则是为健康如何融入规划编制与管理提供积极实践路径。

### （一）理论建构

在20世纪末，城市规划与公共健康的关系重新受到重视，部分学者开始尝试建构健康城市规划的基础理论框架，涉及健康影响路径、规划组织管理以及更为综合的研究视角。其中，在健康影响路径中，国外研究聚焦于建立建成环境与大众健康结果之间的联系，关注行为方式、污染环境和社会关系等多重影响路径[12-14]；其中对于建成环境的测度更多地从城市设计视角出发采用经典“5D”理论。组织管理方面的理论模型则强调健康融入空间规划需要国土部门系统中的垂直整合和不同部门间的水平融合[15]，但具体融合方式（如平台建构、组织方式、成果管理和信息沟通机制）、规划编制成果形式，以及融合成效评价等内容有待充实细化。另外，有学者从政策评估视角提出了城市规划的健康影响量化评估指标[16]，也有学者强调生态社会学和环境正义在健康城市规划中的重要性[17]，但模型的系统性和方法体系还需完善。

总体来看，健康城市规划相关理论建构并未单独针对慢性病，有必要进一步细化建成环境对慢性病的影响路径，明确不同空间尺度下的干预方式，同时探究规划组织管理的实现机制。

### （二）基础实证

在国外实证分析中，研究关注的慢性病病种较为丰富，涉及呼吸、心脑血管、代谢、消化、泌尿和神经等多个系统的慢性病（包括恶性肿瘤）；对建成环境分析愈发多元与细致，涵盖了从城市总体到街区，再到社区和邻里空间尺度。同时运用街景、POIs等新兴数据，近年来分析微观居住环境（如街道绿视率、便利店）对健康影响的研究数量明显增多。

就现有研究结论而言，特定建成环境要素对慢性病的影响存在差异。例如，有学者研究发现以住宅为中心200m半径范围和家庭园艺区域中的绿地面积越大，哮喘发生的概率越低[18]；而在立陶宛考纳斯市针对4~6岁儿童的实证分析得到了相反的结果（即以住宅为中心的100m半径范围的绿地面积越大，儿童哮喘发生率越高）[19]。又如，研究发现功能混合、密路网对超重/肥胖率的影响在女性和少数族群中并不明显[20]，在城市化率较低的郊区并不显著[21]，同时在不同的城市中对 BMI 的影响也不相同[22]。研究结论的差异性可能受到混杂因素影响，未来有必要持续增加不同地区和社会背景下的实证案例和变量的多元化，并开展聚合性分析。

同时，目前国外研究体现出对弱势人群和疾病康复人群的关注，主要针对女性、老龄人群、少数族裔、低收入人群和肿瘤康复人群。例如，Servadio J L 等[23]采用条件自回归模型分析了绿色要素、道路交叉口密度与美国不同族裔的慢性阻塞性肺病、冠心病以及脑卒中患病率之间的关系，研究发现非裔美国人患病的风险更高，与绿色和交通环境紧密相关；又如，Conroy S M 等[24]开展的针对乳腺癌幸存者的肥胖症分析发现，社区周边的自行车车道和街道绿化与肥胖症的发生有统计学上的关联。

此外，已有研究对影响机制的探究涵盖了特定建成环境对慢性病影响的空间异质性[25-26]、尺度效应[27]、作用路径（如交互作用、中介作用、调节效应等）[28-30]和阈值效应[31-32]等。近十年来的国外纵向分析研究逐渐增加[31, 33-34]，提高了分析结论的稳健性，但时空耦合影响分析相关文献较少。

可以看到，国外学者针对建成环境与慢性病之间关系的实证分析已有一定积累，在不同病种、影响机制和弱势群体等多方面开展了丰富研究；未来拓展方向表现为：全生命周期效应、疾病与环境因素之间交互影响以及时空耦合影响分析。

### （三）评估方法

HIA 在国外城市规划领域已开展了研究与实践。例如，苏格兰开发了 HIA 工具作为确定相关影响的空间规划手段，并逐渐将 HIA 运用到不同尺度的空间规划，包括格拉斯哥东部的空间战略草案（the draft spatial strategy for the East End of Glasgow）、洛锡安医疗设施和路易斯风力发电场规划建设项目等；美国规划协会（American Planning Association，APA）调查 2004—2014 年间 350 多份规划文件后发现，超过 1/3 的规划都使用了 HIA 工具。

针对慢性病的作用要素，HIA 评价了包括污染源、体力活动缺乏、设施可达性等[11-35]。目前针对慢性病的健康影响评估已积累了较丰富的经验与成果。例如，美国“加州公共卫生评估模型（California Public Health Assessment Model，C-PHAM）”采用回归模型分析方法预测了道路交通、公共设施、土地利用和食物等环境要素对居民行为和疾病的潜在影响；其中疾病以慢性病为主，包括肥胖、高血压、心脏病和二型糖尿病等。美国约翰霍普金斯大学公共卫生学院健康政策与管理专业研究者开发了针对棕地开发的评估模型（Macroscope）。它基于“评价 - 统计 - 预测”的建构逻辑，采用文献证据和本地基础数据建立多元统计模型和广义线性回归模型，评估棕地的健康风险（包括化学残留物质及其危险潜力）。其健康结果包含了八种疾病类型：癌症、心脏病、慢阻肺、糖尿病、脑血管疾病、肝病、肺炎和流行感冒，以慢性病为主。美国疾病预防控制中心所开发的“绿色空间健康影响评估工具集”制定了针对绿色空间公共健康特征的评估框架，具体包括：收集现状健康数据、达成健康发展目标的共识、设定评估基准等。其中，慢性病指标选用了超重儿童占比、糖尿病死亡率、哮喘住院率和心脏病死亡率等。

## 四、国内相关研究进展

与国外研究健康城市规划研究相似，国内同样涵盖了理论建构、基础实证和评估方法三个方面，在最近几年已有较快发展；但涉及的慢性非传染疾病类型较少，相关实践运用仍处在探索阶段。

### （一）理论建构

以慢性非传染性疾病为对象，国内研究明确了规划干预健康的要素以其作用路径，构建了理论模型。田莉等[35]提出了包含区域、城市和社区三个层面的“城乡健康”理论模型，通过不同类型数据和要素开展相关研究与实践。王兰等[36]提出了包含“四大要素、三个路径”的健康城市规划理论框架。其中，“四个要素”是指土地使用、空间形态、道路交通以及绿地和开放空间，“三个路径”包含减少空气污染及其对人体的影响、促进体力活动和交往以及提供可获得的健康设施（见图 1）。相比国外，国内研究与物质空间规划的衔接更为紧密，理论模型中建成环境涵盖了主要的规划要素体系，更加强调研究结论对城市规划原则的优化；同时，影响路径还包含可获得的健康设施提供，更利于为健康设施规划布局提供指引。此外，国外研究还建构起了针对规划组织管理或促进健康公平的治理模型，而国内相关理论研究尚处在起步阶段。

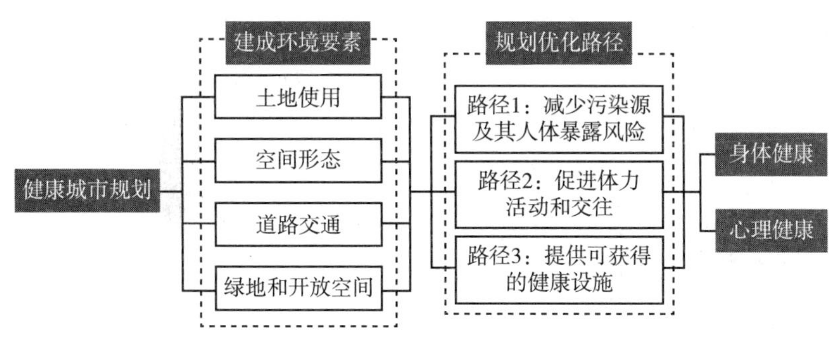


图 1　健康城市规划理论框架[1]

资料来源：文献[41]

### （二）基础实证

我国健康城市实证研究在近些年快速发展。已有研究表现出跨学科交叉、关心特定群体的特点。纳入研究的慢性病类型较少，主要包括呼吸健康、肥胖和脑卒中等慢性病。同时，研究对建成环境的分析涵盖了多个尺度（主要是宏观和中观尺度）和多种类型，并且研究结论体现出了较好的规划指引性。

呼吸健康是研究的焦点之一，疾病类型主要是肺癌、慢阻肺等。目前研究已涉及包括城市整体、城区和社区等多个空间尺度，但分析发现建成环境要素对呼吸健康的影响在不同空间尺度下存在差异。例如，王兰等[37]通过对上海市某城区肺癌病患空间分布与建成环境特征相关性研究发现，工业用地空间布局特征（集中和分散程度）和道路网密度给城市居民健康带来显著的消极影响，而绿色空间能起到积极作用，但需集中布置。又如，杨秀等[38]以我国 126 个地级市为对象，分析发现城市整体层面的建成环境要素与肺癌发病存在显著相关性而影响系数不高。Wang L 等[39]采用地理探测器分析上海市高密度的城市环境中，土地利用混合度、建筑宽高比和主干道密度与慢性阻塞性肺疾病的死亡率相关。但是，由于目前实证文献较少，作为我国城市规划干预的证据基础仍有待充实与印证。

在肥胖方面，研究主要分析了邻里尺度下建成环境对居民超重的影响，关注的重要建成环境要素往往与慢行街道、公共空间（包括公园）、公共服务设施（如体育设施）、食品供应设施的可获得性或可达性，以及土地功能混合特征有关。总体而言，研究得到的结论较为一致。对肥胖具有显著正向影响的环境因素有公共空间可达性或密度[10, 40]、土地混合度[41-42]、健康食物可达性[10]和绿地率[43-44]等；消极影响的环境要素则主要是非健康食品的可达性[45]。

此外，建成环境与脑卒中发病风险的相关性也开始受到研究关注。例如，谢波等[46]采用空间滞后回归模型与空间误差模型，分析了武汉市城市建成环境对脑卒中发病率的影响；发现人口净密度、居住用地密度、建筑密度与脑卒中风险呈现显著正相关；同时社区医院、公园、快餐店、公交车站等设施的可达性能够在不同尺度影响居民的体力活动、饮食习惯和社会交往，进而对居民心血管健康产生显著影响。

相比国外的实证研究而言，我国相关研究在疾病类型、影响特征（目前主要是空间异质性和中介效应）、微观尺度建成环境、特定人群，以及纵向队列分析等方面仍需持续拓展与积累。

### （三）评估方法

健康影响评估可用于规划方案编制和实践的评估，为针对慢病预防的空间干预提供积极思路。国内文献引入了欧美国家的健康影响评估的概念，并对案例进行评析[47-48]。更进一步，国内学者已开展了针对我国物质空间规划和健康影响评估方法和工具的研发工作。例如同济大学健康城市实验室开展了上海市黄浦区、闵行区轨道交通 15 号线延伸等健康影响评估，分析得到环境现状存在的正面和负面健康影响，从而提出了健康导向更新设计思路，成果纳入《健康影响评价实施操作手册（2019 版）》。该手册是国家卫生与健康委员会发布的第一本健康影响评估操作指导性文件。同时，王兰等[49]建立了健康融入国土空间总体规划的一套评估方法，包括在“国土空间开发保护现状评估”中采用健康风险、健康资源和居民时空行为特征分析，以及针对规划方案，计算与现状相比的健康增益（见图2）；并在上海市宝山区顾村镇的国土空间总体规划中开展了实践探索。王兰等（2021）建构了面向规划方案的定量健康影响评估方法，分析城市规划要素变化带来的健康风险和健康行为的变化，进而计算特定疾病的发病率（或死亡率）以及伤残调整寿命年[50]。总体而言，健康影响评估未来需在健康结果的预测能力和专项评估方面持续提升。

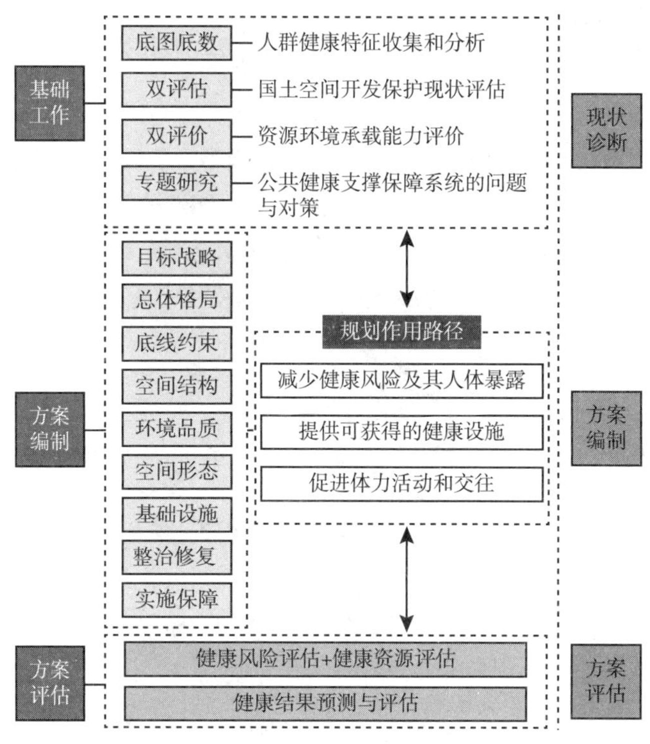


图2　健康融入国土空间总体规划的工作框架[40]

资料来源：文献[40]

## 五、研究趋势与展望

本文回溯了国内外相关研究进展，对比总结当下我国相关研究存在的主要问题：①在理论研究的系统性、对规划的指引性以及与国土空间规划语境的结合等方面，有待研究深化；②基础实证研究以横截面分析为主，关注的慢性病类型有待拓展，对建成环境复杂健康影响机制需要继续挖掘；③当前健康影响评估与国土空间规划体系还未形成紧密联系，需要研发以慢性病作为健康结果的相关评估与预测工具。

未来，我国相关研究可从以下几点进一步深化。

### （一）从规划干预机制视角持续深化理论研究

未来我国学者应以健康城市规划为核心调控手段，从价值目标、影响路径、规划内容、组织管理和制度保障等多维视角，拓展和细化理论的内容构成和方法路径。分析健康融入城市规划的各个环节的可行性和方式，进而提供规划干预健康更为坚实的理论模型。同时，构建适应我国国土空间规划语境的理论体系，统筹考虑城乡环境全域全要素对慢性病和传染病的复杂影响，明确空间干预和规划调控的原则和方法。

### （二）拓展慢性病相关病种的实证研究，揭示建成环境要素对健康结果的复杂影响机制

一方面，目前国内的实证研究主要关注肺癌、脑卒中和肥胖，缺乏对其他慢性病的分析（如神经系统疾病、消化系统疾病）。在既有证据线索的基础上，可纳入更多种类的疾病结果开展分析。另一方面，对健康影响路径的揭示是制定精准高效的规划设计干预策略的重要前提。当下实证分析尚未厘清，未来有必要采用新的分析技术（如时间地理学模型、结构方程模型），探究更为细致的作用路径。此外，纵向分析有助于探析建成环境对居民健康影响的因果联系，也待未来拓展。

### （三）提高健康影响评估工具的适用性，加强与规划编制和实践的结合

在研发健康影响评估工具时，可结合国外已有模型，采用本地数据与文献证据相结合的方式，建构适应评估地区具体条件的分析模型。同时有必要深入探索如何提升评估模型对多类别慢性病的预测性能，将相关评估结果与规划编制与管理紧密衔接。例如，合理选取规划方案中的控制指标，通过对这些指标的测度与分析，明确现状环境的潜在健康影响，为规划方案的制定提供直接依据，提高规划方案对于公共健康的考虑和干预。

## 六、结语

随着慢性病成为全球致死因素，城市规划对其主动干预研究已成为健康城市规划领域的研究重点。相关研究结果能够为规划调控与营造促进健康生活方式的建成环境提供理论依据、基础证据和操作路径。未来研究非常有必要从规划干预机制方面持续深化理论框架、拓展实证分析的维度和深度；加强健康影响评估工具与规划编制和实践的结合，提高其适用性和预测性。

立足于城乡规划学科，系统整合多学科基础知识与分析方法，依托基础实证研究和健康影响评估，积极开展规划循证实践，将成为健康城市科学的重要内容。

# 参考文献


[1] 王兰. 健康城市规划：回归与提升. 中国城市规划学会学术成果：品质规划 [M]. 北京：中国建筑工业出版社，2018.

[2] FITZMAURICE C，AKINYEMIJU T F，AL LAMI F H，et al. Global，regional，and national cancer incidence，mortality，years of life lost，years lived with disability，and disability-adjusted life-years for 29 cancer groups，1990 to 2016：a systematic analysis for the global burden of disease study [J]. JAMA oncology，2018，4（11）：1553-1568.

[3] World Health Organization. World health statistics 2020：monitoring health for the SDGs [R]. Geneva，2020.

[4] World Health Organization. The Jakarta Declaration on Leading Health Promotion into the 21st century [R]. Geneva，1997.

[5] 王兰，蒋希冀，叶丹. 中国健康城市规划研究热点与进展：基于 Citespace 的文献计量分析 [J]. 城市发展研究，2020，27（11）：8-14，56.

[6] 肖洪未，李和平. 健康影响评价（HIA）对风景园林规划设计的主动干预及其策略 [J]. 西部人居环境学刊，2021，36（2）：69-77.

[7] 谭少华，何琪潇，杨春. 健康城市的主动式规划干预技术：尺度转换的视角 [J]. 科技导报，2020，38（7）：34-42.

[8] 谭少华，郭剑锋，江毅. 人居环境对健康的主动式干预：城市规划学科新趋势 [J]. 城市规划学刊，2010（4）：66-70.

[9] WHO. Healthy Cities and the City Planning Process：A Background Document on Links Between Health and Urban Planning [Z]. 1999：2-16.

[10] 张延吉，邓伟涛，赵立珍，等. 城市建成环境如何影响居民生理健康？——中介机制与实证检验. 地理研究，2020，39（4）：822-835.

[11] 王兰，赵晓菁，蒋希冀，唐健. 颗粒物分布视角下的健康城市规划研究——理论框架与实证方法 [J]. 城市规划，2016，40（9）：39-48.

[12] GILES-CORTI B，VERNEZ-MOUDON A，REIS R，et al. City planning and population health：a global challenge [J]. Lancet，2016，388（10062）：2912-2924.

[13] KENT J L，THOMPSON S. The Three Domains of Urban Planning for Health and Well-being [J]. Journal of Planning Literature，2014，29（3）：239-256.

[14] NIEUWENHUIJSEN M J. Urban and transport planning，environmental exposures and health-new concepts，methods and tools to improve health in cities [J]. Environmental Health，2016，15（1）：161-171.

[15] KIDD S. Towards a framework of integration in spatial planning：an exploration from a health perspective [J]. Planning Theory & Practice，2007，8（2）：161-181.

[16] NORTHRIDGE M E，SCLAR E D，BISWAS P. Sorting out the connections between the built environment and health：A conceptual framework for navigating pathways and planning healthy cities [J]. J Urban Health，2003，80（4）：556-568.

[17] CORBURN J. Confronting the challenges in reconnecting urban planning and public health [J]. American Journal of Public Health，2004，94（4）：541-546.

［18］IDANI E，RAJI H，MARAGHI E，et al. Risk Factors Associated with Asthma Among Adults in Khuzestan，Southwest Iran［J］. Clinical Epidemiology and Global Health，2020，8（2）：350–355.

［19］ANDRUSAITYTE S，GRAZULEVICIENE R，KUDZYTE J，et al. Associations Between Neighbourhood Greenness and Asthma in Preschool Children in Kaunas，Lithuania：A Case–Control Study［J］. BMJ Open，2016，6（4）：e010341.

［20］FRANK L D，KERR J，SALLIS J F，et al. A hierarchy of sociodemographic and environmental correlates of walking and obesity［J］. Preventive Medicine，2008，47（2）：172–178.

［21］WANG F，WEN M，XU Y. Population–adjusted street connectivity，urbanicity and risk of obesity in the US［J］. Applied Geography，2013，41（4）：1–14.

［22］POULIOU T，ELLIOTT S J. Individual and socio–environmental determinants of overweight and obesity in urban Canada［J］. Health & Place，2010，16（2）：389–398.

［23］Servadio J L，Lawal A S，Davis T，et al. Demographic inequities in health outcomes and air pollution exposure in the Atlanta area and its relationship to urban infrastructure［J］. Journal of Urban Health，2019，96（2）：219–234.

［24］Conroy S M，Shariff–Marco S，Koo J，et al. Racial/ethnic differences in the impact of neighborhood social and built environment on breast cancer risk：the neighborhoods and breast cancer study［J］. Cancer Epidemiology and Prevention Biomarkers，2017，26（4）：541–552.

［25］Dwicaksono A，Brissette I，Birkhead G S，et al. Evaluating the contribution of the built environment on obesity among New York State students［J］. Health Education & Behavior，2018，45（4）：480–491.

［26］Kumarihamy R M K，Tripathi N K. Geostatistical predictive modeling for asthma and chronic obstructive pulmonary disease using socioeconomic and environmental determinants［J］. Environmental monitoring and assessment，2019，191（2）：1–21.

［27］Oshan T M，Smith J P，Fotheringham A S. Targeting the spatial context of obesity determinants via multiscale geographically weighted regression［J］. International journal of health geographics，2020，19（1）：1–17.

［28］Richardson E A，Mitchell R. Gender differences in relationships between urban green space and health in the United Kingdom［J］. Social science & medicine，2010，71（3）：568–575.

［29］Iyer H S，James P，Valeri L，et al. The association between neighborhood greenness and incidence of lethal prostate cancer：A prospective cohort study［J］. Environmental Epidemiology（Philadelphia，Pa.），2020，4（2）.

［30］Feng X，Astell–Burt T. Residential green space quantity and quality and child well–being：a longitudinal study［J］. American journal of preventive medicine，2017，53（5）：616–624.

［31］Patino J E，Hong A，Duque J C，et al. Built environment and mortality risk from cardiovascular disease and diabetes in Medell í n，Colombia：An ecological study［J］. Landscape and Urban Planning，2021，213：104126.

［32］Frank L D，Wali B. Treating two pandemics for the price of one：Chronic and infectious disease impacts of the built and natural environment［J］. Sustainable Cities and Society，2021，73：103089.

［33］Villeneuve P J，Jerrett M，Su J G，et al. A cohort study relating urban green space with mortality in Ontario，Canada［J］. Environmental research，2012，115：51–58.

［34］Shvetsov Y B，Shariff–Marco S，Yang J，et al. Association of change in the neighborhood obesogenic environment with colorectal cancer risk：The Multiethnic Cohort Study［J］. SSM–population health，2020，10：100532.

［35］田莉，李经纬，欧阳伟，陈万青，曾红梅，肖扬．城乡规划与公共健康的关系及跨学科研究框架构想［J］. 城市规划学刊，2016（2）：111–116.

［36］王兰，廖舒文，赵晓菁．健康城市规划路径与要素辨析［J］. 国际城市规划，2016，31（4）：4–9.

［37］王兰，蒋希冀，孙文尧，赵晓菁，唐健．城市建成环境对呼吸健康的影响及规划策略——以上海市某城区

为例［J］. 城市规划，2018，42（6）：15–22.

［38］杨秀，王劲峰，类延辉，王兰. 城市层面建成环境要素影响肺癌发病水平的关系探析：以 126 个地级市数据为例［J］. 城市发展研究，2019，26（7）：81–89.

［39］Wang L，Chen R，Sun W，et al. Impact of High–Density Urban Built Environment on Chronic Obstructive Pulmonary Disease：A Case Study of Jing'an District，Shanghai. International Journal of Environmental Research and Public Health，2020，17（1）：252.

［40］王文文，甄峰，姜玉培，蔡希. 建成环境及个体特征对大城市居民超重肥胖的影响研究——以南京为例［J］. 现代城市研究，2020（4）：18–26.

［41］李泽，张瑶. 社区建成环境对儿童健康影响的进展研究——基于体力活动视角的文献述评及展望［J］. 南方建筑，2020（5）：112–119.

［42］张延吉，秦波，唐杰. 基于倾向值匹配法的城市建成环境对居民生理健康的影响. 地理学报，2018，73（2）：333–345.

［43］Huang，W. Z.，Yang，B. Y.，Yu，H. Y，et al. Association between community greenness and obesity in urban–dwelling Chinese adults. Science of The Total Environment，2020，702：135040.

［44］谢波，伍蕾，王兰. 基于自然实验的城市绿道对居民中高强度体力活动的影响研究［J］. 风景园林，2021，28（5）：30–35.

［45］丁国胜，蔡娟. 公共健康与城乡规划——健康影响评估及城乡规划健康影响评估工具探讨［J］. 城市规划学刊，2013（5）：48–55.

［46］谢波，郑依玲，李志刚，安子豪. 中国城市高密度居住环境对居民脑卒中的影响——对武汉的实证［J］. 城市规划，2021，45（5）：30–39.

［47］安·福赛思，卡丽莎·希弗利·斯洛特巴克，凯文·克里泽克，蒋希冀，唐健. 健康影响评估之规划师版：哪些工具有用？［J］. 国际城市规划，2016，31（4）：32–43.

［48］丁国胜，黄叶琨，曾可晶. 健康影响评估及其在城市规划中的应用探讨——以旧金山市东部邻里社区为例［J］. 国际城市规划，2019，34（3）：109–117.

［49］王兰，贾颖慧，朱晓玲，王新哲，李继军，顾浩. 健康融入国土空间总体规划方法建构及实践探索［J］. 城市规划学刊，2021（4）：81–87.

［50］王兰，贾颖慧，孙文尧，等. 面向城市规划方案的定量健康影响评估研究［J］. 规划师，2021（19）：72–77.

撰稿人：王　兰　蒋希冀　许燕婷　商立辉

# 城市交通与居民健康研究进展

## 一、引言

改革开放以来，我国大多数城市进入了快速城市化的发展阶段，城镇化和信息化进程改变了城市居民的生活方式与货物的运输模式，先进生产力为城市居民带来便利的同时，空气污染、交通拥堵等现象也相伴而生，引发了对各类公共健康问题的关注。随着人们对健康理念与生活品质的日渐重视，城市政府逐渐意识到城市的宜居与否是城市可持续发展的关键变量[1]。城市交通作为居民日常生活组织和城市运作的重要层次、城市可持续发展的重要内容[2]，成为影响城市居民健康的关键因素之一。车辆噪声和空气污染、交通机会不均等、不积极的交通方式和久坐行为正威胁着公共健康[3]，交通对于公共健康的影响在不同居民群体（如收入水平的差异）的分布上也缺乏公平性[4]。针对以上问题，国内外学者们从客运和货运交通的不同角度出发，针对不同影响因素开展了相关研究，证明了个人健康受到广泛的交通因素的影响[5]。

作为城市科学中最为动态而复杂的系统之一，城市交通系统对于居民健康的影响在近年来受到了学术界的持续关注。本研究报告将通过综述和评价城市交通与居民健康交叉的前沿研究进展，归纳重要理论和概念成果，提炼主要研究方向和实证规律，为未来该交叉科学深入发展提供参考。

## 二、国内外相关概念

### （一）绿色交通

绿色交通是一个理念，是以减少交通拥挤、降低能源消耗、促进环境友好、节省建设维护费用为目标的城市综合交通系统。绿色交通的狭义概念更加强调交通系统的环境友好性，主张在城市交通系统的规划建设和运营管理过程中注重环境保护和生活环境质量。绿色交通的广义概念包含了推动公交优先发展、促进人们在短距离出行中选择自行车和步行的出行模式，节约能源、保护环境、建立公共交通为主导的城市综合交通系统等[11]。绿色交通出行是城市居民日常身体锻炼的重要组成部分，对于促进居民身体与心理健康具有显著效果[12]。

## （二）通勤幸福感

通勤幸福感作为一种特殊的幸福感，其定义为：个体在通勤过程中拥有的各种情绪感受，包含开心、愉悦等正向情绪感受和压力、难过等负向情绪感受[6]。据研究表明[7]，通勤幸福感与个人的社会经济属性显著相关。同时，通勤模式、通勤时间、通勤目的与建成环境等也被认为可显著影响城市居民通勤幸福感水平[8-10]。

## （三）职住平衡

职住平衡（Job-Housing Balance）的定义为：在一个城市中，工作集中地附近需要有足够的空间满足在此工作的职工居住。职住平衡能够使人们居住在离他们工作地近的地方，这使得通勤交通变得很短[13-14]。近些年的研究中，有研究基于手机信令大数据研究分析上海市的职住平衡水平，结果表明上海的工作与住房的距离相对均衡（3.2 千米）[15]。同时，据研究表明，在中国职住平衡和通勤距离的缩短很大程度上依赖于企业单位的性质，对于弱势群体而言，职住平衡的实现仍需政府的支持与干预[16]。

## （四）出行污染暴露

出行污染暴露（exposure to air pollution during travel）问题研究早期源于环境流行病学[17]。出行污染暴露关注微观角度即个人时空行为轨迹的环境（或空气）污染暴露，以及居民日常交通出行的健康效应，污染暴露的测度与评估是这类研究的重点内容之一[18]。有研究表明，机动化出行率对空气污染暴露程度的直接影响最大，不同社会经济属性群体的出行空气污染暴露度存在一定差异性，中等收入群体显著高于低收入群体和高收入群体[19]。

## （五）过剩通勤

过剩通勤（Excessive Commuting）指的是在保持现有城市空间结构不变的情况下，通过组合优化居住地和工作地的地理位置分布，使得城市整体的总理论通勤时间最小，则称现实中的实际通勤时间与理论最优通勤时间的差值为过剩通勤[20]。过剩通勤指标可以为政策制定者提供关于通勤效率和城市形式的重要信息和指导，但过剩通勤指标的度量标准并未统一，如何将过剩通勤度量标准化并将其作为城市通勤效率的度量标准仍是未来研究的重点[21]。

### （六）积极出行

积极的出行方式（Active Travel）主要包括步行、自行车等，被视为一种促进身体活动的出行方式，具有环境友好的性质。越来越多的证据表明，积极的出行与降低超重、糖尿病和高血压等疾病的患病风险有显著性关系[4]。美国一项荟萃分析的研究发现，积极通勤（如骑自行车和步行上班）提供了一种将有规律的体育活动融入西方人口日益久坐生活方式的可行方法，可使心血管疾病风险降低 11% 左右，且有利于环境效益[22]。

### （七）交通环境正义

世界卫生组织的相关报告表明，所有的城市环境都会产生“系统性的、社会性的、不公平的”环境正义（Environmental Justice）现象，这种现象在不同的国家和地区表现特征和不平等程度具有显著差异[23]。交通的负外部性是这种环境正义现象产生的重要原因之一[24]。老年人、低收入家庭、残障人士等群体在承受由于机动车发展所带来的空气污染、噪声、交通拥堵等危害并对他们的身体健康带来危害的同时，却少有能享受机动车带来的便捷舒适的出行福利[25]。萨利斯（Sallis）等人[3]指出在交通规划与城市健康政策的制定与实施中，需要给予健康不平等群体足够的重视，促进城市交通健康可持续发展。

综上所述，国内外在城市交通与居民健康交叉研究中提出并阐释了一系列重要概念。在这些概念中，一部分如出行污染暴露、交通环境正义针对城市交通产生健康影响的现象加以概念化；另一部分如过剩出行、职住平衡则为交通与健康的交叉关系提供系统性机制和规律认识；最后一部分如积极出行、绿色交通则为降低交通负面影响，改善居民健康提出正面解决方案。这些概念在国内外均有理论和实证研究进展，但因场景差异，所展现出来的内涵和价值略有不同。

## 三、国内外研究进展

本章节分别对国内外城市交通与居民健康交叉研究文献进行了总体样本分析。外文文献以 Web of Science 核心库为数据样本来源，以城市（Urban）、交通（Transportation）、健康（Health）为检索词，逻辑关系为“And”，以“主题”为检索途径，对 2011—2020 年的文献进行检索，“相关性”进行排序，最终导出 1000 篇文献作为样本导入 Citespace 软件中进行处理。从图 1 可以看出城市交通和居民健康领域的发文量整体上呈逐年上升的趋势。

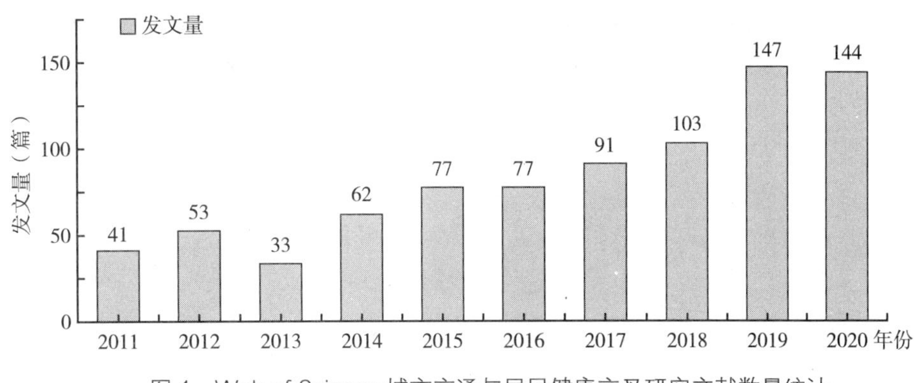


图 1　Web of Science 城市交通与居民健康交叉研究文献数量统计

对关键词标签进行分析，可以发现关于空气污染（Air Pollution）、体育活动（Physical Activity）、出行行为（Travel Behavior）与步行城市（Walkable City）的讨论成为自 2011 年至今未间断的热点话题。

对于中文文献分析，本文分析数据以中国知网为数据样本来源，以“城市”“交通”“健康”为检索词，逻辑关系为“And”，以“主题”为检索途径，对 2011—2020 年的文献进行检索，为保证文献的可靠性，仅保留学术期刊与会议论文，且文献期刊来源选择“核心期刊”，筛选得到 229 篇学术论文，66 篇会议论文，导出 295 篇文献作为样本导入 Citespace 软件中进行处理。筛选掉部分数据不全、不符合主题文献 3 篇，最终得到有效样本数据 292 篇。可以看出，近十年来中文文献的发文量也是呈现逐年上升的趋势（图 2）

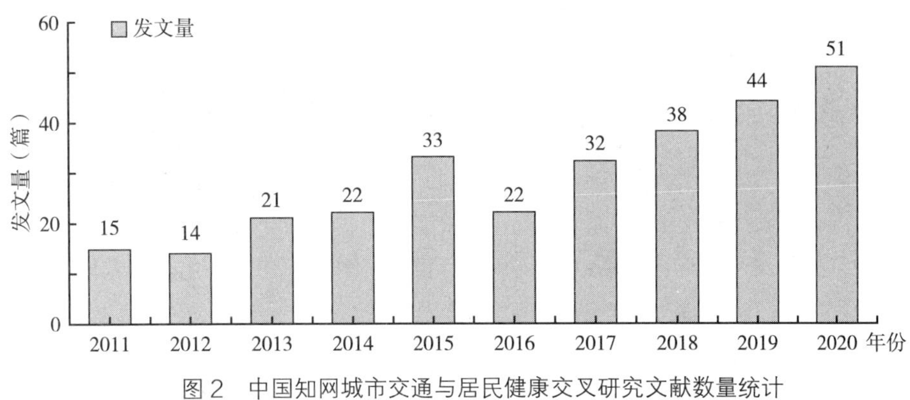


图 2　中国知网城市交通与居民健康交叉研究文献数量统计

将关键词标签沿时间轴横向展开得到聚类时间线可视图谱（图 3），可以清晰地看到不同聚类下关键词热度及随时间的推演情况。可以看出，同国外研究相同，关于体育活动的研究也是我国近十年来的研究重点，不同的是关于步行城市的研究我国从 2014 年才逐步兴起，相较于国外起比较晚，文献数量也相对较少。

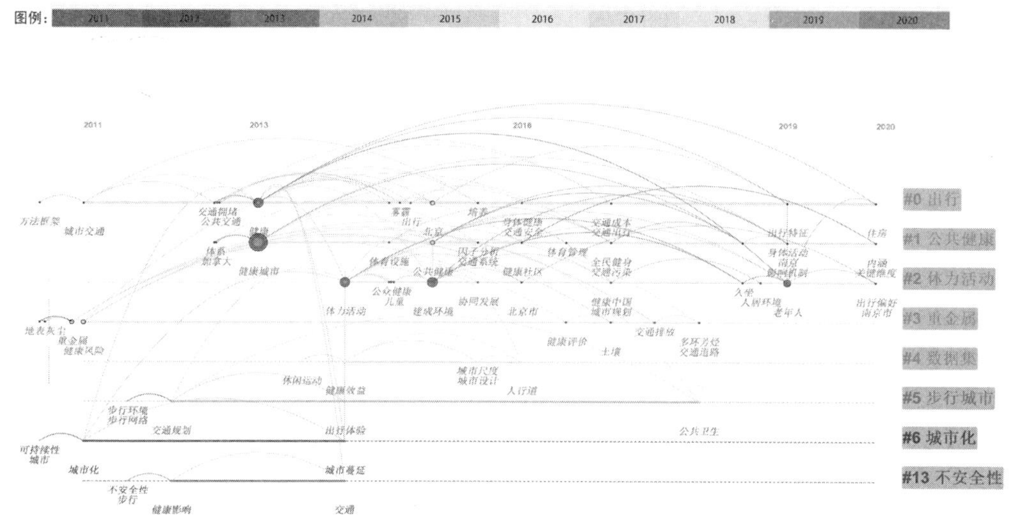


图 3　中国知网城市交通与居民健康交叉研究文献关键词聚类时间线可视图谱

基于上述文献统计数据，本章节进一步完成了详细的文献综述，认为城市居民健康与交通活动的关联关系可以概括为两个重要方向：居民出行需求与方式的健康影响；居民受到交通活动环境污染的健康影响。前者为居民的主动出行行为过程，受城市形态、社会变迁和生活方式等因素的作用，对于个人和群体健康的长期趋势产生结构性影响。后者为居民的被动暴露和承担过程，涉及居民、社区分布和交通排放等环境污染的动态互动。二者在现象、规律和机制等方面上有明显差异，本节分为两个板块分别进行梳理。

## （一）城市交通出行与居民健康

城市交通出行是居民日常最为重要的活动之一，是其获取城市空间中基本社会经济资源和机会的必要手段。在宏观层面，居民出行需求受城市空间结构和交通工具选择等影响，在增长的大趋势下呈现多元化和个性化的倾向，其满足水平关系到居民的长期生理和心理健康。在微观层面，居民出行，尤其是密度最高、时空间约束最强的通勤出行的质量和满意度，直接决定了日常生活的品质和可持续发展潜力。在满足出行需求的前提下，提倡慢行、积极出行，旨在提高交通出行与体育锻炼的结合，促进居民身心健康。

### 1. 居民出行交通供需

城市空间中的交通需求和供给决定交通方式的选择，从而影响居民出行活动形式和强度。出行作为居民生活组织的基础层次，是居民获取社会经济资源和机会的必要条件，其活动的形式与强度是生活质量的重要体现。基于生活质量的满意度和幸福度是衡量居民心理和生理健康的关键变量。城市交通的本质是服务于人的需求[26]。如果城市交通的供给不能满足居民高质量的交通需求，则背离了城市交通的本质，会严重影响居民的基本福祉。因此，研究城市交通供需关系是评估居民健康综合水平的一个前提基础。

（1）交通供给改革与服务拓展

目前我国的交通供需关系研究主要基于我国快速城镇化、城市交通信息化的国情，以全方位信息化支撑下的土地协调利用、交通一体化和以人为本的交通环境建设为发展目标[27]。全永燊等学者还指出我国当前以政府为主导的供给模式与城市交通设施的社会经济属性不符，与可持续发展理念相悖，现行城市交通供给方式缺乏科学依据和法律约束，交通需求与服务供给脱节，供给过于依赖资源驱动。要解决以上问题，他指出对于城市交通供给侧结构性改革应遵循合理、有效、科学的标准，明确城市交通基础设施改革应当以供给模式改革与资源配置优化为重点[28]。在城市的交通规划中，城市综合交通体系规划的目标由保障网络的基本畅通转变为提供高效、高质量的交通服务[29]。这一论断对于建设基于交通供需平衡的健康城市有着重要意义。

与此同时，共享交通、共享出行的经营服务新业态井喷式爆发，在看到共享交通的优越性的同时也应充分评估各类共享交通模式的负外部性。建设城市交通需要充分顾及城市资源环境约束条件和社会现实治理能力，防止负效益转嫁带来的问题，防范公地悲剧与市场失灵，同时处理好新业态与传统业态融合共存共进关系[30]。

（2）交通需求演变和可持续发展

汪光焘等学者聚焦城市化进程中所带来的交通需求的新特点，讨论信息化和区域一体化等趋势对城市交通的预期影响，指出在提质发展的新阶段，人的生活质量提升需求、城市空间的高效组织、不同群体的多元化活动需求是交通需求提质的关键切入点，提出按需服务、一体化发展、交通公平、规则重构的发展愿景[31]。

现阶段我国城市进入以城市群为主体形态的发展阶段，区域协调发展的理念不断完善和充实[32]。在城际间社会经济要素频繁流动的背景下，承载区域职能的交通系统构建对加强和巩固城市在区域中的地位将起到十分重要的作用[33]。但公共交通发展在政府合作、规划建设和运营管理等方面仍遭遇较大阻力，需要建立良好的政策法规、建立多部门的协调合作和有效的运营补亏机制[34]。同时，考虑到城市群发展的不平衡、不充分的新矛盾需求，针对不同的城市群，需要定制差异化、阶段化的交通治理目标[35]。交通信息化和区域一体化是城市创新和发展的必经过程，也是提升居民总体健康水平的基础。

### 2. 居民通勤

通勤是居民出行中最有规律而且最为密集的行为，其满意度和体验是长期心理健康的重要影响因素，也是塑造高质量的生活、提升城市宜居性的关键要素之一。通勤效率下降会增加城市运行成本和居民生活成本，意味着居民生活品质和城市运行质量下降。研究表明，长距离通勤者会带来睡眠质量差、疲惫不堪、压力大等健康风险，居民通勤过长等问题在一定程度上会转化为公共健康问题[36]。

（1）影响健康的通勤因素

西方发达国家研究通勤行为对居民健康的影响主要从通勤方式和通勤时间两个维度展开。有研究表明，从小汽车通勤到公共交通或非机动通勤（步行、自行车等）模式的转变，对居民个体 BMI（身体质量指数）的下降有积极影响[37]。而相比公共交通，非机动通勤对健康的好处更为明显，英国研究者莱弗蒂（Laverty）等通过对调查数据分析后发现使用步行或骑自行车通勤与超重呈现较低的相关性，使用步行或骑自行车通勤降低了患糖尿病、高血压的可能性[38]。莱弗蒂（Laverty）团队在其 2015 年的一项研究则证明了在中等收入国家的老年人群体中，非机动通勤对健康同样是有益的[39]。在通勤时间方面，有研究表明较长时间的通勤会造成较大的心理压力，进而增加了心理疾病（如抑郁症）的发病风险，其主观幸福感也普遍较低[36]。克里森（Chrisrian）指出较长的通勤时间通过挤占运动时间、食物准备时间、与家人一起吃饭的时间与睡眠时间而对健康造成负面影响，其中对睡眠时间的占用最高[40]。汉松（Hansson）等通过分析交通大数据证明了超过 60 分钟的通勤时间与较差的健康状况有着显著的相关性[41]。

（2）健康通勤的表征指标

在国内的研究中，吴江洁分别从主观健康、客观健康、健康行为和精神状态四个方面分析，指出通勤时间显著影响了个人的主观健康评价和客观健康[42]。朱菁采用 BMI、代谢当量为指标，以众数为表征值，衡量不同通勤行为的健康效应。结果表明步行的健康效应最高，公交、地铁等次之，私家车最低[43]。孙斌栋等在探究建筑环境和 BMI 联系的研究表明 BMI 在城市发展初期随着城市人口的密度增加而降低，随后则随着密度的进一步增加而增加[44]。朱菁等使用西安的本土调查数据研究通勤方式与幸福感的关系，结果表明公司提供的接驳班车是幸福感最高的通勤方式[45]，在其另一项研究中证明了公共交通相较于其他交通方式幸福感是最低且没有意义的[46]。邵源等基于手机移动数据开展出行幸福感实证研究，以心理学多情绪量表为理论基础，建立适用于中国城市的出行幸福感测度理论框架和量化评估方法，为城市交通政策制定和精细化设计改善提供新的视角[47]。

随着信息化快速发展，交通大数据资源种类的日益多样化，对于通勤行为提取与通勤满意度评估的研究方法与模型也日益发展。如张天然基于手机信令数据，提出分区域的居民通勤距离和就业岗位通勤距离计算方法[48]。刘贤腾等学者将基于通勤流的空间结构与其潜在的过剩通勤这两个高度抽象的形态概念放置在一起探讨，指出其相互关系及其所能解释问题实质的复杂性，为研究城市空间形态嬗变和评估空间结构优化程度提供了非常重要的理论工具[49]。王雅娟等从规划视角出发，以职位空间匹配性、职位分布紧凑性与公交配置可达性三方面建立特大城市通勤空间紧凑性的规划评价方法。旨在从城市相对静态的用地空间结构，相对动态的通勤结构和公共交通供给配置之间建立关联和综合评价方法[50]。

（3）健康通勤的促进方案

在我国的快速城镇化进程中，赵一新指出城市中心空心化，外围卧城化带来大量的长距离通勤和钟摆式交通，正是交通拥堵、尾气污染等城市病的根源[51]。基于此他提出通勤时间和距离应作为考察城市健康的关键指标，同时在城市轨道交通快速发展的过程中，应确保通勤联系与轨道交通走向相契合，车站周边适度高强度开发以及合理的居住配置，充分发挥轨道交通对城市空间与功能布局的引领作用[33]。在高房价导致的就业居住错位的城市中（如上海市），应当给予长时间通勤者针对性的交通补贴，促进就业信息对称等方法，优化居民出行，促进整体通勤绩效的最优化[52]。

2020 年 5 月，中国城市规划设计研究院联合百度慧眼等单位发布了《2020 年全国主要城市通勤监测报告》，其中冉江宇等人基于 35 座中国大城市的通勤大数据，着重解析职住分离度指标的内涵和统计特征，从就近安居、职住梯度布局、交通服务差别化阐述大城市职住分离度的优化对策。在中等规模城市中依托绿道的自行车通勤出行对中短距离出行的适应性，及其在缓解交通拥堵，实现交通公正方面的积极意义，逐渐获得全社会的认同[53]。有学者基于实际绿道与通勤骑行需求层次分析，对绿道进行分级，并从路权划分与衔接，沿线设施配置，与周边住区和非机动车道路网的衔接，出行服务优化等方面提出改善方案[54]。

**3. 慢行交通**

慢行交通环境是决定非机动出行，促进市民体力锻炼活动的重要因素，快节奏，高强度的城市生活方式引发慢性病盛行并已严重影响人群健康[55]，据研究表明许多慢性病的产生和长期久坐伏案，依赖机动车出行等导致的运动量不足的生活方式有关[56]。积极的交通出行方式（如步行、骑行）相比机动化出行可显著降低 BMI[57]。而适宜慢行交通环境能够吸引居民步行或骑行出行，增加居民日常运动量，在一定程度上提升居民免疫力，进而促进公共健康发展。

（1）慢行交通环境评价

国际环保组织自然资源保护协会（Natural Resources Defense Council）自 2013 年开始评价中国城市街道的可步行性，这促进了城市政府对于绿色交通的关注和学者对于慢行交通友好性评价的研究。卢银桃基于步行的使用频率、使用多样性与使用的距离衰减规律这三方面要素建立了社区步行评价框架[58]。刘均玲等则通过构建涵盖 15 个因子的三维指标评估了天津市历史街区步行环境舒适性[59]。对于自行车出行，王维凤等基于出行者对真实骑行环境的感受与评分，考虑骑行的安全性、舒适性，构建了自行车出行品质评价模型，并建立了与出行群体分类相关联的出行品质分级标准[60]。曹哲静（2018）等学者在传统方法量化街道非机动交通设施可达性的基础上，增加对街道步行和骑行环境安全性和舒适性的测度，进一步引入本土化的指标以适应中国城市的特征，针对便捷、安全和舒适三个维度的步行与骑行环境指标体系，进而构建街道尺度的步行指数和骑行指数[61]。

（2）慢行交通环境设计

不积极的交通方式是一个重要的公共健康挑战[62]。慢行交通环境规划设计在空间层面上对居民公共健康有着积极影响，可在一定程度上有效预防居民慢性疾病的发生[63]。与国外的研究成果不同，有实证数据证明个体 BMI 与最近的公交车站距离呈明显负相关，与交通设施的可达性呈正相关，这也表明我国的健康政策应更加关注慢行交通环境的友好性建设[64]。孙斌栋等通过研究上海通勤者的出行模式，指出密集的道路有助于减少机动车使用，有利于步行、骑自行车等慢行交通的使用[65]。国内以往很多城市交通道路以机动车交通为主要设计对象。近些年来，越来越多的学者通过借鉴国外先进经验，更多关注基于我国国情的本土化的慢行交通环境设计研究。杜红波等总结国外街道设计基本原则，并辅以国际经验示例。以东莞市东城世博商业圈道路设计为例，阐述商业区、住宅区等人流量较大的区域进行人性化道路设计的要点[66]。毛海虓等则通过总结京都市建设步行城市的建设经验，结合中国国情，提出应注重综合施策，注重差异施策，注重长期施策。指出建立推动工作的常设机构和长效运行机制是确保行动计划长期运行的关键性制度设计，提出要高度重视以人为中心的社会建设工作，重视城市物质空间与社会治理体系的协调同步[67]。

（3）慢行交通环境绩效

谭少华等学者基于体力活动视角，阐述社区步行环境主动干预人群健康的内在逻辑。以重庆市渝中区七星岗街道为例，采用步行环境干预度（步行环境强度和广度）测度社区步行环境对人群健康干预的空间绩效。将体力活动干预转译到空间上，为城乡规划学科参与人群健康研究提供了一个可量化的视角，为人群健康干预及多路径建设健康社区提供了参考[68]。范（Fan）等通过社区的绿化水平对于居民健康的直接和间接影响指出应关注绿色空间对健康的累积效应[69]。有研究指出排放暴露与密集可步行的社区呈正相关[70]。基于这种担忧，弗兰克（Frank）等学者提出对于健康影响评价应同时关注建成环境和建成环境变化而引起的暴露的增加[55]。国内有学者关注寒冷地区可步行性设施对老龄人口的健康问题的影响问题，从老龄人口冬季健身出行的视角出发，对严寒地区城市公共空间可步行性现状进行分析。参照加拿大渥太华等北美寒地城市的经验，充分考虑寒地气候的特点，从合理优化城市公共空间布局、优化城市步行系统以及优化城市步行环境三个方面提出提升及优化城市公共空间可步行性的策略[71]。

## （二）城市交通环境影响与居民健康

近二十年，城市交通活动受需求驱动而呈现规模、范围和强度的持续增长。在人口密度较高的城市区域，居民不可避免地遭受交通活动排放和污染的负面影响，生理和心理健康面临挑战。由于货运车辆对于三类环境影响的贡献尤其显著，本小节主要关注货运交通活动造成的三个主要环境影响：噪声、空气污染排放和安全事故。

### 1. 交通活动噪声

交通噪声影响居民睡眠质量，导致神经系统紊乱，特别是老年人和儿童。交通噪声污染对人群健康的影响是城镇化过程中应关注的重要环境与健康问题[72]。由于近年来物流需求增长迅猛，货运车辆在城市区域的活动急剧增加，货运卡车交通是噪声的重要贡献者（Lee et al.，2015）。埃德蒙（Edmund，S）等（2007）在实证研究中指出，案例城市高达17% 的人口面临交通噪声带来的烦扰，而一辆中型卡车产生的噪声相当于 9 辆小汽车，一辆重型卡车则能够产生相当于 22 辆小汽车的噪声[73]。

在对神经系统和心理健康的影响中，有国外研究显示，儿童长期暴露于公路交通、飞机或铁路噪声后，可导致其认知能力，阅读能力和记忆力降低[74]。巴西的一项研究显示，公路交通噪声干扰睡眠和交流，导致的人群烦恼度增加，可对人们的社会凝聚力，身体活动以及邻里关系产生影响，进而导致心理健康问题[75]。目前有较多的研究证据支持交通噪声对心血管系统的健康影响，交通噪声水平升高与冠心病、高血压、缺血性心脏病、心肌梗死等多种心血管系统疾病的发病风险有关联[76]。但波兰学者 Dzhambov 最近的研究表明住宅道路交通噪声对心血管类疾病的风险可能被高估了[77]。除了心血管类疾病，他的另一项实证研究还表明交通噪声污染可能与内分泌功能障碍（如糖尿病）有密切联系[78-79]。

### 2. 交通空气污染

交通相关空气污染（traffic-related air pollution，TRAP）一直被认为是酸雨、臭氧层消耗和气候变化的重要原因，严重危害着公共健康[80]。在供应链全球化和电子商务时代，货运车辆污染物对环境质量造成的影响尤为恶劣，影响空间从社区尺度到全球尺度，时间跨度从中长期的空气污染到长时间尺度的温室效应[81]。

柴油机经常被用来为卡车和铁路机车等商业货运车辆提供动力。然而，柴油机的排放对环境和公众健康有着重大的负面影响。柴油污染物的排放和集聚导致呼吸道疾病、心血管疾病乃至癌症等严重健康隐患，成为对公众健康的主要威胁[72]。在巴西的一项研究评价了 20 世纪 90 年代 12 个城市的重型卡车颗粒物（PM）的大气扩散状况，并评估了将柴油驱动的完整车队更换为液化天然气的影响以及对当地居民健康的影响。结果显示，一些城市的 PM 浓度超过了世卫组织建议的限值。对 30 岁以上人群而言，心血管疾病是 PM 排放导致死亡的主要原因。在燃料更换后，液化天然气有助于减少颗粒物排放，但仅考虑到这一减少不足以避免死亡[82]。美国一项研究评估了 2050 年美国大陆预计的货运相关排放对空气质量和公众健康的影响。研究考虑了三种排放情景，结果表明持续采用严格的排放标准和大力改进车辆技术是必要且有益的，为了实现可持续货运和社区健康目标，人口密度高、货运需求和排放量通常较高的州和大都会地区应加快车辆技术改进和清除高排放卡车计划，以改善空气质量和健康效益[83]。

#### 3. 交通安全事故

随着电子商务的发展，货运需求与日俱增，主要大都市地区道路网络上的大量货运车辆越来越多地造成了环境和社会问题，其中就包括交通安全事故的影响。这些变化引起了人们对城市交通安全的日益关注，但对货运安全事故导致的健康影响的研究却相对有限。

为了加深对于道路交通安全影响的研究，麦克唐纳（McDonald）等学者评估了美国城市货运相关安全的最新趋势以及这些事故的特点。按道路类型（州际与非州际）分层，通过比较致命性和非致命性城市货运相关伤害的趋势，以及整体碰撞伤害趋势，并使用分段线性回归模型来检验趋势变化。结论表明 2009—2015 年无论什么道路类型，与货运交通相关事故的伤害率和死亡率的上升速度都要高于整体道路交通[84]。格里斯利斯（Grislis）从车辆类型角度出发，指出较长的组合车辆（LCV）由于运输成本较低，运载量高，利用该类货运车辆可降低道路上卡车总数与车辆行驶里程，同时减少了交通事故的发生，提高民众的总体交通安全水平[85]。

在澳大利亚，随着重型车辆（HV）数量的持续增加，涉及重型车辆车祸导致的死亡人数也与日俱增，鉴于此，澳大利亚卡车运输协会委托汽车安全研究中心聚焦五个关键领域：与高压碰撞相关的因素，道路和车辆设计，人为和社会因素，速度管理和执行，以及认证计划的有效性构建数据库。对疲劳驾驶、安全带使用、交通管理和技术等领域的未来研究提出了建议[86]。除了碰撞安全风险和车辆污染排放等交通公共卫生影响，李特曼（Litman）和托德（Todd）指出规划者更应关注交通方式的多样性、降低车辆使用等政策方案[87]。货运车辆集中性强的仓储活动可能带来区域性的交通安全风险，Yuan 通过数据研究证明了货运仓储设施周边环境影响的不公平性，为城市仓储用地规划与相关政策制定提供了理论依据[72]。在国内相关研究中，邵源基于道路交通事故数据分析从速度管理、容错设计、隐患分析、主动预警、应急救援、管理机制等方面提出深圳市道路交通安全主动管理的对策与建议[88]。

## 四、国内外发展比较

通过对上述文献的综述可以发现，虽然国内学者从不同角度对城市交通与居民健康开展了研究，但由于城市发展的相对滞后性，相关理论与框架仍稍显薄弱且着墨不多，国内外研究进展的差异主要源于以下方面：

### （一）交通系统影响观测

全球国家区域协同化发展的趋势下，发达国家（美国东北海岸、日本沿海、德国莱茵鲁尔等）城市连绵地区已建立起完备的多层级轨道交通服务系统，支撑长距离出行以减少长时通勤带来的健康隐患，基于该系统的长期健康影响的观测研究已有一定规模。中国城市由于发展阶段的不同，相关研究在此方面仍存在缺失[89]。

## （二）公共健康评估需求

健康影响评估体系作为改善公共健康的工具，近年来在许多欧美国家被纳入包括城乡规划、交通规划等各个领域，并取得了一定的成果和经验。然而我国健康影响评估工作还处于发展阶段，评估的范围也较为片面，主要聚焦于空气污染、水污染、噪声污染等方面，对公共健康影响的评估还较为缺失[90]。

## （三）健康 - 交通关联理论

国内已经围绕跨学科研究框架构建，影响健康的规划要素，健康影响评估，体力活动促进，职住空间分离影响等方面开展研究，初步形成对社区环境与人群健康研究的共识。但总体而言，城市规划领域对于环境如何主动干预健康的研究相较于国外尚处于起步阶段，亟须针对具体健康问题提出相应的干预手段及途径[68]。从国内外的健康地理相关研究进展来看，新城市主义，精明增长，紧凑型城市等都提出了一系列的理论概念和实证研究探讨城市环境对人群健康的影响，此外，从人类移动性来关注居民生活质量和人类健康的研究也得到较快发展。近年来国内关于人居环境与健康的研究虽取得较大进展，但目前绝大多数研究集中在对客观建成环境的评估和引导，缺乏对社区整合状况，尤其是邻里间社会交往的关注，从而难以解释社区支持网络是否可作为居民有效的健康资源，突破现有建成环境的劣势，引导积极的健康行为[91]。

## （四）理论 - 实践结合深度

由于我国城市交通仍处于以车为本到以人为本转变的初期阶段，受社会经济环境，自然环境污染以及居民自身出行习惯的影响，交通供给、居民通勤等影响居民健康相关领域研究相较于国外在理论方法上仍显不足。由于前期规划的忽视，慢行交通等出行方式在城市中难以找到空间载体，不得已与机动车混合，这也使得城市慢行交通的发展有着强大的阻力。

## （五）货运研究关注程度

不同于国外对于货运活动的居民健康影响的高度关注，我国对货运活动与公共健康相关关系的研究领域基本是一张白纸，目前仍停留在对于国外相关文献的综述阶段，相关实证研究非常缺乏。

# 五、我国发展趋势与对策

中国正面临工业化、信息化、城镇化、人口老龄化、生态环境和生活方式变化带来的新挑战，当前我国城市正处于由高速发展模式向高质量发展模式的转型阶段，进入了真正关注人们高质量生活的新时代，我们必须解决关系人民健康的重大和长期问题。

## （一）信息化支撑下的微观行为研究

在信息化的时代背景下，针对我国现阶段城市交通发展难以满足居民对生活品质和健康的追求的现状，有必要通过大数据、智能网络等技术手段重构城市交通对居民健康影响的认知，加快城市交通基础理论研究，改变和创新研究范式和评价方法。其中幸福感和满意度评价的研究将对改善交通用户的出行体验、完善交通网络服务等交通细化起到重要作用，也将有助于在构建优质交通服务体系的过程中践行社会公平和人文关怀，在以人民普遍追求高质量生活的时代发展背景下，我们应该予以重视。

我国城市普遍具备空间组织单元杂乱的特征，这也要求研究者们借助大数据等技术手段提取关键单元，挖掘城市交通发展演变规律，因地制宜地调整和控制土地综合开发政策、城市空间规划、交通设施管理等措施，探索城市空间健康高效发展之路。通勤是居民日常出行中关注度最高的一类行为，通过长期跟踪城市通勤时空特征，持续调查不同类型通勤者的出行特点和改善需求。从细节入手，逐步更新，从根本上提高绿色健康通勤的竞争力和分担率，迎合居民对高质量通勤的追求。

## （二）城市化背景下的健康交通设计

在城市化和区域一体化趋势下，未来的研究应着眼于区域内日益增长的多元化出行需求，优化城区空间格局，重塑城区发展潜力，进而实现城市与区域的协调发展，不断解决服务供给中的新问题。以供给侧结构性改革为重点，构建全民共享的城市交通规划建设运营服务社会治理新格局，妥善处理政府、市场、社会的职能和利益关系，促进交通基础设施产品和服务供需有效衔接。与巴黎、哥本哈根、新加坡等国外城市相比，我国街道设计的理念、思路和方法都有改进的空间。街道设计应以健康、安全、智慧、绿色为目标，理念回归于人的需要，服务于人。

中国许多城市的老城区历史悠久、结构紧凑，适宜步行。吸取国外改造经验对我国类似城市实现城市功能重建和老城区整体交通方式转变具有重要意义。随着智能驾驶技术的发展和应用，未来道路空间设计与车辆组成结构也将发生巨大变化。智能驾驶的实现将大大提高道路资源的利用效率，进而减少车辆对道路资源的占用，释放出更多的空间给街道本身。释放出来的街道空间将在智慧城市建设中发挥重要作用。因此，对街道设计的研究需要紧跟新科技的发展，推动街道改造，建设更适合人类居住区的道路。

## （三）电子商务需求下的环境影响评价

随着电子商务的发展和普及，网上购物数量和频率迅猛增长，带来了大量的货运需求。货运车辆活动遍及城市居民住宅附近的街道和社区，给居民健康带来了严重的影响。货运车辆活动一方面取决于货运需求的生成和吸引，另一方面则受到城市形态和结构约束，其特征和规律需要进一步探索和明确，以适应相关城市健康研究的需要。因此，未来的研究者们有必要关注基于数据的实证研究，准确挖掘其行为因素及作用机理，提出科学合理的环境影响评价方案和流程。

相对于客运活动而言，货运需求有更加严格的时空间约束，因此在规划和管理方面面临更大的挑战。针对货运活动带来的环境影响，公共部门需要进行详细的制度设计和利益协调，协同治理，各部门共建共享，促进我国新时期城市化进程中人居环境和城市货运交通的可持续发展。

### （四）加强城市交通与健康城市的学科交叉

城市交通系统对于居民健康有广泛而强烈的影响，也是城市规划的核心要素之一。城市交通学作为健康城市科学的重要支撑学科，对于健康城市建设和“健康城市科学”构建将产生关键性的促进作用。

首先，城市交通是居民日常生活中不可或缺的部分，其健康影响是一个永恒的话题。将城市交通的内外部影响进行量化以讨论健康绩效，所涉及的内容与深度还有待深化，亟须多学科共同将研究继续推进[92]。未来研究应与健康城市科学等相关学科加强合作交流，聚焦多学科交叉解决人民健康问题，深入推进城市交通，尤其是城市综合交通系统与人群健康领域的交叉研究。

其次，城市交通新模式和新业态层出不穷，不断改变着居民生活与城市空间的互动关系。这些城市交通领域的创新一方面为解决部分居民健康问题提供了新的机遇和思路，助力健康城市建设，而另一方面有力支持了“健康城市科学”丰富内涵和拓展外延，实现学科的进一步完善乃至长期可持续发展。

## 参考文献

[1] 周向红. 欧洲健康城市项目的发展脉络与基本规则论略［J］. 国际城市规划，2007（4）：65-70.

[2] 汪光焘. 关于城市可持续发展的交通问题［J］. 交通与运输，2013，29（2）：1-4.

[3] Sallis J F，Bull F，Burdett R，et al. Use of science to guide city planning policy and practice：how to achieve healthy and sustainable future cities［J］. LSE Research Online Documents on Economics，2016，388（10062）：2936.

[4] Mindell J S，Cohen J M，Watkins S，et al. Synergies between low-carbon and healthy transport policies［J］. Transport，2011，164（3）：127-139.

［5］ Widener M J，Hatzopoulou M. Contextualizing research on transportation and health：A systems perspective［J］. Journal of Transport & Health，2016：232–239.

［6］ 朱菁，范颖玲，樊帆．大城市居民通勤幸福感影响因素研究——以西安市为例［J］．城乡规划，2018（3）：43–53.

［7］ 吴伟炯．破解“通勤悖论”：通勤时间如何影响幸福感［J］．心理学报，2017，49（11）：1449–1459.

［8］ Zhu J.，Fan Y. Commute happiness in Xi'an，China：Effects of commute mode，duration，and frequency［J］. Travel Behaviour and Society，2018，11：43–51.

［9］ Jang J，Ko J. Factors associated with commuter satisfaction across travel time ranges［J］. Transportation Research Part F–Traffic Psychology and Behaviour，2019，66：393–405.

［10］ Li W，Sun B，Yin C，et al. Does metro proximity promote happiness？ Evidence from Shanghai［J］. Journal of Transport and Land Use，2018，11（1）：1271–1285.

［11］ 陆化普．城市绿色交通的实现途径［J］．城市交通，2009，7（6）：23–27.

［12］ 张婷婷．基于健康城市理念下的住区慢行交通规划研究［D］．郑州大学，2016.

［13］ Horner M W. Spatial dimensions of urban commuting：A review of major issues and their implications for future geographic research［J］. Professional Geographer，2004，56（2）：160–173.

［14］ Cervero R. Jobs–Housing Balancing and Regional Mobility［J］. Journal of the American Planning Association，1989，55（2）：136–150.

［15］ Zhang P.，Zhou J. P.，Zhang T R. Quantifying and visualizing jobs–housing balance with big data：A case study of Shanghai［J］. CITIES，2017，66：10–22.

［16］ TA N，Chai Y W，Zhang Y，et al. Understanding job–housing relationship and commuting pattern in Chinese cities：Past，present and future［J］. Transportation Research Part D–Transport and Environment，2017，52：562–573.

［17］ Gatrell A. C. Mobilities and health［M］. Routledge，2016.

［18］ 马静，柴彦威，符婷婷．居民时空行为与环境污染暴露对健康影响的研究进展［J］．地理科学进展，2017，36（10）：1260–1269.

［19］ 郭文伯，张艳，柴彦威．城市居民出行的空气污染暴露测度及其影响机制——北京市郊区社区的案例分析［J］．地理研究，2015，34（7）：1310–1318.

［20］ Small K. A.，Song S. Wasteful Commuting – a Resolution［J］. Journal of Political Economy，1992，100（4）：888–898.

［21］ Kanaroglou P S，Higgins C D，Chowdhury T A. Excess commuting：a critical review and comparative analysis of concepts，indices，and policy implications［J］. Journal of Transport Geography，2015，44：13–23.

［22］ Hamer M，Chida Y. Active commuting and cardiovascular risk：a meta–analytic review［J］. Preventive Medicine，2008，46（1）：9–13.

［23］ Development W H O C，Organization W H. Hidden cities：unmasking and overcoming health inequities in urban settings［M］. World Health Organization，2010.

［24］ Stevenson M，Thompson J，de SÁ T H，et al. Land use，transport，and population health：estimating the health benefits of compact cities［J］. Lancet，2016：2925.

［25］ Giles–Corti B，Vernez–Moudon A，Reis R，et al. Series Urban design，transport，and health 1 City planning and population health：a global challenge［J］. The Lancet，2016，6736（16）：30066.

［26］ 汪光焘，王婷．贯彻《交通强国建设纲要》，推进城市交通高质量发展［J］．城市规划，2020，44（3）：31–42.

［27］ 全永燊，孙明正．中国大城市交通发展值得注意的几个倾向［J］．城市交通，2011，9（2）：1–6.

［28］ 全永燊，潘昭宇．城市交通供给侧结构性改革研究［J］．城市交通，2017，15（5）：1–7.

[ 29 ] 陈小鸿. 城市交通规划：新阶段、新规范 [ J ]. 交通与港航，2019，6（3）：11-15.

[ 30 ] 全永燊，王婷，余柳. 城市交通若干问题的思考与辨识 [ J ]. 城市交通，2018，16（2）：1-8.

[ 31 ] 汪光焘，王继峰，赵珺玲. 新时期城市交通需求演变与展望 [ J ]. 城市交通，2020，18（4）：1-10.

[ 32 ] 汪光焘，叶青，李芬，等. 培育现代化都市圈的若干思考 [ J ]. 城市规划学刊，2019（5）：14-23.

[ 33 ] 赵一新，吕大玮，李斌，等. 上海区域交通发展策略研究 [ J ]. 城市交通，2014，12（3）：30-37.

[ 34 ] 周华庆，杨家文. 区域公共交通服务供给问题与策略 [ J ]. 城市交通，2018，16（1）：17-22.

[ 35 ] 汪光焘. 城市交通治理的内涵和目标研究 [ J ]. 城市交通，2018，16（1）：1-6.

[ 36 ] Hafner S，Kordy H，Kachele H. Need of mental health care in commuters [ J ]. PPmP - Psychotherapie · Psychosomatik · Medizinische Psychologie，2001，51（9-10）：373-376.

[ 37 ] Flint E，Webb E，Cummins S. Change in commute mode and body-mass index：prospective，longitudinal evidence from UK Biobank [ J ]. Lancet Public Health，2016，1（2）：e46-e55.

[ 38 ] Laverty A. A，Mindell J S，Webb E A，et al. Active travel to work and cardiovascular risk factors in the United Kingdom [ J ]. American Journal of Preventive Medicine，2013，45（3）：282-288.

[ 39 ] Laverty A A，Palladino R，Lee J T，et al. Associations between active travel and weight，blood pressure and diabetes in six middle income countries：a cross-sectional study in older adults [ J ]. International Journal of Behavioral Nutrition and Physical Activity，2015，12（1）：1-11.

[ 40 ] Christian T J. Trade-Offs Between Commuting Time and Health-Related Activities [ J ]. Journal of Urban Health，2012，89（5）：746-757.

[ 41 ] Hansson E，Mattisson K，Björk J，et al. Relationship between commuting and health outcomes in a cross-sectional population survey in southern Sweden [ J ]. BMC public health，2011，11（1）：1-14.

[ 42 ] 吴江洁. 城市通勤时耗对个人幸福感与健康的影响研究 [ D ]. 华东师范大学，2016.

[ 43 ] 朱菁，高鹏华，吴潇，等. 大城市居民通勤行为的健康效应研究——以西安市为例 [ J ]. 城市规划学刊，2014（6）：46-51.

[ 44 ] Sun B，Yin C. Relationship between multi-scale urban built environments and body mass index：A study of China [ J ]. Applied Geography，2018，94：230-240.

[ 45 ] Zhu J，Fan Y. Commute happiness in Xi'an，China：Effects of commute mode，duration，and frequency [ J ]. Travel Behaviour and Society，2018，11：43-51.

[ 46 ] Zhu J，Fan Y. Daily travel behavior and emotional well-being：Effects of trip mode，duration，purpose，and companionship [ J ]. Transportation Research Part A Policy & Practice，2018，118：360-373.

[ 47 ] 邵源，范颖玲，江捷，等. 基于出行链与情绪感受的出行幸福感研究 [ J ]. 城市交通，2019，17（4）：1-7.

[ 48 ] 张天然. 基于手机信令数据的上海市域职住空间分析 [ J ]. 城市交通，2016，14（1）：15-23.

[ 49 ] 刘贤腾，陈雪明，周江评. 就业 - 居住空间关系及通勤效率——过剩通勤的评估潜力 [ J ]. 城市交通，2018，16（2）：10-18.

[ 50 ] 王雅娟，屈信，张尚武. 规划研究视角的特大城市通勤空间紧凑性评价方法——以济南市为例 [ J ]. 城市规划学刊，2018（6）：61-68.

[ 51 ] 赵一新. 通勤研究与城市治理 [ J ]. 城市交通，2020，18（5）：8-9.

[ 52 ] 张天然，周江评，周明芷. 超大城市就业 - 居住格局与通勤绩效研究——以上海市为例 [ J ]. 城市交通，2020，18（5）：18-26.

[ 53 ] 冉江宇，付凌峰，阚长城，等. 基于通勤大数据的城市职住分离度研究——《2020 年全国主要城市通勤监测报告》核心指标分析 [ J ]. 城市交通，2020，18（5）：10-17.

[ 54 ] 龚迪嘉. 中等规模城市依托绿道的自行车通勤出行研究——以浙江省金华市清风绿道为例 [ J ]. 城市交通，2020，18（6）：65-74.

[55] Frank L D, Iroz-Elardo N, Macleod K E, et al. Pathways from built environment to health: A conceptual framework linking behavior and exposure-based impacts [J]. Journal of Transport & Health, 2019, 12: 319-335.

[56] 孙斌栋，阎宏，张婷麟. 社区建成环境对健康的影响——基于居民个体超重的实证研究 [J]. 地理学报，2016，71 (10)：1721-1730.

[57] Flint E, Cummins S, Sacker A. Associations between active commuting, body fat, and body mass index: population based, cross sectional study in the United Kingdom [J]. BMJ: British Medical Journal, 2014, 349.

[58] 卢银桃. 基于日常服务设施步行者使用特征的社区可步行性评价研究——以上海市江浦路街道为例 [J]. 城市规划学刊，2013 (5)：113-118.

[59] 刘均玲，林耕，兰旭. 天津市鞍山道历史街区步行环境舒适性评价 [J]. 城市建筑，2015 (14)：121-122，125.

[60] 王维凤，叶建红，方雪丽，等. 基于骑行感受的自行车出行品质评价应用研究 [J]. 城市交通，2016，14 (5)：44-49.

[61] 曹哲静，辜培钦，韩治远，等. 面向街道的步行与骑行环境评估——以天津市为例 [J]. 城市交通，2018，16 (6)：43-53.

[62] Sallis J F, Frank L D, Saelens B E, et al. Active transportation and physical activity: opportunities for collaboration on transportation and public health research [J]. Transportation Research Part A, 2004, 38 (4): 249-268.

[63] 陈小鸿，叶建红. 绿色导向，慢行优先——上海 2040 总体规划的交通发展价值观 [J]. 上海城市规划，2017 (4)：18-25.

[64] Sun B, Yan H, Zhang T. Built environmental impacts on individual mode choice and BMI: Evidence from China [J]. Journal of transport geography, 2017, 63: 11-21.

[65] Sun B, Ermagun A, Dan B. Built environmental impacts on commuting mode choice and distance: Evidence from Shanghai [J]. Transportation Research Part D: Transport and Environment, 2017, 52: 441-453.

[66] 杜红波，刘少坤，韩颖. 设计以人为本的街道——以东莞市东城以东莞市东城世博商业圈道路设计为例 [J]. 城市交通，2017，15 (3)：36-42.

[67] 毛海虓，商静，张毅. 日本京都市步行城市建设经验与启示 [J]. 城市交通，2020，18 (2)：83-91.

[68] 谭少华，高银宝，李立峰，等. 社区步行环境的主动式健康干预——体力活动视角 [J]. 城市规划，2020，44 (12)：35-46.

[69] FAN Y, DAS K V, QIAN C. Neighborhood green, social support, physical activity, and stress: Assessing the cumulative impact [J]. Health & Place, 2011, 17 (6): 1202-1211.

[70] Sider T, Alam A, Zukari M, et al. Land-use and socio-economics as determinants of traffic emissions and individual exposure to air pollution [J]. Journal of Transport Geography, 2013, 33: 230-239.

[71] 冷红，郑春宇，鲁钰雯. 老龄人口健身出行视角下的寒地城市公共空间可步行性研究 [J]. 国际城市规划，2019，34 (5)：27-32.

[72] Yuan Q. Location of warehouses and environmental justice [J]. Journal of Planning Education and Research, 2021, 41 (3): 282-293.

[73] Edmund S, Ashley H, Tom R, et al. Spatial distribution of traffic induced noise exposures in a US city: an analytic tool for assessing the health impacts of urban planning decisions [J]. International Journal of Health Geographics, 2007, 6 (1): 24.

[74] Charlotte Clark R C J H. Does Traffic-related Air Pollution Explain Associations of Aircraft and Road Traffic Noise Exposure on Children's Health and Cognition ? A Secondary Analysis of the United Kingdom Sample From the Ranch Project [J]. American Journal of Epidemiology, 2012, 176 (4): 327-337.

[ 75 ] Dzhambov A, Tilov B, Markevych I, et al. Residential road traffic noise and general mental health in youth: The role of noise annoyance, neighborhood restorative quality, physical activity, and social cohesion as potential mediators [ J ]. Environment International, 2017, 109: 1.

[ 76 ] Babisch W. Transportation noise and cardiovascular risk: updated review and synthesis of epidemiological studies indicate that the evidence has increased [ J ]. Noise and Health, 8, 30, 2006, 8 ( 30 ): 1-29.

[ 77 ] Dzhambov A M, Dimitrova D D. Residential road traffic noise as a risk factor for hypertension in adults: Systematic review and meta-analysis of analytic studies published in the period 2011-2017 [ J ]. Environ Pollut, 2018, 240: 306-318.

[ 78 ] Dzhambov, Angelmario. Long-term noise exposure and the risk for type 2 diabetes: A meta-analysis [ J ]. Noise & Health, 2015, 17 ( 74 ): 23-33.

[ 79 ] Dzhambov A M, Dimitrova D D. Exposures to road traffic, noise, and air pollution as risk factors for type 2 diabetes: A feasibility study in Bulgaria [ J ]. Noise & Health, 2016, 18 ( 82 ): 133-142.

[ 80 ] Colvile R N, Hutchinson E J, Mindell J S, et al. The transport sector as a source of air pollution [ J ]. Atmospheric environment, 2001, 35 ( 9 ): 1537-1565.

[ 81 ] 袁泉，陈小鸿. 城市物流环境影响的时空解析 [ J ]. 城市交通，2021，19 ( 2 ): 29-36.

[ 82 ] Teixeira A, Borges R R, Machado P G, et al. PM emissions from heavy-duty trucks and their impacts on human health [ J ]. Atmospheric Environment, 2020: 117814.

[ 83 ] Pan S, Roy A, Choi Y, et al. The air quality and health impacts of projected long-haul truck and rail freight transportation in the United States in 2050 [ J ]. Environment international, 2019, 130: 104922.

[ 84 ] Mcdonald N, Yuan Q, Naumann R. Urban freight and road safety in the era of e-commerce [ J ]. Traffic Injury Prevention, 2019, 20 ( 7 ): 1-7.

[ 85 ] Grislis A. Longer Combination Vehicles and Road Safety [ J ]. Transport, 2010, 25 ( 3 ): 336-343.

[ 86 ] Raftery S J, Grigo J A, Woolley J E. Heavy vehicle road safety: A scan of recent literature [ J ]. Journal of the Australasian College of Road Safety, 2011, 22 ( 3 ): 18-24.

[ 87 ] 邵源，孙超，张俊峰. 大城市道路交通安全主动管理策略 [ J ]. 交通与运输，2019，35 ( 3 ): 31-35.

[ 88 ] Litman, Todd. Transportation and Public Health [ J ]. Annual Review of Public Health, 2013, 34 ( 1 ): 217-233.

[ 89 ] 欧心泉，周乐，张国华，等. 城市连绵地区轨道交通服务层级构建 [ J ]. 城市交通，2013，11 ( 1 ): 33-39.

[ 90 ] 吴怡沁，田莉. 健康影响评估导向下的城市总体规划：以美国洪堡县总体规划为例 [ J ]. 国际城市规划，2019，34 ( 1 ): 127-133.

[ 91 ] 杨婕，陶印华，柴彦威. 邻里建成环境与社区整合对居民身心健康的影响——交通性体力活动的调节效应 [ J ]. 城市发展研究，2019，26 ( 9 ): 17-25.

[ 92 ] 杨涛. 健康交通与健康城市 [ J ]. 城市交通，2013，11 ( 1 ): 1-4.


撰稿人：袁　泉　李昊阳

# 城市景观与居民健康研究进展

## 一、引言

21 世纪以来，随着全球城市化进程加快，气候与生态环境变化、人口增长与文化多元化等挑战日益严峻。截至 2019 年年底的统计数据显示，全球约 54% 的人口生活在城市中，预计到 2050 年，居住在城市地区的人口比例将上升至 69.6%[1]，城市化带来的一系列问题给城市持续健康发展造成严峻挑战。现代城市生活节奏加快、社会竞争压力加大、静坐少动等缺乏体力活动的生活方式，加之城市高密度发展导致绿色空间与自然环境的不断减少，成为引发各类精神疾病和慢性病的重要因素，此外，在 2020 年，人类健康经受了极大挑战，蒙受了巨大损失，生活在城市中的居民健康问题日益凸显[2]。

绿色空间具有生态改善、休憩娱乐、景观美化、文化传承、健康卫生以及防灾避险诸方面的功能[3]。麦克哈格在《设计结合自然》一书中反思人、城市与自然的关系[4, 5]，虽然植物和自然环境有益健康的功效在东西方历史上都得到人们的认可与应用，但健康卫生作为绿地的重要功能之一，则是在英国等西方国家产业革命后，为应对城市人口过度集中、空气质量严重下降、传染性疾病流行等城市卫生问题，通过带状绿地等形式进行城市绿地系统规划，重视并应用绿地的健康卫生功能[3]。

2016 年 10 月出台《"健康中国 2030" 规划纲要》，明确提出健康中国战略，城市绿地空间作为重要的城市规划空间要素之一，与城市居民的身心健康密切相关[6, 7, 8]，我们需要在满足城市健康的前提下赋予其美学和社会学意义，人类的健康与健康城市的建设息息相关，风景园林是在物质空间上落实"自然 – 健康"关系的重要手段[8]，是联系居民与城市环境二者的纽带。现代社会中随着人们竭力追求生活舒适，生活环境脱离自然，人口老龄化、压力增大化等问题逐渐显露，绿色植物疗愈、园艺疗法以及绿地的健康卫生功能再次成为研究与实践关注的热点[9-10]。居民健康与城市景观作为风景园林学研究的重要领域，尚有广阔的发展空间。本研究报告通过系统梳理健康研究领域中与城市景观相关的国内外研究进展，归纳可借鉴的理论依据和研究方法，为后续的研究提供参考信息和方法指导。

## 二、国内外相关概念

国内在绿色空间的健康效用方面展开了深入的研究，从康复花园和景观[11–18]、园艺疗法[19–23]、公共健康[24–31]、疗愈景观[32–38]、城市森林[39–49]等角度阐释了绿色空间在身体疾病恢复与预防、注意力与压力恢复两个层面的重要作用。

### （一）康复景观

康复景观（Therapeutic Landscape）是与治疗或康复相关的景观类型，指与治疗或康复相关的物质的、心理的和社会的环境所包围的场所，它们以能达到身体、精神与心灵的康复而闻名[11]。国内康复景观研究的热点主要聚焦于康复景观的健康效益研究、评价体系研究、适用人群研究和规划设计研究 4 个方面[12]。季建乐[13]等探究了医疗场所绿地的康养功能；陈璐瑶等[14]通过研究证实优良的住区绿地环境是缓解住区居民健康的有效途径。另外，国内学者多采用使用后评价以更好满足使用者需求[15–16]，并且多关注特殊和易感人群[17]。在规划设计研究方面，张文英等[17]通过归纳总结康复景观的理论及实践，提出康复景观的循证设计，由循证医学结合医疗环境发展而来的康复景观循证设计，可以提升康复景观益康效能的科学性[18]。

### （二）园艺疗法

园艺疗法（Horticultural Therapy）的定义为对于有必要在其身体以及精神方面进行改善的人们，利用植物栽培与园艺操作活动从其社会、心理以及身体诸方面进行调整更新的一种有效的方法。2000 年，李树华[19]首次系统地归纳和总结了园艺疗法的概念和功效，自此以后，我国园艺疗法的研究一直在循序渐进地发展，主要分为两个方面：园艺疗法对人体健康的影响机制、园艺疗法的植物配置。

在对人体健康的影响方面，武海燕等人[20]选取阿尔茨海默病患者人群，证实园艺疗法对于改善住院心理疾病及痴呆患者的焦虑情绪有着良好的作用，班瑞益[21]通过具体的医疗实验设立对照组对比分析，得出园艺疗法对于患者的健康改善问题有明显效果。在植物配置方面，张高超等[22]探讨具有改善人体亚健康状态功能的芳香康复花园的构建方式，崔露[23]介绍了当前基于园艺疗法的植物景观设计的主要类型和功能分区类型。基于以上分析可知我国对于园艺疗法的研究，以案例实证为主，在以后的研究方向上，建议构建以中医为理论基础的中国园艺疗法研究与应用体系。

### （三）公共健康

公共健康是一个多方面的概念，强调的是群体的健康，针对的是“社会”的疾病预防和健康促进[24]。自公共健康概念出现以来，景观领域一直在对其进行积极的探索[25]，李雄等[26]讨论了风景园林面对公共健康供给、防控、调适的三大响应对策，彭鸿绪等[27]研究了风景园林与公共健康的关系，并且探究了风景园林对公共健康的影响机制。

城市景观对公共健康的研究主要是以尺度划分，从注重疗愈效果的小尺度花园，到强调社会交往的中尺度空间[28]，再到重视整个城市尺度下的绿色开放空间对公共健康作用的提升[29]，从而实现“个体健康”到“社会健康”的转变。在与医学学科结合方面，钟乐等[30]依据瘴气理论，总结世界多国风景园林在应对传染病方面的作为，并提出了现代风景园林应对传染性疾病的四点启示。刘祥等[31]根据传染性疾病的传播特点，从控制传染源、阻断传播途径、疗愈易感人群三个方面提出风景园林应对传染性疾病发生和传播的策略。

在未来的研究中，城市景观对公共健康拓展方向应该着力于搭建复合的学科体系，完善绿地健康供给机制，提供智慧科学规划支撑。

### （四）疗愈景观

疗愈景观（Therapeutic Landscape）由格斯勒最先提出[32]，其定义可总结为由建筑环境、社会关系和人的感知共同构建的有利于康复环境的景观[33]。西方国家对疗愈景观的研究起步较早，侧重于治疗环境与社会，心理和身体健康之间的关系[34]。

疗愈景观包含三个基本要素：自然景观、社会景观和象征性景观[35]。自然景观并不直接影响体验者对健康的感知，而是通过自然审美体验等康复过程间接影响[36]。社会景观有助于身心健康，老年人的性格乐观可对健康观念产生积极影响[37]。象征性景观常常被赋予可被解释表达的治愈特征，从而增强了参与者对治愈的信心。人们对景观的理解，诠释和体验才使该地方产生了治疗效果[38]。

### （五）城市森林

城市森林（Urban Forest）是指城市区域内的生态系统，包括树木、灌木、草、土壤和水[39]，可提供空气净化[40]、缓解小气候等森林生态系统服务[34]，可被视为城市基础设施的一部分[41]。对于城市森林的已有研究通常基于对树木的具体测度来量化城市森林的结构[42]，计算城市森林提供的生态系统服务，例如去除空气污染物、减少径流和节约能源等效益[43]。对于治疗效果的测度，往往基于患者的生理测量以及心理测量[44]。在环境心理学和城市规划领域，城市森林的研究侧重于研究健康价值的影响和相关性，以及改善环境污染的作用[45]。

城市森林的健康作用通常包括环境提升、经济价值和体验活动等方面[46]。在环境提升方面，通过吸附细粉尘或颗粒物，有助于降低呼吸系统疾病[47]。同时，城市森林可吸收细微粉尘和温室气体，净化环境，促进居民的健康[48]。在经济价值方面，居民因健康价值而对城市森林产生支付意愿及经济性评估[49]。在体验活动方面，城市居民在体验和享受大自然，减轻压力和恢复注意力的同时改善健康状况[48]。

综上所述，将国内外前沿理念总结见表1。

**表1　城市景观与居民健康视角下国内外研究相关概念总结**

| 概念 | 含义 |
|---|---|
| 康复景观 | 与治疗或康复相关的景观类型，指与治疗或康复相关的物质的、心理的和社会的环境所包围的场所，它们以能达到身体、精神与心灵的康复而闻名 |
| 园艺疗法 | 对于有必要在其身体以及精神方面进行改善的人们，利用植物栽培与园艺操作活动从其社会、心理以及身体诸方面进行调整更新的一种有效的方法 |
| 公共健康 | 这是一个多方面的学科，强调的是群体的健康，针对的是“社会”的疾病预防和健康促进 |
| 疗愈景观 | 由建筑环境、社会关系和人的感知共同构建的有利于康复环境的景观 |
| 城市森林 | 城市区域内的生态系统，包括树木，灌木，草，土壤和水，可提供空气净化、缓解小气候等森林生态系统服务，可被视为城市基础设施的一部分 |

## 三、我国的发展现状

### （一）城市景观与居民健康研究知识图谱

自1993年第一届国际健康城市和健康社区会议启动以来，城市景观与居民健康成为诸多学者、政府人员、规划师等群体的研究对象，研究主题也呈多样化发展。本研究利用引文空间软件进行知识图谱分析，刻画国内研究的知识基础、热点主题、研究前沿和演进趋势。

#### 1. 发文量分析

对于国内文献，以CNKI数据库为基础，以“主题＝城市 AND 主题＝景观 AND 主题＝健康”，从2000—2020年进行文献检索，共得到文献1671篇。其中，学术期刊320篇（基金文献102篇），学位论文1287篇，会议论文64篇。近20年，年度发文量呈现平稳增长的趋势（图1）。

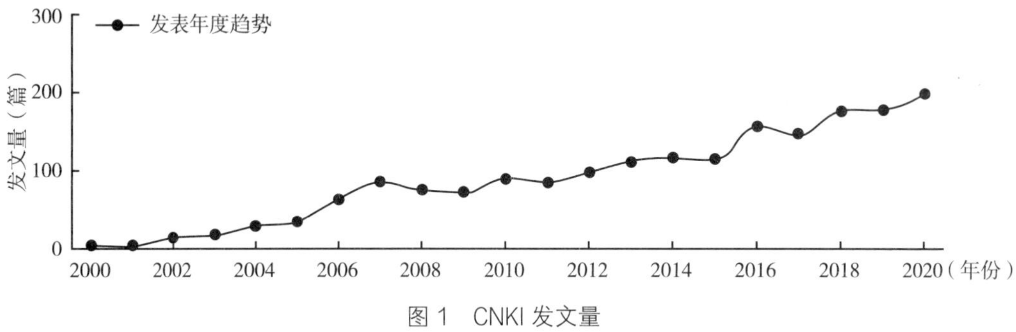


图 1　CNKI 发文量

2. 突现词及关键词分析

对关键词进行提取分析得到突现词，表明某个关键词变量在短时期内发生了较大变化。截取 TOP20 突现词绘制图表，可以看出健康城市、养老社区从 2017 年的文献中开始出现并保持强势，社区公园、城市公园、森林康养等也将在未来一段时间内对研究施加影响力。同时需要注意的是，2010 年的研究以理念的迭代为主要脉络，受到西方生态主义思潮的影响，多以生态为主要研究切入点；此后的研究则多以更加具体的规划设计策

| 关键词 | 年份 | 强度 | 起始 | 截至 | 2000–2020 |
|---|---|---|---|---|---|
| 健康效益评估 | 2000 | 3.94 | 2000 | 2006 | |
| 公共健康和福祉 | 2000 | 3.6 | 2000 | 2005 | |
| 发展脉络 | 2000 | 3.6 | 2000 | 2005 | |
| 评价 | 2000 | 5.51 | 2002 | 2010 | |
| 生态城市 | 2000 | 3.59 | 2003 | 2006 | |
| 可持续发展 | 2000 | 5.96 | 2004 | 2010 | |
| 生态 | 2000 | 4.49 | 2004 | 2011 | |
| 生态安全 | 2000 | 6.79 | 2006 | 2011 | |
| 景观 | 2000 | 4.75 | 2007 | 2010 | |
| 生态健康 | 2000 | 3.68 | 2007 | 2012 | |
| 城市 | 2000 | 3.4 | 2008 | 2011 | |
| 老龄化 | 2000 | 4.39 | 2013 | 2018 | |
| 规划策略 | 2000 | 3.5 | 2013 | 2017 | |
| 健康评价 | 2000 | 3.72 | 2014 | 2018 | |
| 层次分析法 | 2000 | 3.27 | 2014 | 2016 | |
| 健康城市 | 2000 | 5.25 | 2015 | 2020 | |
| 景观设计 | 2000 | 3.58 | 2016 | 2017 | |
| 养老社区 | 2000 | 3.45 | 2016 | 2020 | |
| 老年人 | 2000 | 5.47 | 2017 | 2018 | |
| 适老化改造 | 2000 | 4.56 | 2017 | 2018 | |
| 社区公园 | 2000 | 4.35 | 2017 | 2020 | |
| 城市公园 | 2000 | 4.67 | 2018 | 2020 | |
| 设计策略 | 2000 | 4.6 | 2018 | 2020 | |
| 森林康养 | 2000 | 3.4 | 2018 | 2020 | |

图 2　Top25 突现词图表

略为重点，着重实现技术落地。将关键词标签沿时间轴横向展开得到聚类时间线可视图谱（图2），可以清晰地看到不同聚类下关键词热度及随时间的推演情况。

## （二）城市景观对居民健康的作用机制

城市景观中的绿色开放空间，作为城市中经过一定人工干预的第二自然[49]，对居民的健康有积极的影响。根据注意力恢复理论[50]、恢复性环境理论[51]、自然助益假说理论可知，人体的生理构造在很大程度适应自然环境，接触自然会让人感受到身心的愉悦。学术界在城市景观对居民健康的影响机制研究方面从早些年的"绿色空间是否影响健康"的基础研究转向包括调节过程在内的"绿色空间如何影响健康"的应用研究[52]。文章将绿地景观对居民健康的作用机制分为绿地景观－居民健康直接作用机制与绿地景观－居民健康间接作用机制两大类型。

### 1. 绿地景观－居民健康直接作用机制

（1）促进生理健康

相对于那些缺乏植被、以硬质空间为主的公共空间，绿色景观更能鼓励人们进行身体锻炼。绿色空间内的体育活动可以提高人们的健康水平，对公众健康具有积极的作用[53]。在前文中有提到，国内关于康复景观和园艺疗法的研究，其促进人们身心健康方面也有一些探索[54]。国内学者对绿色空间的健康促进，也有进行空间设计特征研究，如王兰等[55]基于绿色空间与呼吸健康相关性研究开展综述，构建了综合分析框架，明确研究优化要点和路径。国内研究中对绿道[56]、城市绿地可达性[57]、体力活动[58]的分析，也表明绿色空间对居民生理健康的促进。

（2）舒缓心理问题

缓解压力和恢复注意力已被证实是城市绿地的健康促进的一种重要作用途径[59]，刘畅[60]等基于国内40年的研究成果，归纳出"恢复性自然环境"的6种研究视角，试图为多学科互相借鉴提供基础。姚亚男等[61]指出工作人员可以通过在工作环境室外绿色空间锻炼、与室外绿色空间接触和被动的方式从室内外绿色空间中获益。国内外大量相关研究证实公园环境中的绿色植被等要素对释放精神压力、减缓疲劳更有积极作用[62]。

（3）加强社会交往

研究表明绿地与社会交往之间具有积极关联性，而社会交往及社会支持又能改善个体健康状态和社会健康状态[63]。增强市民、社会群体之间的社会纽带是城市绿色景观影响市民健康的一条重要途径。城市内的绿色开放空间可以吸引人们前往，从而让居住在同一个社区的人们变得更加熟悉。有学者指出公园可以成为当地社区的一个视觉焦点，促进人们有规律地进行社会活动，这对当地形成一个良好的社会关系具有重要的意义[64]。国外有大量研究表明城市景观促进更强的邻里关系[65]，在国内也有越来越多的学者关注在健康城市视角下，城市景观如何促进社会交往与联系。

#### 2. 绿地景观 – 居民健康间接作用机制

国内学者大多较为关注城市绿地提供生态服务的这一研究视角，毛齐正等[66]指出当前城市绿地的生态评价重点关注于绿地的碳储量与降温增湿功能与效益评价以及价值化研究。李玉凤等[67]从社会经济和生态保护两方面建立景观健康评价模型，运用 GIS 技术使其空间化，揭示景观健康的空间差异性。徐烨等[68]利用“压力 – 状态 – 响应”模型，构建雄安城区湿地生态系统健康评价指标体系，探讨了湿地的生态系统健康状况。此外，杨健等[69]结合新版城市绿地分类标准，将其分为三种类型，其一环城绿带可解决大城市“膨胀病”，引导健康城市有序发展；其二公园绿地体系可为居民提供健康活动空间；其三生态绿地可为城市提供生态服务。健康的生态系统可提供多种有益于居民生存和发展的产品或服务[70]，城市绿地可以有效改善城市温室效应，降低城市空气污染，提供都市农业场所[71]。

### （三）城市景观聚焦居民健康的热点议题

社会对个人健康以及公共健康的关注，将会推动健康城市视角下城市景观的发展。根据国内在城市景观聚焦居民健康领域的研究内容，将其研究热点议题概括总结居民健康视角下的城市景观规划设计，绿色空间管理运行及风景园林跨学科研究。

#### 1. 居民健康视角下的城市景观规划设计

风景园林作为构建人居环境学领域的重要学科，在建立城乡空间公共安全体系，促进居民卫生健康方面提供了重要支撑。社区绿地的规划设计是国内学者格外关注的领域，提取典型社区公园使用人群的行为和空间特征，量化识别影响体力活动健康绩效的空间特征，阐释空间特征促进体力活动健康绩效的作用机制，从景感生态学角度出发提出健康社区的构建框架[72–73]。李倞等[74]基于社区生活圈的公园绿地体系的优化，以及强化公园绿地作为防疫和应急服务的预留空间。李翅[75]指出应对突发性公共卫生事件的四大空间规划策略，并提出应重视社区层面的规划与管理。殷利华等[76]采用“线上问卷+线下观察访谈”相结合的调研方法，得到居民对住区绿地的使用偏好。由此来看，社区绿地是城市景观未来规划设计需要关注的重点，在未来需要尽可能增加居民身边可接触的绿色空间数量，提高可达性。

#### 2. 居民健康视角下的绿色空间管理运行

在管理运行方面，通过运营公共健康活动项目和构建智慧管理体系，以提供更完善的公共健康改善和卫生防疫服务，是目前研究的一个热点趋势。针对此次疫情，中国风景园林学会在 2020 年 2 月发布了《城市公园绿地应对新冠肺炎疫情运行管理指南》，为疫情下的公园安全运行和科学管理提供了依据。付彦荣[77]等对新冠肺炎疫情期间城市公园绿地运行管理进行了研究，提出了管理保障的相关策略。彭鸿绪等[78]指出经过此次新冠肺炎疫情，我们更应该审视当下公园空间管理机制存在的不足，应进一步研究公园当中游人与管控条例、活动设施之间的关系。

#### 3. 居民健康视角下的风景园林跨学科研究

城市景观与公共健康有着深远的历史渊源，应对传染性疾病是现代城市景观公共性起源的重要原因之一[79]。吴晓等[80]基于“学科演进”这一视角，关联性地审视“风景园林学”所面对的公共卫生和公众健康问题。钟乐等[30]系统梳理风景园林与公共健康的历史渊源，并结合医学中的瘴气理论，总结了在该理论指导下世界多国风景园林在应对传染病方面的作为。通过上述绿地健康功效与机理的研究，作为现代医学（西医）与中医的辅助医疗手段，以绿地为介质的对慢性病、精神性疾病与障碍等具有疗愈功效、能够防病于未然的理论与实践方法总结为绿色医学[3]。此外，侯韫婧等[28]在健康导向视角下追溯了西方风景园林发展历程。这些探索的研究目的在于为多学科的互相借鉴与融合提供基础，继而推动我国以健康为导向的风景园林学科快速发展。

## 四、国外发展现状及国内外研究比较

### （一）国外发展可视化总结梳理

#### 1. 发文量分析

为保证原始数据的全面准确，增强解释度、真实度和可信度，本文选择以 Web of Science 为样本数据源，以“Urban landscape and health（城市景观与健康）”为检索词，以“主题”为检索途径，对 2011—2020 年的文献进行检索，共得到有效数据 887 篇。本文选取全部文献作为样本，导入 Cite Space 软件进行处理，重点分析其关键词、共被引等，以揭示近几年城市景观与健康的研究热点与趋势。由图 3 可以看出，近 10 年发文量呈现平稳增长的趋势。

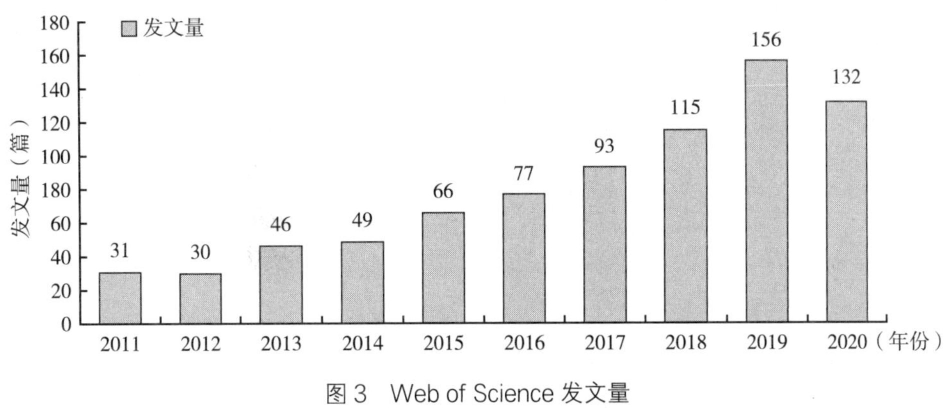


图 3　Web of Science 发文量

### 2. 关键词分析

关键词共现图谱关系线颜色随时间推进由紫色向黄色过渡，节点大小表征关键词频次（图 1）。为提高研究内容的准确性，本文剔除城市（City）、景观（Landscape）、健康（Health）等关键词之后发现，绿色空间（Green Space）、生态系统服务（Ecosystem Service）、生物多样性（Biodiversity）、体育活动（Physical Activity）、土地利用（Land Use）、都市化（Urbanization）等构成国外城市景观与居民健康的研究领域画像，主题词之间关联性强且各主题词有较强的垂直深度。

将关键词标签沿时间轴横向展开得到聚类时间线可视图谱（图 4），可以清晰地看到不同聚类下关键词热度及随时间的推演情况。其中，关于土壤水分蒸发蒸腾损失总量（Evapotranspiration）、森林疗愈（Forest Therapy）、表面温度（Surface Temperature）的讨论成为 2011 年至今未间断的话题。以森林疗愈标签为例，对该话题的研究早期由生物多样性（Biodiversity）和景观健康（Landscape Health）切入，思考城市居民压力的释放，随着居民健康风险的增加，学界视野逐渐由宏观转向微观尺度的研究。当下学界研究重点关注美学偏好（Aesthetic Preference）、声音景观（Soundscape）和康复型环境（Restorative Environment）。

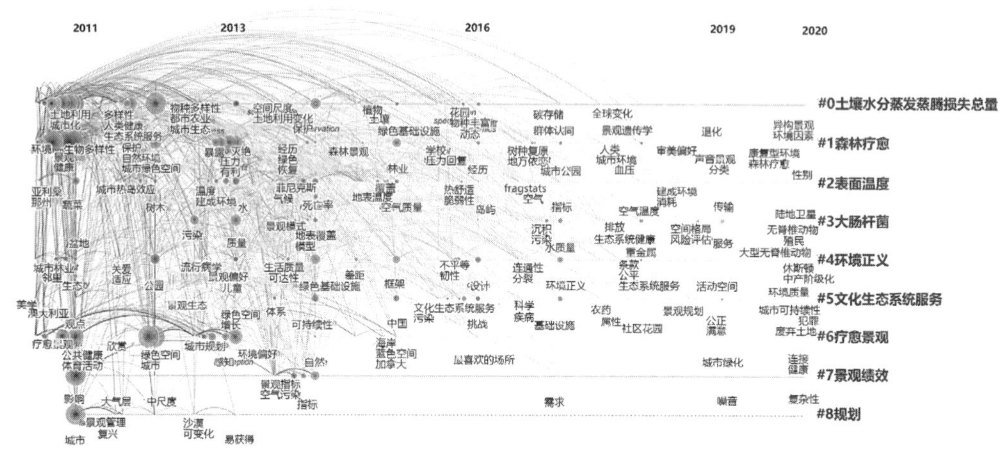


图 4　关键词聚类时间线可视图谱

### 3. 突显词分析

截取 Top22 突现词绘制图表（图 5），突现强度前五分别为公园（Park）、城市生态（Urban Ecology）、恢复（Restoration）、花园（Garden）、儿童（Children）。突现期最长跨度 5 年，分别为公园、疗愈景观和影响。由突现词图表可以看出，国外城市景观与居民健康研究进程中不断演进深化的概念和曾经被学界讨论的热点词，除知识结构组成外，一定

| 关键词 | 年份 | 强度 | 起始 | 截至 | 1993–2021 |
|---|---|---|---|---|---|
| 传染病 | 1993 | 1.86 | 1999 | 2005 | |
| 收入不平等 | 1993 | 1.9 | 2004 | 2005 | |
| 加拿大 | 1993 | 1.54 | 2005 | 2009 | |
| 风险因素 | 1993 | 2.15 | 2006 | 2009 | |
| 纽约 | 1993 | 2.1 | 2006 | 2009 | |
| HIV风险 | 1993 | 1.79 | 2006 | 2008 | |
| 护理 | 1993 | 1.84 | 2007 | 2010 | |
| 下降 | 1993 | 1.65 | 2008 | 2010 | |
| 儿童 | 1993 | 1.68 | 2009 | 2012 | |
| 队列研究 | 1993 | 1.69 | 2011 | 2013 | |
| 国家研究院 | 1993 | 2.4 | 2012 | 2013 | |
| 美国协会 | 1993 | 2.4 | 2012 | 2013 | |
| 邻里 | 1993 | 2.91 | 2013 | 2016 | |
| 风险 | 1993 | 2.57 | 2013 | 2015 | |
| 毒品 | 1993 | 2.49 | 2014 | 2017 | |
| 未成年 | 1993 | 2.21 | 2014 | 2017 | |
| 体质指数 | 1993 | 1.46 | 2014 | 2016 | |
| 肥胖 | 1993 | 3.11 | 2015 | 2016 | |
| 体力活动 | 1993 | 1.91 | 2015 | 2016 | |
| 环境 | 1993 | 2.69 | 2018 | 2021 | |
| 趋势 | 1993 | 2.16 | 2018 | 2019 | |
| 暴露 | 1993 | 2.59 | 2019 | 2021 | |
| 绿色空间 | 1993 | 2.07 | 2019 | 2021 | |
| 空气污染 | 1993 | 2.06 | 2019 | 2021 | |
| 城市 | 1993 | 1.88 | 2019 | 2021 | |

图 5　Top22 突现词图表

程度上反映了社会需求和资本倾向，对了解国外相关研究进程有一定帮助。

此外，通过几组可视化分析可以看出国外相关研究除聚焦城市规划、城市设计、风景园林这几个基础行业以外，也涉及经济管理、社会参与等其他领域。

## （二）国内外发展比较

本研究报告通过可视化分析研究，结合文献内容分析法进行中英文文献的对比，综合述评国内外城市景观与居民健康领域研究的主要区别在于：

### 1. 发展时期不同

国内研究起步相对晚于国外，且在文献数量和内容深度上不及国外水平；国内研究重点经历了从社区扩展到城市各个尺度空间，从外部生态环境指标聚焦到人的生理指标发展过程。尤其是 2017 年以来，随着一系列检测工具和技术的发展，国内研究的重点越来越关注于人体自身的健康，满足包括精神健康在内的健康需求成为国内规划设计的重要策略导向。同时，国内研究多以实际项目为基础，目标导向明显。

2. 研究内容不同

国外研究多以科学研究为导向，更加关注城市自然环境与健康的定量关联研究和实证实地研究；国内研究则多以实际应用为导向，开展以风景园林学为依托的健康人居环境相关规划及设计方法的研究，理论体系及科学技术研究支撑体系有待完善。综上所述，国内既往研究卓有成效，对提升健康人居环境的规划设计方法进行了持续探索，但尚未形成完整的成熟的理论研究体系，与国外研究的理论框架、主客观结合定量方法、多时空尺度实证实地研究、科学技术研究、综合实践应用等方面仍存在较大差距。这也充分表明，城市景观与居民健康研究领域还有广阔的发展空间。

## 五、我国发展趋势与对策

城市景观与居民健康是一个需要广泛知识的领域，尽管在过去几十年里在理念研究、规划设计、管理运行等方面开展了丰富的研究，但随着未来全球化与气候变化等挑战的增强，须进一步在理论研究的系统性、多学科交叉合作以及新技术应用等方面加强。通过绿色空间规划解决健康问题，需要基于地方的响应。无论空间尺度如何，无论面临的问题是简单还是复杂，解决方案都需要来自并立足于“地方”。地方之根本在于居民，也包含当地的资源和所有其他方面，以及空间的物质构成要素。因此，无法提供放之四海皆准的万全之策。具体的行动方案，必须基于地方实际确定。

### （一）强调国家政策支持的重要性

绿色空间规划影响着人们能够选择的生活方式，也影响着他们选择健康行为的能力，而绿色空间规划则受控于国家空间政策。因此，国家层面上的规划，可支持制定抗击传染病和非传染性疾病的国家计划，充分发挥城市景观潜在的健康服务功能，着眼于主要公共健康问题，大力倡导基于公共体育场地设施的全民健身运动，加强体医融合和非医疗健康干预，大力促进青少年、妇女、老年人等重点人群的体育活动，加强对抑郁症、焦虑症等常见精神障碍和心理行为问题的干预。

### （二）加强小微绿地的更新建设和绿色网络连接

居住在绿地及公园附近的居民，更加倾向于通过走路、骑车而非开车的方式到达目的地。在接近绿色的过程中，居民的活动行为有助于缓解久坐等带来的影响。由于成年人工作繁忙，无法去往较远的绿色空间，社区生活圈的完善对于居民的精神健康有着显著的影响[81-82]。因此，城市绿色基础设施避免局限于大型公园，应根据周边居民的使用情况，因地制宜地设置街头绿地。此外，建构适宜的绿色网络，促进居民使用绿道并改善健康状况。充分利用多种类型的绿地空间，增加绿道与周边公园、绿地和其他设施（医院、学校等）的街道连通性，规划和建设支持多种类型体力活动、服务于不同年龄段人群的绿道网络，形成完善的城市绿地系统，通过提升区域对体力活动的支持能力，促进体力活动进入日常生活[10, 83]。

## （三）完善绿色空间健康理念的理论框架

健康是人与周边环境持续互动的结果。城市空间设计无法改变人的遗传特征，但能够通过改善城市环境并影响人的环境暴露和行为习惯，影响人的健康福祉。目前，城市景观与居民健康研究已在多个空间尺度上开展了大量工作，但总体而言研究较碎片化。构建适应我国绿色空间发展的理论体系，在城市绿地建设和规划的过程中，应在绿地的配置时充分考虑不同场所下居民的活动需求，有针对性地基于人们的活动特点对绿地的不同方面进行精准设计[84]。同时，规划部门应在健康城市治理中发挥能动作用，共同构建精细化和现代化健康治理机制，在多级和多元主体协同模式下，提出机制创新和制度保障策略[85]。

## （四）加强多学科交叉合作研究

城市绿地是城市自然生态系统的重要组成部分，具有净化环境、调节小气候、提供景观与休憩场所等生态系统服务功能，能够对人类的生理和心理健康产生积极作用。近年来，城市绿地与公共健康的研究受到广泛关注，随着多源数据融合和时空计量研究方法的广泛应用，相关研究日益趋近绿地健康影响作用机制的真实状况，国内外学者对城市绿地健康的研究日趋完善。风景园林师需要加强与其他专业背景人员的协同合作，积极与城乡规划、地理学、环境学、公共卫生学、医学等讨论交流，通过多学科、多领域合作和共同参与，解析城市中健康现象、发掘其背后规律特征提供多元视角，丰富学科理论体系与实践技术手段，有效应对当前及未来全球变化对人居环境的冲击与挑战，促进多学科融合与积极开展基础实证研究。

## （五）推进新技术工具的广泛应用

营造健康、舒适的人居环境是风景园林规划设计和科学研究的核心目标之一。健康与风景园林学关系密切，作为风景园林学研究的重要领域，尚有广阔的发展空间。信息技术的发展为居民健康研究带来了新的助力，不仅促进了研究定量化技术的进步，也带来了研究思维与方式的转变。随着未来跨学科合作与复杂性课题研究的推进，新技术工具将成为景观与健康在数据获取、可视化、定量分析与评价、模拟决策与预警等方面的新助力。后续研究亟须通过城市自然环境的健康绩效及机理的基础研究，开展实证分析，加强归因分析以及对健康影响机制的解析，努力破除数据壁垒并充分运用新技术以提高分析的科学合理性，逐步探索中国特色城镇化背景下，风景园林对于生理健康、心理健康、社会健康的功效。立足于风景园林学科健康领域理论体系、规划设计方法体系、科学技术研究支撑体系的构建，为健康人居环境建设提供实证基础和询证设计方法，为“健康中国”的理念落地为具体的规划设计实践提供有效的数据支撑和实证基础。

## 参考文献


[1] Rydin Y，Bleahu A，Davies M，et al. Shaping cities for health：complexity and the planning of urban environments in the 21st century［J］. The Lancet，2012，379：2079-2108.

[2] 朱蕊蕊，赵烨，张安，等. 风景园林学健康研究领域文献系统综述和研究前沿分析［J］. 中国园林，2021，37（3）：26-31.

[3] 李树华，姚亚男，刘畅，等. 绿地之于人体健康的功效与机理——绿色医学的提案［J］. 中国园林，2019，35（6）：5-11.

[4] 麦克哈格. 设计结合自然［M］. 北京：中国建筑工业出版社，1992.

[5] 王向荣. 风景园林——连接人类健康与自然健康之间的纽带［J］. 中国园林，2020，36（7）：2-3.

[6] 王兰，蒋希冀，汪子涵，等. 绿色空间对呼吸健康的影响研究综述及综合分析框架［J］. 风景园林，2021，28（5）：10-15.

[7] 王兰，廖舒文，王敏. 影响呼吸系统健康的城市绿地空间要素研究——以上海市某中心区为例［J］. 城市建筑，2018（9）：10-14.

[8] 郭庭鸿，舒波，董靓. 自然与健康——自然景观应对压力危机的实证进展及启示［J］. 中国园林，2018，34（5）：52-56.

[9] 谭少华，杨春，李立峰，章露. 公园环境的健康恢复影响研究进展 . 中国园林，2020，36（2）：53-58.

[10] 余洋，王馨笛，陆诗亮. 促进健康的城市景观：绿色空间对体力活动的影响 . 中国园林，2019，35（10）：67-71.

[11] Williams A. Therapeutic Landscape：The Dynamic Between Place and Wellness［M］. New York：Unversity Press of America，1999［J］.

[12] 游礼枭，易军红，刘牧，等. 近 30 年国内康复景观研究现状与趋势——基于 Citespace 可视化分析［J］. 江西科学，2020，38（6）：915-921.

[13] 季建乐，包梦菲，张青萍. 基于 JCI 标准的医疗场所景观设计——以“归巢”老人康复中心为例［J］. 园林，2019（10）：66-71.

[14] 陈璐瑶，谭少华，戴妍. 社区绿地对人群健康的促进作用及规划策略［J］. 建筑与文化，2017（2）：184-185.

[15] 夏朱颖. 康复花园在康复机构中的使用状况研究［D］. 浙江大学，2019.

[16] 孙晶晶. 注重心灵感知的儿童康复景观设计［J］. 中国园林，2016，32（12）：58-62.

[17] 张文英，巫盈盈，肖大威. 设计结合医疗——医疗花园和康复景观［J］. 中国园林，2009，25（8）：7-11.

[18] 王志芳，程温温，王华清. 循证健康修复环境：研究进展与设计启示［J］. 风景园林，2015（6）：110-116.

[19] 李树华. 尽早建立具有中国特色的园艺疗法学科体系（上）［J］. 中国园林，2000（3）：15-17.

[20] 武海燕，马丽，张力，等. 园艺疗法对轻 - 中度阿尔茨海默病患者认知功能和生活质量的影响［J］. 中华老年多器官疾病杂志，2018，17（3）：197-201.

[21] 班瑞益. 园艺疗法对慢性精神分裂症的康复效果分析［J］. 实用护理杂志，2002（2）：50-51.

[22] 张高超，孙睦泓，吴亚妮. 具有改善人体亚健康状态功效的微型芳香康复花园设计建造及功效研究［J］. 中国园林，2016，32（6）：94–99.

[23] 崔露. 基于园艺疗法的植物景观设计分析［J］. 科技经济导刊，2018，26（12）：78–79.

[24] 肖巍. 新型冠状病毒疫情的公共健康伦理应对［N］. 中国妇女报，2020.

[25] 姚亚男，李树华. 风景园林与公共健康的关系探究［J］. 园林，2018（12）：80–83.

[26] 李雄，张云路，木皓可，等. 初心与使命——响应公共健康的风景园林［J］. 风景园林，2020，27（4）：91–94.

[27] 彭鸿绪，吴欣怡，刘淑虎. 公共健康视角下的风景园林研究［J］. 景观设计，2020（6）：20–25.

[28] 侯韫婧，赵晓龙，朱逊. 从健康导向的视角观察西方风景园林的嬗变［J］. 中国园林，2015，31（4）：101–105.

[29] 马明，蔡镇钰. 健康视角下城市绿色开放空间研究——健康效用及设计应对［J］. 中国园林，2016，32（11）：66–70.

[30] 钟乐，钟鹏，贺利平，邱文. 风景园林与公共健康的历史渊源：基于应对传染病的视角［J］. 风景园林，2020，27（10）：118–123.

[31] 刘祥，申世广，李灿柳. 公共健康视角下的城市风景园林建设策略研究［J］. 园林，2020（4）：76–80.

[32] W.M. Gesler Therapeutic landscapes：theory and a case study of Epidauros，Greece Environ. Plann. Soc. Space，11（1993），pp. 171–189，10.1068/d110171.

[33] Shima Taheri，Maryam Ghasemi Sichani，Amirhosein Shabani. Evaluating the literature of therapeutic landscapes with an emphasis on the search for the dimensions of health：A systematic review，Social Science & Medicine，Volume 275，2021，113820，ISSN 0277–9536，https：//doi.org/10.1016/j.socscimed.2021.113820.

[34] C. Cooper Marcus, N.A. Sachs Therapeutic Landscapes：an Evidence–Based Approach to Designing Healing（2014）.

[35] Qingfang Zhang，Hui Zhang，Honggang Xu. Health tourism destinations as therapeutic landscapes：Understanding the health perceptions of senior seasonal migrants，Social Science & Medicine，Volume 279，2021，113951，ISSN 0277–9536，https：//doi.org/10.1016/j.socscimed.2021.113951.

[36] C.N. Buzinde，C. Yarnal Therapeutic landscapes and postcolonial theory：a theoretical approach to medical tourism Soc. Sci. Med.，74（2012），pp. 783–787.

[37] Close V. Cattell，N. Dines，W. Gesler，et al. Observing and lingering：everyday public spaces and their implications for well–being and social relations Health Place，14（2008），pp. 544–561.

[38] Leff，M.，2016. The Sustainable Urban Forest A Step–by–Step Approach［WWW Document］. URL.

[39] Close V.M. Jayasooriya，A.W.M. Ng，S. Muthukumaran，B.J.C. Perera Green infrastructure practices for improvement of urban air quality Urban For. Urban Green，21（2017），pp. 34–47，10.1016/j.ufug.2016.11.007.

[40] M.A. Rahman，L.M.F. Stratopoulos，A. Moser–Reischl，T. Zölch，K.H. Häberle，T. Rötzer，H. Pretzsch，S. Pauleit Traits of trees for cooling urban heat islands：a meta–analysis Build. Environ.，170（2020），10.1016/j.buildenv.2019.106606.

[41] S. Tsegaye，T.L. Singleton，A.K. Koeser，et al. Ghebremichael Transitioning from gray to green（G2G）—a green infrastructure planning tool for the urban forest Urban For. Urban Green，40（2019），pp. 204–214，10.1016/j.ufug.2018.09.005.

[42] Satoshi Hirabayashi，Technical specifications of urban forests for air purification：A case study in Tokyo，Japan，Trees, Forests and People, Volume 4, 2021, 100078, ISSN 2666–7193, https：//doi.org/10.1016/j.tfp.2021.100078.

[43] Close T. Nguyen，X. Yu，Z. Zhang，et al. Relationship between types of urban forest and $PM_{2.5}$ capture at three growth stages of leaves Journal of Environmental Sciences，27（2015），pp. 33–41.

[44] D.J. Nowak，S. Hirabayashi，M. Doyle，M. McGovern，J. Pasher Air pollution removal by urban forests in Canada and its effect on air quality and human health Urban Forestry and Urban Greening，29（2018），pp. 40–48.

［45］ Jinok Susanna Kim，Timothy J. Lee，Sunghyup Sean Hyun，Estimating the economic value of urban forest parks：Focusing on restorative experiences and environmental concerns，Journal of Destination Marketing & Management，Volume 20，2021，100603，ISSN 2212-571X，https：//doi.org/10.1016/j.jdmm.2021.100603.

［46］ K.H. Kim，E. Kabir，S. Kabir A review on the human health impact of airborne particulate matter Environment International，74（2015），pp. 136-143.

［47］ T. Nguyen，X. Yu，Z. Zhang，et al. X. Liu Relationship between types of urban forest and $PM_{2.5}$ capture at three growth stages of leaves Journal of Environmental Sciences，2015（27），pp. 33-41.

［48］ R.C. Buckley，P. Brough Economic value of parks via human mental health：An analytical framework Frontiers in Ecology and Evolution，2017，5（16），pp. 1-9.

［49］ Close M.P.K. Okyerefo，D.Y. Fiaveh Prayer and health-seeking beliefs in Ghana：Understanding the 'religious space' of the urban forest Health Sociology Review，2017，26（3），pp. 308-320.

［50］ 西维·奈尔，李彦超. 应时而作：城市农业与欧美城市健康危机［J］. 中国园林，2015，31（5）：80-84.

［51］ 高铭，朱逊，张雅倩. 自然与健康：Kaplan 注意力恢复理论探析［C］//. 中国风景园林学会 2020 年论文集（下册），2020:536.DOI:10.26914/c.cnkihy. 2020.056931.

［52］ 董玉萍，刘合林，齐君. 城市绿地与居民健康关系研究进展［J］. 国际城市规划，2020，35（5）：70-79.

［53］ 谭少华，李进. 城市公共绿地的压力释放与精力恢复功能［J］. 中国园林，2009，25（6）：79-82.

［54］ 廖娣华，张建国. 基于 Citespace 的国内园艺疗法及康复花园研究可视化分析［J］. 西南师范大学学报（自然科学版），2021，46（1）：115-124.

［55］ 王兰，蒋希冀，汪子涵，等. 绿色空间对呼吸健康的影响研究综述及综合分析框架［J］. 风景园林，2021，28（5）：10-15.

［56］ 王婧，吴巧红. 绿道推动城市空间健康发展［J］. 旅游学刊，2021，36（3）：11-13.

［57］ 张金光，余兆武，赵兵. 城市绿地促进人群健康的作用途径：理论框架与实践启示［J］. 景观设计学，2020，8（4）：104-113.

［58］ 李婧. 基于促进使用者体力活动的城市公园空间布局和建成环境优化研究［D］. 华中农业大学，2020.

［59］ Urban green spaces and health：a review of evidence［R］. Copenhagen：WHO Regional Office for Europe，2016.

［60］ 刘畅，李树华. 多学科视角下的恢复性自然环境研究综述［J］. 中国园林，2020，36（1）：55-59.

［61］ 姚亚男，黄秋韵，李树华. 工作环境绿色空间与身心健康关系研究——以北京 IT 产业人群为例［J］. 中国园林，2018，34（9）：15-21.

［62］ 谭少华，杨春，李立峰，等. 公园环境的健康恢复影响研究进展［J］. 中国园林，2020，36（2）：53-58.

［63］ 董玉萍，刘合林，齐君. 城市绿地与居民健康关系研究进展［J］. 国际城市规划，2020，35（5）：70-79.

［64］ 王晓博，宁晓笛，赫天缘. 对国外 5 个中微观都市农业项目的思考［J］. 中国园林，2016，32（4）：56-61.

［65］ 姜斌，张恬，威廉·C. 苏利文. 健康城市：论城市绿色景观对大众健康的影响机制及重要研究问题［J］. 景观设计学，2015，3（1）：24-35.

［66］ 毛齐正，罗上华，马克明，等. 城市绿地生态评价研究进展［J］. 生态学报，2012，32（17）：5589-5600.

［67］ 李玉凤，刘红玉，曹晓，等. 城市湿地公园景观健康空间差异研究——以杭州西溪湿地公园为例［J］. 地理学报，2010，65（11）：1429-1437.

［68］ 徐烨，杨帆，颜昌宙. 基于景观格局分析的雄安城市湿地生态健康评价［J］. 生态学报，2020，40（20）：7132-7142.

［69］ 杨健，戚智勇. 公共健康视角下的城市绿色空间探索［J］. 中外建筑，2020（9）：48-50.

［70］ Assessment，M. E.（Ed.）.（2006）. Ecosystems and human well-being. Washington DC：island Press［J］.

［71］ 范晓玥. 基于康复疗养景观的都市农业公园规划设计探索［D］. 北京林业大学，2020.

［72］ 张国钦，李妍，吝涛，等. 景感生态学视角下的健康社区构建. 生态学报，2020，40（22）：8130-8140.

［73］侯韫婧，赵晓龙，战美伶，等. 公共健康视角下东北老工业社区公园“体绿结合”空间优化研究：以哈尔滨为例［J］. 风景园林，2021，28（5）：92–98.
［74］李倞，杨璐. 后疫情时代风景园林聚焦公共健康的热点议题探讨［J］. 风景园林，2020，27（9）：10–16.
［75］李翅. 健康与韧性理念下应对突发性公共卫生事件的空间规划策略［J］. 风景园林，2020，27（8）：114–119.
［76］殷利华，张雨，杨鑫，等. 后疫情时代武汉住区绿地健康景观调研及建设思考［J］. 中国园林，2021，37（3）：14–19.
［77］付彦荣，贾建中，王洪成，等. 新冠肺炎疫情期间城市公园绿地运行管理研究［J］. 中国园林，2020，36（7）：32–36.
［78］彭鸿绪，吴欣怡，刘淑虎. 公共健康视角下的风景园林研究［J］. 景观设计，2020（6）：20–25.
［79］赵晶. 瘟疫、城市公共卫生与风景园林——论英国历史上两次重大公共卫生事件对城市公共卫生和风景园林的影响［J］. 风景园林，2020，27（4）：101–105.
［80］吴晓，王慧，张莹，钱辰丽. 风景园林与公共卫生：共识、分野与融汇——2次公共卫生革命视野下的学科关系审视［J］. 中国园林，2021，37（3）：6–13.
［81］徐磊青. 恢复性环境、健康和绿色城市主义［J］. 南方建筑，2016（3）：101–107.
［82］Dinand E，Sjerp D V. Nearby green space and human health：Evaluating accessibility metrics［J］. Landscape and Urban Planning，2017，157：214–220.
［83］谢波，伍蕾，王兰. 基于自然实验的城市绿道对居民中高强度体力活动的影响研究［J］. 风景园林，2021，28（5）：30–35.
［84］董慰，王乃迪，董禹，等. 日常活动地绿地感知与居民主观幸福感的关系：以哈尔滨香坊老工业区为例［J］. 风景园林，2021，28（5）：23–29.
［85］王兰，蒋希冀，叶丹. 中国健康城市规划研究热点与进展：基于 Citespace 的文献计量分析［J］. 城市发展研究，2020，27（11）：8–14，56.

撰稿人：李　翅　赵凯茜

# 城市群视角下的健康城市研究进展

## 一、引言

城市化的快速发展使得人们的物质生活水平不断提高，也由此产生了一系列“城市病”，威胁到城市居民的健康生活。健康城市可有效解决城市和居民健康面临的双重挑战，受到国内外城市规划实践和学术研究的广泛关注。我国目前面临城镇化转型的关键阶段，呼应“以人为核心”的发展需求，“健康中国”是当前发展的主题。而在空间组织形式上城市群作为新型城镇化发展主体形态，城市群内部各个城市之间相互整合，彼此空间临近产生正外部性，形成“1+1>2”的聚合效应，是国家经济社会发展的核心增长极。为此健康城市研究须放宽视野，关注城市健康发展的区域协同合作，在城市群层面建设“健康城市”的一体化体系，开展城市群尺度健康研究，构建起健康城市建设网络，稳固区域一体化发展优势。

## 二、相关概念与理念阐述

### （一）城市群相关概念

城市群概念起源于19世纪，其早期被英国城市学家霍华德在城市与乡村改造中提出，整合城市、乡村与周边特殊地域，称其为“城市集群”；1915年，英国城市规划学家格迪斯则在霍华德的基础上加入了交通干线、产业与经济交织点，自然而然地在此地形成聚集[1]，因而形成集合城市（Conurbations）[2]；1933年，克里斯·泰勒首次将区域内的城市群体系统化；1950年，邓肯在《大都市与区域》中首次引入“城市体系”（Urban System）的观点[3]。20世纪中期以来，城市化进程推进至城市郊区化阶段，西方发达国家的城市空间结构发生了新变化，对城市群也出现了新的界定。1957年，戈特曼对美国东海岸多个城市区域组合形成新的区域空间形态进行研究，提出“Megalopolis”这一术语，并指出这种新的区域空间形态是未来城市发展的方向。随着全球化的发展，资本、技术和信息的加速流动使得世界城市和全球城市在经济一体化发展中的作用更加明显，城市群的概念出现了新的变化。20世纪末，美国学者Allen J. Scott提出“全球城市－区域”（Global City–Region）概念；2005年，霍尔（Peter Hall）提出“巨型城市区域”（Mega City–Region）概念。尽管对城市群相关概念界定层出不穷，但基本都承认城市群概念“具有相当数量和规模等级城市”“具备整体性和一体化”的共同要素。

20世纪90年代，我国相继出现有关城市群与城市经济区方面的研究，基于国外town cluster、conurbation、megalopolis、metropolitan area、urban agglomeration等一系列相近概念，都市区、大都市带、都市连绵区、城市群、都市圈等相关概念纷纷涌现，其中城市群概念得到普遍认可，成为具有中国特色关于城市化发展高级形态的一种特有表述。1991年，于洪俊、宁越敏在《城市地理概论》一书中首次用“巨大都市带”的译名将这一地域类型引入国内。1992年，姚士谋在其著作《中国城市群》中将城市群定义为：在特定的地域范围内具有相当数量的不同性质、类型和等级规模的城市，依托一定的自然环境条件，以一个或两个超大或特大城市作为地区经济的核心，借助于现代化的交通工具和综合运输网的通达性，以及高度发达的信息网络，发生与发展着城市个体之间的内在联系，共同构成一个相对完整的城市“综合体”[4]。2005年，方创琳进一步发展了中国城市群结构体系的研究，并提出城市群空间范围识别标准体系，其研究成果已成为国家城市群空间格局的基本框架[5]。

从国家“十一五”规划纲要、党的十七大报告，到纳入《国家新型城镇化规划（2014—2020）》、“十四五”规划纲要、党的十九大，十五年来城市群已成为推进国家新型城镇化的主体形态。21世纪全球城市群的发展已进入“中国时代”[6]，特别是进入“十四五”以来，“京津冀”“长三角”“粤港澳大湾区”等国家级城市群的发展与治理愈发受到社会各界的关注。

### （二）健康城市相关概念

健康城市概念由WHO于1984年首次提出[7]。1988年，Leonard Duhl和Trevor Hancock将健康城市定义为：“健康城市是一个能够促使创造和改善其自然和社会环境，扩大社会资源，使人们能够相互支持，履行生命中所有功能，实现能达到的最理想的健康状态的城市”[8]，之后这个定义一直被WHO所引用。我国对健康城市内涵的理解目前存在着两种看法[9]：一种认为健康城市是改善城市人居环境促进人群健康；另一种是将城市本身的健康作为研究的对象，健康城市即城市系统的健康运行。2016年，爱卫办下发《关于开展健康城市健康村镇建设的指导意见》，将健康城市定位于卫生城市的升级版，明确了现阶段中国健康城市建设的内涵[10]。

从健康城市的发展历程来看，就是作为一个来自实践和由实践不断补充而丰满起来的概念[11]。从提出概念到付诸实践，健康城市本身从未形成统一的理论架构[12]，它更多的是一种实践理念，以实现“创造一个支持性的健康环境，提供基本的卫生设施和个人卫生需求，提供获得医疗卫生服务的机会，提升居民的生活质量”为目的，然而至今这一存在“试验性”的任务多限于单一城市而尚未发展至城市群。

### （三）相关理论阐述

在一个或多个中心城市的组织和协调下，由若干个不同等级规模、空间上呈密集分布的城镇通过空间相互作用而形成的地域综合体，城市群空间格局研究是城市群研究的核心内容之一，相关空间结构理论有助于指导建设城市群健康结构网络。

空间扩散理论。瑞典学者哈格斯特兰德（T. Hagerstrand）于 1953 年在其《作为空间过程的创新扩散》一书中提出了现代空间扩散理论，揭示了技术空间扩散的多种形式，包括邻域扩散、等级扩散、跳跃扩散等形式。哈盖特（P. Haggett）和克里夫（A. D. Cliff）根据空间扩散理论进一步提出城市群空间演化过程模式。

空间相互作用理论。1954 年，美国学者厄尔曼（Ullman）提出空间相互作用理论，指出在城市体系中，任何一个城市都不可能孤立存在，而城市间的互补性、可运输性和中介机会构成了城市间人流、物流、资金流等相互作用强度的基础，地域临近、交通便利、要素互补性强的城市之间相互作用也越强。

网络开发理论。区域网络式空间结构是在极核式、点轴式基础上的进一步发展，该理论认为，在经济发展到一定阶段后，一个地区形成了增长极（中心城镇）和增长轴（交通沿线），增长极和增长轴的影响范围不断扩大，在较大的区域内形成商品、资金、技术、信息、劳动力等生产要素的流动网及交通、通讯网。通过网络的外延，实现在更大的空间范围内，将更多的生产要素进行合理配置和优化组合，加快了区域经济全面发展，促进地区经济一体化。

其中空间扩散理论有助于发展扩散模型，针对流行病传染病传播过程进行预测；空间相互作用理论则可以指导研究城市群内部的相互作用，协调群内协作互补；并通过网络开发理论研究城市群结构体系网络化发展模式，强化城市群区域内要素流通和优化配置，增强城市群网络韧性更好抵御突发公共卫生安全风险。

## 三、城市群视角下的健康城市研究特点

### （一）健康城市网络一体化研究演进

健康城市可从三个方面来认识[13]：作为方向的健康城市，为健康城市建设提供基本的理念指引；作为实践模式的健康城市，是各城市近 40 年摸索的成就，可提供基本参考；

健康城市的评价，则是对方向不断校正的依据。考虑到城市群不断成为国与国之间经济竞争的基本地域单元和一国内部经济发展发动机和增长极的大环境，结合我国发展三档19个国家级城市群实现网络型一体化发展模式[14]的国情，健康城市不断朝着更大区域更深影响更加协同的健康城市网络演进。

1. 健康城市理念

健康城市理念在世界卫生组织定义的基础上，不断得到历届全球健康促进大会的推广和丰富。1990年WHO发布了一系列关于健康城市的定义、标准和建设指南文件，WHO欧洲健康城市工程的第一阶段（1987—1992年）对健康城市定义补充道[11]："健康城市是作为一个过程而非结果来界定的。它不是一个已达到特定健康状况水平的城市，而是对健康有清醒认识、并努力对其进行改善的城市。"于1998年《健康城市雅典宣言》写道："……我们相信在地方层面展开的行动，是任何国家或地区健康战略与计划的主要部分。"[15]强调了健康城市的差异性和地方化。随后的2000年和2010年健康影响评估（HIA）和健康规划实践得到开展，认识到健康城市工程的参与方必须展开跨部门的团结协作，寻求城市健康问题的整体化最优解决途径。2010年后，《赫尔辛基宣言》呼吁"健康融入所有政策"，突出强调，全球和地方在健康城市发展战略上需保持一致，并强化城市的节点支撑作用[16]。通过人们健康认识的深化、健康促进运动、健康规划实践和健康影响评估，健康城市理念不断突出健康建设的动态过程性以及区域、部门间的联动协作。

2. 健康城市实践模式

在WHO健康城市战略框架领导下，其下属六大区各自进行了健康城市建设的实践活动：其中欧洲区建立了覆盖欧洲的健康城市网络，根据不同阶段、不同情况确立建设重点，欧洲地区以五年为一期已推进到了第七阶段的健康城市网络建设，在前两阶段引入健康理念、制定健康政策，初见成果，随后不断确定健康老龄化、体育锻炼等健康发展主题；其他五大地区仅通过健康城市联盟（AFHC：Alliance for Healthy Cities）的经验分享与交流等为数不多的途径推动健康城市发展，健康建设实践以制定健康规划为主，如日本《健康都市大和综合计划（2019—2028）》、美国《健康洛杉矶规划：总体规划的健康要素》等，忽视健康城市网络和国家内部网络建设工作，健康城市发展逐渐显现放缓趋势[16]。

3. 健康城市评价

开展城市健康水平评价构成个体城市乃至区域城市群视角下健康城市研究与政策探索的基础。国内外学者在构建"健康城市"指标评价体系上的出发点是大致相同的，西方学者对于指标评价体系的构建大多出于"疾病预防"与"社区健康服务"，而中国学者的出发点则集中于"人口健康""生活环境健康"等。多个出发点可以用"以人为本"来进行归集，重点还是对于"人"的作用与服务。

WHO于20世纪90年代提出"健康""健康服务""环境""社会经济"四大指标组，下分32个具体指标。这一版指标评价体系可以称为是"健康城市"指标体系的"原型机”。它的指标类型较为完整，门类清晰且详细，但一些数据的收集，如“住在不适宜居住环境的比率”问题征询的可行性较差。之后，各国也纷纷根据本国国情制定相关指标评价体系（如表 1）。

**表 1　不同地区政策性指标建设**

| 时间（年） | 区域 / 机构 | 指标类别 |
| --- | --- | --- |
| 1987 | 加拿大 | 健康指标、环境指标和社会指标[17] |
| 1996 | WHO | 健康城市十条标准：清洁和安全的高质量的城市生态环境、居民在决策方面的高度参与、满足人们的基础需要、提供居民之间的广泛交流沟通的机会、经济发展富有活力、一个相互兼容的机制、改善健康服务质量使更多市民享受健康服务、促使市民健康长寿和少患疾病等[18] |
| 1998 | WHO | 健康、健康服务、环境、社会经济[19] |
| 2004 | 荷兰鹿特丹 | 健康状况、人口统计学结构、健康照顾、生活方式、环境指标、社会状况[20] |
| 2006 | 国际健康城市联盟 | SPIRIT 框架：场所手段、可持续性、政治承诺、政策、社会参与、信息、创新意识、资源、研究、基础设施、部门合作、培训[21] |
| 2011 | 韩国 | 城市体系、健康状况、健康城市规划、健康影响评价（其中前三个维度为基本类别，共包括 62 个指标；健康影响评价为建议类别，共有 15 个指标）[22] |
| 2013 | 《广州市建设健康城市规划（2011—2020 年）》 | 健康环境、健康社会、健康服务、健康人群和市民满意度等多项指标[23] |
| 2013 | 中国城市发展研究会 | 健康条件、健康环境、健康社会、健康文化[24] |
| 2016 | 《杭州市建设健康城市“十三五”规划》 | 健康环境、健康社会、健康服务、健康人群、健康产业、健康文化[25] |
| 2016 | 国务院《“健康中国 2030”规划纲要》 | 健康水平、健康生活、健康服务与保障、健康环境、健康产业[26] |
| 2017 | 上海市建设健康城市三年行动计划（2018—2020 年） | 健康环境、健康社会、健康服务、健康人群、健康文化[27] |
| 2017 | 《“健康北京 2030”规划纲要》 | 健康水平、健康生活方式、健康服务、健康保障、健康环境和健康产业[28] |
| 2018 | 全国爱卫办 | 健康环境、健康社会、健康服务、健康人群、健康文化[29] |
| 2019 | 《健康上海行动（2019—2030 年）》 | 普及健康生活、优化健康服务、完善健康保障、建设健康环境、发展健康产业和推进健康信息化、长三角健康一体化、健康国际化[30] |
| 2020 | 《健康北京行动（2020—2030 年）》 | 健康水平、健康生活、健康服务、健康保障体系、健康环境、健康产业、京津冀健康协同发展、全球健康治理参与行动等[31] |

从官方政府到各类组织开展了大量健康城市评价工作。我国各地市在健康城市建设实践中以国家健康规划精神为依据，结合各地特色也纷纷制定了本地健康城市发展规划及

目标指标（见表1）。此外还有研究机构，如清华大学健康城市研究中心于2020年年末发布《清华城市健康指数》，以城市物联网、互联网多源时空大数据为特色，对中国主要城市进行了健康评估。值得注意的是，国外指标体系通常为“健康决定因素+健康效果”结构，相比国内更加注重健康数据平台的构建。

学界以健康城市为主题的评价研究丰富。评价体系方面一类指标体系基于WHO“健康城市”理念以国家指标体系为模板，另一类则系统考虑城市发展的经济社会环境多方面综合。方法主要通过主客观赋权结合模糊综合评判、Topsis逼近理想解排序等综合评价模型计算综合健康指数或排名[32]。以评价为基础学者进行了各种发散研究：大量研究从不同空间尺度分析了健康城市的时空演化特征[33-35]；有研究从城市空间要素相互作用的角度出发，对健康城市空间布局的规律性进行解读[36]；部分开展健康城市系统耦合协调状态测度[37]；另有建立健康城市仿真模型预测[38]等。

城市群层面的健康评价亟待研究。根据对“健康城市是作为一个过程而非结果来界定的”的理解[39]，部分学者认为健康城市评价在一定程度横向比较的基础上，更应强调城市自身的纵向比较，重视每个城市在促进人群健康工作的过程及与之前比较所取得的成效，针对城市当地的自身健康需求因地制宜地解决本地区健康问题[40]。然而在武占云的实证研究中，城市健康发展指数探索性空间结构分析的结果表明，城市之间存在明显的学习效应、协同效应和网络效应，城市的健康发展将会带动和促进区域的健康发展，譬如城市管理和生态环境建设的空间相关性更高，更需要跨区域的协作与治理[33]。如此一来，健康评价既要考虑各城市自身发展的特色问题，又要兼顾城市健康发展的区域协同与合作，呼吁开展城市群层面的健康评价研究。

### 4. 健康城市跨学科发展

国外健康城市研究科学导向性强，注重健康公平，具体入微。国外健康城市的建设早已超出卫生服务的范围，涉及健康环境的创建、健康素养的提升、公共交通运输网络的建设、安全社区的营造以及公共卫生问题的应对与干预等，它关注整个城市的发展，强调多部门积极参与协作，更关注公平，注重建立个人和社会应对问题的能力。

国内健康城市研究循序渐进，不断加强本土化探索。我国的健康城市建设已经成为一个跨学科研究对象，相关学科涉及公共卫生学与医学、环境学、管理学、城乡规划学与建筑学等。早期的研究主要集中于公共卫生学与医学领域，关注卫生服务、医疗保障及健康城市理念探究等[41-43]。随着人们逐渐认识到建成环境与公共健康的关系，我国城市规划界致力于通过规划设计改善建成环境，降低居民的患病风险，优化居民的身心健康[44-45]，此外，健康城市理念融入我国国土空间规划体系的路径正被探索[16]。进入国土空间规划时期，发展内核由增量转存量，更加注重品质把控，从社区学校等健康城市细胞，到城市层面的超大型城市风险防控，再到区域层面的跨界一体化治理，自底而上、自顶向下健康城市网络日臻形成。

### （二）国家战略需求导向

建设实践由创建卫生城市跃升到城市健康可持续发展新阶段。健康城市理念最早于1994 年由中华人民共和国卫生部与 WHO 的合作引入，经历了早期的认识和试点后，以2012 年《“健康中国 2020”战略研究报告》发布为标志大体上可分为，1994—2012 年初步认识与推广，2013 年至今全面发展两个阶段。第一阶段以场所性健康促进策略为主，建设目标重点在于提升城市的卫生水平。第二阶段以上海为先锋，举行第九届全球健康促进大会并发布《上海共识》，提出将健康城市建设与可持续发展目标紧密结合，开启了健康城市全面发展的局面。

以实现“将健康融于所有政策”为目标，强调顶层设计和研究，制定和实施健康城市规划。2016 年国务院颁布《“健康中国 2030”规划纲要》，地方政府纷纷制定健康城市规划，跟进“健康中国”政策，城市和区县进一步编制工作计划[46]，开展“健康细胞”工程，将健康建设任务逐级落实到社区、单位、学校和家庭等基础单位[47]。党的十九大明确了要始终把健康放在优先发展的战略位置，把健康融入经济社会政策判定的全过程、各环节，以人民健康需求为导向完成产业转型与生态保护、改善卫生服务和公平，最终实现健康中国。

近年，《健康中国行动（2019—2030 年）》《“健康中国 2030”规划纲要》等国家政策及纲领性文件出台，更加强调健康促进和健康公平，将健康作为制定实施各项公共政策的重要考量。

城市群尺度健康城市一体化格局显露雏形。《健康上海行动（2019—2030 年）》《健康北京行动（2020—2030 年）》纷纷提出长三角健康一体化和京津冀健康协同发展，并共同指出深化公共卫生联防联控机制，加强重大传染病疫情信息通报和卫生应急联动。其中健康北京规划纲要提出“优化京津冀健康资源布局，引导在京医疗机构在津冀地区开办分院、合作办医、专科协作以及异地建设区域性医疗中心”，并建议“健全京津冀三地转诊制度”“建立区域互联互通的医疗卫生信息平台”等[28]。长三角则提出协同推进健康科技创新，加快医学科技创新性协作，加强数据共享[30]。

当前我国健康城市战略以行动为导向推进健康城市建设规划与实践的结合，重视发挥公共卫生政策和综合性的健康城市规划调控效应，致力健康城市建设融入万策。部分发达城市兼顾人的健康需求、城市环境和城市社会良性发展，开始关注联动周边区域的健康协作，发展城市群健康一体化格局，共同促进全球可持续发展。

## 四、城市群视角健康城市研究进展

### （一）国内城市群视角健康城市相关研究

从城市群视角探讨广义健康的相关研究涉及广泛，包括城市群绿色发展水平、可持续发展、生态宜居、环境问题、资源环境承载力、韧性安全等实证测度分析[48–51]。广义的城市群健康发展研究丰富，多侧重于城市群系统如何健康可持续发展，以“人”为出发点探讨城市群健康的研究并不多。

从关键词共现图谱来看，绿色发展、可持续发展、新型城镇化、健康城市化为热点研究主题，长株潭、京津冀、长三角、珠三角为城市群健康研究的主要阵地。研究立足生态安全、生态文明、低碳绿色可持续的时代背景，结合公共服务均等化、主体功能区规划、循环经济等热点研究评估测度城市群区域健康发展水平。

将关键词标签沿时间轴横向展开得到聚类时间线图谱（图 1），可以看到不同聚类下关键词热度及随时间的推演情况。以绿色发展、可持续发展为主题的城市群健康研究自 2000 年至今一直是生态环境，区域、交通、土地利用规划，城镇化发展领域的关注热点。各聚类之间关联性强且各自有较长研究历程。以绿色发展为例，对该话题的研究早期由长江经济带切入，探讨区域绿色发展路径，随着城市群概念的成熟及国家城市群空间格局基本框架的形成，学界开始关注一体化协同视角下的城市群绿色发展。从 2013—2020 年，针对京津冀、长三角城市群、黄河流域、粤港澳大湾区先后开展了绿色发展与经济增长、创新驱动、城市网络相结合的实证研究，从不同空间尺度揭示了中国城市绿色效率增长的时空特征，多维度探讨城市绿色发展动力机制的多样性和复杂性特征[52–54]。

广义的健康城市群研究已是区域经济、规划、城镇化研究领域的重要研究主题，但更注重区域城市系统的广义健康发展研究，与狭义健康城市的研究仍需进一步衔接，相关研究正在不断涌现：以西部城市群为例开始关注城市群经济增长在践行“健康中国战

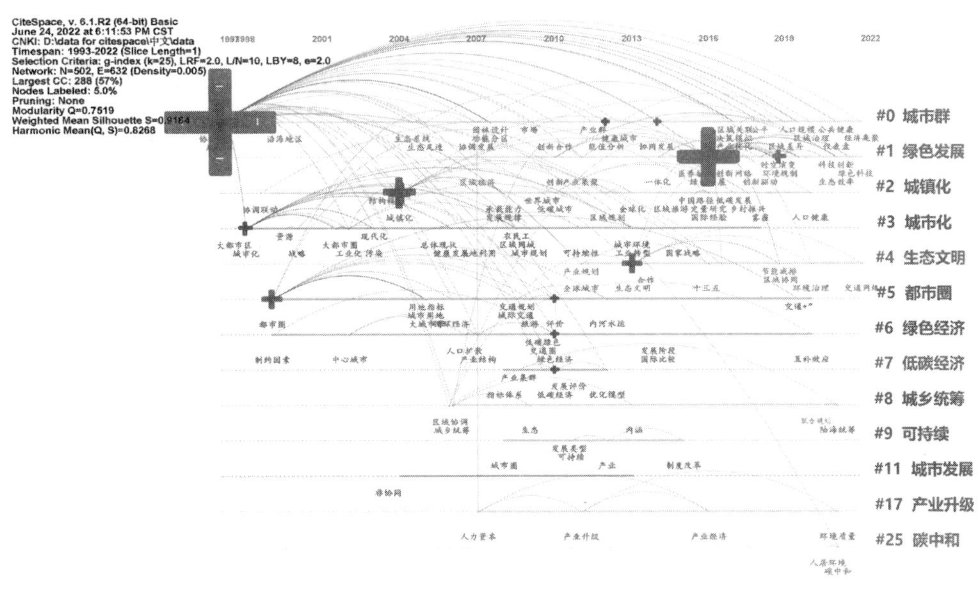


图 1　国内关于“城市群健康城市”研究的关键词聚类时间线图谱

略”中的角色[55]，一些学者开始探讨跨省域低碳城市群健康发展策略[56]；另有研究将现代信息技术与医疗健康领域融合，思考系统建构城市群“互联网 + 医疗健康”协同发展机制[57]。

## （二）国外城市群视角健康城市相关研究

国外关于健康城市的研究文献中，关键词除了健康城市（urban health）、健康（health）、死亡率（mortality）外（图 2），风险因素（risk factor）、体力活动（physical activity）、流行病和流行率（epidemiology & prevalence）、差异（disparity）、邻里（neighborhood）、可利用性（availability）等也构成国外城市群、大都市尺度健康城市研究主题，主题词之间关联性强且各主题词有较强的纵深研究。

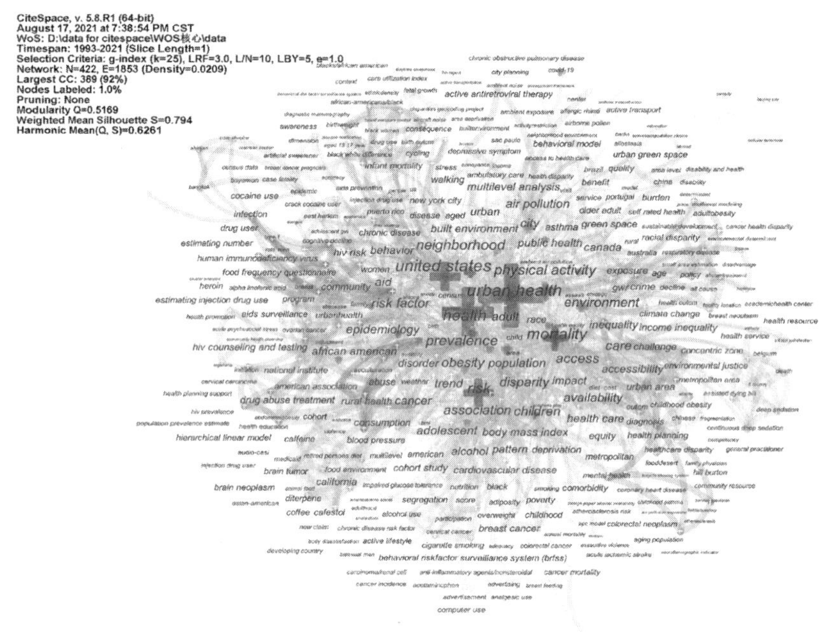


图 2　国外关于“城市群健康城市”研究的关键词共现图谱

Top25 突现词图表显示（图 3），突现强度前六分别为肥胖（obesity）、邻里（neighborhood）、环境（environment）、暴露（exposure）、风险（risk）、毒品（alcohol）。早期研究以感染（infection）、收入不平等（income inequality）、风险因素（risk factor）为主，2014 年起邻里关系、毒品、肥胖、体力活动、环境暴露、绿色空间、空气污染等一系列研究出现并保持强势。2014 年以前的健康风险因素研究繁荣，2014 年后对大都市区、城市群中的社区生活质量、健康城市空间设计、气候变化、环境绿色等关注增加。

聚类时间线图谱（图 4）则展示了不同聚类下关键词热度及随时间的推演情况。聚类

| 关键词 | 年份 | 强度 | 起始 | 截至 | 1993–2021 |
|---|---|---|---|---|---|
| 传染病 | 1993 | 1.86 | 1999 | 2005 | |
| 收入不平等 | 1993 | 1.9 | 2004 | 2005 | |
| 加拿大 | 1993 | 1.54 | 2005 | 2009 | |
| 风险因素 | 1993 | 2.15 | 2006 | 2009 | |
| 纽约 | 1993 | 2.1 | 2006 | 2009 | |
| HIV风险 | 1993 | 1.79 | 2006 | 2008 | |
| 护理 | 1993 | 1.84 | 2007 | 2010 | |
| 下降 | 1993 | 1.65 | 2008 | 2010 | |
| 儿童 | 1993 | 1.68 | 2009 | 2012 | |
| 队列研究 | 1993 | 1.69 | 2011 | 2013 | |
| 国家研究院 | 1993 | 2.4 | 2012 | 2013 | |
| 美国协会 | 1993 | 2.4 | 2012 | 2013 | |
| 邻里 | 1993 | 2.91 | 2013 | 2016 | |
| 风险 | 1993 | 2.57 | 2013 | 2015 | |
| 毒品 | 1993 | 2.49 | 2014 | 2017 | |
| 未成年 | 1993 | 2.21 | 2014 | 2017 | |
| 体质指数 | 1993 | 1.46 | 2014 | 2016 | |
| 肥胖 | 1993 | 3.11 | 2015 | 2016 | |
| 体力活动 | 1993 | 1.91 | 2015 | 2016 | |
| 环境 | 1993 | 2.69 | 2018 | 2021 | |
| 趋势 | 1993 | 2.16 | 2018 | 2019 | |
| 暴露 | 1993 | 2.59 | 2019 | 2021 | |
| 绿色空间 | 1993 | 2.07 | 2019 | 2021 | |
| 空气污染 | 1993 | 2.06 | 2019 | 2021 | |
| 城市 | 1993 | 1.88 | 2019 | 2021 | |

图 3　国外关于“城市群健康城市”研究 TOP25 突现词图表

#1 disparities 和 #3 equity 反映了健康公平主题自 2004 年起一直繁荣至今，涉及收入不平等、医疗服务卫生资源的可得性、城乡健康水平差异的研究[58–60]。此外，对城市健康不平等的日益关注推动了绅士化（gentrification）与健康之间关系的研究，从概念和方法的角度实证研究绅士化与健康及幸福之间的关系，是城市更新背景下的新问题[61]。

## （三）国内外发展比较

### 1. 发展时期

国外健康城市理念成熟、实践丰富。我国健康城市研究起步晚，早期研究集中在公共卫生领域，近年得到多学科关注，认识到除医疗卫生资源外，健康与自然生态、建成环境、社区邻里、政策管理息息相关，健康关涉各类人群。国内研究呈现出由整体性研究向具体化研究转变的态势，理论研究方面呈现从理念到实践再到理论反思的特点，经验研究层面则出现了从对国外实践经验的借鉴向本土化和地方化探索转变的趋势。

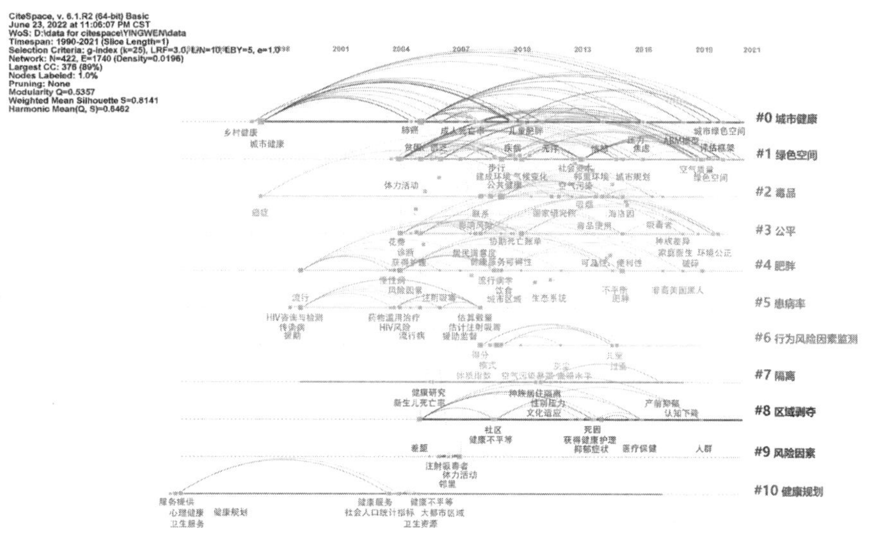


图 4　国外关于“城市群健康城市”研究的关键词聚类时间线图谱

## 2. 研究内容

（1）健康评价

国外健康评价侧重于国家整体健康战略，具体评价内容包括健康状况、健康的非医疗影响因素、健康服务三大基本维度，相对于国内健康评价概念框架设计的一致性更强。例如世界城市项目（The World Cities Project）便利用纽约、伦敦、巴黎和东京作为实验室，开发数据库，关注并描述世界卫生城市的公共卫生基础设施，比较这些大都市医疗保健使用和健康状况方面的差异以及社区在保护人口健康方面的重要性[62]。欧盟资助的项目——健康欧洲（EURO-HEALTHY）建立了人口健康指数（PHI），以评估和监测欧盟（269 个地区）区域层面的人口健康[63]。然而国外学者普遍认为在具有系统复杂性的宏观健康评价问题上，待评价国家或区域在不同的评价项目上各有优劣，很难得出综合性的评价结果，因而国外健康评价很少进行指标体系信息的合成研究（如综合健康指数的测算）[64]。诸如“全球最健康城市排名”[65]、美国城市、社区、学校、公司、户外运动场和住房的健康性评估[66]等，常由相关机构基于官方提供的人口、健康、交通和城市设施等数据，通过综合分值和分项分值量化和计算得出。

（2）城市群健康城市相关研究

国外健康城市群、健康区域概念很少提及，但面临空间蔓延带来的健康挑战，北美等都市区逐渐开展建成环境对体力活动、公共健康影响评估，推进城市规划设计与公共健康的结合[67]；也有研究以国际大都市为对象，开展公共卫生基础设施系统比较，研究卫生系统和社区特征对健康的影响[68]，但相关研究很少考虑都市区内空间单元的健康影响。国内城市群广义健康内涵的研究较多，以绿色经济、可持续发展主题为主流开展了评价测度、时空演化特征归纳、动力机制等丰富而深入的研究。与此同时，我国城市群尺度的跨界一体化研究及实践不在少数，如以区域生态治理为重点的长三角生态绿色一体化发展示范区的规划建设[69]，空气污染治理的合作联动[70]，应对公共卫生风险联防联控[71]等，均可为城市群尺度健康城市研究提供借鉴。

3. 研究面临的问题与挑战

（1）健康城市研究欠缺规范性

国内现有学术研究中针对健康城市概念的理解不一，部分学者将健康城市与“城市健康”“城市健康发展”等混为一谈，关注城市系统的健康运行而缺乏对健康城市“以人为本”核心内涵的理解。健康评价研究中，指标体系纳入大量经济发展指标，与健康城市综合提升城市环境、社会、文化和健康服务水平的主旨相悖。此外，我国不同城市的健康城市指标体系普遍存在指标的划分与定义不符，存在不同城市将同一类指标划分至不同维度的现象，譬如健康服务维度中有体育设施用地面积、食品安全、自行车拥有量等与维度定义不符的指标，暴露出对维度和指标的内涵界定不清的问题[72]。

（2）健康数据不详尽研究深度不足

国内研究大多停留在现状分析、问题呈现和对策建议的描述性层面，既缺乏理论高度，也缺乏研究深度，因而解释力不足。国外根据 WHO“只要基于健康促进的认同，每个专业可以结合自身的职能描述或重新定义健康城市”的理念，各领域的专家学者结合自身的专业特点，在健康城市范畴开展了广泛而有益的研究。得益于完善的健康数据库建设，基于个体的健康数据可获得性较强，“环境”“公共健康”“体育健康”“肥胖”等物质环境与身体、心理健康的关系实证研究丰富，相比国内大量综述研究、案例引介具有很强应用价值。

## 五、城市群视角下健康城市研究的趋势与对策

城市群作为当下推进新型城镇化的主体空间形态，其在地域空间上范围更大，功能上更加强调城市间的协同互动。基于建设“美丽中国”“健康中国”“绿色可持续发展区域”的时代要求和城市群作为国家地区参与竞争主体的国情，以城市群为空间载体克服城市间的负外部性才能实现区域整体的绿色健康可持续发展[73]。发展城市群尺度健康城市研究，纳入能够综合反映城市群内部城镇之间人口流动、设施互通、产业协作、创新协同、环境共治、交通互联、服务共享以及城市群一体化特征的评价指标[74]，探索在城市群运行模式下的健康城市发展水平，有利于建设“健康城市”的一体化体系，对“双循环”模式中层载体的城市群进行“健康化”调节，稳固卫生保障并发挥区域一体化所带来的发展优势。

从健康城市建设和“健康城市科学”构建两方面来看，城市群尺度健康城市发展研究

是健康城市的题中之义。从健康城市建设来讲，呼应“以人为核心”的新型城镇化高质量发展要求，将健康城市规划理念付诸规划实践，衔接国土空间规划体系，优化城市群网络结构，搭建起城市群区域健康互联设施体系，筑牢城市群规模体系应对突发公共卫生风险屏障，并依托数字技术实现智能城市群与健康城市网络协同升级。“健康城市科学”构建方面，有待厘清多尺度健康城市研究理论机理，科学构建多尺度健康城市评价系统，在此基础上融合多学科特长深入探究城市群健康城市发展模式、影响机制等科学问题，并发掘区域健康大数据优势，形成多尺度、跨学科、新技术、新理念的健康城市科学研究体系。

### （一）以理论框架为引领，发展多尺度城市健康系统评价研究

完善的理论框架和评价体系对健康城市研究至关重要。对健康城市的具体化研究中必须对健康城市概念保持整体性认识和把握，避免歪曲乃至割裂其原有的思想实质和理论意蕴[12]，如此才能够准确把握研究对象与内容。指标体系的构建是城市健康评价的核心内容，评价结果对指标体系、指标权重及模型选择有很强的依赖性，未来应逐步建立统一公认的理论框架，明晰城市健康评价的多要素（环境、服务、社会等）、多目标（公平、协调、可持续等）、多层次（社区、城市、区域等），基于统一的理论框架及相关性、可操作性等原则，逐步完善健康城市评价体系。

### （二）跨学科属性呼吁跨行业、跨部门、跨地区协调

健康城市研究不仅包含了传统公共卫生领域议题，还涉及经济领域（就业、健康支出）、社会领域（文化、福利、保障）、生态环境（污染控制和资源保护）、社区生活（健康的社区邻里关系、文明的风尚）、个人行为（心理卫生、行为矫正和健康生活方式的鼓励等）、社会公正（消除社会阶层之间的隔离，公交优先等）等[75]。因此健康城市发展研究应寻求多部门、多领域的合作，运用系统的、综合的方法解决城市化进程中的健康问题。发挥政府、企业、非营利性组织以及公民在健康城市建设中的作用，实现跨行业、跨部门、跨地区之间的协调。还应将健康城市议题纳入区域发展规划，形成以政府为主导跨行业部门地区的健康城市战略框架，纵向由社区至城市群，横向由环保到医疗卫生、文化体育，最终促成健康城市建设。

### （三）城市健康大数据深度推进

城市群健康评价数据采集过程中，存在同一指标各地统计标准不一的问题。譬如，在养老保险、医疗保险参保覆盖率统计中，多地城镇职工保险、城镇居民基本医疗保险、新型农村合作医疗、农村养老保险等统计数据互相重叠，缺少对城乡居民基本社会保险制度进行有效整合。此外，部分地市公共健康数据公开不甚详尽或数据质量过差。医疗卫生部

门与环保部门、人力资源保障等部门应规范数据收集整理，使健康数据细化至社区尺度，建立区域医疗卫生信息平台，推进跨区域健康信息互联互通。并借助科技手段实现城市健康大数据的深度应用，通过对相关指标数据的科学监测和评估分析，提高城市群区域健康城市决策的科学水平，助力健康城市网络建设向信息化、智慧化方向迈进[76]。

## 参考文献


[1] 埃比尼泽·霍华德. 金经元，译. 明日的田园城市［M］. 北京：商务印书馆，2006.

[2] Gg C，Geddes P.Cities in Evolution：An Introduction to the Town Planning Movement and to the Study of Civics［J］. Geographical Journal，1916，47（4）：309.

[3] 周一星. 城市地理学［M］. 北京：商务印书馆，1995.

[4] 姚士谋. 中国城市群［M］. 合肥：中国科学技术大学出版社，1992.

[5] 方创琳. 中国城市群研究取得的重要进展与未来发展方向［J］. 地理学报，2014，69（8）：1130-1144.

[6] 方创琳，王振波，马海涛. 中国城市群形成发育规律的理论认知与地理学贡献［J］. 地理学报，2018，73（4）：651-665.

[7] International Healthy Cities Foundation. What is the Healthy Cities Movement？［EB/OL］. 2004-09-08.

[8] Hancock T，Duhl L.Promoting Health in the Urban Context［M］. Copenhagen：FADL，1988：24.

[9] 宋思曼. 健康城市建设与城市规划策略研究［D］. 重庆大学，2009.

[10] 马琳，邱五七，张昊翔，郑英. "一带一路"卫生领域倡议下健康城市多元行为体治理经验与启示［J］. 中国公共卫生管理，2019，35（5）：577-580.

[11] 许从宝，仲德崑，李娜. 探寻健康城市观念的原旨［J］. 规划师，2005（6）：76-79.

[12] 杨政. 国内健康城市研究的社会学转向及其问题［J］. 未来与发展，2019，43（9）：5-10.

[13] 许从宝，仲德，李娜. 当代国际健康城市运动基本理论研究纲要［J］. 城市规划，2005（10）：52-59.

[14] 中华人民共和国国民经济和社会发展第十四个五年规划和 2035 年远景目标纲要［EB/OL］.［2021-03-13］. http：//www.gov.cn/xinwen/2021-03/13/content_5592681.htm

[15] WHO.Athens Declaration for Healthy Cities［Z］. Copenhagen：WHO Regional Office for Europe，1998.

[16] 蒋希冀，叶丹，王兰. 全球健康城市运动的演进及城市规划的作用辨析［J］. 国际城市规划，2020，35（6）：128-134.

[17] 郭湘闽，王冬雪. 健康城市视角下加拿大慢行环境营建的解读［J］. 国际城市规划，2013，28（5）：53-57.

[18] WHO Regional office for Europe. The qualities of a healthy city［EB/OL］.（1996-07-22）［2018-05-01］http：//www.healthycities.org.html.

[19] WHO Regional Office for Europe.WHO Healthy Cities-Revised Baseline Healthy Cities Indicators.Centre for Urban Health，March1998.

[20] 吴淑仪，孔宪法. 荷兰鹿特丹健康城市介绍［J］. 台湾健康城市学刊，2005，4（2）：75-83.

[21] 黄敬亨，邢育健，乔磊，等. 健康城市运行机制的评估：SPIRIT 框架［J］. 中国健康教育，2011，27（1）：66-75.

[22] Alliance for Healthy Cities. Healthy cities，event news［EB/OL］.（2018-8-15）.［2018-11-19］. http：//

www.alliance-healthycities.com/htmls/event/index_event.html.

［23］广州市人民政府办公厅关于印发广州市建设健康城市规划（2011—2020 年）的通知［EB/QL］.（2013-1-8）［2018-4-27］. http：//zwgk.gd.gov.cn/007482532/201302/t20130206_366143.html.

［24］中国健康城市评价指标体系以及 2013 年度测评结果，http：//www.ccda.org.cn/index.aspx.

［25］关于印发《杭州市建设健康城市“十三五”规划》的通知［EB/QL］.（2016-12-30）［2018-04-31］. http：//www.360doc.com/content/17/0 609/13 /17813155_661344346.shtml.

［26］中共中央国务院印发《“健康中国 2030”规划纲要》［J］. 中华人民共和国国务院公报，2016（32）：5-20.

［27］上海市印发《上海市建设健康城市三年行动计划（2018-2020 年）》的通知 http：//www.shanghai.gov.cn/nw2/nw2314/nw2319/nw12344/u26aw57106.html.

［28］中共北京市委 北京市人民政府关于印发《“健康北京 2030”规划纲要》的通知 http：//www.beijing.gov.cn/zhengce/zhengcefagui/201905/t20190522_60543.html.

［29］全国健康城市评价指标体系（2018 版）政策解读，http：//www.gov.cn/fuwu/2018-04/10/5281213/files/32266bca57184bf3a18ccd51e7fe2e4e.pdf.

［30］上海市健康促进委员会关于印发《健康上海行动（2019—2030 年）》的通知，http：//www.shanghai.gov.cn/nw12344/20200813/0001-12344_62691.html.

［31］健康北京行动推进委员会关于印发《健康北京行动（2020—2030 年）》的通知，http：//www.beijing.gov.cn/zhengce/zhengcefagui/202006/t20200602_1913346.html.

［32］夏联华. 健康城市评价指标体系研究［D］. 重庆大学，2019.

［33］武占云，单菁菁，耿亚男. 中国城市健康发展评价［J］. 区域经济评论，2015（1）：146-152.

［34］李勋来，张梦琦. 健康中国背景下我国健康城市建设水平的比较研究——基于副省级城市中 7 个示范城市的分析［J］. 山东社会科学，2019（7）：133-136.

［35］刘艺. 新疆健康城市评价指标体系的研究［D］. 新疆大学，2012.

［36］张丽娟. 陕甘宁健康城市评价与时空格局研究［D］. 兰州交通大学，2019.

［37］王雅筑. 健康城市社会、经济、环境耦合协调研究［D］. 重庆大学，2019.

［38］虞甜静. 重庆的城市健康度评价与预测研究［D］. 重庆大学，2019.

［39］Tsouros·A.World Health Organization healthy cities project：a project becomes a movement-review of progress1987to1990［M］. Copenhagen：FADL and Milan，Sogess，1990.

［40］傅华，戴俊明，高俊岭. 健康城市评价：改进重于达标［J］. 中国卫生，2017（11）：40-41.

［41］周明浩，李延平，史祖民，等. 卫生城市和健康城市［J］. 环境与健康杂志，2000（6）：377-380.

［42］郭清，蒋相萍，邱伟，等. 论城市初级卫生保健是健康城市的基础［J］. 中国初级卫生保健，1996（10）：10-11.

［43］傅华. 以“大卫生大健康观”来建设现代公共卫生体系［J］. 上海预防医学，2017，29（10）：750-753，774.

［44］余洋，蒋雨芊，李磊. 城市公共空间的健康途径：健康街道的内涵、要素与框架［J］. 中国园林，2021，37（3）：20-25.

［45］陈春，谌曦，罗支荣. 社区建成环境对呼吸健康的影响研究［J］. 规划师，2020，36（9）：71-76.

［46］王兰，蒋希冀. 2019 年健康城市研究与实践热点回眸［J］. 科技导报，2020，38（3）：164-171.

［47］李长宁，王鸿春. 等《中国健康城市建设研究报告（2019）》. 中国健康城市发展现状及思考［M］. 北京：社会科学文献出版社，2019.

［48］任宇飞，方创琳，蔺雪芹. 中国东部沿海地区四大城市群生态效率评价［J］. 地理学报，2017，72（11）：2047-2063.

［49］张含朔，程钰，孙艺璇. 中国城市群绿色发展时空演变与障碍因素分析［J］. 湖南师范大学自然科学学报，2020，43（4）：9-16，34.

［50］孙湛，马海涛．基于 BP 神经网络的京津冀城市群可持续发展综合评价［J］．生态学报，2018，38（12）：4434–4444.

［51］农宇．两大湾区城市群低碳效率评价研究［D］．广西大学，2019.

［52］岳立，薛丹．黄河流域沿线城市绿色发展效率时空演变及其影响因素［J］．资源科学，2020，42（12）：2274–2284.

［53］董会忠，李旋，张仁杰．粤港澳大湾区绿色创新效率时空特征及驱动因素分析［J］．经济地理，2021，41（5）：134–144.

［54］盛科荣，王丽萍，孙威．网络权力、知识溢出对中国城市绿色经济效率的影响［J］．资源科学，2021，43（08）：1509–1521.

［55］赵璟，靳珍．西部地区城市群经济增长对公共健康的作用［J］．现代经济探讨，2021（5）：38–46.

［56］单卓然，黄亚平．跨省域低碳城市群健康发展策略初探——以长江中游城市群为例［J］．现代城市研究，2013（12）：102–106.

［57］李磊，晏志阳，马韶君．城市群“互联网＋医疗健康”的内涵解析与路径构建——基于新区域主义视角的分析［J］．北京行政学院学报，2020（4）：1–9.

［58］Shi L，Macinko J，Starfield B，et al. Primary care，social inequalities and all–cause，heart disease and cancer mortality in US counties：a comparison between urban and non–urban areas［J］．Public Health，2005，119（8）：699–710.

［59］Comparing health status and access to health care in Canada's largest metropolitan areas［J］．Urban Geography，2014，35（8）：1156–1170.

［60］Rural–urban variations in psychological distress：findings from the Behavioral Risk Factor Surveillance System，2007［J］．International Journal of Public Health，2009，54（s1）：16–22.

［61］Tulier M E，Reid C，Mujahid M S，et al.“Clear action requires clear thinking”：A systematic review of gentrification and health research in the United States［J］．Health & Place，2019，59：102173.

［62］Rodwin V G，Gusmano M K . The world cities project：Rationale，organization，and design for comparison of megacity health systems［J］．Journal of Urban Health，2002，79（4）：445–463.

［63］Costa C，Freitas N，Stefanik I，et al. Evaluation of data availability on population health indicators at the regional level across the European Union［J］．Population Health Metrics，2019，17.

［64］李昶达，韩跃红．“健康中国”评价研究述评［J］．中国农村卫生事业管理，2017，37（11）：1298–1302.

［65］SpotaHome. The World's healthiest cities：Which cities are the best for healthy living？［EB/OL］．［2019–12–20］．https：//www.spotahome.com/healthiest–cities–world#meth–odology.

［66］NICHE. 2019 Healthiest Cities in America［EB/OL］．（2019–05–01）［2019–12–20］．https：//www.niche.com/plac–es–to–live/search/healthiest–cities.

［67］林雄斌，杨家文．北美都市区建成环境与公共健康关系的研究述评及其启示［J］．规划师，2015，31（6）：12–19.

［68］Bauer D T，Ameringer C F . A framework for identifying similarities among countries to improve cross–national comparisons of health systems［J］．Health & Place，2010，16（6）：1129–1135.

［69］国务院关于长三角生态绿色一体化发展示范区总体方案的批复［J］．中华人民共和国国务院公报，2019（31）：27.

［70］周苗苗．城市群大气污染协同治理的行为研究［D］．电子科技大学，2019.

［71］欧阳鹏，刘希宇，钟奕纯．应对重大疫情事件的跨区域联防联控机制探讨［J］．规划师，2020，36（5）：61–66.

［72］温秋月，卢东民，姜宝荣，等．我国城市健康城市指标体系的系统评价［J］．中国循证医学杂志，2018，

18（6）：617-623.

［73］杨朝远，李培鑫．中国城市群可持续发展研究——基于理念及其评价分析［J］．重庆大学学报（社会科学版），2018，24（3）：1-12.

［74］陈睿山，赵志强，徐迪，等．城市和城市群可持续发展指数研究进展［J］．地理科学进展，2021，40（1）：61-72.

［75］周向红．加拿大健康城市实践及其启示［J］．公共管理学报，2006（3）：68-73，111.

［76］陈霄，何志辉，刘文华．健康城市的概念、现状与挑战［J］．华南预防医学，2019，45（1）：85-90.

撰稿人：吴　康　张　静

# 健康社区研究进展

## 一、引言

### （一）健康社区建设的背景

自 1986 年世界卫生组织启动健康城市促进计划以来，健康社区作为健康城市营造的微观单元，逐渐在西方国家引发重点关注，并扩展至日本、新加坡、中国等国家[1]。2015 年，党的十八届五中全会提出“推进健康中国建设”；2016 年，中共中央、国务院印发并实施《“健康中国 2030”规划纲要》，明确提出要把建设健康城市作为发展健康中国的重要抓手；2017 年，《中国健康城市建设研究报》中提出将健康城市建设直接落到社区、单位和家庭；2018 年，《全国爱卫会印发全国健康城市评价指标体系（2018 版）》中凸显“大健康”理念，并提出健康社区覆盖率的指标。健康社区作为建设健康城市的基本单元，成为“健康中国”战略在社区层面得以展现和实践的重要载体。

2019 年年末至 2021 年，蔓延全球的新冠肺炎疫情带来突发公共卫生事件对城市系统的剧烈冲击，社区作为应对健康风险前沿阵地的作用进一步得到凸显。作为城市基层组织单元和生活共同体的社区，其治理水平直接影响城市的健康基础和应急能力。健康城市的理念贯彻与规划实施依赖于社区，离不开每个个体、家庭和社会组织的努力，更深植于社区内部空间环境、服务设施、邻里网络和生产生活组织方式的健康可持续。

“健康融于万策”的战略理念以及社区的复杂性，决定了健康社区作为落实“健康中国”国家战略的重要抓手，呈现出高度的跨学科研究、跨行业协作的特质，是亟须众多学科和行业共同探索的新领域。

### （二）健康社区建设的意义

社区作为城市社会空间的最基本组成单元，对营造健康的生活氛围、培育健康的生活方式、落实健康城市的战略要求具有重要的作用。健康社区不仅可以为居民提供良好的生产生活环境，减少空气污染、噪声等影响居民健康的不利因素，促进居民预防疾病与建立健康的生活方式，保障居民个体健康，而且可以通过环境条件影响居民的认知、生活方式与行为习惯，进而作用于居民价值观、社区认同感和归属感的形成，营造复合包容的社会空间环境，对居民健康产生正向作用。

此外，健康社区建设通过强调因地制宜发挥社区自身特色，突出社区参与和社会主体性的培育，增进居民对于健康环境和健康行为的主动认知并发挥积极的建构性作用，促进邻里健康氛围的整体效应，为健康社区和健康中国的建设提供长效可持续的社区动能。

## 二、健康社区的研究与实践进展

### （一）相关概念

#### 1. 健康与社区

1948 年世界卫生组织（WHO）在《组织法》中定义其不只是指没有疾病或不虚弱，而是包括身体和精神的健康，以及社会幸福的完满状态，强调身体、心理和社会健康三个维度。所以对于健康的理解不能局限于实现社区居民个体身体健康、没有疾病，还应关注居民的心理健康，以及具备促进居民健康的物质空间条件，和引导居民休闲性体力活动与社交行为发生的社区环境条件。

社区作为城市的基本单元，不仅仅是地域载体，同时还是社会空间统一体，关乎人与人、人与空间的联系。德国社会学家滕尼斯最早提出社区的概念，将其定义为聚集在一定地域范围的社会群体和社会组织，由共同的观念和共识的行为规范结合而成的地域社会生活共同体[2]。因此，理解健康社区中的社区概念，不仅指物质空间环境舒适，降低其中居民的生理疾病患病率，还关乎通过适宜的社区环境促进居民的社交行为和社区参与程度，进而形成良好的邻里关系，提升人们的心理健康，由此实现在社区层面营造健康的氛围。

#### 2. 健康社区

1989 年，美国卫生部正式使用健康社区这一概念。诺利斯（Norris）等（2000 年）认为健康社区应具有健康的自然环境、充分的全民参与、有活力的经济发展以及个人幸福感[3]。丹嫩贝格（Dannenberg）等（2003 年）定义健康社区为保护和提高居民的生活质量，促进居民养成健康的生活习惯，最大限度地减少对居民的危害，并在社区中有效保护自然环境[4]。杨立华等（2011 年）定义健康社区为其内部和外部所有正式的和非正式组织和个体都能协作性地共同工作和生活[5]。孙文尧等（2017 年）总结健康社区理念包含以下 4 个方面：社区中的个体获得追求健康的激励；社区应采取保护地方特色的措施，并保障适当的多样性服务；建立社区中的个体与公共资源的紧密联系；社区应坚持弹性和可持续的健康发展[6]。袁媛（2021 年）认为健康社区的概念经历了多维健康、整体健康、协作治理、平灾结合四个方面的发展[7]。

健康社区不仅指社区中的个体普遍拥有健康的身心状态和生活习惯，以及追求实现健康的意愿和动力，而且社区拥有健康协调发展的空间环境和社会环境，在个体与社区环境的良性互动中，有效发挥社区的主体性和在地性特征，提高人们健康的身心素质，营造弹性和可持续健康发展的社区氛围。

## （二）理论研究与学科研究进展

1990 年以来，健康社区议题逐渐成为健康领域的研究热点。通过 Web of Science 核心合集与中国知网（CNKI）数据库，对健康社区相关学术论文成果进行梳理与分析，其中检索时间跨度为 1990 年 1 月—2021 年 8 月。从总体发文量看，中英文文献数量整体呈现持续上升的趋势。

### 1. 国外健康社区理论研究进展

国外健康社区研究的演进脉络大致经历了从关注物质环境到身心健康再到多维健康、多学科融合转变的三个阶段。相关研究起步于 1990 年，从对健康的关注逐渐转向健康社区，开展健康社区运动，重视物质环境的营造；2000 年之后，随着研究领域的拓展，开始关注影响居民健康的因素、进行健康影响评估等，重视心理健康与精神健康；2010 年以来，逐渐向社会学、经济学、环境工程等跨学科发展，更加关注社会公平、社会资本、绿色空间等。

当前，国外健康社区的研究热点主要集中在与健康有关的人的感受与活动、邻里环境、社会作用等方面，主要内容包括：体力活动与饮食对健康促进与疾病预防作用，如获得健康食品和定期体育锻炼可以改善健康状况并降低超重和肥胖风险；邻里环境要素对居民健康的影响研究，如绿色生活环境、活动空间、物质基础设施等社区空间环境要素，社会经济地位、邻里剥夺、社区凝聚力、社会资本等社区社会环境要素对健康社区的影响机制，结合多种统计分析方法和质性研究方法展开实证研究与分析，指导健康社区规划设计；健康社区政策和计划如何促进社区参与和进行赋权，如通过社区参与式研究、健康社区研究、健康社区邻里倡议、社区干预等政策和方法，引导居民健康行为，鼓励居民积极参与健康社区建设活动。

### 2. 国内健康社区理论研究进展

国内健康社区研究的演进脉络大致经历了从关注医疗卫生到身心健康再到规划设计干预多维健康的三个阶段。研究始于 1990 年，前期主要关注社区健康教育、社区卫生服务与健康服务；2000 年以来，进一步重视高血压、糖尿病等病理问题以及心理健康问题，重点关注健康教育干预、健康促进生活方式及其影响因素；2020 年后，伴随着新冠肺炎疫情的出现，通过规划设计手段影响健康社区建设的研究迅速增多。

当前，国内健康社区理论研究以健康和社区为中心，围绕空间环境质量、社会治理水平对社区居民健康的影响展开。主要内容包括：健康社区规划设计研究，如面向生态社区、健康社区、社区公园等理念，从用地混合、公共交通、公共空间、弹性发展、资源再利用等方面提出规划设计原则与策略[6, 8-9]；居民健康影响因素研究，如 $PM_{2.5}$、健康风险评价，以及社区交通、建筑环境、绿地空间等社区建成环境要素的健康影响等，采用数理模型等方法进行实证研究与分析[10-13]；健康社区治理研究，如多元主体协作的健康社区治理机制、社区防疫规划和治理体系、健康社区的制度构建等[14-16]。

此外，国内外健康社区研究中均特别关注儿童与老年人等对健康更为敏感的群体，在借鉴儿童友好、老年友好等相关理论的基础上，强调社区所有居民，特别是环境敏感和弱势群体，都能享受健康社区的环境与服务，营造全龄友好的健康社区氛围。如儿童友好的健康社区营造，强调包括空间营造、政策传导、文化塑造、机制构建等方面[17]；老年友好的健康社区营造策略，包括提供健康的户外空间、交通环境、居住空间、为老设施等硬支持系统，以及促进老年人社区参与、社区包容、完善社区支持与健康服务、增加社区信息对于老年人的可达性等软支持系统[18]。

**3. 健康社区学科研究进展**

国外健康社区领域研究中发文量最多、最重要的学科是公共、环境与职业健康（Public，Environmental & Occupational Health），其他主要研究学科还包括内科 – 普通内科（Medicine，General & Internal）、营养学（Nutrition & Dietetics）、老年医学（Geriatrics & Gerontology）等。

国内研究发文量最多的类别是医药卫生科技，主要集中在医药卫生方针政策与法律、临床医学、预防医学与卫生学等学科的研究，近5年来发文量增长速度放缓。2019年以来，尤其是新冠肺炎疫情暴发之后，建筑科学与工程学科关于健康社区的研究与实践成果呈现快速增长趋势，强调通过建筑设计与规划手段提高物质空间环境品质，间接作用于公共健康水平的提升。

## （三）评价指标体系

随着健康社区运动的发展与理论研究的推进，有关健康社区评价指标体系的成果不断呈现。健康社区评价指标体系的构建，对健康社区实践活动具有重要的指导与监督意义。通过评价指标体系，对健康社区建设开发的社会行为进行引导与规范，有助于指导健康社区环境、设施和服务的建设与提升，改善社区邻里环境，促进居民身心健康。

总体而言，国内外健康社区评价指标体系的构成上普遍都主要包含医疗卫生、营养、体力活动等个体要素，空气、水、景观、住宅、交通等社区空间环境要素，以及经济、文化、社区参与等社区社会环境要素。其中，国外评价指标体系起步早，发展相对成熟，重视物质空间建设、社区文化建设与社区参与。相对而言，国内更侧重政府管理和资源投入，前期强调公共卫生、医疗服务与体育活动等，近期趋向注重社区环境的综合提升。

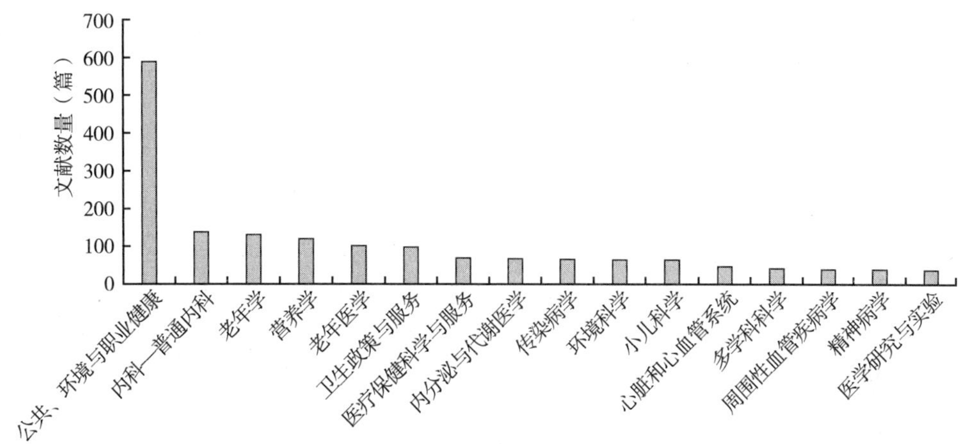


图 1　国外健康社区相关研究学科领域分布图

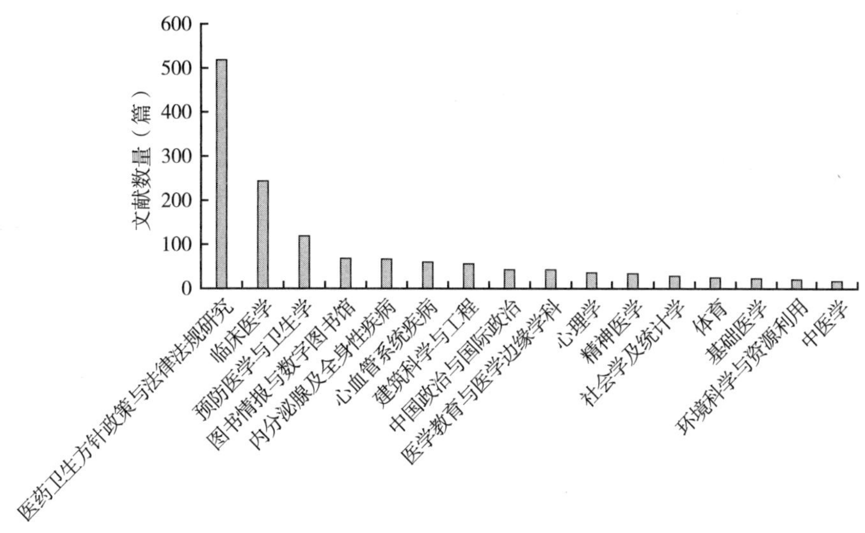


图 2　国内健康社区相关研究学科领域分布图

**表 1　国内外健康社区主要评价指标体系** ①

| 名称 | 时间（年） | 出台部门或机构 | 指标维度 | | | | | | | | | | | | | | |
|---|---|---|---|---|---|---|---|---|---|---|---|---|---|---|---|---|---|
| | | | 个体要素 | | | | 社区空间环境要素 | | | | | | 社区社会环境要素 | | | | |
| | | | 医疗卫生 | 营养 | 活动 | 心理 | 空气 | 水 | 景观生态 | 交通 | 能源 | 住宅 | 经济 | 人文 | 服务 | 宣传教育 | 社区参与 |
| 健康社区评价体系 | 1987 | 世界卫生组织（WHO） | √ | √ | √ | √ | √ | √ | √ | | | | | √ | | | √ |
| 健康社区计划 | 2003 | 美国疾病预防控制中心（CDC） | √ | √ | √ | | | | | | | | | | √ | | √ |
| LEED-ND 绿色社区认证体系 | 2007 | 美国绿色建筑委员会（USGBC）、新城市主义大会（CNU）和自然资源保护委员会（NRDC） | | | √ | | √ | √ | √ | √ | √ | √ | | | | | √ |
| 英国 BREEAM Communities 可持续社区评价体系 | 2009 | 英国建筑研究所（BRE） | | | | | √ | √ | √ | √ | √ | √ | | | √ | | |
| 澳大利亚健康社区指标框架 | 2012 | 悉尼科技大学和墨尔本大学等共同研究构建 | √ | √ | √ | | √ | √ | √ | √ | √ | | √ | √ | √ | | √ |
| WELL Community 健康社区标准 | 2017 | 国际 WELL 建筑研究院（IWBI） | √ | √ | √ | √ | √ | √ | √ | √ | √ | √ | √ | √ | √ | √ | √ |
| 台湾地区健康社区六星计划 | 2002 | 台湾地区行政管理机构 | √ | | √ | | √ | √ | √ | | | | √ | √ | √ | √ | √ |
| 上海市健康社区指导指标（试行） | 2003 | 上海市人民政府 | √ | √ | √ | | | | | | | | | | √ | √ | √ |
| 北京市健康社区指导标准细则（试行） | 2011 | 北京市民政局、卫生局等 | √ | √ | √ | √ | | | | | | | | √ | √ | √ | |
| 健康社区评价标准 | 2020 | 中国建筑科学研究院、中国城市科学研究会等联合编制 | √ | √ | √ | √ | √ | √ | √ | | √ | √ | √ | √ | √ | √ | |

① 表 1 根据参考文献［8］。

### （四）实践活动

作为开展健康城市和健康社区运动较早的国家，加拿大、美国经过几十年的实践和推广，积累了较成熟的经验。加拿大在 1986 年开展健康城市建设的同时开展健康社区建设，居民主要以自愿的方式参与其中。如 2009 年加拿大安大略市政与住房事务厅和职业规划师协会合作编制并发布《用设计落实规划：一份健康社区手册（Planning by design：a healthy communities handbook）》，重点规划内容涵盖交通环境、居住环境和自然环境三个领域，强调社区可持续发展，重视维护自然环境，促进人与自然的和谐共处[28]。美国则是在健康城市建设的过程中逐渐把关注点转移到健康社区上，通过具体项目来推动实施。如 2013 年洛杉矶城市规划发展部门发布《设计一个健康的洛杉矶》（Designing a healthy LA）规划设计编制手册[29]，综合考虑物理环境对社区居民的身体和心理健康的影响，将建设重点放在营造社交环境、卫生环境和建成环境三方面，重视增加社区参与，增进社区交流，突出社区人文建设。

现阶段我国健康社区建设的实践活动主要是结合爱国卫生运动，重点集中在公共卫生领域内的组织推动、活动开展等内容，苏州、上海、杭州是较早开展健康社区建设的城市。苏州作为第一个开展健康城市试点项目的城市，沧浪区于 2000 年开展创建"健康社区"试点工作，由各级爱国卫生运动委员会统筹，街道办事处把健康社区纳入工作目标，成立领导小组与专家顾问组协调监督，通过试点推动政策支持、健康环境、全民健身、社区参与、健康教育与健康行为、卫生服务和愿望需求 7 方面的建设重点[30]。2016 年以来，海南省琼海市作为全国 38 个健康城市试点单位之一和海南省首批省级健康城市试点单位，积极建设健康细胞工程。具体由市爱卫办牵头，通过先行试点、整体推进的方式，以健康社区（村）和健康单位为重点，以整洁宜居的环境、便民优质的服务、和谐文明的文化为主要内容[31-32]。2016 年，北京市西城区作为首批 38 个全国健康城市试点市（区）之一，以西城区健康促进工作委员会为核心，成立西城区健康城区建设委员会与建设专家指导委员会，把创建工作纳入政府发展规划，确保各项工作有效实施。通过完善健康保障机制、建设健康支持性环境、广泛开展各类健康促进活动、优化健康服务体系等内容，以健康社区、健康示范单位和健康家庭为重点，推动健康城区建设[33]。

## 三、健康社区的构成与营造机制

基于健康社区的内涵，健康社区主要包含居民个体的健康、健康的空间环境与社会环境，前者可以在与后两者的互动中得到进一步提升。由此，总结健康社区的构成和营造机制主要涉及公共卫生、空间与社会三个维度。

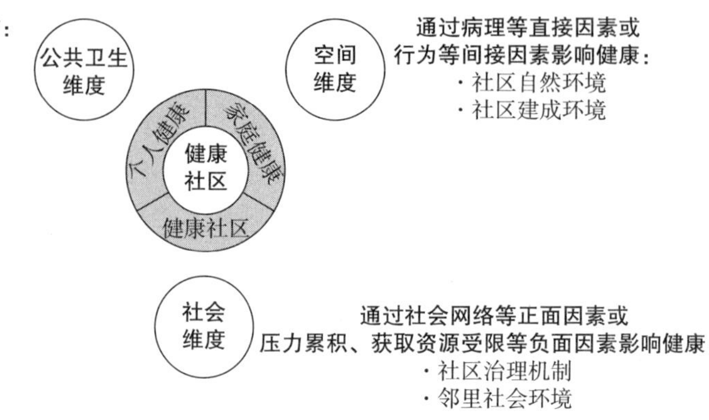


图 3　健康社区的构成维度与营造机制

## （一）公共卫生维度

良好的公共卫生环境是保障居民健康生活的基本条件。从公共卫生维度营造健康社区，强调以社区为基础的健康促进和疾病预防方法，通过社区干预措施的制定与实施，促进居民健康良好的身体活动和饮食习惯[34]。

从饮食和体育活动的角度，营养的饮食和规律的体育锻炼活动在预防慢性疾病方面发挥基本的保障作用，尤其是对糖尿病、心血管疾病、癌症和各并发症，并可降低肥胖的风险等[35]。具体路径主要包括[36-38]：①通过健康教育干预，鼓励或促成居民健康的饮食习惯、身体活动、心理平衡、远离烟草和减少饮酒等健康的行为，来提升个体健康水平；②社区中配置可提供健康食品选择的杂货店、超市等，促进居民获得更多的可支付的新鲜水果、蔬菜，以及更少的加工食品；③开展以社区为基础的参与式研究，促进居民的健康饮食、营养和体重管理等。此外，尤其是针对老年人、儿童等弱势群体，适宜的社区干预措施可以对学龄前儿童的体重变化产生有益影响，以及推进老年人的健康老龄化等[39-40]。如通过健康社区研究，评估社区计划和政策的特征与儿童身体质量指数（BMI）、营养和身体活动的关联，得出有效解决儿童肥胖等问题的多层次干预方法与策略；通过运动、营养、认知训练、老年人健康评估和管理以及康复训练等有效的干预措施，可以有效预防、减少老年人虚弱[41-42]。

从公共卫生和医疗服务的角度，落脚于社区层面的良好设施配置和优质服务供给，相比于城市层面而言，对于增进健康社区的覆盖面和促进健康公正，具有更为突出的作用。具体路径主要包括[43-44]：①完善社区公共卫生设施配置与建设，对存在健康风险的场所进行综合整治和提升；②促进医疗资源下沉到社区，加强以社区医院、诊所为核心的基层医疗设施建设，引入全科医师首诊负责制管理，提高医疗服务水平与规范性；③开展全人群、全生命周期的健康管理，掌握居民健康状况，针对突出问题采取综合解决措施。针对残疾人、老年人、妇女儿童等人群，设立康复、照料、救助等特殊场所。

## （二）空间维度

物质空间环境，一方面可以通过各种病理决定因素，如空气和水污染、噪声、致癌物等对居民的健康产生直接影响；另一方面，通过引导居民体育锻炼、社会交往活动等对居民身心健康产生间接影响。良好的物质空间环境是营造健康社区的基础，主要包括社区自然环境与社区建成环境。

从社区自然环境的角度，良好的社区自然环境可以通过树木过滤空气污染物、减少城市热岛效应等直接途径，以及鼓励步行和观赏植物改善精神健康状态等间接途径，为改善居民健康状况和减少压力提供自然环境支持[45]。具体路径主要包括：①保持洁净的空气质量；②打造优质良好的水环境；③营造舒适宜人的微气候环境；④保护良好的自然生态景观环境，如保护社区中的植物和动物等自然资源。

从社区建成环境的角度，健康住宅与健康的外部物质环境主要通过促进体力活动或者增加人群社会交往活动来改善与维持居民健康。具体路径主要包括[8，46–49]：①健康住宅：住宅设计符合健康的需求，并为居民活动提供多样化的场所选择和安全保障，包括光环境舒适、室内外声环境安静、空间尺度舒适、建筑内外增加便利的运动设施、完善适老化设计等；②健康交通：可达性高与可负担的交通可以促进居民体育锻炼和休闲活动，如建设便捷舒适的公交和慢行网络、合理布局公共交通换乘点、人行通道人性化设计等；③健康设施：高品质的社区配套服务设施为居民创造更多的活动机会和交往空间，包括完善体育与休闲娱乐配套设施、加强无障碍设施建设、提供多样化的活动场地等；④健康环境，绿色开放空间可以鼓励居民进行体育锻炼和促进邻里交流，包括改善建筑屋顶、墙面、阳台、庭院的绿化环境，开展参与式社区花园设计，结合绿地空间布置步行路径、活动空间与设施，以提高绿地空间的可达性等。尤其是后疫情时代，“健康”与“防疫”应作为建筑建造和社区规划的根本特性，贯穿于规划设计和建设管理的全生命周期中[50]。

## （三）社会维度

社会环境，一方面通过社会网络塑造居民的行为、态度、心理等正面因素影响健康；另一方面通过压力累积、获取资源受限等负面因素对健康产生作用[51]。可通过建立健康社区治理机制、营造良好的邻里环境等，建设健康社区。

从社区治理机制的角度，强调推进社区参与、构建合作伙伴关系、进行参与式评估等，构建健康社区治理模式。具体路径主要包括[16，52–53]：①参与主体：包括政府整体治理与全社会治理等形式，鼓励政府适当放权，社会各方参与；②协作网络：构建多元主体合作伙伴关系网络，作为实践健康社区治理的平台基础；③制度保障：完善立法程序、制度设计、绩效监督与问责机制，保障健康社区治理的地位与实施效果；④支撑系统：通过知识与理论的宣传教育，以及沟通平台的建设，将社区赋权和实施行动联系在一起，促进居民参与建设健康社区的渠道建设、信息传递、意识培育与权利共享。

从邻里社会环境的角度，社会经济地位与收入分布、社会资本和社会凝聚力，以及邻里因素等形成社会网络，进而影响居民的健康[54]。具体路径主要包括[55-59]：①增强社区社会资本是提高生活满意度的有益策略，并可增强社区凝聚力，如通过成立提倡运动的组织、表达增加运动设施的诉求等集体行动，解决社区问题，营造有利于健康的居住环境，提高居民体育锻炼水平；②减少社区和更大区域尺度内居民社会经济地位与收入的不平等现象，有助于促进人们的身心健康，如注重为弱势群体提供体育活动场所，减少居民运动差异从而降低疾病的风险，或是加强贫困社区中的绿色空间营造，增进居民的地方归属感和减少社会孤立感，促进环境正义；③促进邻里交往，为社区中的各类人群提供聚集的交往场地，促进社区中不同群体之间的互动交往，不仅有助于培养社区内的社会凝聚力，还可以为年轻人的积极发展创造环境。

推进健康社区营造，需要综合考虑以上三个方面的维度，通过多种方式整合叠加的策略，以更好地促进居民健康。如在健康交通策略方面，可以同时从空间与社会维度进行干预，包括改善空气质量、增加身体活动、限制伤害风险、促进残疾人的行动，以及减少社会不平等[60]。

## 四、健康社区研究与实践中的主要问题及发展趋势

### （一）主要问题

国内外健康社区研究与实践中普遍存在以下共性问题：①健康社区建设指导的针对性与可操作性有待加强。社区具有很强的地方差异性，体现在不同的地域区位、气候条件、人口构成、住区环境、生活习惯等要素特征，带来对健康社区营造的不同要求，需要兼顾建设指导的普遍适用性和个性化应对。②健康社区评价体系的行动指引性不足。大量关于健康社区评价的指标体系等研究成果侧重于学术探讨，难以转化为有效的行动指引，不利于政策向基层实践行动的转化。③健康社区的主体认知存在差距。在健康社区建设中，政府关注领域与社区真实健康需求之间，以及不同主体关于健康社区应涵盖的广度和深度的认知之间存在一定差异，未形成共识，导致政府推动的建设行动难以得到社区的广泛认同，或是社区的建设诉求难以获得政府的有效支持。④健康社区建设的跨学科协作有待推进。健康社区涉及多个学科领域，如何打破学科壁垒，实现跨学科、跨行业的协同统筹成为挑战。

具体而言，国外相关研究与实践中存在的主要问题包括[61-62]：①政府及省 / 州层面的公共政策支持不足，政府部门的资金人力等资源投入有限，或受限于短期的资金承诺，健康社区建设实践推进存在困难。②关于健康影响评估、健康促进方法、预防干预措施评

估等的准确性与全面性有待提升，部分实证研究存在易受居民选择性偏差影响，以及缺乏客观准确的数据支撑、多重影响因子综合分析不足等问题。

与国外相比，国内在健康社区建设方面主要存在以下不足：①社区共建较薄弱，容易出现在自上而下的推动进程中，只是简单的资源投放、环境建设和举办活动，居民缺乏参与感，进而造成认同感弱、实施效果差、后期运维困难等问题；②多维度健康社区影响机制的研究不足，普遍缺乏社区尺度下健康设施、健康服务与居民健康的数据，难以支持实证研究，并且基于长期观测的纵向研究相对缺乏；③重物质性、资源性投入，缺乏对健康社区管理和服务效益等软性因素的关注，以及缺乏对两者之间协同互动的关注。

## （二）发展趋势与展望

近年来，国际上对健康社区研究呈现的主要关注点，也是未来我国在健康社区研究和实践领域需要重点拓展的方向。

### 1. 健康社区领域跨学科、跨层级研究

加强健康社区多领域、多学科与多尺度的协同合作。强化与协调健康社区建设与环境保护、社会治理、社区经济发展、文化建设等领域之间的互动协作，把生态文明融入健康社区发展建设中；进一步推动公共卫生、建筑科学与工程、社会学、经济学、环境科学等多学科间的跨学科合作，丰富健康社区交叉学科领域的理论体系和技术手段；加强社区与区域、城市、建筑等多尺度健康空间之间的联系，发挥健康社区向上落实健康城市建设的总体要求，向下推动健康建筑实践与应用的重要作用。

### 2. 健康社区影响机制的系统性架构研究

系统选择社区环境、设施配置、健康服务、邻里网络等影响居民健康的要素，构建居民健康与影响因素之间的分析框架，开展多种定量与定性相结合的实证研究，分析其关联性，综合评估多元要素对居民身心健康状况的影响机制。尤其是加强对健康社区影响的纵向研究，增加对影响因素与健康之间因果联系的解释，提高研究的准确性与全面性。通过对健康社区多维度和全要素的影响因素、影响机制的研究，系统性地架构健康社区影响机制与路径，提出规划影响要素的优化策略，为健康社区规划建设和公共政策制定提供理论支撑。

### 3. 健康社区全流程实施机制研究

通过健康社区研究、健康影响评估、社区干预措施评估等方法，评估规划决策和建设行为对居民健康产生的影响，并把结果（如描述和衡量社区内风险因素和居民健康状况）作为健康社区规划、健康促进计划、改善社区健康的重要依据，帮助生成多层次的健康促进策略。其次，把健康预防与促进目标纳入规划管理过程，整合土地利用、交通组织、公共空间营造等社区空间环境维度，以及社区参与和赋权、社区文化特质、社会资本等社会环境维度，构建健康社区实施路径，鼓励建设政府、社区、社会组织、专家学者等多方协

作平台和多元化公众参与机制，进而形成多层次、广覆盖的健康社区实施细则与操作指南，指导健康社区实施。最终，构建从确定影响社区健康的因素与干预点、拟定规划行动计划、评估干预措施、制定政策与行动组合，到落实行动计划的健康评估与健康社区规划全流程实施机制，推动健康社区的可持续发展。

#### 4. 智慧健康社区研究

依托物联网、5G、云计算、大数据、人工智能等技术的生态融合，推动智慧健康社区的落地。如搭建健康社区信息化治理平台和完善智能化治理手段，结合便携式生物反馈仪、机器学习、大数据分析等技术方法，收集环境与健康数据，动态评估与管理社区各项健康指标，指导健康社区规划建设；运用人工智能赋能社区医疗服务，采用物联技术实现无感健康，开发智慧健康社区系统，实现医院信息系统与智能手机、平板电脑的数据共享和交互，促进居民主动参与个人健康管理[63]。此外，健康社区还有待进一步贯彻和实践绿色生活、生态家园的理念。如绿色屋顶空间设计、参与式种植（都市农业）、场地设施配置与居民健康活动策划结合等。

## 五、结语

健康社区不仅仅是组成健康城市的基本单元，更是构建健康城市的重要行动主体。相对健康城市而言，健康社区的营造更加强调以下四个视角：①资本视角，区别于仅将社区作为外部资源投放的载体，强调从社区资本出发，因地制宜，发掘和充分利用当地既有资源，并转化为可用资产；②韧性视角，区别于仅将社区作为静态评估的对象，强调从社区本体出发，提升社区自身能力，以更好地应对变化与不确定性；③治理视角，区别于仅将社区作为城市管理的基本单元，强调从社区共治出发，发动和组织多元主体，共同开展协商决策、共识培育、组织化学习和集体行动的过程；④生活视角，区别于仅将社区作为生产活动的配套，强调从生活价值出发，注重良好生活方式和价值观的培育，以及面向真实需求的生活场景营造。

## 参考文献


［1］吴一洲，杨佳成，陈前虎. 健康社区建设的研究进展与关键维度探索——基于国际知识图谱分析［J］. 国际城市规划，2020，35（5）：80-90.

［2］斐迪南·滕尼斯. 共同体与社会［M］. 北京：商务印书馆，1999.

［3］Norris T，Pittman M. The healthy communities movement and the coalition for healthier cities and communities［J］. Public Health Reports，2000，115（2/3）：118.

［4］Dannenberg A L，Jackson R J，Frumkin H，et al. The impact of community design and land-use choices on public health：a scientific research agenda［J］．American journal of public health，2003，93（9）：1500-1508.

［5］杨立华，鲁春晓，陈文升．健康社区及其测量指标体系的概念框架［J］．北京航空航天大学学报（社会科学版），2011，24（3）：1-7.

［6］孙文尧，王兰，赵钢，等．健康社区规划理念与实践初探——以成都市中和旧城更新规划为例［J］．上海城市规划，2017（3）：44-49.

［7］袁媛．本期主题：全龄友好的健康社区［J］．上海城市规划，2021（1）：5-6.

［8］谭少华，雷京．促进人群健康的社区环境与规划策略研究［J］．建筑与文化，2015（1）：136-138.

［9］王一．健康城市导向下的社区规划［J］．规划师，2015，31（10）：101-105.

［10］于一凡，胡玉婷．社区建成环境健康影响的国际研究进展——基于体力活动研究视角的文献综述和思考［J］．建筑学报，2017（2）：33-38.

［11］许婧雪，谌丽，张文忠．建成环境是否影响居民健康生活方式？——基于北京22个社区的实证分析［J］．地理科学进展，2021，40（4）：660-670.

［12］林静，周钰荃，袁媛，等．邻里环境对居民健康的影响及其差异——基于广州市28个社区的结构方程模型［J］．现代城市研究，2020（4）：9-17.

［13］牟燕川，王荻，黄瓴．社区建成环境审计：推进健康社区的有效工具［J/OL］．国际城市规划：1-13［2022-01-04］．DOI：10.19830/j.upi.2020.408.

［14］袁媛，何灏宇，陈玉洁．面向突发公共卫生事件的健康社区治理［J］．规划师，2020，36（6）：90-93.

［15］刘佳燕．新型冠状病毒肺炎疫情背景下社区防疫规划和治理体系研究［J］．规划师，2020，36（6）：86-89.

［16］张天尧，谢婷．公共卫生视角下健康社区治理模式探析：以新冠肺炎社区防疫为例［J］．现代城市研究，2020（10）：38-45.

［17］何灏宇，谭俊杰，廖绮晶，等．基于儿童友好的健康社区营造策略研究［J］．上海城市规划，2021（1）：8-15.

［18］胡晓婧，黄建中．老年友好的健康社区营造：国际经验与启示［J］．上海城市规划，2021（1）：1-7.

［19］CDC's Healthy communities program［EB/OL］．（2017-03-07）［2019-12-10］．https：//www.cdc.gov/nccdphp/dch/programs/healthycommunitiesprogram/.

［20］AJAY G. Sustainable by design？ insights from US LEED-ND pilot projects［J］．Journal of the American planning association，2009，75（4）：424-440.

［21］李巍，叶青，赵强．英国BREEAM Communities可持续社区评价体系研究［J］．动感（生态城市与绿色建筑），2014（1）：90-96.

［22］翁顺灿，陈春，于立．澳大利亚健康社区建设经验及对我国的启示［J］．城市建筑，2019，16（4）：77-82.

［23］Well Community Standard-a global benchmark for healthy communities［EB/OL］．（2017-09-05）［2019-12-10］．https：//www.wellcertified .com/certification/community/.

［24］台湾地区行政管理机构台文字第0940084226号函核定，台湾健康社区六星计划推动方案［EB/OL］．（2015-11-13）［2019-12-10］．https：//safemyhome.npa.gov.tw/NPAGip/w Site/ct? x Item=43402&ct Node=11505.

［25］顾沈兵．上海市建设健康城市行动评估研究［D］．复旦大学，2009.

［26］北京市"六型"社区指导标准细则（试行）［EB/OL］．（2011-10-19）［2019-12-10］．http：//www.beijing.gov.cn/zfxxgk/110009/tzgg53/2011-12/28/content_288861.shtml/.

［27］中国建筑科学研究院有限公司，中国城市科学研究会．健康社区评价标准［M］．2020.

［28］Ontario Professional Planners Institute. PLANNING BYDESIGN：a healthy communities handbook［R］．Toronto，2009. https：//ontarioplanners.ca/inspiring-knowledge/calls-to-action/calls-to-action-archive/papers/planning-bydesign-a-healthy-communities-handbook#/

[29] City of Los Angeles，Gensler. Designing a healthy LA [R]. 2013. http：//urbandesignla.com/resources/DesigningAHealthyLA.php

[30] 谢剑峰，陈小民，吴燕芬，等. 苏州市沧浪区创建“健康社区”试点第一阶段评估 [J]. 江苏卫生保健，2001（2）：48-49.

[31] 庄辉烈，肖娟. 2015—2020 年琼海市健康城市健康村镇建设 [M] // 王鸿春，曹义恒. 中国健康城市建设研究报告（2020）. 社会科学文献出版社，2020：227.

[32] 庄辉烈. 琼海市健康细胞工程建设现状、问题及对策 [M] // 王鸿春，盛继洪. 中国健康城市建设研究报告（2019）. 社会科学文献出版社，2019：248.

[33] 郭燕葵，张燕，白天鸣. 北京市西城区建设健康城区情况概述 [M]. // 王鸿春. 中国健康城市建设研究报告（2017）. 社会科学文献出版社，2017：207.

[34] Merzel C，D'Afflitti J. Reconsidering community-based health promotion：promise，performance，and potential [J]. American journal of public health，2003，93（4）：557-574.

[35] Wong S. S. Community-based healthy living medicine，with a focus on K-12，physical education，and nutrition [J]. Progress in cardiovascular diseases，2017，60（3）：450-455.

[36] Moore L V，Diez Roux A V. Associations of neighborhood characteristics with the location and type of food stores [J]. American journal of public health，2006，96（2）：325-331.

[37] Graff S K，Kappagoda M，Wooten H M，et al. Policies for healthier communities：historical，legal，and practical elements of the obesity prevention movement [J]. Annual review of public health，2012，33：307-324.

[38] Coughlin S S，Smith S A. Community-based participatory research to promote healthy diet and nutrition and prevent and control obesity among African-Americans：a literature review [J]. Journal of racial and ethnic health disparities，2017，4（2）：259-268.

[39] Brand T，Pischke C R，Steenbock B，et al. What works in community-based interventions promoting physical activity and healthy eating？ A review of reviews [J]. International journal of environmental research and public health，2014，11（6）：5866-5888.

[40] John L. V.，Gregoriou M，Pate R R，et al. Operational implementation of the Healthy Communities Study：how communities shape children's health [J]. American journal of preventive medicine，2015，49（4）：631-635.

[41] Arteaga S S，Loria C M，Crawford P B，et al. The Healthy Communities Study：its rationale，aims，and approach [J]. American journal of preventive medicine，2015，49（4）：615-623.

[42] Puts M T E，Toubasi S，Andrew M K，et al. Interventions to prevent or reduce the level of frailty in community-dwelling older adults：a scoping review of the literature and international policies [J]. Age and ageing，2017，46（3）：383-392.

[43] 陈春，谌曦，罗支荣. 社区建成环境对呼吸健康的影响研究 [J]. 规划师，2020，36（9）：71-76.

[44] 廖小兵，何能清，陈旭日，等. 社区慢性病患者健康管理路径选择的探索研究 [J]. 中国全科医学，2013，16（1）：79-81.

[45] Shanahan D F，Lin B B，Bush R，et al. Toward improved public health outcomes from urban nature [J]. American journal of public health，2015，105（3）：470-477.

[46] Koehler K，Latshaw M，Matte T，et al. Building healthy community environments：a public health approach [J]. Public Health Reports，2018，133（1_suppl）：35S-43S.

[47] Sallis J F，Spoon C，Cavill N，et al. Co-benefits of designing communities for active living：an exploration of literature [J]. International Journal of Behavioral Nutrition and Physical Activity，2015，12（1）：1-10.

[48] Forsyth A. What is a healthy place? Models for cities and neighbourhoods [J]. Journal of Urban Design，2020，25（2）：186-202.

[49] 吕飞，杨静，戴铜. 健康促进的居住外环境再生之路——对城市老旧住区外环境改造的思考 [J]. 城市

发展研究，2018，25（4）：141–146.

［50］孟冲，盖轶静．健康建筑和健康社区的防疫属性分析［J］．建筑科学，2020，36（8）：169–173.

［51］袁媛，林静，谢磊．近15年来国外居民健康的邻里影响研究进展——基于CiteSpace软件的可视化分析［J］．热带地理，2018，38（3）：440–450.

［52］Flynn B. C，Ray D W，Rider M S. Empowering communities：action research through healthy cities［J］. Health Education Quarterly，1994，21（3）：395–405.

［53］王睿，姜雯，申俊龙．基于多中心治理理论的视角探讨中国特色的健康社区治理模式［J］．中国全科医学，2018，21（5）：551–554.

［54］Kahn E B，Ramsey L T，Brownson R C，et al. The effectiveness of interventions to increase physical activity：a systematic review［J］. American journal of preventive medicine，2002，22（4）：73–107.

［55］Maass R，Kloeckner C A，Lindstrøm B，et al. The impact of neighborhood social capital on life satisfaction and self–rated health：A possible pathway for health promotion？［J］. Health & place，2016，42：120–128.

［56］McNeill L H，Kreuter M W，Subramanian S V. Social environment and physical activity：a review of concepts and evidence［J］. Social science & medicine，2006，63（4）：1011–1022.

［57］Shishehbor M H，Gordon–Larsen P，Kiefe C I，et al. Association of neighborhood socioeconomic status with physical fitness in healthy young adults：the Coronary Artery Risk Development in Young Adults（CARDIA）study［J］. American heart journal，2008，155（4）：699–705.

［58］Mitigating stress and supporting health in deprived urban communities：the importance of green space and the social environment.

［59］Durlak J A，Taylor R D，Kawashima K，et al. Effects of positive youth development programs on school，family，and community systems［J］. American journal of community psychology，2007，39（3）：269–286.

［60］Dannenberg A L，Jackson R J，Frumkin H，et al. The impact of community design and land–use choices on public health：a scientific research agenda［J］. American journal of public health，2003，93（9）：1500–1508.

［61］Williams–Roberts H，Jeffery B，Johnson S，et al. The effectiveness of healthy community approaches on positive health outcomes in Canada and the United States［J］. Social Sciences，2016，5（1）：3.

［62］Schultz J A，Collie - Akers V L，Fawcett S B，et al. Association between community characteristics and implementation of community programmes and policies addressing childhood obesity：the Healthy Communities Study［J］. Pediatric obesity，2018，13：93–102.

［63］袁熙，李强．基于移动互联的智慧健康社区系统的研发［J］．计算机应用，2015，35（1）：239–242.

撰稿人：刘佳燕　赵壹瑶

# 健康建筑标准研究进展

## 一、引言

随着经济水平的发展，人们愈来愈重视生活质量和精神健康。由于人们 80% 的时间均位于室内[1]，故建筑对人体的健康影响也得到了更多人的关注，建筑的健康因素已经得到了很多组织和国家的重视。健康建筑是人们对健康生活的更高需求，在建筑领域发展过程中具有重要意义。健康建筑的发展与健康建筑的标准体系密切相关，两者相辅相成。健康建筑相关标准体系围绕健康建筑的设计、运维、建设、检测等进行全面研究，对健康建筑的规范化设计与建设具有指导意义，对健康建筑的推广发展具有引领作用。以健康建筑标准为引领，可满足人们追求健康的最基本需求，助力健康中国建设，推动健康建筑行业向前发展。

早在 20 世纪 80 年代，国外就已经提出了健康建筑的相关技术标准，如 WHO（世界卫生组织）提出了“健康建筑 15 条标准”，美国国家健康住宅中心以“健康之家”为指导建设住宅，加拿大以“Super E”证书对满足健康和节能要求的住宅予以认证等[2]。我国在此背景之下，也逐步对健康建筑标准开展探索。我国针对住宅陆续发布了《健康住宅建设技术要点》《住宅健康性能评价体系》等标准。在住宅健康建筑标准出现后，公共建筑的健康建筑研究也逐步深化，并出现了针对各类建筑的健康建筑评价标准，如美国 WELL 建筑标准，中国《健康建筑评价标准》T/ASC02 等。此后，健康建筑发展迅速，关于健康建筑标准的研究也逐步深化。本研究报告主要论述健康建筑标准的研究进展与展望。

## 二、相关概念与理论

国内外对建筑中影响健康的要素进行了大量研究，也给出了健康建筑的定义，常见的健康建筑定义有以下几种：

（1）2000 年健康建筑国际会议：健康建筑为一种体验建筑室内环境的方式，不仅包含物理测量值，如温湿度、通风换气效率、噪声、光、空气品质等要素，还包含主观性心理要素，如空间布局、环境色彩等[4]。

（2）我国《健康住宅建设技术规程》CECS 179-2009：健康住宅为在满足住宅建设基本要素的基础上，提升健康要素，保障居住者生理、心理、道德和社会适应等多层次的健康需求，促进可持续发展，进一步提高和完善住宅质量与生活质量，营造出舒适、健康的居住环境。

（3）我国《健康建筑评价标准》T/ASC 02-2021：健康建筑为在满足建筑功能的基础上，提供更加健康的环境、设施和服务，促进使用者的生理健康、心理健康和社会健康，实现健康性能提升的建筑。

（4）2016 版欧洲《健康建筑白皮书》：健康建筑是指在符合建筑基本要求的基础上，突出健康要素，以人类居住健康的可持续发展的理念，满足居住者生理、心理和社会多层次的需求，为居住者营造一处健康、安全、舒适和环保的高品质建筑和社区[4]。

（5）美国 WELL 建筑标准：健康建筑致力于追求可以支持人类健康和舒适的建筑环境，改善人类身体健康、心情、舒适、睡眠等因素，鼓励健康、积极的生活方式，减少化学物质和污染物的损害。

根据以上定义可以发现，健康建筑涉及学科综合且复杂，所涉及的学科领域除建筑外，还涉及公共卫生学、心理学、营养学、人文与社会科学、健身、医学、环境科学等多个交叉学科[6]，因此健康建筑的设计及营造需要掌握相关交叉学科的理论基础。目前学者们对健康建筑各个方面均开展了专项的科学研究工作，涉及建筑通风与室内空气品质、建材污染物散发、健康照明与光环境提升、健康化改造、运动健康、适老等内容，这些支撑健康的基础理论、技术及应用成果，为健康建筑的发展奠定了坚实的理论与应用基础。

## 三、我国健康建筑标准发展现状

### （一）我国健康建筑相关政策

2015 年 10 月 26 日，党中央提出了“健康中国”，同时将其写入了“十三五”规划[5]。2016 年《“健康中国 2030”规划纲要》正式印发，其中明确提出推进健康中国建设，且十九大报告也号召“实施健康中国战略”[6]。在此背景下，一系列健康建筑政策和全民健康政策逐步发布，已发布的政策有《建筑节能与绿色建筑发展“十三五”规划》《关于开展健康城市健康村镇建设的指导意见》《全民健身计划（2016—2020 年）》《关于加强心理健康服务的指导意见》《“十三五”卫生与健康规划》《中共中央国务院关于加强和完善城乡社区治理的意见》《“十三五”国家食品安全规划》《全民健身指南》《“十三五”全国建筑促进与教育工作规划》等[6]。2020 年，《中共中央关于制定国民经济和社会发展第十四个五年规划和 2035 远景目标的建议》正式发布，并提出“全面推进健康中国建设”。以上政策为健康建筑的发展奠定了坚实的基础。

### （二）我国健康建筑标准发展现状

早在 1999 年，国家住宅工程中心就已经开展了居住与健康的相关研究，并于 2001 年发布了《健康住宅技术要点》，于 2005 年发布了《健康住宅建设技术规程》CECS-2005，于 2013 年发布了《住宅健康性能评价体系》[7]。2016 年，国内首个健康建筑评价标准《健康建筑评价标准》T/ASC 02-2016 正式发布，该标准适用于各类民用建筑，从空气、水、舒适、健身、人文、服务六方面对建筑进行评价[8]。2017 年，《健康住宅评价标准》T/CECS 462-2017 正式发布，该标准为中国工程建设协会标准，评价对象为居住建筑，主要从空间舒适、空气清新、水质卫生、环境安静、光照良好、健康促进六方面进行评价[9]。2020 年，健康建筑的内涵实现了从单体到区域的发展，《健康社区评价标准》T/CECS 650-2020[41] 和《健康小镇评价标准》CECS 710-2020[42] 正式发布，两个区域性标准主要由空气、水、舒适、健身、人文、服务 6 类指标组成。2021 年，《健康建筑评价标准》发布修订版，编号为 T/ASC 02-2021，保留原有 6 类一级指标，并对二级指标进行优化。另外现有多部健康建筑标准正在编制过程中，如《健康酒店评价标准》《健康医院评价标准》《健康养老建筑评价标准》《健康体育建筑评价标准》《健康校园评价标准》《健康乡村评价标准》《健康建筑检测技术规程》《既有住区健康改造技术规程》《既有住区健康改造评价标准》等。

### （三）我国健康建筑标准主要研究方向

国内学者主要从健康建筑的评价标准研究、案例分析、发展现状、发展展望、影响因素、室内环境、健康建材、防潮及抑菌、通风技术等方面进行研究。王清勤、吴相科等[1-2, 6-7] 从健康建筑的发展背景、发展现状、发展展望等方面进行研究，对健康建筑的发展提出了合理性建议。王清勤、孟冲、郑锐锋、盖轶静等[3, 10-12] 对健康建筑评价标准的条文和体系进行研究，并对条文实施的难易度进行分析。吴向阳、王焯瑶、叶海等[13-15] 对国内外健康建筑评价标准进行对比分析，从体系、技术、评价方法等多个方面进行研究。张迪、胡建昌等[16-17] 对健康建筑案例进行分析，探讨健康建筑的实施路径。裴智超等[18] 对健康住宅的暖通空调技术如新风净化系统、室内空气品质监测系统、厨卫排风等进行更深一步的研究。张金良等[19] 对室内 $PM_{2.5}$ 的不同净化方案进行研究，以控制室内污染源。张津奕等[20] 对室内控制控制技术、污染源的控制和通风方式进行研究。王静等[21] 对室内健康建材进行研究，研究技术主要有健康壁材、建筑电磁防护材料等。“十三五”期间，“十三五”重点研发计划课题“既有城市住区功能设施的智慧化和健康化升级改造技术研究”“建筑室内空气质量控制的基础理论和关键技术研究”“民用建筑防潮及抑菌关键技术”“室内空气污染净化系统调控技术研发与工程示范”“建筑室内空气质量控制机理及效果评价方法研究”等均取得了阶段性的成果。随着健康建筑的发展，国内学者对健康技术的研究逐步加深，对各个技术点的研究逐渐深化。

### （四）我国健康建筑标准主要需求与导向

《“健康中国 2030”规划纲要》指出，健康中国建设以普及健康生活、优化健康服务、完善健康保障、建设健康环境、发展健康产业为重点，提出了包含健康水平、健康生活、健康服务与保障、健康环境、健康产业等领域的 13 项指标。建筑是人们日常工作、生活、学习等的重要场所，建筑环境的优劣直接影响着人们的身心健康，建筑的场地规划与室外环境、建筑室内环境、建筑功能及相关服务设施设计、相关材料和设备产品的选用等都是上述领域的重要构成部分和影响因素。因此，健康建筑是“健康中国”战略的需求，是我国建筑领域的重点发展方向。

我国人民群众生活水平处于提升期，居住舒适性和环境健康性能提升要求不断提高，我国健康建筑相关标准不仅要提供解决建筑室内空气污染问题、建筑环境舒适度差、适老性差、交流与运动场地不足等不健康因素的硬件设施评价标准，同时也需要为健康食品、健康生活方式、健康心理等服务的宣传和普及做引导，以助力全面提升中华民族健康素质、实现人民健康与经济社会协调发展的国家战略。

## 四、国外健康建筑标准发展现状

### （一）国外健康建筑相关政策及背景

20 世纪 70 年代的能源危机使得行业内更加关注建筑的节能性能，并采取一系列建筑节能措施以应对危机，包括增强建筑的气密性及保温性能等，然而提高建筑能源效率的同时也牺牲了室内环境品质[32]。因不良室内环境造成的病态建筑综合征（Sick Building Syndrome，SBS）在随后大量爆发，受感染人群的临床表现主要为呼吸道炎症、头痛、疲乏、注意力不集中、皮肤炎症等，该病症引起了环境和卫生专家的广泛重视[1, 33]。除此之外，各类建筑材料释放的挥发性有机化合物（Volatile Organic Compound，VOC）对人类健康的影响也引起了各方关注[15]。

20 世纪 90 年代前后，SBS、室内空气质量（Indoor Air Quality，IAQ）以及健康建筑成了建筑与可持续发展领域的研究重点之一。在此阶段，国际上对健康建筑的技术途径与功能要求进行了广泛的探讨和研究。1992 年，美国设立了专项研究居住健康问题的国家健康住宅中心；日本于同期推行《健康住宅宣言》和《环境共生住宅》等以指导健康住宅的设计与建设；北欧国家则对建筑材料的环境和健康性能进行了较为严格的规范限制，并要求环保产品经过统一的北欧环境标志专项认证[15]。伴随着重点关注资源节约和环境友好的绿色建筑标准在世界范围内的推广、普及和应用，对健康建筑标准的研究和推行也在此背景下发展起来。作为全球第一部健康建筑评价标准，WELL 建筑标准通过把健康性能融合在设计、施工、运营决策中以改变建筑环境，并与许多权威研究机构进行研究合作[35]。自 2014 年发布 WELL v1 标准后，IWBI 于 2017 年推出了 WELL 社区评价标准，于 2018 年 5 月发布 WELLv2 标准[36]。

## （二）国外健康建筑标准发展现状

### 1. 包含健康指标的绿色建筑标准

现阶段，全球领先的国外绿色建筑评价标准中均设有对健康性能的评估指标。1990 年，全球第一部绿色建筑评估体系 BREEAM 标准[22-23]由英国建筑研究院研究并发布，该标准中设有独立的“健康和福祉”评价章节，该章节的指标权重约为 15%，评价内容可归纳为声环境、光环境与视野、热湿环境及室内空气质量四个方面，除此之外还有对水质、场地灾害风险以及场地内安全性的规定。1994 年，美国 LEED 标准正式发布，标准[22，24-25]中与健康性能相关的条文包括室内空气质量、材料挥发性有机物、控烟、自然采光、优良视野、室内照明、声学性能、绿色保洁产品设备和制度、虫害防治、用户舒适度调查等。德国 DGNB 标准[26]与健康相关的内容包括热舒适度、室内空气质量、声环境舒适度、视觉舒适度、使用者的干预与可调性、公共可达性等。此外，法国绿色建筑标准（Haute Qualité Environnementale，简称 HQE）、日本 CASBEE（Comprehensive Assessment System for Building Environmental Efficiency）、加拿大 Green Globes、澳大利亚 Green Star、意大利 ITACA（Istituto per l’innovazione e Trasparenza degli Appalti e la Compatibilit à Ambientale）等绿色建筑评价标准中均对建筑的健康性能设置相关的指标要求，但这些要求主要针对的是建筑的物理环境的营造，如声环境、光环境、热舒适环境、空气品质和水质等，相对缺少对建筑使用者的健康行为、心理状态等方面的考量。整体而言，主要的绿色建筑标准虽涉及了健康性能相关指标，但并不全面。

### 2. 健康建筑标准

（1）美国 WELL 建筑标准

2014 年发布的 WELL 建筑标准（The WELL Building Standard）v1.0 版本（以下简称 WELL v1）是世界范围内第一部关注建筑环境中人的健康和福祉的健康建筑评价标准[10,27]。WELL v1 建筑标准包含 7 个健康概念：空气、水、营养、光、健身、舒适和精神。在 WELL v1 标准中，营养、健身、精神等概念作为引导健康生活习惯、保障心理健康和社会健康的重要内容，也被纳入标准框架，从技术层面填补了常规设计评价的不足[43]，形成了较为全面的健康建筑指标体系。2018 年，WELL 建筑标准推出 v2.0 版本。WELL v2 新增设材料、社区板块，舒适板块被进一步细分为热舒适和声环境，最终形成空气、水、营养、健身、热舒适、光、声、材料、精神、社区十大健康概念。

（2）美国 Fitwel 评价体系

2017 年，美国疾病控制和预防中心（CDC）和美国总务署（GSA）共同开发 Fitwel 评价体系，并由国际非盈利机构活力设计中心（Center for Active Design，简称 CfAD）独立运营和认证[3][28]。体系的基础为 7 个基本健康影响类别，包括：促进社区健康、减少发病率和缺勤率、支持弱势群体的社会公平、提升幸福感、加强体育活动、保障使用者安全、提供健康食物等，并由此发展出针对不同场地和建筑类别的 Fitwel 策略技术。

（3）新加坡 GREEN MARK

2018 年，新加坡国家发展部建设局（Building and Construction Authority）发布“Green Mark——健康工作场所”（Green Mark for Healthier Workplace，简称 GMHW），对办公场所的建筑节能、环保、人体健康理念进行要求和引导[14]。GMHW 的评价内容包括与绿色建筑相关的可持续设计和管理、能源和资源管理、与健康建筑相关的办公环境、工作场所的健康和幸福、绿色和健康提升五大类。

（4）健康建筑指导性标准

除上述所列的健康建筑评价标准以外，许多国家和机构也有从不同角度出发，对建筑健康性能的建设原则方面进行规定的导则类标准，如 WHO 提出的“健康住宅”15 条标准[29]，哈佛大学提出的《健康建筑 9 项基本原理》，法国于 2004 年制定的“国家环境健康计划（PNSE）”、《健康营造：开发商和承建商的建设和改造指南》[30]，强调对建筑健康性能进行在线监测和评估的 RESET 健康室内标准[31]等。这些健康建筑导则类标准虽然不如健康建筑评价标准全面，但从基本原则或专项技术方面对健康建筑评价标准做出了引导或补充。

上述标准的技术框架及主要概念见表 1。

**表 1　主要健康建筑标准技术框架（作者自绘）**

| 标准 | 技术框架 / 主要概念 |
|---|---|
| 美国 WELL v1 标准[45] | 7 个概念：<br>空气、水、营养、光、健身、舒适、精神 |
| 美国 WELL v2 标准[37] | 10 个概念：<br>空气、材料、水、热舒适、声环境、光、运动、精神、社区、营养 |

续表

| 标准 | 技术框架 / 主要概念 |
| --- | --- |
| 美国 Fitwel 体系[28] | 7 个概念：<br>促进社区健康、减少发病率和缺勤率、支持弱势群体的社会公平、提升幸福感、加强体育活动、保障使用者安全、提供健康食物 |
| | 12 个技术框架：<br>选址、建筑进入、室外空间、入口和地面、楼梯、室内环境、工作区、共享空间、用水供应、食堂与零售食品、食品售卖机和小吃店、紧急程序 |
| 新加坡 GREEN MARK 认证[46] | 5 个评价类别：<br>可持续设计和管理、能源和资源管理、办公环境、工作场所的健康和幸福、绿色和健康提升 |
| WHO“健康住宅”要求[29] | 15 条标准：<br>1. 会引起过敏症的化学物质的浓度很低；<br>2. 为满足第一点的要求，尽可能不使用易散的化学物质的胶合板、墙体装修材料等；<br>3. 设有换气性能良好的换气设备，能将室内污染物质排至室外，特别是对高气密性、高隔热性来说，必须采用具有风管的中央换气系统，进行定时换气；<br>4. 在厨房灶具或吸烟处要设局部排气设备；<br>5. 起居室、卧室、厨房、厕所、走廊、浴室等要全年保持在 17℃—27℃之间；<br>6. 室内的湿度全年保持在 40% 至 70% 之间；<br>7. 二氧化碳要低于 1000PPM；<br>8. 悬浮粉尘浓度要低于 0.15mg/m$^3$；<br>9. 噪声要小于 50 分贝；<br>10. 一天的日照确保在 3 小时以上；<br>11. 设足够亮度的照明设备；<br>12. 住宅具有足够的抗自然灾害的能力；<br>13. 具有足够的人均建筑面积，并确保私密性；<br>14. 住宅要便于护理老龄者和残疾人；<br>15. 因建筑材料中含有有害挥发性有机物质，所有住宅竣工后要隔一段时间才能入住，在此期间要进行换气 |
| 哈佛大学《健康建筑 9 项基本原理》[30] | 9 个原理：<br>通风、空气质量、水质、热健康、灰尘与害虫、照明与视觉、噪声、潮湿、安全 |
| 法国《健康营造：开发商和承建商的建设和改造指南》[30] | 5 个技术框架：<br>洁净空气、良好水质、良好舒适度 ( 声音、视觉、热湿 )、新风险预防 ( 电磁、纳米材料 )、指南补编 |
| RESET 健康室内标准[31] | 5 个概念：<br>材料、空气、水、能源、循环 |

## 五、国内外健康建筑标准比较

国内对于健康建筑的研究与国外一样源于建筑内健康问题的不断出现，国内关于健康建筑的研究最初主要集中在住宅建筑中。在针对各种建筑类型的《健康建筑评价标准》发布之后，国内以此为母标准，向涵盖范围更广、建筑类型更多、覆盖阶段更全三个方向发展的多个健康建筑系列标准发展。本节挑选国外和国内健康体系较为完整、发布最早、适用性广、推广情况较好的美国 WELL 建筑标准和我国健康建筑标准进行对比，具体对比版本为美国 WELL 建筑标准 v2 版本[47]（以下简称 WELL v2 标准）与我国《健康建筑评价标准》T/ASC 02-2021[8]（以下简称《健康标准》）[40, 52]。

在评价对象方面，美国 WELL v2 标准适用于所有项目类型；我国《健康标准》适用于所有民用建筑，并要求参评建筑必须为全装修的绿色建筑。

在评价内容方面，美国 WELL v2 标准和我国《健康标准》的健康建筑内涵基本一致，在评价指标体系构成有不同，具体评价指标汇总见表 2。

表 2　美国 WELL v2 标准和我国《健康标准》评价指标对比（作者自绘）

| 类别 | 美国 WELL v2 评价指标[37] | 我国《健康标准》评价指标[8] |
| --- | --- | --- |
| 空气 | 空气：<br>室内空气质量<br>新风供给及通风效率<br>施工污染管理<br>室内外无烟环境<br>提供可开启窗及管理窗户使用<br>空气质量监测和意识<br>健康入口通道及围护结构调试<br>供暖、供冷及交通的燃烧管理<br>污染源和化学存储区的隔离和适当通风<br>空气过滤及净化<br>微生物和霉菌控制<br>材料：<br>危险材料的限制和管理<br>挥发性有机物的限制<br>（材料章节内容） | 室内空气质量<br>散发污染源空间的隔离与通风<br>厨房油烟扩散控制<br>外窗、幕墙气密性<br>设置空气净化装置<br>空气质量监测与发布<br>建筑材料及家具的有害物质控制 |
| 水 | 饮用水水质<br>饮用水质量管理<br>饮用水推广<br>潮湿管理<br>卫生间设施用品支持<br>非饮用水就地再利用 | 各类用水水质<br>储水设施维护<br>室内给排水管道结露和漏损控制<br>给排水管道材质和管道设备标识<br>卫生间同层排水及地漏设置<br>公共卫生间设置<br>卫生器具和地漏水封设置<br>水质在线监测 |

续表

| 类别 | 美国 WELL v2 评价指标[37] | 我国《健康建筑》评价指标[8] |
|---|---|---|
| 舒适 | 热舒适性能及调查<br>热舒适监测及控制<br>噪声地图<br>室内背景噪声及构件隔声<br>混响时间<br>视觉照明设计<br>昼夜节律照明设计<br>人工照明眩光控制<br>日光照明计划<br>电气照明质量<br>人体工程学设计（健身章节内容） | 室内声环境质量要求<br>场地噪声要求<br>结构噪声消减<br>声环境优化设计<br>天然光光环境<br>空间内表面亮度<br>照明光环境及控制<br>生理等效照度<br>冷热源热湿环境<br>厨房卫生间热舒适<br>热舒适调节<br>人体工程学设计 |
| 健身 | 体育活动的空间和设施<br>鼓励楼梯使用<br>运动通勤<br>场地规划和选择<br>促进锻炼的政策<br>可调节家具<br>自我监测设备 | 室外健身、球类运动场地及步道<br>儿童游乐场地<br>老年人活动场地<br>自行车位及公交站点<br>室内健身空间及服务设施<br>室内外健身器材 |
| 人文 | 精神：<br>心理健康支持和教育<br>亲自然设计<br>压力管理计划<br>帮助恢复的空间及计划<br>戒烟及预防药物滥用措施等<br>社区：<br>对新晋父母的支持<br>公民参与度<br>多样性和包容性措施<br>无障碍和通用设计等 | 交流：<br>室外交流场所<br>室内交流空间<br>文娱活动场所<br>心理：<br>室内外自然景观<br>舒缓压力的公共空间设置<br>情绪调节与心理减压空间<br>色彩心理学设计<br>全龄友好：<br>适老化设计<br>无障碍设计<br>适应性设计<br>儿童安全设计<br>医疗服务设施 |

续表

| 类别 | 美国 WELL v2 评价指标[37] | 我国《健康建筑》评价指标[8] |
| --- | --- | --- |
| 服务 | 营养：<br>健康食品的可及性及引导措施<br>食品标示<br>鼓励健康的饮食习惯<br>特殊膳食<br>负责任的食品采购<br>食品生产<br>材料：<br>废弃物管理<br>杀虫剂和清洁产品的使用<br>社区：<br>应急准备<br>住户调查<br>健康服务和推广政策 | 禁烟及标识<br>垃圾分类管理<br>水质监测管理<br>公共环境及餐饮厨房区域卫生保障<br>公共盥洗室洗手置物<br>控制病菌传播<br>餐饮厨房区的清洁消杀和食品储存<br>食品包装和标示<br>食品获取和信息指导<br>食品快检服务<br>健康宣传出版物及活动<br>免费体检<br>提高与创新章节内容：<br>主动健康建筑基础设施<br>健康建筑智能化集成管理系统 |

在空气指标方面，两标准都涉及了室内空气质量品质、空气质量监测及污染控制措施，且都从污染源头、建筑材料和建筑设备系统的空气质量角度进行规定。我国《健康标准》在充分考虑了我国国情特点的情况下，从改变污染物传播途径和局部建筑空间的空气质量角度来控制，例如对厨房空气质量和污染物控制提出相应要求。

在水质指标方面，两标准都包含了生活饮用水水质、污染物指标和定期监测等内容，美国 WELL v2 标准侧重季度检测水质，而我国《健康标准》则建议通过水质监测系统等手段实现对水质的管理。此外我国更加关注给排水系统的管道、设备及配件的性能，同时对公共卫生间提出了相关要求，包括无障碍厕所、第三卫生间或家庭卫生间等。

在舒适指标方面，两标准都包含声环境、光环境、热舒适、人体工程学四方面的内容，在声、光、热舒适方面指标重合度较高，美国 WELL v2 标准更加强调个体主观差异的舒适性，其对于人体工程学设计的要求也主要集中在办公空间。我国《健康标准》则对主要功能房间及特定服务性建筑空间的舒适度提出了要求，并且将人体工程学的覆盖面扩展到居住建筑，强调卫生设施、厨房、茶水间等区域的舒适高效。

在健身指标方面，两标准都注重实施体育活动的促进方针和策略。美国 WELL v2 主要通过运动工位设计、运动激励计划、有组织的健身机会等方式，推动体育锻炼融入日常生活和工作中[14, 48]。我国《健康标准》则更强调全龄化、多元化的运动空间设计和健身器材及配套设施等的设置，满足不同群体、不同年龄段的人们的活动健身需求。

在人文指标方面，两个标准都关注个体和群体的心理健康和精神恢复，在标准中强调心理健康提升空间的营造，旨在帮助和提高个人的健康状态与幸福感。除心理部分之外，我国《健康标准》还体现了对于社交需求的关注，要求建筑环境能够提供促进人员交流沟通的空间和设施，同时重点强调了建筑的全龄化设计，对儿童、老年人、弱势群体及其他特殊需求人群的活动空间和设施等提出具体要求。

在服务指标方面，两标准均对食品健康营养、运营服务保障和健康宣传等方面表达了关注。在食品营养方面，美国 WELL v2 标准强调不健康食品的限制以及对健康饮食习惯的鼓励措施[27]。我国《健康标准》重点强调了食品安全，通过食品功能区划分、虫害控制、加工环境的清洁和消杀、食品存储安全、致敏物质的标识提示、食品快检服务等指标，保障食品从供应端到使用端的健康和卫生。同时，我国《健康标准》结合新冠疫情经验，要求从设计和管理方面降低日常活动中的病菌传播风险。

综合来说，两标准都围绕生理健康、心理健康、社会健康等三方面要素，为指导健康建筑建设提供了较为系统、全面、科学的技术方案。我国《健康标准》的指标体系结合了国内的政策、标准及行业发展需求，具有较为鲜明的中国特色。

## 六、健康建筑的发展趋势与发展对策

### （一）问题与挑战

#### 1. 如何实现健康建筑的能源与环境双控

随着国家“双碳”政策的提出，碳达峰、碳中和作为约束性指标被纳入国民经济和社会发展规划。提高建筑节能低碳水平、建设高品质绿色建筑成为建筑领域未来长期的发展战略和主要目标。人们对于室内环境和舒适度的需求都需要一定的能源消耗支持，因此，在低碳减排政策背景下，如何满足健康舒适与节能环保的平衡兼顾是当前健康建筑发展阶段的主要问题之一，标准体系也应当针对能源与环境双控进行适当引导。

#### 2. 如何进一步完善与推广健康建筑标准

我国健康建筑正处于初期发展阶段，健康建筑的一些关键性技术问题，尤其是设计策略和运行效果等方面仍需要进一步研究和探索。因此，对于起到支持和引领作用的健康建筑标准体系，也需要在相应需求上有针对性地精细化发展与完善。截止至 2021 年 7 月，目前国内健康建筑标识注册数量为 2084 栋，总建筑面积约 3000 万平方米，健康社区、既有住区健康改造、健康小镇项目累计占地近 5000 万平方米，虽然标识注册项目数量近两年有了较快的增长，但从其项目所在地分布来说，项目主要分布在东部、南部沿海省份以及北京、上海等直辖市，如何在全国范围内进行全面推广和普及，也值得进一步探讨。

#### 3. 如何提升健康建筑和社区的“防疫”能力

2020 年初至今，我国在应对突如其来的新冠疫情上采取了强有力的措施并卓有成效。面对疫情常态化的现状，社会各界更加深刻地意识到建筑和社区是人们日常活动的重要场所以及健康城市建设的基本组成单位，提升建筑和社区的健康性能和防疫能力，以应对突发灾害，具有重大的意义。如何让建筑和社区在“平”时提供更加舒适宜人的健康环境，在“疫”时提供紧急隔离空间、保障应急物资、防止交叉感染等，成了需要贯穿建筑和社区规划、设计、建设、运营管理和改造等环节中的重点研究问题。

## （二）发展趋势

我国健康建筑正处于初期发展阶段，承载着改善民生、推动健康中国战略落地实施、促进行业发展的重要使命[10]。在新时代环境下，将健康建筑的理念融入建筑行业发展中是必然趋势，意义深远。目前，健康建筑的发展主要呈现以下发展趋势：

### 1. 健康建筑标准体系进一步发展完善

作为健康建筑评价的重要载体，健康建筑标准体系的精准化制定将为健康建筑发展提供强有力的支撑。健康建筑的建设过程涉及规划设计、施工管理、建筑部品及工程检测、运维管理、质量评价等多个阶段；建筑类型，除常见的住宅、办公、商业建筑外，还涉及校园、酒店、医院、养老、体育设施等不同建筑功能。建立涵盖设计、施工、检测、运维、评价等全生命周期的健康建筑标准体系及满足不同建筑功能健康性能特点及需求的健康建筑标准体系，已经成为健康建筑发展需求。

### 2. 健康建筑逐步与健康城市建设实现有机融合

随着健康中国战略的推进，健康城市的建设不再局限于医疗技术和卫生服务，而是从空间、设施、服务多层次，城市、社区、建筑多尺度，空气、水质、舒适多因素综合考虑，逐步寻求有机融合。健康建筑是健康城市建设的基本单元和重要载体，优化健康建筑性能设计、健全健康建筑建设体系，形成健康建筑 – 健康社区 – 健康城市的一体化建设方法[40]，是有效推动健康城市建设的必由之路。反之，健康城市的建设也将进一步推动健康建筑的优化与发展，二者相辅相成，相互促进。

## （三）发展对策

为应对健康建筑发展趋势，对应的重点发展对策建议如下：

### 1. 加强对健康建筑标准关键问题研究，促进交叉学科深度融合

为了从生理、心理和社交等方面更全面地评价健康建筑，影响健康建筑性能的关键因子和影响机理仍需进一步探索。因此，室内空气品质、水质、物理环境、服务设置等因素对建筑使用者的综合影响应从多角度、多尺度地进行深入研究，从而构建关键技术指标并确定其合理阈值范围，并逐步建立健康建筑相关产品的质量认证和性能检测相关标准体系，是应对健康建筑发展趋势的重要对策之一。

由于健康建筑涉及包括建筑学、医学、心理学、运动学、公共卫生学、城市科学、营养学、人体工程学等多个学科，因此，健康建筑标准研究的进一步发展需加强交叉学科的深度融合研究，让与健康建筑相关的不同学科形成专业优势互补和协同合作，从而促进从

整体上解决健康建筑面临的科学问题，形成健康建筑元素的集成融合。

此外，由于我国健康建筑发展的时间尚短，因此大部分既有建筑在建设时并未考虑建筑的健康性能。随着建筑使用者对建筑健康性能的要求逐步提升，不仅要在新建建筑中充分考虑建筑健康性能，还需要关注既有建筑健康性能的优化与提升，例如适老适幼条件、健身与交流空间、室内外生活环境等综合性健康改造，构建“新建＋旧改”的健康建筑发展模式[40]。

### 2. 加强对健康建筑的“平”“疫”结合研究，促进健康城市建设发展

为使健康建筑能在应对突发公共卫生事件中发挥更大的作用，切实保障疫情下建筑使用者的安全与健康，健康建筑也应考虑“平”“疫”结合研究。日常建立以预防为主的长效健康保障机制，防患于未然；疫情期间提供防控条件，提升与优化健康建筑的各项应急预案及应急资源，实现建筑“平”“疫”使用场景的灵活转换[50-51]。

健康建筑、健康社区、健康城市的建设应与健康中国建设的五大战略任务充分结合，考虑我国基本国情和行业发展，结合各地经济水平和发展条件的差异，因地制宜地从供给侧和需求侧两方出发，把健康融入城乡规划、建设和治理之中，并促进全社会广泛参与，促进城市、社区、建筑与人民健康的协调发展。

### 3. 加强对健康建筑产业化全链条的研究，促进健康建筑产业协同发展

健康建筑的发展离不开对关键技术、前沿产品、集成示范和产业化全链条的研究，健康建筑的发展应抓住新能源、新材料、信息化科技带来的建筑行业技术变革的机遇，以创新作为内驱力，加快关键技术和创新产品的研发与应用，提升科技竞争力，建立内涵丰富、结构合理的产业化全链条。

此外，健康建筑的建设需要联合医疗、卫生、体育、信息化等不同领域共同研发及优化健康建筑部品，需要整合科研机构、高校、地产商、产品厂商、医疗服务行业、物业管理单位、适老产业、健身产业的更多资源形成良好的健康建筑环境，凝聚跨领域、跨行业的优势力量，共同带动和促进健康建筑产业向前发展[3]。

## 参考文献

[1] 王清勤，李国柱，孟冲，刘茂林，何莉莎，盖铁静．健康建筑的发展背景、标准、评价及发展平台［J］．建筑技术，2018，49（1）：5-8.

[2] 王清勤，孟冲，李国柱．健康建筑的发展需求与展望［J］．暖通空调，2017，47（7）：32-35.

[3] 王清勤，孟冲，张寅平，等．健康建筑：从理念到实践．北京：中国建筑工业出版社，2019.

[4] 孟冲．国内健康建筑的评价和认证［J］．建设科技．2017（2）.

[5] 刘悦婷．我国健康建筑发展的关键制约因素研究［D］．华侨大学，2020.

［6］王清勤，孟冲，李国柱，谢琳娜，刘茂林．我国健康建筑发展理念、现状与趋势［J］．建筑科学，2018，34（9）：12–17．
［7］吴相科，张洋，韩建军．我国健康建筑评价标准体系现状分析［J］．质量与认证，2021（3）：59–61．
［8］健康建筑评价标准：中国建筑学会．T/ASC 02–2021［S］．中国建筑工业出版社：2021．
［9］中国工程建设协会．健康住宅评价标准：T/CECS 462–2017［S］．中国计划出版社：2017．
［10］王清勤，孟冲，张寅平等．健康建筑 2020［M］．中国建筑工业出版社，2020．
［11］盖轶静，孟冲，韩沐辰，刘茂林．我国健康建筑的评价实践与思考［J］．科学通报，2020，65（4）：239–245．
［12］郑锐锋，单乃军，莫利强，汤铠任，曾家琦，陈锦韬．健康建筑标准评价体系分析［J］．浙江科技学院学报，2017，29（3）：225–229．
［13］吴向阳，陈兰，张瑜容．从中美健康建筑评价标准的比较看建筑设计的趋势［J］．建筑科学，2018，34（4）：98–104，109．
［14］王焯瑶，钱振澜，王竹，王珂．健康建筑评价标准比较分析与认知框架［J］．西部人居环境学刊，2020，35（6）：32–39．
［15］叶海，罗淼，徐婧．健康建筑及其评价标准［J］．建筑科学，2017，33（2）：113–119．
［16］张迪．基于国际 WELL 标准的健康住宅可持续评估案例分析［J］．中国住宅设施，2019（6）：32–33，29．
［17］胡建昌，范昕杰．办公建筑的《健康建筑评价标准》实践应用［J］．建筑热能通风空调，2020，39（4）：74–77．
［18］裴智超．健康住宅暖通空调应用技术研究［A］．中国城市科学研究会、苏州市人民政府、中美绿色基金、中国城市科学研究会绿色建筑与节能专业委员会、中国城市科学研究会生态城市研究专业委员会．2020 国际绿色建筑与建筑节能大会论文集［C］．中国城市科学研究会、苏州市人民政府、中美绿色基金、中国城市科学研究会绿色建筑与节能专业委员会、中国城市科学研究会生态城市研究专业委员会：北京邦蒂会务有限公司，2020：4．
［19］张金良，吴斌．健康建筑室内 $PM_{2.5}$ 控制方案［J］．智能建筑，2018（10）：61–64．
［20］张津奕，基于健康建筑评价的室内空气品质性能化设计关键技术研究与工程案例分析．天津市，天津市建筑设计院，2019–10–23．
［21］王静，冀志江．建筑室内健康型建材技术［J］．中国建材，2016（2）：96–98．
［22］Potrč Obrecht，T.，Kunič，R.，Jordan，S. and Dovjak，M.（2019）．Comparison of Health and Well–Being Aspects in Building Certification Schemes．Sustainability，11（9），p.2616．
［23］李诚，周晓兵．中国《绿色建筑评价标准》和英国 BREEAM 对比［J］．暖通空调．2012，42（10）：60–65．
［24］王静，郭夏清．美国 LEED 绿色建筑评价标准 V4 版本修订的解读与比较［J］．南方建筑，2017（5）：104–108．
［25］Chen–Xie Huang，Peng Xiao–Yun，Tao Gui．Modification and Changes of LEED V4 Rating System［J］．Building Energy Efficiency，2014．
［26］卢求．德国 DGNB——世界第二代绿色建筑评估体系［J］．世界建筑，2010（1）：105–107．
［27］谢晓欢，苟中华，易鸣，王庆．中美健康建筑设计标准对比研究［J］．住区，2018（3）：150–154．
［28］Centre for Active Design Inc.（2018）．Reference Guide for the Fitwel Certification System（Ver.2）．Retrieved from：https：//fitwel.org/resources．
［29］李培祥．世界卫生组织定义：健康住宅十五大标准［J］．预防医学论坛，2016，22（5）：380–381．
［30］王清勤，邓月超，李国柱等．我国健康建筑发展现状和展望［J］．中国科学，2020，4（65）：246–255．
［31］GIGA 循绿网．The RESET Air Standard［EB /OL］．（2016–10–15）［2017–01–05］．http：//reset.build/standard．

[ 32 ] Sumedha，Joshi M．2008．“The sick building syndrome．”Indian Journal Occupational & Environmental Medicine.

[ 33 ] Xie，H.，Clements-Croome，D. and Wang，Q. Move beyond green building：A focus on healthy，comfortable，sustainable and aesthetical architecture．Intelligent Buildings International，2016，9（2）：88-96.

[ 34 ] Flores，Y. 2017. Contributing with Voluntary Certification Systems：A Case-study Evaluating Knowledge Gaps Between Design Professionals and the Well Building Standard．Master Thesis，The University of Texas at Austin.

[ 35 ] Delos.com，2021.delos.com．[ Online ] Available at：https：//delos.com/about [ Accessed May 21，2021 ].

[ 36 ] Assetta，P. Green building certification systems：European Commission Level（s）and the WELL Building Standard（v1 & v2）- A critical comparison between a voluntary framework and a commercial program [ D ]．2019. Politecnico Di Torino.

[ 37 ] WELL.com.2021.well.com．[ Online ] Available at：https：//www.wellcertified.com/certification/v2/.

[ 38 ] 仲继寿，李新军，胡文硕，等．基于居住者体验的《健康住宅评价标准》[ J ]．健康住宅，2016，（6）：14-21.

[ 39 ] 王清勤，孟冲，李国柱．T/ASC-2016《健康建筑评价标准》编制介绍［J］．建筑科学，2017，33（2）：163-166.

[ 40 ] 胡莹．我国健康建筑的发展现状及发展趋势展望［J］．绿色环保建材．2020（4）．180-183.

[ 41 ] 健康社区评价标准：中国工程建设标准化协会，中国城市科学研究会．T/CECS 650-2020［S］．中国计划出版社：2020.

[ 42 ] 健康小镇评价标准：中国工程建设标准化协会．CECS 710-2020［S］．中国建筑工业出版社：2020.

[ 43 ] 李品，陈易．WELL 健康建筑标准升级及其对中国健康建筑的启示［J］．建筑设计・理论．2019，16（4）：124-131.

[ 44 ] 袁梦，张群，成辉等．美国 WELL 建筑标准评价框架与指标内容演变［J］．建筑科学．2019，35（12）：144-151.

[ 45 ] International WELL Building Institute．（2021）．WELL v1 Standard．[ Online ] Available at：https：//www.wellcertified．com/certification/v1/standard/.

[ 46 ] Building and Construction Authority（BCA）．（2021）．Green Mark Certification Scheme．[ Online ] Available at：https：//www1.bca.gov.sg/buildsg/sustainability/green-mark-certification-scheme/.

[ 47 ] Standard WELL V2 [ EB/OL ]．https：//v2. wellcertified．com/v2.2c/cn/overview.

[ 48 ] 刘悦婷，叶青，王建飞等．我国健康建筑评价标准和国际 WELL 建筑标准 v2 的比较分析［J］．建筑经济，2019，40（5）：114-116.

[ 49 ] 张琼芳．WELL 健康社区的智慧管理与应用分析［J］．现代建筑电气，2021，v.12；No.133（1）：47-52.

[ 50 ] 秦洛峰，张赵嫣斓．建筑的疫后转变［J］．建筑与文化，2021，No．208（7）：178-179.

[ 51 ] 徐双军．后疫情时代高科技推动我省健康建筑新业态发展的思考［A］．河北省公共政策评估研究中心、河北省地方政府改革与发展研究基地、燕山大学京津冀协同创新研究中心．第七届公共政策智库论坛疫情防控咨政专题研讨论文集［C］．河北省公共政策评估研究中心、河北省地方政府改革与发展研究基地、燕山大学京津冀协同创新研究中心：燕山大学文法学院，2021：3.

[ 52 ] 王智．基于中美两国健康建筑评价标准比较分析建筑设计的趋势［J］．中国建筑金属结构，2020，No. 466（10）：40-41.

撰稿人：杨建荣　李　芳

# 城市环境对心理健康的影响研究进展

## 一、引言

目前，心理健康问题被认为是全球主要疾病之一，已成为总体疾病负担的第三大原因，且所占比重越来越大[1]。其中，最为普遍的是抑郁和焦虑。人类生活在环境之中，通过自己的活动不断改造着环境。而同时，现代神经科学研究指出，对环境的体验也改造着人体的大脑，进而影响心理健康。近年来，环境健康影响特别是物理和社会环境因素影响研究引起了学界的广泛兴趣。已有大量文献表明，正如化学因子、营养成分对生理健康产生影响一样，物理和社会环境也对心理状态甚至大脑的功能与结构存在健康从而影响个体心理健康水平[2]。

随着城镇化进程的不断推进，城市环境的心理健康影响越来越显著。在各种区域性心理健康影响因素中，城市生活和城市环境最受关注[3]。一般来说，城市居民往往比农村居民更健康，但这主要归功于城市所提供的良好经济条件和优质教育医疗条件[4]。而在心理健康方面，情况则相反：即使校正了各种混杂因素，城市地区的精神疾病发病率仍然比非城市地区增加 34%[5]。我国的国民健康调查也显示，随着经济社会的快速转型，近年来心理压力与冲突日益凸显，焦虑、抑郁等心理健康问题呈增长趋势[6]。

然而，在我国，心理健康危机常常是最容易被忽略的健康危机。其原因主要有三点：①因文化与风俗禁忌，心理健康问题常遭误解和歧视[7]，形成“污名化”现象，影响主动求助和专业干预的介入；②没有达到精神病性层面的心理健康问题（例如压力、焦虑、失眠等），常被认为是因为个体自身心理承受能力不佳或教育认知水平不够所导致的；③心理健康问题常常被认为不具备紧急性，与严重影响身体机能或威胁生命的器质性疾病不存在显著的病理联系。这些大众认知在一定程度上给公共心理健康提升带来挑战，也更凸显关注心理健康的重要性和必要性。值得注意的是，心理健康问题是基础性的健康问题。

《柳叶刀》曾发文指出心理健康是一切健康的基础[8]，与器质性疾病存在普遍且显著的联系，是大量器质性疾病、致死性疾病和行为的原因或诱因[9-10]。而且，心理健康困扰和疾病是普遍的，是每一个普通人在一生中都要了解和经历的健康挑战[11]，而通过环境干预或临床治疗来处理心理健康问题，都是非常必要的手段[12]。大量研究表明，心理健康问题固然受到个人和家庭因素的影响，但也广泛且显著地受到人们生活的物质环境的影响[13]，城市作为数十万至千百万居民生活的物质环境，其物质特征对广大居民的影响已经得到反复的印证[14]。

当前阶段的公共健康事业，已从传统的“身体健康”的单一健康观扩展到“身体健康、心理健康、社会行为健康”等多维健康观，从生物医学模式逐渐演变为生物—心理—社会医学模式，强调预防为主，从广泛的健康影响因素入手，把健康融入所有政策（Health in all policies，HiAP）。在以人为核心的新型城镇化建设和“健康中国”战略实施背景下，健康影响的评估和主动干预成为公共健康提升的重要方向。综合多学科视角对城市环境心理健康影响的研究进展进行梳理总结，有助于阐明城市环境的心理健康影响结果，助力探索心理健康影响机制，以期为我国深入开展健康城市理论研究与建设实践提供参考，推动公共心理健康促进和国民幸福感提升。

## 二、研究进展概况

### （一）核心概念

心理健康（mental health）。广义的心理健康是相对生理健康而言的。世界卫生组织（WHO）认为心理健康是健康的根本组成部分，并指出健康并非仅仅是消除疾病，而应包括生理健康、心理健康和社会行为健康。WHO 将心理健康定义为一种幸福状态，在此状态下，每个人都可以发挥自己的潜力，可以应付生活中的压力，可以富有成效地工作，并能够为自己的社区做出贡献。狭义的心理健康则是指心理状态的积极方面，如心理幸福感、心理状态存在一定困扰但症状不足以诊断为心理障碍、精神障碍或其他可根据复合国际诊断交谈表（Composite International Diagnostic Interview）等标准化的精神病学诊断方法所确诊的各类精神疾病[15]。

值得注意的是，心理健康问题是基础性的健康问题。《柳叶刀》发文指出心理健康是一切健康的基础[16]。心理健康与器质性疾病存在普遍且显著的联系，是大量器质性疾病、致死性疾病和行为的原因或诱因[17-18]。心理健康困扰和疾病是普遍的，是每一个普通人在一生中都要了解和经历的健康挑战[19]。通过环境干涉或临床治疗来处理心理健康问题，都是非常必要的手段[20]。心理健康问题固然受到个人和家庭因素的影响，但也广泛且显著地受到人们生活的物质环境的影响[21]，城市作为数十万至百万居民生活的物质环境，其物质特征对广大居民的影响已经得到反复的印证[22]。

建成环境（physical and built environment）。建成环境指人为建设改造的各种建筑物和场所，尤其指那些可以通过政策、人为行为改变的环境，包括居住、商业、办公、学校及其他建筑的选址与设计，以及步行道、自行车道、绿道、道路的选址与设计[23]，是与土地利用、交通系统和城市设计相关的一系列要素的组合[24-25]。而从空间尺度来看，建成环境可分为宏观、中观、微观三个层面。宏观层面关注整个城市，侧重于城市扩展、基础设施布局等方面；中观层面涉及一个或多个城市街区的构成范围；微观层面主要关注建筑及其选址等[23]。根据世界卫生组织发布的健康影响模型，建成环境是健康的重要影响因素。

心理应激源（stressor）。个体因突发事件而产生的不同程度的紧张感受和压力反应，被称为"应激反应"（也称"应激""压力反应"，stress）；而引起个体应激反应，使个体感到压力的刺激或因素即为"应激源"（stressor）。应激源又称应激因素、紧张性刺激物、压力源，是指向机体提出适应要求，并可引起稳态（homeostasis）失衡的客观变化的环境事件或情境。根据冲击强度和影响范围的不同，应激源一般分为三类，即：①传染病、自然灾害等重大突发事件，②升学、失业、丧亲等个人生活事件，③噪音、拥挤等持续重复的日常干扰和不愉快因素，即"环境应激源"。自20世纪50年代以来的大量医学研究表明，应激源暴露影响身心健康，特别是与慢性非传染性疾病和心理健康密切相关[26]。而环境应激源因其持续性的存在和弥漫性的影响，更成为威胁身心健康的重要因素。

## （二）相关学科和主要理论方法

城市环境的健康影响在国内外受到了多学科的共同关注，研究视角和方法均较为多元。城市科学和城市规划类过去主要从城市功能与效率的角度探讨城市环境与居民的关系，目前则呈现出对健康主动式干预的新趋势，并以深入探讨健康城市规划设计理论与方法为主要表现；地理学类则由生物化学因素逐渐向社会文化因素转变，研究视角从环境（特别是自然地理环境）对人（特别是自然人）的影响转向人（特别是社会人）与环境（特别是社会地理环境）的互动，从宏观逐渐走向微观；而就心理学和神经科学类而言，环境对人的影响一直是其研究核心问题之一，城市性（urbanicity）这一综合复杂的环境在近年来受到较多关注，研究主要从横向差异比较与纵向变化跟踪角度揭示城市环境暴露的生理机制及相关生理和心理健康影响结果。

其中，环境心理学是城市环境心理健康影响研究中采用的主要理论方法。该领域于20世纪60年代在美国兴起，先驱人物包括人类学家霍尔、心理学家巴克、城市规划师凯文·林奇等[27]。其基本任务是研究人的行为与所处环境间的相互关系，并具有以下特点：①把"环境—人"的关系作为一个整体加以研究；②强调"环境—人"的关系是一种交互作用关系；③以实际问题为取向；④浓厚的多学科性质，涵盖生理学、心理学、建筑学、城市规划、园林等[28]。

五十多年来，环境心理学的研究主要集中在以下五个方面：①环境对人的心理及行为的影响，涉及拥挤、噪音、气温、空气污染等研究；②环境因素对人的工作和生活质量的影响，涉及建筑设计与城区规划等研究；③环境与人的行为的交互作用，涉及环境压力、应激反应、环境负荷等研究；④人的行为对周围环境与生态系统的影响，涉及环保行为的心理学研究；⑤环境心理学与自然、社会的可持续发展问题[29]。环境应激理论、刺激负荷理论、注意力恢复理论、压力减少理论等是环境心理健康影响研究中的重要基础理论。综合多学科研究成果，一般认为，建成环境影响心理健康的方式有四种，包括：①作为一种应激源，引起应激相关激素分泌增加所引起的生理变化；②对社交网络和社会支持系统产生影响；③通过象征效应和社会标签；④通过相关规划的实施影响[30]。

## （三）国内外研究发展情况

### （1）国外研究发展情况

以 Web of Science 为样本数据源，以“‘urban’ AND ‘environment’ AND ‘mental health’（城市、环境与心理健康）”为检索词，以“主题”为检索途径，对 1990—2022 年的文献进行检索，共得到有效文献 2320 篇。近 30 年来，对城市环境与心理健康的关注度持续上升，相关研究数量呈现先缓后急的增长趋势，近十年增长速度尤为明显。

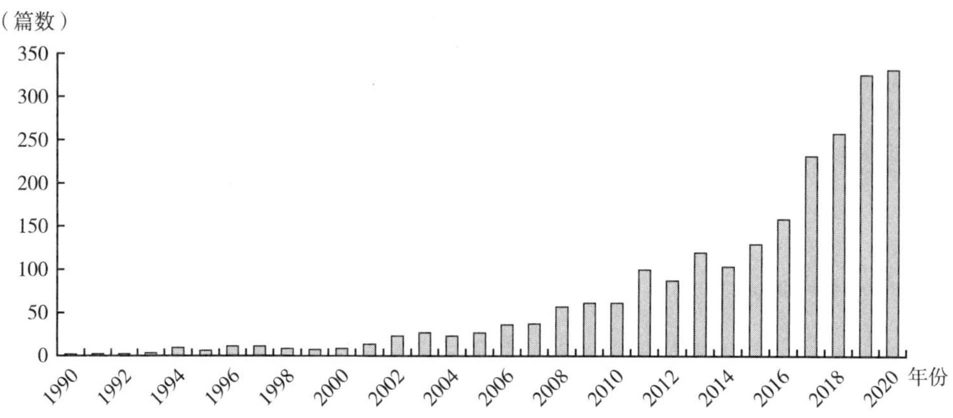


图 1　1990—2020 年国外城市环境心理健康影响相关文献 Web of Science 发文数量分布图

来源：作者自绘

在 Web of Science 核心文献中，城市环境心理健康影响领域的研究涉及公共环境与职业健康、环境科学、精神病学、城市发展研究等相关学科，且在不同时期不同学科占比也有所差异，城市发展研究、地理学、生态学等学科的相关研究呈现快速增长趋势。

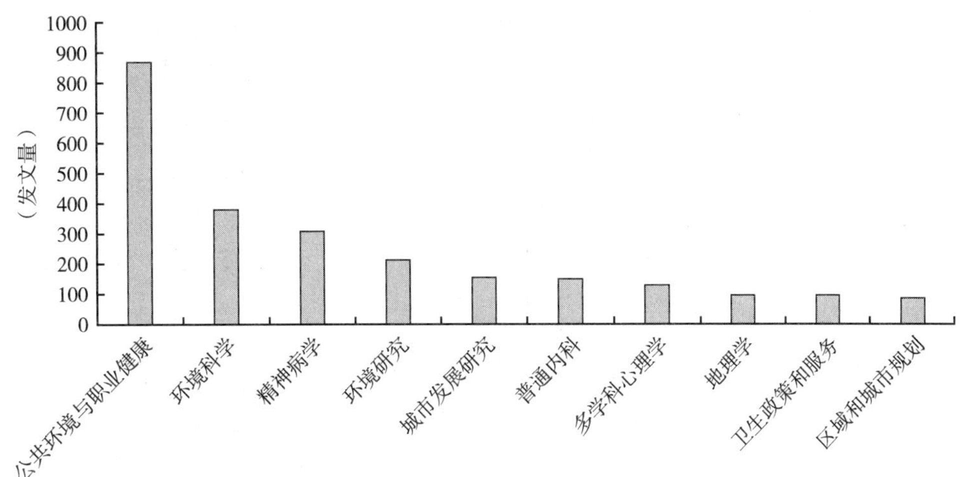


图 2　1990—2020 年国外城市环境心理健康影响研究学科分布图

来源：作者自绘

### （2）国内研究发展情况

自 20 世纪 90 年代初健康城市概念引入我国以来，城市环境与心理的相关研究便持续受到关注。在 CNKI 数据库，以“主题 = 城市 * 环境 * 心理”（即检索到主题包含“城市”“环境”，以及“心理”的文献），时间跨度从 1990—2020 年进行文献检索，剔除无关文献，共得到文献 230 篇。近 30 年来，年度发文量总体呈上升趋势，特别是在 2011 年以后稳定在 10 篇以上，但总体而言数量较少，日益增长的国民心理健康和幸福感提升需求还存在差距。

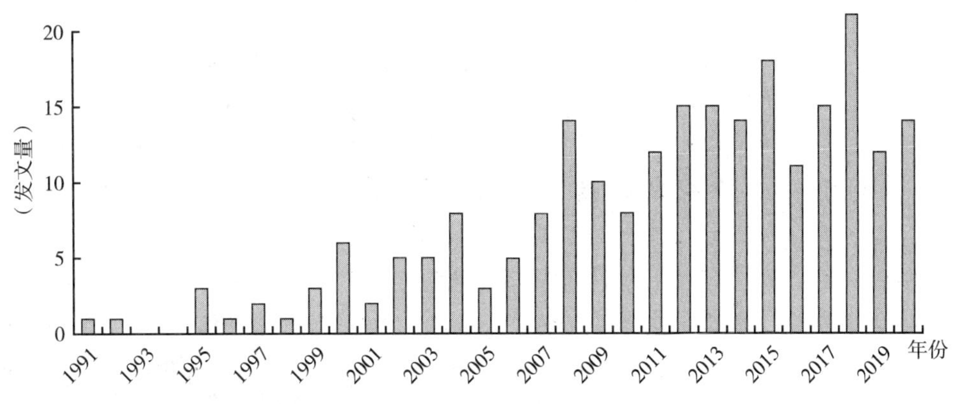


图 3　1990—2020 年国内城市环境心理健康影响相关文献数量分布图

来源：作者自绘

根据 CNKI 统计结果，在国内研究发文量最多的学科是建筑科学与工程，其次为心理学。2017 年健康中国战略实施以来，建筑科学与工程学科关于城市环境心理健康影响领域的研究呈现快速增长趋势，心理学和神经科学等相关学科的理论方法被引入到相关研究中，在以规划设计手段主动干预公共健康的大背景之下，也逐步探索基于循证的心理健康影响及促进研究。

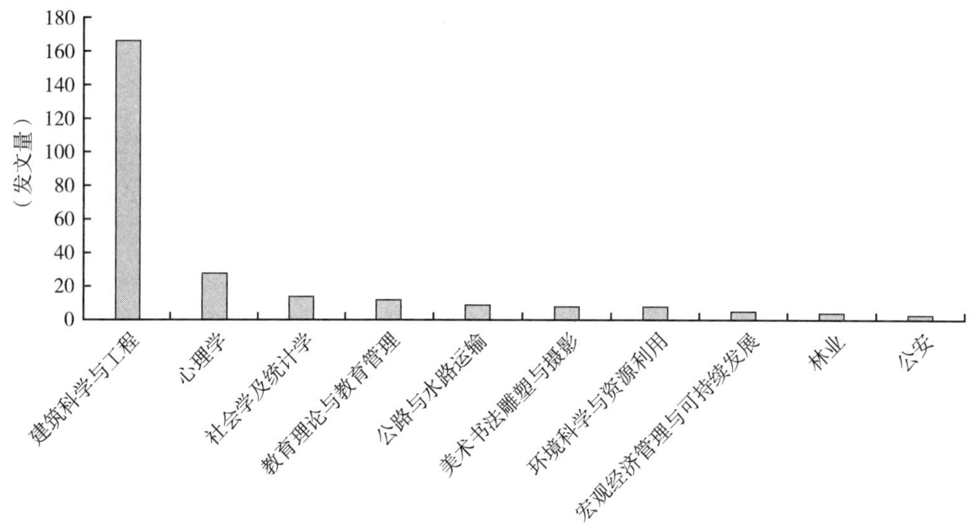


图 4　1990—2020 年国内城市环境心理健康影响研究学科分布图

来源：作者自绘

## 三、城市环境特点及其心理健康影响研究

### （一）城镇化程度与心理疾患

城市环境与多种心理健康问题和精神疾患的发病有关。就精神分裂症而言，与乡村居民相比，城市居民中男性和女性的精神分裂症发病率比例分别为 1.92 和 1.34[31]。还有研究表明，心理和精神疾病风险与发育过程中暴露在城市环境中的持续时间以及该环境的城镇化水平存在剂量依赖关系，在生命最初 15 年中完全生活在高度城镇化地区的人口，其发病风险增加 2.75 倍[33]。

城市环境的这种影响还表现出与遗传因素的交互作用。童年期暴露于城市环境的程度差异与此后毕生精神分裂症发病率密切相关[33]，而具有精神分裂症高遗传风险的人群受城市环境的影响更大[34]。这表明，城市环境中的不利因素很可能在儿童发育成长期间与遗传因素相互作用，改变了神经系统的发育方向，进而增加了成年期精神病症状的发生概率[32，35]。

### （二）城市的集聚特征与心理应激源

城市的本质特点是集聚，这一特点塑造了快节奏和高密度的城市生活环境。许多研究者认为，快节奏的城市生活环境充满了不良的心理社会影响，这些影响结合起来可能形成某种“社会毒性”环境（toxic social circumstances），导致易感个体产生慢性应激反应，进而影响神经发育[36]。多种社会风险因素都可能与城市生活的特点有关，例如短促多变的社会关系，相对破碎的家庭结构和社交网络，互联网时代的社交远程化导致的社会支持减少和社会隔离增加，社会经济差距增大给弱势群体带来的社交挫败和失控感，以及竞争加剧导致的社会合作减少等[3]。

此外，拥挤的城市生活环境意味着必须反复近距离接触陌生人群，这将可能触发防御反应（fight or flight，也称战斗—逃跑反应），促使杏仁核[37]及其下游的交感神经和HPA应激系统的反复激活，触发情绪反应和防御行为，从而更易导致社会冲突[38]。快速城镇化进程中，农村居民向城市地区的转移导致其社交孤立，也会给流动人口的心理健康带来负面的影响[39]。

### （三）建成环境特点与心理健康影响

建成环境是城市环境的另一大特点，城市居民的日常生活、工作和休闲活动都在“人造”空间中进行。近年来的研究认为，建成环境不仅包括建筑、绿地和公园，也包括人行步道的配置与状态、交通流量、公共区域的卫生与维护、安全感与社区保安、区划与土地混合利用、人口密度，以及室内环境和社交资本等方方面面[40]。近年来对建成环境与健康之间的关系研究主要集中在4个主题上，即运动、肥胖、社交资本和心理健康[40]，其中前面三个主题也都与心理健康有密切关系。

总的来说，建成环境从注意力功能、精神压力、抑郁症状、愤怒与攻击性等方面对心理健康产生影响[41-42]。从宏观层面来看，城市总体规划与心理健康有密切关系。就城市蔓延程度来说，大都市区的低密度空间蔓延使公众通勤严重依赖私家车，对驾驶人的心理造成极大的压力，同时使居民之间的社会交往不够方便，进而导致郊区居民普遍的孤独感，增加其罹患各类心理疾病风险，而过高强度的土地开发引发的热岛效应也会造成心理不适等[43]。西班牙的一项研究表明，城市蔓延的程度对心理健康有显著影响，当住宅区环境呈现中等程度的蔓延时，心理健康水平最高[44]。从微观层面来看，居住环境糟糕的人群，毕生抑郁发病率比住在较好环境中的居民高36~64%[45]，而建成环境的改进，例如房屋修缮与重新装修、居住区维修与维护等，都会改进心理健康状况[46-47]。包括城市老年居民以及青少年[48-50]。居住环境、环境满意度以及社区凝聚力等与心理健康水平呈正相关[51]。栽种植物以提升室内环境吸引度，可以降低应激，从而提升环境健康[52]。建筑室内环境中的不同因素，包括亲自然性设计中的视觉、声音、气味、光、噪声、温湿度、空气品质等均会从压力、焦虑、情绪、认知能力等方面对心理健康产生影响[53]。

近年来，建成环境与社交资本之间的关系越来越受到重视。一方面，土地混合利用方式与步行环境的营造可以增加居民之间的熟悉程度，促进心理健康，从而提升社会和谐[54]；另一方面，建成环境可以通过可感知的社交资本间接影响心理健康。比如邻里之间较高的社交资本如社区内投资、相互联系、安全感等，可以产生更高的幸福感，从而提升心理健康[55]。

## 四、主要环境影响因素及相关作用机制研究

作为一种地区尺度的综合复杂环境，城市性包含决定健康的诸多因素[3]。除城市环境特征的系统性影响外，更多研究集中在各类具体的环境影响因素中，而其中环境污染、交通通勤、自然体验、空间压迫等受到了心理学、城市科学和地理学等多学科的普遍关注，心理学和神经科学领域还对各因素的交互和作用机制展开了探索。

### （一）影响心理健康的主要环境因素研究

环境污染。城市环境污染的健康影响一直以来都是城市规划、环境科学、地理学等多学科广泛关注的议题，而环境污染对心理健康以及神经系统的损害作用在近年来越来越受关注[56]。城市大气中包含复杂的空气污染混合物，如细颗粒状物质、多环芳烃、铅和臭氧。长期暴露于空气污染物与人类的中风、隐性脑梗塞和脑萎缩发病率增高有关[57]。而产前暴露于多环芳烃的程度也与脑白质体积减小、认知障碍和多动症症状增加之间存在剂量依赖关系[58]。动物研究发现，空气污染物还可能通过直接透过鼻黏膜、导致肺泡毛细血管功能障碍和破坏血脑屏障等途径转移到中枢神经系统，引起神经炎症和自身免疫反应[59]，以及中脑、额叶和颞叶中神经退行性变标记蛋白的高表达[60]。此外，环境中的噪声污染也对心理健康有重要影响，而且该效应对成人更加明显[2]。居住区的噪声污染也与居民心理健康显著相关，其中住房装修噪声是主要影响因素[61]。一项纵向追踪研究表明，连续五年接触道路交通噪音会选择性导致焦虑水平增加[62]。相关横断研究也支持这一发现，即暴露于高交通噪音只增加焦虑水平而不影响抑郁[63]。

交通通勤。由于大城市普遍面临城市拥挤、交通拥堵等问题，交通通勤作为城市居民的主要活动之一，成为影响心理健康的重要原因。相关研究主要包括肥胖、高血压等慢性非传染性疾病以及日常压力、主观幸福感等心理健康两大方面，且近年来对心理健康影响的关注度显著提升。已有大量研究表明，通勤对于个人的情绪、活力以及精神状态存在较大的影响，通勤时间、通勤距离和拥堵程度的增加对个人压力水平的增加有显著影响[64-65]。通勤时间越长，日常压力更大[66]，更没有活力[67]，自我评价的健康程度也更低[68]，因而更容易因病缺席工作[65]；而对于通勤环境的掌控能力越强，越能准确判断和预测所处情况，则压力水平越低[69]。总体而言，通勤对于个人主观健康感知、主观幸福感、生活满意度等均有负向影响关系。其中，公共交通中拥挤而凌乱的乘车环境、难以预计的交通拥堵或安全威胁等是负面通勤影响的主要来源，城市道路交通体系和日常通勤

被认为是城市“社会毒性环境”的重要构成因素[70-71]。

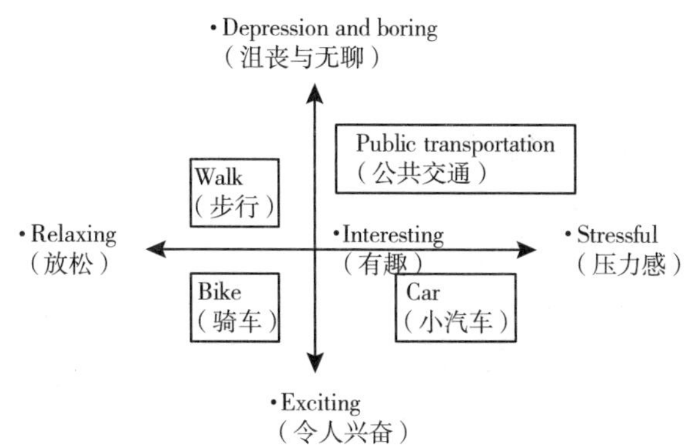


图 5　不同通勤方式的情绪评价[57]

经济状况。贫困是心理健康负性社会因素最有效的预测因子之一，且和城市生活、少数群体等因素具有相关关系。大量研究表明，贫困可能带来一系列的心理健康风险因素，如物质滥用[73]，缺乏有效的社会支持[74]，以及缺少获得营养或教育等资源的途径[75]等。近年来更有研究显示，贫困影响心理健康和心理疾病易感性可找到神经标志物。研究者们在从出生后就开始追踪的流行病学队列研究中发现[73]，在婴儿 3 个月时家庭状况评估为早期生活贫困，可以预测更高水平的青春期品行障碍症状。神经影像学研究发现，暴露于早期贫困的个体，他们脑内参与情绪和奖赏信号处理的关键监管脑区眶额皮质的体积减小。此外，有研究揭示了贫困影响应激调节的重要神经系统证据。研究者们发现，贫困儿童的杏仁核与海马的体积较小[74]。

自然体验。与乡村环境相比，城市最明显的区别之一是绿色开放空间较少。越来越多的研究表明，接触自然景观或作为其组成特征的植物和动物等，对包括儿童发育、身心健康、情绪、发病率、痊愈率和死亡率等多种健康指标都有改善作用[75]，还可缓解精神压力，消除疲劳，陶冶情操[76]。通过元分析也发现，置身大自然中进行身体活动可以改善主观感受和注意力水平，减少焦虑、疲劳、愤怒和悲伤等负面情绪[77]。流行病学研究显示，城市社区中绿色空间的充足与居民的健康之间存在着剂量依赖关系。对心理健康的影响也同样如此[78]。也就是说，居住地附近绿色空间百分比越高，自我感觉健康状况良好的概率就越大。该因素对未成年人、老年人或贫困人群等活动范围有限者的影响最明显[79]。此外，居民的心理健康状况与离社区公园的距离显著相关[80]。居住区附近有公园会提升居民的生活满意度[81]，显著增加锻炼的运动量、提升情绪和能量水平，带来放松和自信等心理效应[82]。近年来，对园艺疗法的研究也证实其具有改进心理健康的效应[83]，对临床精神疾病患者采取园艺疗法也会显著改善其心理健康状况[84]。近年来的系统性综述显示，这类“以自然为基础的解决方案（Nature Based Solution，NbS）”对改进公共卫生和心理健康状况具有重要的意义[85]。

空间压迫。空间压迫是当代高密度城市的一个典型环境特征。随着城市建筑密度、居住人口密度、单位面积信息密度的不断增加，城市环境的空间压迫感日趋增强。目前关于在高密度和超高密度的城市环境中空间压迫对居民心理健康影响程度的研究颇受关注。有研究指出，高度的空间压迫感可能是导致居民精神紧张和压抑的重要原因[86]。高密度高异质性的城市环境会对心理情绪和认知水平产生负面健康影响，诱发广泛性焦虑、精神障碍等各种心理疾病[87]。利用神经生物测量可以快速识别产生影响的空间要素，并通过规划干预减小负面影响[88]。此外，研究还发现，天空景观的可见度与心理压力水平有显著的负向关联[86]。相对于"实在"构筑物（建筑、地面、市政设施、其他构筑物），天空是一种"虚空"的存在，因此可产生一种视觉和心理上的无限延展（extent），而这种延展性正是疗愈性景观的重要特征[89]。

此外，多样化的土地利用、充足的公共空间等亦会对心理健康产生影响。多样化的土地利用提高了健康促进设施的布局，进而通过增加体育锻炼时间促进居民心理健康水平的提高，充足的公共空间促进人与人之间更好地互动交流，增强邻里融洽程度进而减轻孤独感等[90]。

### （二）因素间交互作用及影响机制研究

影响心理健康的城市环境诸因素之间、城市环境与其他健康因素之间经常存在着交互作用。如前文所述，城市环境与遗传因素之间，在影响精神分裂症发病率方面存在交互作用[91-92]。也有研究发现，在城市环境与少数群体地位之间[93]，社会地位与父母养育方式之间[94]，也都存在交互作用。这种因素之间互相影响的现象表明，不同因素可能通过不同但相互作用的心理和生理机制，影响着人类的心理健康状况。这给相关研究的开展带来了一定困难，也进一步揭示出集成多学科开展交叉融合探索的需求和趋势。

当前研究认为，城市环境对心理健康影响机制主要包括内分泌机制、进化机制、神经机制和分子遗传机制等。其中，从内分泌机制来看，城市环境中的各种心理社会挑战是下丘脑 - 垂体 - 肾上腺（HPA）轴的强有力的激活因素（图 6）。HPA 轴是具有复杂的反馈调节的神经内分泌系统，控制哺乳动物的皮质醇分泌和生理应激反应[95]。短期激活 HPA 可将生理过程从优先进行消化和繁殖等维持功能转移到能量供应、血流灌注、通气和认知等支持防御行为的功能上，以促进个体成功适应即将来临的威胁[96]。但过度的社会逆境所致的持续 HPA 轴激活会对生理和心理健康造成累积负担，该效应对神经系统正在发育之中的个体尤其明显[97]。而进化心理学认为，由于人类的合作是进化过程中灵长类生存与大脑发育的关键条件[98]，这种进化上的选择可能促使合作行为等集体亲社会行为成为心理健康的促进因素[99]。个体社会纽带延伸的范围和质量会影响各种与健康有关的因素，包括积极情绪，自尊，发病率，长寿，康复和精神疾病风险等[100-101]。类似的，绿色自然环境的有益影响可能也不仅由于社会应激因子、噪音和污染等风险因素相对较少，很可能还与进化有关。人类会被鸟类或浪涛等声音、被色彩丰富的树叶等景色所吸引，这其实是自然选择的结果。因为在整个人类进化的过程中，这些体验都提示着猎物的出现和找到庇护所的机会，代表着安宁、舒适、从应激中恢复以及注意力恢复等正性状态[102]。

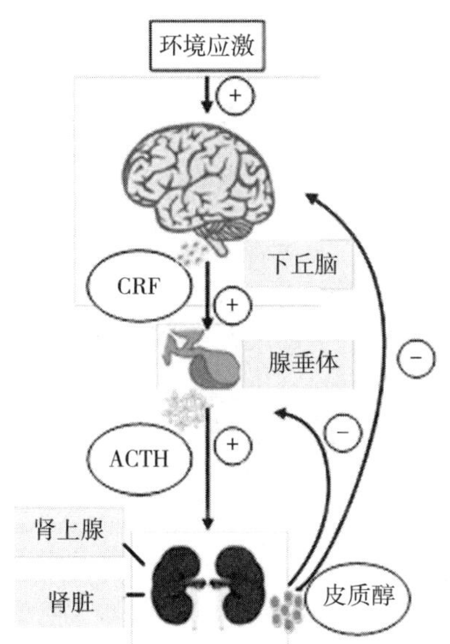


图 6　下丘脑 - 垂体 - 肾上腺轴（HPA 轴）

注：+为兴奋，- 为抑制；CRF 为促肾上腺皮质激素释放因子，ACTH 为促肾上腺皮质激素

来源：作者自绘

## 五、国内外进展比较与研究趋势

### （一）国内外研究进展比较

受到研究起步相对较晚、健康观念存在文化差异等因素的影响，城市环境心理健康影响研究的国内外差异较大。

在研究方法上，国外研究更为多元化，目前已广泛采用个体感知、脑成像、生理指标测量、大规模流行病学调查等手段，开展从宏观到微观的多尺度多要素理论研究分析和实践决策指导。国内研究已有基于个体感知、穿戴设备和流行病学等方法的相关探索，但主要采用的仍是问卷调查、结构方程等传统定量分析方法，与国外已形成的“理论框架—方法体系—实践应用”体系存在一定差距。在研究内容上，国外研究从建筑、街道、公共空间、社区、道路交通、城乡差异、社会资本、社会经济条件等多个层面展开健康影响要素识别、影响结果探讨和影响机制分析等研究，为公共健康促进提供了循证支持。国内的实证研究同样从城市规划要素和社会经济因素这两方面入手，目前主要关注绿色空间、交通通勤、建筑和社区等因素的影响识别，尚未进入机制探讨层面。

## （二）研究趋势与重点方向

心理健康问题是个体健康之本。而城市环境的总体特点和诸多因素会引起神经系统、大脑功能甚至结构的改变，对心理健康和精神疾患问题产生诸多影响。这些特点和影响因素，一方面影响人们的生活方式选择，进而产生有益或有害健康的重要作用；另一方面在空间环境与个体行为的互动中使居民产生愉快、良好或紧张、焦虑等不同体验，从而通过长期作用产生健康影响。

心理健康问题可能催化或导致严重生理疾病和社会问题，实现心理健康是实现大众健康和福祉的基础。40 年快速城镇化给我国的公共健康事业带来了新的挑战，健康城市正作为“健康中国”的主要抓手和公共健康促进的重要载体得到广泛关注和快速发展，心理健康提升是健康城市建设的重要内容。探究影响机理并通过城市规划设计等手段进行主动干预以提升居民心理健康与福祉水平是未来的健康城市科学研究等诸多领域的重要研究和实践方向[103]。我国的城市环境心理健康影响研究亟待从理论构建、过程解析、机制阐释和范式创新等方面开展进一步研究。

构建多学科融合理论方法框架。城市环境心理健康影响的研究正在日益受到我国城乡规划学和地理学等相关学者的高度关注。在未来研究中，应提升多学科交叉水平，从城市地理学、行为地理学等“人－地”互动的不同空间尺度视角，基于城乡规划设计要素和理论体系，利用心理学、神经科学在研究个体主观感知感受和客观生理反馈等方面的数据采集和分析相关研究方法，如脑电波（electroencephalography，EEG）、核磁共振（functional Magnetic Resonance Imaging，fMRI）等，并广泛采用时空地理大数据、虚拟现实、物联网等新技术，构建多学科融合的理论方法框架。

探索面向我国国情的研究范式。近年来我国的国民心理健康问题特别是城市居民的心理健康风险问题日益受到重视，相关政策支持和研究成果逐步增多，但衔接性仍待加强。一方面，政策支持表现为明显的“自上而下”特点；另一方面，相关研究成果尚不能有效地为政策提供决策参考。未来研究应充分考虑我国与西方在社会传统文化、国民心理健康水平、心理问题干预方法等方面存在的差异，探索创新符合我国国情的研究范式，推动发展具有中国特色的城市公共心理健康提升方略。

深化影响过程解析和机制阐释研究。健康影响评价（Health Impact Assessment，HIA）研究是我国健康城市研究的重点和主要趋势问题之一，影响机制探究是我国健康城市科学构建的关键议题。心理健康影响研究未来应重点围绕“哪些细分环境因素对心理健康产生影响”“环境影响通过哪些方式产生影响”等影响因子识别、影响过程解析和影响机制阐释问题展开更为深入和细致的探究，推动建立可循证的健康城市规划设计。

心理健康提升是健康城市建设的重要内容。心理健康问题可能催化或导致严重生理疾病和社会问题，实现心理健康是实现大众健康和福祉的基础。城市环境对心理健康具有重要影响，探究影响机理并通过城市规划设计等手段进行主动干预以提升居民心理健康与福祉水平是未来的健康城市科学研究等诸多领域的重要研究和实践方向。

## 参考文献


[1] Tost H，Meyer-Lindenberg A.Puzzling over schizophrenia：schizophrenia，social environment and the brain.Nat Med，2012，18（2）：211-213.

[2] Clark C，Myron R，Stansfeld S，Candy B.A systematic review of the evidence on the effect of the built and physical environment on mental health.Journal of Public Mental Health，2007，6（2）：14-27.

[3] Tost H，Champagne FA，Meyer-Lindenberg A.Environmental influence in the brain，human welfare and mental health.Nat Neurosci，2015，18（10）：4121-4131.

[4] Dye C.Health and urban living.Science，2008，319（5864）：766-769.

[5] Peen J，Schoevers RA，Beekman AT，Dekker J.The current status of urban-rural differences in psychiatric disorders.Acta Psychiatr Scand，2010，121（2）：84-93.

[6] 傅小兰，张侃等 . 中国国民心理健康发展报告［M］. 北京：社会科学文献出版社 .2019：3.

[7] Sartorius N.Stigma and Mental Health［J］. The Lancet，2007，370（9590）：810-811.

[8] Prince M，Patel V，Saxena S，et al.No health without mental health［J］. The Lancet，2012，370（9590）：859-877.

[9] 姜斌，张恬，苏利文. 健康城市：论城市绿色景观对大众健康的影响机制及重要研究问题［J］. 景观设计学，2015（1）：24-35.

[10] Cohen S，Miller G E，Rabin B S.Psychological stress and antibody response to immunization：a critical review of the human literature［J］. Psychosomatic Medicine，2001，63（1）：7-18.

[11] Zachary S，Claire M，Changiz I，et al.The global prevalence of common mental disorders：a systematic review and meta-analysis 1980-2013［J］. International Journal of Epidemiology，2014（2）：476-493.

[12] Mair C，Galea A.Are neighbourhood characteristics associated with depressive symptoms? A review of evidence［J］. J Epidemiol Community Health，2008，62（11）：940-946.

[13] Jiang B，Wang H Q，Larsen L，et al.Quality of sweatshop factory outdoor environments matters for workers' stress and anxiety：A participatory smartphone-photography survey（Site：The Flagship Factory of Foxconn in China）［J］. Journal of Environmental Psychology，2019，65.

[14] Lederbogen F，Kirsch P，Haddad L，et al.City living and urban upbringing affect neural social stress processing in humans［J］. Nature，2011，474（7352）：498.

[15] Kessler R C，Wittchen H U，Abelson J M，et al.Methodological studies of the Composite International Diagnostic Interview（CIDI）in the US national comorbidity survey（NCS）［J］. International Journal of Methods in Psychiatric Research，2010，7（1）：33-55.

[16] Prince M，Patel V，Saxena S，et al.No health without mental health［J］. The Lancet，2012，370（9590）：

859-877.

[17] 姜斌，张恬，苏利文．健康城市：论城市绿色景观对大众健康的影响机制及重要研究问题［J］．景观设计学，2015（1）：24-35.

[18] Cohen S，Miller G E，Rabin B S .Psychological stress and antibody response to immunization：a critical review of the human literature［J］．Psychosomatic Medicine，2001，63（1）：7-18.

[19] Zachary S，Claire M，Changiz I，et al.The global prevalence of common mental disorders：a systematic review and meta-analysis 1980-2013［J］．International Journal of Epidemiology，2014（2）：476-493.

[20] Mair C，Galea A .Are neighbourhood characteristics associated with depressive symptoms? A review of evidence［J］. J Epidemiol Community Health，2008，62（11）：940-946.

[21] Jiang B，Wang H Q，Larsen L，et al.Quality of sweatshop factory outdoor environments matters for workers' stress and anxiety：A participatory smartphone-photography survey（Site：The Flagship Factory of Foxconn in China）［J］. Journal of Environmental Psychology，2019，65.

[22] Lederbogen F，Kirsch P，Haddad L，et al.City living and urban upbringing affect neural social stress processing in humans［J］．Nature，2011，474（7352）：498.

[23] Handy S L，Boarnet M G，Ewing R，et al.How the built environment affects physical activity：views from urban planning［J］.American Journal of Preventive Medicine，2002，23（2）：64 - 73.

[24] Cervero R，Kockelman K.Travel demand and the 3Ds：Density，diversity，and design［J］．Transportation Research Part D Transport & Environment，1997，2（3）：199-219.

[25] Stevenson M，Thompson J，de Sá TH，et al.Land use，transport，and population health：estimating the health benefits of compact cities［J］．Lancet，2016，388（10062）：2925.

[26] Cacioppo，J.T.，& Tassinary，L.G.Inferring psychological significance from physiological signals［J］．American Psychologist，1990，45（1）：16-28.

[27] 林玉莲，胡正凡．环境心理学［M］．北京：中国建筑工业出版社，2000.

[28] Hartmut G.The environmental psychology of research［J］．Journal of Environmental Psychology，2009，29（3）：358-365.

[29] 刘建新，高岚．简述环境心理学的形成与发展［J］．学术研究，2005（11）：9-12.

[30] Halpern D .Mental health and the built environment：more than bricks and mortar?［M］．Taylor & Francis Ltd. 1995.

[31] Kelly BD，O'Callaghan E，Waddington JL，Feeney L，Browne S，Scully PJ，Clarke M，Quinn JF，McTigue O，Morgan MG，Kinsella A，Larkin C.Schizophrenia and the city：a review of literature and prospective study of psychosis and urbanicity in Ireland.Schizophr Res，2010，116（1）：75-89.

[32] van Os J，Kenis G，Rutten BP.The environment and schizophrenia.Nature 2010，468（7321）：203-212.

[33] Pedersen CB，Mortensen PB.Evidence of a dose-response relationship between urbanicity during upbringing and schizophrenia risk.Arch Gen Psychiatry 2001，58（11）：1039-1046.

[34] Krabbendam L，van Os J.Schizophrenia and urbanicity：a major environmental influence-conditional on genetic risk.Schizophr Bull 2005，31（4）：795-799.

[35] Meyer-Lindenberg A.From maps to mechanisms through neuroimaging of schizophrenia.Nature 2010，468（7321）：194-202.

[36] Bentall RP，Fernyhough C.Social predictors of psychotic experiences：specificity and psychological mechanisms. Schizophr Bull 2008，34（6）：1012-1020.

[37] Kennedy DP，Gläscher J，Tyszka JM，Adolphs R.Personal space regulation by the human amygdala.Nat Neurosci 2009，12（10）：1226-1227.

[38] Graziano MS，Cooke DF.Parieto-frontal interactions，personal space，and defensive behavior.Neuropsychologia

2006; 44（6）: 845-859.

[39] Li J，Rose N.Urban social exclusion and mental health of China's rural-urban migrants - A review and call for research.Health Place 2017，48：20-30.

[40] Renalds A，Smith TH，Hale PJ.A systematic review of built environment and health.Fam Community Health 2010，33（1）：68-78

[41] 江湘蓉，William Sullivan. 城市建成环境对心理健康影响及相关机制［C］// 中国风景园林学会 2020 年会论文集（上册）. 2020：329-334.DOI：10.26914/c.cnkihy.2020.056740.

[42] 李泽，谢晓晗，张瑶．建成环境与心理健康研究进展的述评与展望：基于疗愈视角的文献综述研究［J］. 西部人居环境学刊，2020，35（4）：34-42.

[43] 田莉，李经纬，欧阳伟，陈万青，曾红梅，肖扬 . 城乡规划与公共健康的关系及跨学科研究框架构想［J］城市规划学刊．2016（2）.

[44] Garrido-Cumbrera M，Gálvez-Ruiz D，Braçe O，López-Lara E.Exploring the association between urban sprawl and mental health.J Transp Health，2018，10：381-390.

[45] Galea S，Ahern J，Rudenstine S，Wallace Z，Vlahov D.Urban built environment and depression：a multilevel analysis.J Epidemiol Community Health 2005，59（10）：822-827.

[46] Thomson H，Petticrew M，Morrison D.Health effects of housing improvement：systematic review of intervention studies.BMJ 2001，323（7306）：187-190.

[47] Thomson H，Kearns A，Petticrew M. Assessing the health impact of local amenities：a qualitative study of contrasting experiences of local swimming pool and leisure provision in two areas of Glasgow. J Epidemiol Community Health，2003，57（9）：663-667.

[48] 岳亚飞，杨东峰，徐丹．建成环境对城市老年居民心理健康的影响机制——基于客观和感知的对比视角［J］. 现代城市研究，2022（1）：6-14.

[49] 周素红，刘明杨，张琳．青少年心理健康与城市建成环境营造研究——以广州市为例［J］. 中国名城，2021，35（7）：25-33.DOI：10.19924/j.cnki.1674-4144.2021.07.004.

[50] 邱婴芝，陈宏胜，李志刚，等．基于邻里效应视角的城市居民心理健康影响因素研究——以广州市为例［J］. 地理科学进展，2019，38（2）：283-295.

[51] 秦波，朱巍，董宏伟．社区环境和通勤方式对居民心理健康的影响——基于北京 16 个社区的问卷调研［J］. 城乡规划，2018（3）：34-42.

[52] Dijkstra K，Pieterse ME，Pruyn A.Stress-reducing effects of indoor plants in the built healthcare environment：the mediating role of perceived attractiveness.Prev Med 2008；47（3）：279-283.

[53] 戎升亮，赵杰，Aristizabal Sara，Campanella Carolina．建筑室内环境对人员心理健康的影响研究综述［J］. 中外建筑，2021（8）：11-26.DOI：10.19940/j.cnki.1008-0422.2021.08.002.

[54] Leyden KM.Social capital and the built environment：the importance of walkable neighborhoods.Am J Public Health 2003，93（9）：1546-1551.

[55] Araya R，Dunstan F，Playle R，Thomas H，Palmer S，Lewis G.Perceptions of social capital and the built environment and mental health.Soc Sci Med，2006，62（12）：3072-3083.

[56] Calder ó n-Garcidueñas L，Torres-Jardón R，Kulesza RJ，Park SB，D'Angiulli A.Air pollution and detrimental effects on children's brain.The need for a multidisciplinary approach to the issue complexity and challenges.Front Hum Neurosci，2014，8：613.

[57] Wilker EH，Preis SR，Beiser AS，Wolf PA，Au R，Kloog I，Li W，Schwartz J，Koutrakis P，DeCarli C，Seshadri S，Mittleman MA.Long-term exposure to fine particulate matter，residential proximity to major roads and measures of brain structure.Stroke2015，46（5）：1161-1166.

[58] Peterson BS，Rauh VA，Bansal R，Hao X，Toth Z，Nati G，Walsh K，Miller RL，Arias F，Semanek D，Perera F.Effects

of prenatal exposure to air pollutants（polycyclic aromatic hydrocarbons）on the development of brain white matter, cognition, and behavior in later childhood. JAMA Psychiatry，2015，72（6）：531-540.

［59］Brun E，Carri è re M，Mabondzo A.In vitro evidence of dysregulation of blood-brain barrier function after acute and repeated/long-term exposure to TiO2 nanoparticles.Biomaterials，2012，33（3）：886-896.

［60］Levesque S，Surace MJ，McDonald J，Block ML.Air pollution and the brain：subchronic diesel exhaust exposure causes neuroinflammation and elevates early markers of neurodegenerative disease. J. Neuroinflammation，2011，8：105.

［61］李春江，马静，柴彦威，关美宝．居住区环境与噪声污染对居民心理健康的影响——以北京为例［J］．地理科学进展，2019，38（7）：1103-1110.

［62］Stansfeld SA，Gallacher J，Babish W，Shipley M.Road traffic noise and psychiatric disorder：prospective findings from the Caerphilly study.BMJ，1996，313：266-267.

［63］Hardoy MC，Carta MG，Marci AR，Carbone F，Cadeddu M，Kovess V，Dell'Osso L，Carpiniello B.Exposure to aircraft noise and risk of psychiatric disorders：the Elmas survey—aircraft noise and psychiatric disorders.Soc Psychiatry Psychiatr Epidemiol，2005，40（1）：24-26.

［64］Schaeffer M，Street S，Singer J，et al.Effects of control on the stress reactions of commuters［J］. Journal of Applied Social Psychology，1988，18（11）：944-957.

［65］Wener R E，Evans G W，Phillips D，et al.The effects of public transit improvements on commuter stress［J］. Transportation，2003，30（2）：203-220.

［66］Costa G，Pickup L，Di M V.Commuting—a further stress factor for working people：evidence from the European Community.II.An empirical study［J］. International Archives of Occupational & Environmental Health，1988，60（5）：377-385.

［67］Hammig O，Gutzwiller F，Bauer G.Work-life conflict and associations with work- and nonwork-related factors and with physical and mental health outcomes：a nationally representative cross-sectional study in Switzerland［J］. BMC Public Health，2009，9（2）：1-15.

［68］Stutzer A，Frey B S.Stress that doesn't pay：The commuting paradox［J］. Scandinavian Journal of Economics，2008，110（2），339-366.

［69］Koslowsky M，Kluger A N，Reich M.Commuting stress：causes，effects，and methods of coping［M］. New York：Plenum Press，1995.

［70］Frank，L.D.，& Engelke，P.O.The built environment and human activity patterns：Exploring the impact of urban form on public health［J］.Journal of Planning Literature，2001，16（2）：202-218.

［71］Stevenson M，Thompson J，de Sá，Thiago Hérick，et al.Land use，transport，and population health：estimating the health benefits of compact cities［J］.The Lancet，2016：S0140673616300678.

［72］Gatersleben B，Uzzell D.Affective appraisals of the daily commute comparing perceptions of drivers，cyclists，walkers，and users of public transport［J］.Environment & Behavior，2007，39（3）：416-431.

［73］Holz NE，Boecker R，Hohm E，Zohsel K，Buchmann AF，Blomeyer D，Jennen-Steinmetz C，Baumeister S，Hohmann S，Wolf I，Plichta MM，Esser G，Schmidt M，Meyer-Lindenberg A，Banaschewski T，Brandeis D，Laucht M.The long-term impact of early life poverty on orbitofrontal cortex volume in adulthood：results from a prospective study over 25 years.Neuropsychopharmacology，2015，40（4）：996-1004.

［74］Luby J，Belden A，Botteron K，Marrus N，Harms MP，Babb C，Nishino T，Barch D.The effects of poverty on childhood brain development：the mediating effect of caregiving and stressful life events. JAMA Pediatr 2013，167（12）：1135-1142.

［75］Haluza D，Schönbauer R，Cervinka R.Green perspectives for public health：a narrative review on the physiological effects of experiencing outdoor nature.Int J Environ Res Public Health，2014，11（5）：5445-5461.

[76] 谭少华，郭剑锋，赵万民．城市自然环境缓解精神压力和疲劳恢复研究进展［J］．地域研究与开发，2010，29（4）：55-60.

[77] Bowler DE，Buyung-Ali LM，Knight TM，Pullin AS.A systematic review of evidence for the added benefits to health of exposure to natural environments.BMC Public Health，2010，10：456.

[78] Wood L，Hooper P，Foster S，Bull F.Public green spaces and positive mental health – investigating the relationship between access，quantity and types of parks and mental wellbeing.Health Place，2017，48：63-71.

[79] Maas J，Verheij RA，Groenewegen PP，de Vries S，Spreeuwenberg P.Green space，urbanity，and health：how strong is the relation? J Epidemiol Community Health，2006，60（7）：587-592.

[80] 谭少华，彭慧蕴．袖珍公园缓解人群精神压力的影响因子研究［J］．中国园林，2016（8）：65-70.

[81] McCarthy S，Habib MA.Investigation of life satisfaction，travel，built environment and attitudes.J Transp Health，2018，11：15-24.

[82] Liu XH，Li F，Li JY，Zhang YY.The relationships between urban parks，residents' physical activity，and mental health benefits：a case study from Beijing，China.J Environ Manage，2017，190：223-230.

[83] 李树华，张文秀．园艺疗法科学研究进展．中国园林，2009，2009（8）：19-23.

[84] Vujcic M，Tomicevic-Dubljevic J，Grbic M，Lecic-Tosevski D，Vukovic O，Toskovic O.Nature based solution for improving mental health and well-being in urban areas.Environ Res，2017，158：385-392.

[85] van den Bosch M，Ode Sang Å.Urban natural environments as nature-based solutions for improved public health – A systematic review of reviews.Environ Res，2017，158：373-384.

[86] Asgarzadeh M，Lusk A，Koga T，et al.Measuring oppressiveness of streetscapes［J］．Landscape and Urban Planning，2012，107（1）：1-11.

[87] SETHI B B，GUPTA S C，MAHENDRU R K，et al.Mental Health and Urban Life：A Study of 850 Families［J］．The British Journal of Psychiatry，1974，124（580）：243-246.

[88] 陈筝．高密高异质性城市街区景观对心理健康影响评价及循证优化设计［J］．风景园林，2018，25（1）：106-111.DOI：10.14085/j.fjyl.2018.01.0106.06.

[89] Kaplan S .The Restorative Benefits of Nature：Toward an Integrative Framework［J］．Journal of Environmental Psychology，1995，15（3）：169-182.

[90] Wang，R.，Helbich，M.，Yao，Y.，Zhang，J.，Liu，P.，Yuan，Y.，& Liu，Y.（2019）.Urban greenery and mental wellbeing in adults：Cross-sectional mediation analyses on multiple pathways across different greenery measures.Environmental Research.176：108535.

[91] Pedersen CB，Mortensen PB.Evidence of a dose-response relationship between urbanicity during upbringing and schizophrenia risk.Arch Gen Psychiatry，2001，58（11）：1039-1046

[92] Krabbendam L，van Os J.Schizophrenia and urbanicity：a major environmental influence-conditional on genetic risk.Schizophr Bull，2005，31（4）：795-799.

[93] Zammit S，Lewis G，Rasbash J，Dalman C，Gustafsson JE，Allebeck P.Individuals，schools，and neighborhood：a multilevel longitudinal study of variation in incidence of psychotic disorders.Arch.Gen.Psychiatry，2010，67（9）：914-922.

[94] Swain JE，Perkins SC，Dayton CJ，Finegood ED，Ho SS.Parental brain and socioeconomic epigenetic effects in human development.Behav Brain Sci，2012，35（5）：378-379.

[95] Herman JP，Cullinan WE.Neurocircuitry of stress：central control of the hypothalamo-pituitary-adrenocortical axis. Trends Neurosci，1997，20（2）：78-84 .

[96] Flinn MV，Nepomnaschy PA，Muehlenbein MP，Ponzi D.Evolutionary functions of early social modulation of hypothalamic-pituitary-adrenal axis development in humans.Neurosci Biobehav Rev，2011，35（7）：1611-1629.

[97] McEwen BS.The brain on stress：toward an integrative approach to brain，body，and behavior.Perspect Psychol

Sci，2013，8（6）：673-675.

［98］Dunbar RI，Shultz S.Evolution in the social brain.Science 2007；317（5843）：1344-1347.

［99］Helliwell JF1，Putnam RD.The social context of well-being.Philos Trans R Soc Lond B Biol Sci，2004，359（1449）：1435-1446.

［100］House JS，Landis KR，Umberson D.Social relationships and health.Science，1988，241（4865）：540-545.

［101］Seeman TE，McEwen BS.Impact of social environment characteristics on neuroendocrine regulation.Psychosom Med，1996，58（5）：459-471.

［102］Frumkin H.Beyond toxicity：human health and the natural environment.Am J Prev Med，2001，20（3）：234-24.

［103］谭少华，郭剑锋，江毅．人居环境对健康的主动式干预：城市规划学科新趋势［J］．城市规划学刊，2010，4：66-70.

撰稿人：戚均慧　罗　非　林　戈　单　峰

# 健康城市背景下的健康行为研究进展

## 一、引言

城市化进程的快速推进使得人们在更便捷地享受到优质医疗卫生服务的同时，也带来了突发传染性疾病和慢性非传染性疾病疫情等新的公共健康挑战。建设健康城市，是应对城市化挑战、促进城市健康可持续发展的必然选择。进入21世纪以来，人类所遭遇的传染性疾病疫情（如非典型肺炎疫情、H1N1流感疫情、中东呼吸系统综合征、西非埃博拉疫情、新冠肺炎疫情）进一步凸显了创建健康城市来保障人民健康的重要性。健康城市的建设强调城市应该具有促进健康的能力，通过塑造有益于促进健康的生活环境来提升健康生活方式参与度[1]。健康行为泛指跟保持健康、恢复健康和改善健康相关的具体行为、行为模式和行为习惯，基本的健康行为包括健康饮食、适度运动、不吸烟、限制饮酒和充足的睡眠[2]。本节内容对国内外健康城市建设背景下健康行为研究领域的现状进行了梳理和回顾，分析了当前在健康行为研究领域的动态与发展趋势并就今后健康行为领域的研究趋势进行了展望，以期为中国的健康城市建设和《健康中国行动（2019—2030）》的落实提供参考。

## 二、健康城市背景下的健康行为研究进展

随着“健康城市”的推进，促进健康行为和提升健康生活方式参与度日益成为健康城市建设的重要内容。例如，对欧洲健康城市建设的评估发现，在世界卫生组织健康城市项目第四阶段（2003—2008年），把健康促进融入城市战略规划的欧洲城市和国家显著增加[3]。英国于2010年发布了“健康生活，健康国民：英国公共健康战略”白皮书[4]。由美国卫生与公共服务部门提出、多主体合作的“健康国民”计划自1980年发布以来

已经持续了40年，2021年发布了最新版的包含355个具体评估指标的“健康国民2030”计划[5]。

中国的健康城市建设主要从城市规划和公共健康政策两个方面展开。一方面，城市规划可以通过合理配置城市资源、改善城市环境促进公共卫生。城市建成环境、开放空间、绿地等都与城市居民的身心健康息息相关，影响居民的健康生活方式参与度和多种非传染性疾病的发病率。建筑物的密度及多样性、道路通达性、社区形象维护管理（如卫生保洁、绿化覆盖率、照明和社区景观等）、体育设施可及性均会影响民众的身体活动水平并进而影响他们的身体健康状况[6]。基于此，健康城市规划专家王兰认为我国健康城市的研究和实践对新型传染性疾病的影响和应对考虑不足，据此提出在社区层面划定公共健康单元的建议，同时考虑两类公共健康设施和服务：一类是以促进身体活动和社会交往为主要目的，促进健康生活方式，防治慢性非传染性疾病；另一类是针对急性传染病疫情的应急管理，及时有效应对突发公共卫生事件[7]。她在《中国健康城市报告（2019）》中提出了健康城市规划的“四要素三路径”的理论框架，即通过合理规划土地使用、空间形态、道路交通以及绿地和开放空间，减少污染源及其人体暴露风险、促进身体活动和人际交往、提高健康设施的可及性来促进人群健康[8]。另一方面，为了提升全民健康水平，“十三五”以来，我国陆续出台了一系列政策应对当下和未来的健康挑战。《“健康中国2030”规划纲要》的指导思想中指出“把健康融入所有政策，加快转变健康领域发展方式，全方位、全周期维护和保障人民健康，大幅提高健康水平，显著改善健康公平，为实现‘两个一百年’奋斗目标和中华民族伟大复兴的中国梦提供坚实的健康基础”[9]。2019年7月9日，健康中国行动推进委员会印发《健康中国行动（2019—2030年）》，提出了十五项专项行动，为“健康中国”战略的推进提供了具体的行动指南[10]。2021年3月发布的“十四五”发展规划中进一步提出全面推进“健康中国”建设，为人民群众提供全方位全生命周期的健康服务[11]，体现了国家对促进全民健康的高度重视和战略远见。在此背景下，很多城市都出台了相应的健康城市建设规划以改善公众健康。

## （一）健康行为与健康

### 健康生活方式与健康

坚持健康饮食、积极参与身体锻炼、不吸烟、不饮酒或限制饮酒和充足的睡眠是保持、改善和促进健康的基本健康生活方式。随着公共健康的理念从“诊断和治疗为中心”向“预防和健康管理为中心”转变，健康生活方式参与度对健康的影响得到了越来越多的关注。例如，许多证据证明了健康的饮食习惯对公众健康的积极影响，比如，一项元分析发现地中海饮食可以显著改善老年人的延迟记忆、工作记忆和整体认知能力[12]。而不健康饮食是肥胖、糖尿病、心脑血管疾病等多种疾病的风险因素。不健康饮食泛指会危害身体健康的饮食行为，如高油、高糖、高盐和高脂肪含量的食品。有规律的身体活动有助于预防至少25种常见的慢性病，通常会降低20%～30%的疾病风险[13]。饮酒与多种疾病相关，包括恶性肿瘤、神经精神疾病、糖尿病、心脑血管疾病等[14-15]。以往研究认为饮酒量与全死因死亡率的关系呈J型曲线，即少量饮酒对健康具有一定的保护作用，然而最新研究通过对约50万中国人近十年的追踪发现，饮酒对健康的影响没有安全水平，任何水平的饮酒都存在健康风险[16]。类似吸烟也是造成许多慢性疾病（如肺癌、口腔癌、慢性阻塞性肺疾病等）的风险因素[17]，很早就开始吸烟和长期吸烟者的健康风险最高[18-19]。睡眠健康（包括睡眠周期、连续性、时间、警觉水平和满意度等）对心血管疾病、肥胖、心理健康和神经退行性疾病、饮食健康、生活质量、幸福感、免疫力等一系列关键健康结果均具有积极影响，而睡眠障碍将影响生活质量、心理健康、认知功能、心脑血管疾病等[20-22]。

已有的流行病学研究描述了我国民众的健康生活方式参与度及其与各种疾病发病率的关系。例如，我国居民膳食结构总体呈现出高热量、高脂肪和高糖摄入的趋势[23-24]。同时，我国居民杂粮摄入量较低且种类较为单一[25-27]，蛋类食物摄入频率和摄入量均偏低[28]，至少有2/3的人群存在膳食纤维和维生素摄入不足[29]，成年居民蔬菜和水果摄入量也普遍不足[30]。我国居民普遍存在身体活动水平不足的问题，成人经常锻炼率仅为18.7%[31]。对我国青少年身体活动和静态生活方式的综述研究显示，随着年龄增长，身体活动水平呈下降趋势，而静坐时间却呈增长趋势[32]。我国居民饮酒率和人均饮酒量方面均不容乐观，根据世界卫生组织的统计数据，自2000—2015年，我国居民饮酒量呈上升趋势[33]。较高的吸烟率仍然是我国当前面临的重大公共健康挑战之一，2021年5月26日，中国国家卫生健康委员会规划司与世界卫生组织驻华代表处在北京联合发布的《中国吸烟危害健康报告2020》显示，我国吸烟人数超过3亿，15岁及以上人群吸烟率为26.6%，其中男性吸烟率高达50.5%[34]。2015年对我国居民睡眠状况调查显示，我国成年居民平均睡眠时间为7.8±1.1小时，睡眠不足、睡眠过多的人群分别占比9.8%、16.9%[35]。因此，健康生活方式参与度不高成为中国当前和未来面临的重大公共健康挑战，迫切需要更有效的干预策略来弥合健康行为意愿与健康行为之间的鸿沟[36]，提升民众的健康生活方式参与度。

## （二）健康城市背景下的健康行为研究

王兰等（2016）提出，城市规划中重要的空间要素（土地使用、空间形态、道路交通、绿地和开放空间）可以通过推动健康低碳的生活、工作、交通和娱乐方式，促进体力活动，增加居民的锻炼意向、时间和频率以及减少空气污染及其对人体的影响两条路径来促进公民的健康行为模式和心理状态等公共健康问题[37]。王何等（2021）在此基础上归纳了住区空间环境对居民健康影响的路径模型，该模型指出空间要素（用地与设施、空间形态、交通与街道、绿地空间）主要通过居民积极生活促进路径（推动低碳生活与工作方式、促进体力活动、健康服务供给、社会交往、认知情绪意志等的心理状态）和环境风险消减路径（空气污染、噪声污染、小气候 / 风热环境、安全风险）两条路径影响居民的心理健康（如幸福感、抑郁 / 焦虑、压力、其他精神状态 / 疾病）、社会适应、自评健康、肥胖等，进一步丰富了空间环境要素对公共健康影响的内部机制[38]。基于此，本研究认为城市空间环境可以通过居民积极生活促进路径和环境风险消减路径两条路径影响居民的健康行为（例如社会适应、自评健康、肥胖、健康饮食、身体活动、睡眠等），具体模型见图 1。

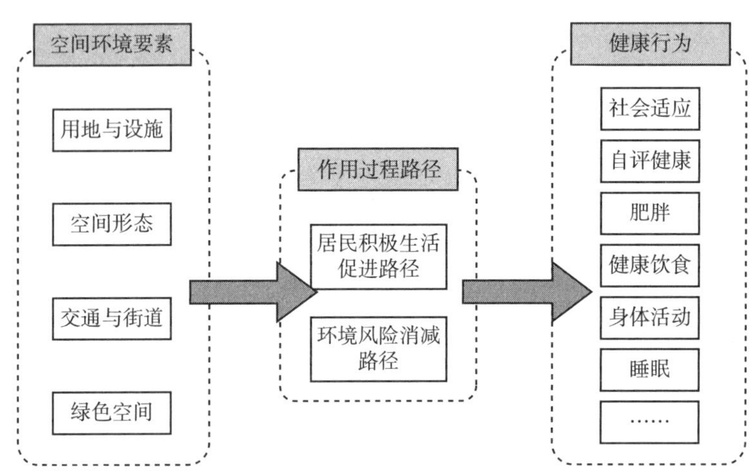


图 1　健康城市影响健康行为的路径模型

### 1. 国外健康城市建设背景下的健康行为研究

国外关于健康城市与健康行为关系的研究发现城市环境是影响居民健康行为的重要因素。例如，居住地与超市的距离越远，民众的水果和蔬菜的摄入量会越低，而其体重超重和肥胖的概率则更高[39]。Sarkar 等人（2017）发现居住密度与肥胖之间呈倒 U 形曲线关系。具体而言，在每平方千米 1800 个单位的居住密度以下，每增加 1000 个单位 / 平方千米与肥胖、腰围和全身脂肪水平呈正相关；超过每平方千米 1800 个单位，居住密度与 BMI、腰围和全身脂肪水平呈负相关，并且个体肥胖的可能性更低。此外，居住密度对年轻、女性、就业和体力活动水平较高的个体具有更明显的保护作用[40]。

一项关于社区社会资本与成人过去一个月酗酒频率之间关系的研究发现，生活在高度有序、拥有更密集的社交网络但社区凝聚力较低的社区中的成年人酗酒的可能性更高，而生活在缺乏秩序、社交网络较稀疏的社区中的成年人酗酒也更为频繁。这说明社区的社会资本（如社区秩序、社会网络密度、社区凝聚力）是成人饮酒行为的重要影响因素[41]。因此，从城市建成环境和社区社会资本的角度干预居民的酗酒行为或许是一个很有意义的探索和尝试。汤普森和肯特（2014）发现，精心设计的开放空间（例如公园、广场、花园、绿地等）、邻里街道、建筑之间以及火车站、汽车站等建成环境有助于加强个体与社区之间的连接，增强居民的归属感和社区凝聚力，进而提升居民的身心健康水平[42]。城市的建成环境，如绿地、可步行性、密度、空间设计、社会互动和环境噪音也会影响个体的心理健康水平。具体而言，城市的绿地空间越大，自然元素越多，密度适宜，促进友好型行人和自行车的街道设计，个性化、多样性、配置适宜的空间设计以及适度的环境噪声有利于增加居民积极的生活体验，促进社交互动，从而对其心理健康水平产生积极的影响[43]。

国外的相关研究也就如何通过健康城市建设来促进健康行为参与度进行了大量的探索。例如，为了更好地促进居民的健康行为，欧洲城市也相继出台了一系列的政策和干预措施鼓励居民提高自行车的使用率，例如，提高基础设施建设（如车道、小径、自行车道、交通信号灯、停车场等）、开发一系列支持自行车的项目、提供支持性的土地利用规划以及限制汽车使用，几乎所有采取综合干预措施的城市都经历了骑自行车人数和自行车出行次数的大幅度增加[44]。Giles-Corti 等（2016）指出，城市规划是减少非传染性疾病和道路创伤的重要途径。并提出了八种区域和地方干预措施来改善居民的健康出行方式，即鼓励居民步行、骑自行车和使用公共交通工具，同时减少私人机动车的使用。具体而言，在区域层面，增加日常生活所需主要目的地的可用性和可及性（例如食品商店、教育设施、卫生和社区服务，特别是公共交通）、促进城市间就业的公平分配、管理交通方式的驾驶需求（例如通过降低停车便利性和增加停车成本，促进居民选择低碳、环保、健康的出行方式）；在当地城市设计和交通规划层面，考虑设计行人友好型和自行车友好型交通网络、实现最佳居住密度水平、缩短与公共交通的距离、创建多样化的公共服务设施（例如商业、公共和娱乐设施）以及提高积极出行方式的适宜性（例如，创造安全、有吸引力的街区和安全、舒适、便利的公共交通系统）。总之，这些干预措施有助于创建更加平等、健康、舒适、可持续性发展的紧凑型城市，促进居民的健康行为，减少交通创伤、环境污染、噪音和犯罪的环境、社会和行为风险因素[45]。

**2. 国内健康城市建设背景下的健康行为研究**

城市规划与公民的健康行为参与度有着极其紧密的联系[46]。已有研究发现个体感知到的城市人口密度、用地功能混合、交通量、街道连通性、距公园绿地的距离均会影响儿童及其家长的户外活动水平和自评健康状况。当人口密度越低、用地功能混合配置越单纯、街道连通性越低以及公园布局的步行距离低于 10 分钟时，儿童的自评健康得分更高；而人口密度越低、用地功能混合度越混合、交通量越高、街道连通性越好时，家长的自我健康评价得分越高[47]。He 等人（2021）评估了社区层面健康支持环境的可及性与居民健康和福祉之间的关系，发现健康公园和健康小径与居民自评健康水平呈正相关，表明健康支持环境的发展可能会缓解与城市化相关的健康问题[48]。肖扬等人（2021）进一步发现，居住生活环境的绿化水平会积极影响居民的自评健康水平，说明居住环境的绿化状况是提升居民自评健康水平的有效途径[49]。

在身体活动方面，土地的混合利用，街道网络通达，周边交通便利，生活设施完备且可及（例如体育设备、公园、娱乐设施、超市等），可以有效促进青少年的身体活动，降低超重或肥胖的风险[50]。良好的人行道和自行车基础设施、较高的社区安全性、邻里友好性、社区公园可达性以及较短的家校距离可以有效促进儿童的体力活动[51]。密集的街道网络、便利的交通和公共服务设施、多功能公共空间系统和有吸引力的景观住宅建筑环境可以有效支持多样性和重要的体育活动[52]。此外，诸如密度多样性、道路通达性、形象维护管理、体育设施可达性、植被覆盖率等建成环境因素可以通过体力活动的中介作用影响民众的生理健康状态[6, 49]。社区公园的空间与布局、功能性、人口活动情况对老龄群体的健康交往活动有直接影响，而物理环境和便利性对老龄群体的健康有间接影响[53]。城市建成环境对老年人的日常步行活动也有一定的影响。距家 1000 米是城市老年人最主要的日常步行活动空间，距家 2000 米是重要的可选择性步行空间。在 1000 米步行活动空间范围内，良好的绿地环境、较高的公交站点密度、学校密度和公园密度、公园可达性、道路安全性以及道路夜晚照明感知等是老年人的交通性步行或休闲性步行活动促进因素，而较高的居住密度、自然景观吸引性感知、金融服务点密度、食品服务点密度以及道路环境的主观感知（交叉路口密度），则会降低老年人的步行活动[54]。

在饮食方面，家庭或学校周边社区的食品商店 / 餐厅类型、数量、距离、食物价格等与儿童体重、腰围及肥胖风险有关。随着快餐店、便利店、杂货店数量的增加儿童患肥胖高风险的可能性更高，而超市、自由市场数量的增加则可能会降低儿童肥胖的风险[55]。非健康与健康食品店的比率越低、地铁站点密度越高、公园密度越大，居民患超重肥胖的可能性越低，而绿地率的增加则反而会降低超重肥胖的风险，这或许是因为社区的周边绿化环境还未能成功吸引居民进行更多的身体活动[56]。对于女性老年群体而言，居住地附近有适宜的休闲体力活动场所、居住地到休闲体力活动场所的步行时间越短、一周内去商场的频率越低、高热量食物的可获得性越低，女性老年人身体质量指数（BMI）评价等级越低，个体患肥胖的可能性越低[57]。在睡眠方面，最新研究发现居住环境的湿度、$CO_2$ 浓度、温度、$PM_{10}$ 和菌落总数对儿童的睡眠时间也会产生一定的影响[58]。

此外，已有的研究发现健康的支持环境在改善居民的心理健康方面也具有良好的效果。例如，良好的户外环境可以有效促进个体的康复状况、缓解精神压力与消除疲劳、增强身体健康、陶冶情操等[59]。具体而言，室内环境中植物数量以及室外绿色空间使用时长可以有效缓解居民的压力感知、焦虑、抑郁、疲劳（如躯体疲劳、脑力疲劳）和躯体症状[60]。一项关于广州市老年人的研究也发现日常活动地建成环境是影响老年人主观幸福感的一个重要因素[61]。城市的建成环境也会显著影响中学生的心理健康水平。具体而言，居住地周边体育设施和休闲设施的可达性、公交站点的密度以及社会治安设施可以有效缓解中学生的压力水平、提高安全感，进而降低其抑郁程度[62]。有研究者采用准自然实验法探讨绿色空间环境对居民心理健康水平的影响，发现城市绿色空间促进了周边 2000 米范围内小区居民心理健康水平的提升。小区 500 米范围内建筑密度、居住用地比例和地铁站密度越高，邻里社会凝聚力越强，越有利于居民心理健康水平的提升，而小区周边公交站密度越高反而不利于居民心理健康水平的提升[63]。

## （三）健康城市背景下的健康行为助推研究进展

### 1. 国外健康行为助推研究进展

为了应对由健康生活方式参与度不高或不健康行为所带来的公共健康挑战，国内外陆续设立了相关的研究机构和团队来开展相关的研究，开发效果好、成本低、可推广的健康行为助推干预策略。例如，英国伦敦大学学院的苏珊·米切（Susan Michie）教授领衔成立了健康心理学研究团队，构建了行为改变技术的分类体系和行为改变的COM-B模型及行为改变轮理论，为开发有效的促进健康行为改变的干预策略提供了指南[64-65]。剑桥大学公共健康研究院专门成立了行为与健康研究团队（Behavior and Health Research Unit），专门致力于开发有效的干预策略来促进健康饮食、降低不健康饮食、饮酒行为和吸烟率[66]。英国公共健康部也于2018年10月发布《应用行为与社会科学改善民众健康》的白皮书，为将行为与社会科学的研究应用于促进健康行为改变和改善公共健康提供了指南[67]。美国国家疾病预防控制中心和国家健康研究院都于1995年成立了社会与行为科学团队，致力于将社会与行为科学领域的前沿研究成果应用于解决很多公共健康挑战[68-69]。与这一趋势相一致，美国很多大学的公共卫生学院都设立了社会与行为科学系或健康行为系，深入了解影响健康行为的因素及其内在机制并开发有效的干预策略来改善公共健康，促进健康公平。2016年，宾夕法尼亚大学医学院成立了健康助推研究中心，旨在应用社会与行为科学领域的前沿研究成果改善医疗健康服务并促进医疗健康服务创新，激发了很多医疗机构对应用行为科学来促进疾病预防的关口前移和优化医疗健康服务的兴趣[70]。与此相伴随的是生活方式医学在很多国家的兴起，例如美国成立了专门的生活方式医学学院和期刊[71]。这些交叉方向的研究为健康城市建设背景下更有效地提升健康生活方式参与度提供了参考。

### 2. 国内健康行为助推研究进展

中国在健康行为促进和健康生活方式领域的研究则相对滞后，传统的研究主要集中于健康宣教和流行病学研究，关于促进健康生活方式的干预研究相对较少。随着《健康中国2030规划纲要》的出台和以“预防和健康管理”为主的健康观念逐渐深入人心，促进健康生活方式成为改善全民健康的关键[9]。例如，《健康中国行动（2019—2030）》的十五项专项行动中至少有十二项专项行动与健康生活方式参与度密切相关[10]。2018年，中华生活方式医学会在香港注册成立[72]。2020年9月11日，国家心血管病中心主任胡盛寿在第一届中国健康生活方式医学大会上宣布成立国内首个健康生活方式医学中心，搭建首个国家级的健康生活方式医学学术支撑平台[73]。2021年5月14日至17日，在西安交通大学召开了第三届跨学科行为健康会议暨中华预防医学会行为健康分会成立大会[74]。

2020 年，中国心理学会所属的关注健康行为的心理学家筹划成立了中国心理学会行为与健康心理学专业委员会，并于 2021 年 11 月 19—21 日以线上线下相结合的方式召开了以“健康行为与中国人的身心健康”为主题的首届学术年会[75]。此外，四川大学华西公共卫生学院于 2020 年 9 月正式成立健康行为与社会医学系，并于 2021 年 8 月获批健康与社会行为学方向硕士、博士学位授权点，成为国内首个健康与社会行为学方向的学位点。这一系列的学术会议、倡议和行动标志着健康生活方式促进正得到越来越多公共健康领域的研究者和实践者关注，也有越来越多的研究者开始关注将基于行为科学的干预策略应用于促进健康行为，相关领域的研究必将促进健康行为改变、行为公共健康等前沿交叉领域在中国的发展并助力“健康中国行动”的全面推进。

## 三、健康行为研究趋势

在“健康中国”和健康城市建设的背景下，虽然中国民众的健康行为参与度有所提升，但是与推荐的健康行为参与度指标和“健康中国行动（2019—2030）”的目标相比仍然有很大的差距。例如，2021 年 4 月 26 日，由清华大学万科公共卫生与健康学院、中国新型城镇化研究院组成的“清华城市健康指数”联合科研团队发布了全国首份基于城市维度的居民健康行为大数据综合评价报告《清华城市健康行为指数》[76]。报告显示，我国城市健康行为指数总体水平较高，但是在城市居民健康素养、经常参与体育锻炼的人数、居民吸烟率等指标上离《健康中国行动（2019—2030）》的指标仍有较大差距，未来需要从多个方面进一步协调推进健康城市建设，提高中国居民的健康生活方式参与度，逐步实现“健康中国”行动的长远目标。

首先，近年来的研究描述了中国民众的健康行为参与度并分析了相关的影响因素，针对中国民众的健康行为干预研究还非常缺乏，未来有必要进一步开发适用于中国文化情境和中国人的健康行为助推干预策略，真正提升健康生活方式的参与度，让健康生活成为一种潮流。由于健康行为本身并不能马上带来健康收益而参与健康行为本身也需要克服许多障碍，迫切需要采用更有效的策略来提高健康行为干预策略的有效性。例如，健康教育对促进健康饮食行为改变的效果有限，而通过“助推”干预饮食行为可能是更有效、成本更低、更容易推广的方式[77]。目前已有研究者开始探索将游戏化的设计纳入助推身体活动水平的干预策略中去。例如研究发现支持、合作、竞争等不同策略的游戏化设计对于提升身体活动水平都有显著效果，其中竞争策略是最有效的[78]。但是目前相关的研究还相对较少，需要有更多的研究进一步探索如何通过游戏化的设计将行为科学关于行为改变的原则和最新的健康技术结合来提升干预策略的反馈性、趣味性和依从性。将健康行为助推干预策略与可穿戴设备技术相结合也是促进健康行为改变和提升健康生活方式参与度的有益尝试。可穿戴设备作为健康干预的一种辅助工具会增加民众的身体活动参与度并减少久坐时间[79-80]，也可能是一种帮助民众持续监测身体活动水平的有效工具[78]。近年来，基于手机应用的戒烟干预方式开始得到越来越多研究者的关注，一项研究对比了基于接纳承诺疗法（Acceptance and Commitment Therapy，ACT）的智能手机应用程序与一种基于美国临床实践指南（US Clinical Practice Guidelines，USCPG）的戒烟应用程序的有效性，研究发现基于 ACT 的智能手机应用程序是相对更有效的辅助戒烟工具[80]。这些研究进展说明将健康行为改变策略与智能手机应用程序或可穿戴设备相结合是健康行为促进领域非常富有前景的研究方法。

其次，健康行为参与涉及各个年龄段的人群，未来需要从全生命周期的视角来开发适宜于促进各个年龄段（包括婴幼儿、青少年、成人和老年人）人群的健康行为参与度的干预策略。鉴于在生命早期（儿童和青少年）养成的健康行为习惯会对其后续的健康生活方式参与度产生持续的影响，有必要采取全方位的措施来营造有助于促进健康行为的生活环境，帮助儿童和青少年在生命的早期阶段就能养成良好的健康习惯并降低习得不良健康行为习惯的风险。此外，伴随着中国人口老龄化的趋势，如何提升老年人的健康生活方式参与度也是未来中国公共健康领域所面临的一个重大挑战。考虑到老年人随着年龄增长会出现认知功能减退和行动能力下降等障碍，未来需要进一步开发适用于老年人的心理、认知和行动能力的健康行为助推干预策略，以帮助他们改善和保持健康，提高他们的生活质量，实现健康老龄化。只有全面提升各个年龄段群体的健康行为参与度才能最大化健康生活方式所带来的公众健康收益。

再次，由于健康生活方式参与度受到个体因素、情境因素、社会因素和公共健康政策因素等多个层面因素的影响，未来需要从多层次的视角来探索提升健康生活方式参与度的有效策略。例如，各级政府部门在制定区域发展规划时应该“将健康融入所有政策”，创造支持健康行为的社会、文化和组织环境，从能力（如提高个体的目标设定和健康行为自我管理能力）、机会（提高健康行为相关支持资源的可及性和可负担性）和动机（通过社会规范、情境影响来激发民众参与健康生活方式的行为意愿）等多个维度来开发有益于促进健康行为的干预策略，让“健康中国行动（2019—2030）”的目标能够得到落实。例如，目前很多城市正在开展的“十五分钟健康生活圈”建设将有助于解决促进健康生活方式的“最后一公里”的难题，让健康生活更便利、更可及、更容易。

最后，鉴于健康生活方式的普及和推广涉及健康相关的部门、组织机构和健康服务部门，未来需要进一步在增强不同部门之间的协作性，提高公共健康政策的协同性和一致性，以增强相关行为助推干预策略的可持续性和稳定性，让相关的干预策略能够触及更广泛的人群，实现全民共同参与，营造“人人参与，健康有我”的健康生活氛围。健康行为促进的政策设计和执行涉及公共健康、行为科学、公共政策、公共管理、城市规划、城市治理等多个相关学科和领域，未来有必要增强跨学科的交流与合作，从跨学科的视角来开发整合性的健康促进干预策略，以提升民众的健康行为参与度并进而改善公众健康。

# 参考文献


[1] 李婷婷，方勇，王东，等. 健康城市与国家卫生城市比较［J］. 中国公共卫生，2020，36（12）：1843-1846.

[2] Sabbah W，Tsakos G，Sheiham A，Watt RG. The role of health-related behaviors in the socioeconomic disparities in oral health［J］. Soc Sci Med. 2009，68（2）：298. doi：http：//dx.doi.org/10.1016/j.socscimed.2008.10.030.

[3] Barton H，Grant M. Urban Planning for Healthy Cities：A Review of the Progress of the European Healthy Cities Programme［J］. Journal of Urban Health，2013，90：129-141. doi：http：//dx.doi.org/10.1007/s11524-011-9649-9643.

[4] Middleton，J. Healthy people，healthy lives. The English public health white paper：risks and challenges for a new public health system［J］. Clinical Medicine（London，England），2011，11（5）：430-433.

[5] U.S. Department of Health and Human Services. Healthy People 2030. https：//health.gov/healthypeople.

[6] 张延吉，邓伟涛，赵立珍，等. 城市建成环境如何影响居民生理健康？——中介机制与实证检验［J］. 地理研究，2020，39（4）：822-835.

[7] 王兰. 建构“公共健康单元”为核心的健康城市治理系统［J］. 城市规划，2020，44（2）：123-124.

[8] 王兰，蒋希冀. 2019 年健康城市研究与实践热点回眸［J］. 科技导报，2020，38（3）：164-171.

[9] 新华网. 中共中央国务院印发《“健康中国 2030”规划纲要》［OL］. 2016. http：//www.xinhuanet.com//politics/2016-10/25/c_1119785867.htm.

[10] 健康中国行动推进委员会. 健康中国行动（2019—2030 年）［OL］. 2019. http：//www.nhc.gov.cn/guihuaxxs/s3585u/201907/e9275fb95d5b4295be8308415d4cd1b2.shtml.

[11] 新华网.（两会受权发布）中华人民共和国国民经济和社会发展第十四个五年规划和 2035 年远景目标纲要［OL］. http：//www.xinhuanet.com/politics/2021lh/2021-03/13/c_1127205564.htm.

[12] Loughrey D G，Lavecchia S，Brennan S，et al. The Impact of the Mediterranean Diet on the Cognitive Functioning of Healthy Older Adults：A Systematic Review and Meta-Analysis［J］. Adv Nutr，2017，8（4）：571-586.

[13] Rhodes R E，Janssen I，Bredin S S D，et al. Physical activity：Health impact，prevalence，correlates and interventions［J］. Psychology & Health，2017，32（8）：942-975.

[14] 周海茸，王琛琛，韩仁强，等. 2011 年与 2017 年江苏省南京市 20 岁以上人群归因于饮酒的恶性肿瘤疾病负担分析［J］. 中国肿瘤，2020，29（12）：946-951.

[15] 徐文超，覃玉，苏健，等. 江苏省≥ 35 岁社区居民饮酒与肥胖对糖尿病患病交互作用［J］. 中国公共卫生，2020，36（12）：1776-1779.

[16] Millwood I Y，Walters R G，Mei X W，et al. Conventional and genetic evidence on alcohol and vascular disease aetiology：a prospective study of 500 000 men and women in China［J］. The Lancet，2019，393（10183）：1831-1842.

[17] 尚婕，张梅，赵振平，等. 2013 年中国成年人吸烟状况与多种慢性病的关联研究［J］. 中华流行病学杂志，2018，39（4）：433-438.

[18] 刘韫宁，刘江美，刘世炜，等. 2013 年中国居民吸烟对归因死亡和期望寿命的影响［J］. 中华流行病学杂志，2017，38（8）：1005-1010.

[19] Wang M，Luo X，Xu S，et al. Trends in smoking prevalence and implication for chronic diseases in China：serial

national cross-sectional surveys from 2003 to 2013[J]. The lancet respiratory medicine，2019，7（1）：35-45.

[20] Hale L，Troxel W，Buysse D J. Sleep Health：An Opportunity for Public Health to Address Health Equity[J]. Annu Rev Public Health，2020，41：81-99.

[21] Fenton S，Burrows T L，Skinner J A，et al. The influence of sleep health on dietary intake：a systematic review and meta-analysis of intervention studies[J]. J Hum Nutr Diet，2021，34（2）：273-285.

[22] Barros M B A，Lima M G，Ceolim M F，et al. Quality of sleep，health and well-being in a population-based study[J]. Rev Saude Publica，2019，53：82.

[23] 宫伟彦，张妍，姚业成，等. 2010—2012年中国成年居民饮料消费状况分析[J]. 卫生研究，2018，47(3)：367-372.

[24] 张宇凤，于冬梅，赵丽云. 2010—2012年中国成年居民零食消费现状及影响因素[J]. 卫生研究，2017，46（2）：184-188.

[25] 琚腊红，于冬梅，房红芸，等. 2010—2012年中国居民膳食结构状况[J]. 中国公共卫生，2018，34(10)：1373-1376.

[26] 何宇纳，赵丽云，于冬梅，等. 中国成年居民粗杂粮摄入状况[J]. 营养学报，2016，38（2）：115-118.

[27] 房玥晖，白国银，向雪松，等. 2010—2012年中国城乡居民谷类食物消费特征[J]. 营养学报，2019，41（1）：5-9.

[28] 琚腊红，于冬梅，许晓丽，等. 2010—2012年中国居民蛋类食物摄入状况及其变化趋势[J]. 卫生研究，2018，47（1）：18-21.

[29] 何宇纳，王竹，赵丽云，等. 2010—2012年中国居民膳食维生素摄入状况[J]. 营养学报，2017，39（2）：112-115.

[30] 何宇纳，赵丽云，于冬梅，等. 2010—2012年中国成年居民蔬菜和水果摄入状况[J]. 中华预防医学杂志，2016，50（3）：221-224.

[31] 袁帆，陈征，张妍，等. 我国职业人群身体活动现状调查[J]. 中国公共卫生，2018，34（10）：1327-1330.

[32] 张丹青，路瑛丽，刘阳. 身体活动和静态生活方式的影响因素——基于我国儿童青少年的系统综述[J]. 体育科学，2019，39（12）：62-75.

[33] WHO：Global Information System on Alcohol and Health（GISAH）. https：//apps.who.int/gho/data/view.gisah.A1029SDG3v？ lang=en.

[34] 央视网. 中国吸烟危害健康报告发布我国吸烟人数超3亿[OL]. 2021. http：//news.cctv.com/2021/05/26/ARTIqV02Jn8rwzXjlYVc7De2210526.shtml.

[35] 苏畅，王惠君，张兵. 2015年中国十五省（自治区、直辖市）18～64岁成年居民睡眠状况[J]. 卫生研究，2020，49（3）：498-501.

[36] Sheeran P，Webb TL. The Intention-Behavior gap[J]. Social and Personality Psychology Compass，2016，10（9）：503-518. https：//doi.org/10.1111/spc3.12265.

[37] 王兰，廖舒文，赵晓菁. 健康城市规划路径与要素辨析[J]. 国际城市规划，2016，(4)：4-9.

[38] 王何王，张春阳. 国内外住区空间环境对居民健康影响研究综述[J/OL]. 南方建筑：1-12[2021-12-30]. http：//kns.cnki.net/kcms/detail/44.1263.TU.20211223.2037.002.html.

[39] Michimi，A.，& Wimberly，M. C. Associations of supermarket accessibility with obesity and fruit and vegetable consumption in the conterminous United States[J]. International Journal of Health Geographics，2010，9（1），49. doi：10.1186/1476-072x-9-49.

[40] Sarkar，C.，Webster，C.，Gallacher，J. Association between adiposity outcomes and residential density：A full-data，cross-sectional analysis of 419 562 UK Biobank adult participants[J]. Lancet Planet Health，2017，1：e277-e288.

[41] Tucker，J. S.，Pollard，M. S.，& Green，H. D. Associations of social capital with binge drinking in a national

sample of adults：The importance of neighborhoods and networks［J］. Health & Place，2021，69：102545. doi：10.1016/j.healthplace.2021.

［42］Thompson，S.，& Kent，J. Connecting and strengthening communities in places for health and well-being［J］. Australian Planner，2014，51（3）：260–271. doi：10.1080/07293682.2013.837832.

［43］Zumelzu，A.，& Herrmann-Lunecke，M. Mental well-being and the influence of place：Conceptual approaches for the built environment for planning healthy and walkable cities［J］. Sustainability，2021，13（11）：6395. doi：http：//dx.doi.org/10.3390/su13116395.

［44］Pucher，J.，Dill，J.，& Handy，S. Infrastructure，programs，and policies to increase bicycling：An international review［J］. Preventive Medicine，2010，50：S106–S125. doi：10.1016/j.ypmed.2009.07.28.

［45］Giles-Corti B，Vernez-Moudon A，Reis R，Turrell G，Dannenberg AL，Badland H，Foster S，Lowe M，Sallis JF，Stevenson M，Owen N. City planning and population health：a global challenge［J］. Lancet，2016，388（10062）：2912–2924. doi：10.1016/S0140-6736（16）30066-6. Epub 2016 Sep 23. PMID：27671668.

［46］李志明，张艺. 城市规划与公共健康：历史、理论与实践［J］. 规划师，2015，31（06）：5–11，28.

［47］翟宝昕，朱玮. 上海建成环境对儿童及其家长户外活动和健康自评的影响［J］. 规划师，2019，35（16）：23–29.

［48］He T.，Liu L.，Huang J.，et al. The community health supporting environments and residents' health and well-being：The role of health literacy［J］. International Journal of Environmental Research and Public Health，2021，18（15）：7769. doi：http：//dx.doi.org/ 10.3390/ijerph18157769.

［49］肖扬，张宇航，匡晓明 . 居住环境绿化水平对居民体质指数（BMI）和自评健康的影响研究——以上海为例［J］. 风景园林，2021，28（2）：49–54. DOI：10.14085/j.fjyl.2021.02.0049.06.

［50］沈晶，杨秋颖，郑家鲲，等. 建成环境对中国儿童青少年体力活动与肥胖的影响：系统文献综述［J］. 中国运动医学杂志，2019，38（4）：312–326.DOI：10.16038/j.1000-6710. 2019.04.012.

［51］路改改，殷江滨，黄晓燕. 城市建成环境对儿童体力活动的影响研究——以西安市为例［J］. 上海城市规划，2020（5）：1–7.

［52］Gao Y.，Liu K.，Zhou P.，et al. The effects of residential built environment on supporting physical activity diversity in high-density cities：A case study in shenzhen，china［J］. International Journal of Environmental Research and Public Health，2021，18（13）：6676. doi：http：//dx.doi.org/10.3390/ijerph18136676.

［53］徐文飞，董贺轩. 健康城市视角下的社区公园空间适老性研究——基于 SEM 量化分析［J］. 城市建筑，2020，17（32）：18–20.DOI：10.19892/j.cnki.csjz.2020.

［54］姜玉培，甄峰，孙鸿鹄，等. 健康视角下城市建成环境对老年人日常步行活动的影响研究［J］. 地理研究，2020，39（3）：570–584.

［55］朱一民，朱文丽. 社区食物环境与儿童肥胖的定性循证研究［J］. 中国学校卫生，2021，42（11）：1613–1615.DOI：10.16835/j.cnki.1000-9817.2021.11.004.

［56］王文文，甄峰，姜玉培，等. 建成环境及个体特征对大城市居民超重肥胖的影响研究——以南京为例［J］. 现代城市研究，2020（4）：18–26.

［57］陈春，塔吉努尔·海力力，陈勇. 女性老年人肥胖的建成环境影响因素及规划响应研究［J］. 人文地理，2018，33（04）：76–81.DOI：10.13959/j.issn.1003-2398.2018.04.011.

［58］常玲，张锋，刘萍，等. 西安市学龄儿童的居住环境对睡眠时间影响的通径分析［J］. 西安交通大学学报（医学版），2021，42（1）：158–162.

［59］谭少华，郭剑锋，江毅. 人居环境对健康的主动式干预：城市规划学科新趋势［J］. 城市规划学刊，2010，（4）：66–70.

［60］姚亚男，黄秋韵，李树华. 工作环境绿色空间与身心健康关系研究——以北京 IT 产业人群为例［J］. 中国园林，2018，34（9）：15–21.

[61] 周素红，彭伊侬，柳林，等. 日常活动地建成环境对老年人主观幸福感的影响［J］. 地理研究，2019，38（7）：1625–1639.

[62] 周素红，刘明杨，张琳. 青少年心理健康与城市建成环境营造研究——以广州市为例［J］. 中国名城，2021，35（7）：25–33.DOI：10.19924/j.cnki.1674–4144.2021.07.004.

[63] 谢波，王潇，伍蕾. 基于自然实验的城市绿色空间对居民心理健康的影响研究——以武汉东湖绿道为例［J］. 地理科学进展，2021，40（7）：1141–1153.

[64] Michie S，van Stralen MM，West R. The behaviour change wheel：a new method for characterising and designing behaviour change interventions［J］. Implement Sci，2011，6：42. doi：10.1186/1748–5908–6–42.

[65] Michie S，Richardson M，Johnston M，et al. The behavior change technique taxonomy（v1）of 93 hierarchically clustered techniques：building an international consensus for the reporting of behavior change interventions［J］. Ann Behav Med，2013，46（1）：81–95. doi：10.1007/s12160–013–9486–6.

[66] Behaviour and Health Research Unit. Retrieved from：https：//www.bhru.iph.cam.ac.uk/（2021.11.27）.

[67] Public Health England.（2018.10.01）. Improving people's health：applying behavioural and social sciences. Retrieved from：https：//www.gov.uk/government/publications/improving–peoples–health–applying–behavioural–and–social–sciences（2021.11.27）.

[68] Holtzman D，Neumann M，Sumartoj E，Lansky A. Centers for Disease Control and Prevention. Behavioral and social sciences and public health at CDC［J］. MMWR Suppl，2006，55（2）：14–16.

[69] Social and Behavioral Sciences. NIH Intramural Program. Retrieved from：https：//irp.nih.gov/our–research/scientific–focus–areas/social–and–behavioral–sciences（2021.11.27）.

[70] Penn Medicine Nudge Unit. Retrieved from：https：//nudgeunit.upenn.edu/about（2021.11.27）.

[71] 马欣. 生活方式医学［J］. 山东大学学报（医学版），2020，58（10）：1–6，12.

[72] 中华生活方式医学会. Retrieved from：https：//www.syhec.org/cslm/？ page_id=2194（2021.11.27）.

[73] 国内首个健康生活方式医学中心成立.（2020.09.11）. Retrieved from：https：//www.sohu.com/a/417831884_252168（2021.11.28）.

[74] 西安交通大学全球健康研究院. 第三届跨学科行为健康会议暨中华预防医学会行为健康分会成立大会在西安成功召开. Retrieved from：http：//ghi.xjtu.edu.cn/info/1016/1431.htm.

[75] 中国心理学会. 中国心理学会行为与健康心理学专业委员会 2021 年学术大会成功召开.Retrieved from：https：//mp.weixin.qq.com/s/fISvNJfkLh_2zlbfK7mFzQ（2021.11.29）.

[76] 清华大学新型城镇化研究院.（2021.04.26）创新"城市＋大数据"健康行为综合评价——清华《城市健康行为指数》成果发布. Accessed from：http：//tucsu.tsinghua.edu.cn/info/zxyj/3519.

[77] De Ridder D，Kroese F，Evers C，et al. Healthy diet：Health impact，prevalence，correlates，and interventions［J］. Psychol Health，2017，32（8）：907–941.

[78] Patel M S，Small D S，Harrison J D，et al. Effectiveness of Behaviorally Designed Gamification Interventions With Social Incentives for Increasing Physical Activity Among Overweight and Obese Adults Across the United States：The STEP UP Randomized Clinical Trial［J］. JAMA Intern Med，2019，179（12）：1624–1632.

[79] Brickwood K J，Watson G，O'brien J，et al. Consumer–Based Wearable Activity Trackers Increase Physical Activity Participation：Systematic Review and Meta–Analysis［J］. JMIR Mhealth Uhealth，2019，7（4）：e11819.

[80] Creaser A V，Clemes S A，Costa S，Hall J，Ridgers N D，Barber S E，Bingham D D. The acceptability，feasibility and effectiveness of wearable activity trackers for increasing physical activity in children and adolescents：A systematic review［J］. International Journal of Environmental Research and Public Health，2021，18（12）：6211.

撰稿人：张　宁　张　英

# 健康地理学视角下的健康城市研究进展

## 一、引言

人群健康受到经济因素、就业、教育状况、绿地获取、步行性、水和空气质量以及行为的影响。这些广泛的因素可以被认为是环境，因为在形式上，除了基因组之外的一切都可以被认为是环境的一部分。从这个广阔的环境角度，环境决定因素包括个体外部的物理、化学和生物因素，以及所有影响行为的其他因素。从社会经济方面来看，环境包括教育、就业、收入、医疗保健等 。众所周知，环境决定因素与健康结果之间复杂而动态的相互作用影响着社区的良好生计发展和可持续劳动力的建设[1]。

城市环境对人群健康的影响越来越大，因为居住在城市和城镇的人多于居住在农村地区的人。根据联合国的报告，2018 年，世界约有一半人口生活在城市，但到 2030 年，预计将增加到三分之二。哈特利（Hartley，2004）记录了城市和农村健康之间的差异，这些差异经常表现为医疗保健、建筑环境、自然环境和社会经济地位等决定因素[2]。城市环境提供各种各样的机会、工作和服务，但多样性、城市隔离和不同的社会经济特征助长了卫生方面的不平等。随着健康问题在世界范围内越来越突出，健康城市的发展越来越受到重视[1]。马祖琦博士在《城市健康视角中的公共住房政策研究—美国经验对我国的启示》中提到健康城市需要具备稳定、可持续的生态环境；健康、安全和高质量的自然环境。所有居民都能够享有高质量的保健和医疗服务，以保持健康水平高，发病率低的良好状态。城市可以满足全体城市居民的衣食住行、安全和就业等所有基本需求。人们生活在社区中相互支撑并且居民对于影响其生活、健康和福利等方面的政策有着参与度和决策权，并且居民可以拥有不多的资源进行密切的联系和交流，使得传统文化得以延续。城市经济呈现多样化，富有创新精神[3]。

空间对于健康的影响主要是来自城市环境（包括空气、噪声、绿地水体），城市街道交通设计，城市住房，健康营养等资源配置，还有社会健康发展。城市绿色空间布局可以调节城市热岛效应，城市生态气候，净化城市空气，减少噪声，提供生态服务环境，从而维护和提高城市健康环境。健康的城市空间可以作为居民交流的空间场所，从而使得个体更容易进入到社会网络当中，增加社会联系。合理安全的街道设计以及慢性交通，使得人们在城市街道中可以安全的出行从而提高生命健康质量。本文以影响人群健康的空间因素作为切入点，对近年来关于健康地理学视角下的健康城市研究进行了回顾，并对近年来这一领域的研究发展趋势做出展望和方向建议。

## 二、影响人群健康的环境空间因素研究

### （一）空气污染

空气污染是影响人群健康的危险因素之一。据世界卫生组织的粗略统计，空气污染每年在全球范围内导致七百万人死亡。十分之九的人群生活在低于世界卫生组织指定的参考标准的空气质量环境下，发展中国家尤甚。而空气污染在我国亦是严重的公共卫生问题，2017 年，空气的细颗粒物污染是仅次于吸烟、高血压与高钠饮食习惯的导致我国居民死亡的危险因素[4]。空气污染物主要由颗粒物与气态污染物组成。根据空气动力学当量直径，颗粒物可分为总悬浮颗粒物（Total Suspended Particle，TSP）、可吸入颗粒物（Particle Matter，$PM_{10}$）、细颗粒物（Particle Matter，$PM_{2.5}$），其空气动力学当量直径分别为≤ 100μm、10μm、2.5μm。而空气中的气态污染物主要由一氧化碳（CO）、二氧化氮（$NO_2$）、臭氧（$O_3$）、二氧化硫（$SO_2$）等组成[5]。气态污染物既自身存在毒性，也可参与光化学反应，促进 $PM_{2.5}$ 的生成。

颗粒物污染可显著提高人群的全因死亡率。杰拉德（Gerard）等对包含我国在内的 25 个队列研究进行了综述，荟萃分析显示长期暴露于 $PM_{2.5}$ 的人群，$PM_{2.5}$ 每增加 $10\mu g/m^3$ 全因死亡率平均增加 6%[6]。周（Zhou）等对我国 7 万名 40 岁以上的男性开展了流行病学研究，发现 $PM_{10}$ 长期暴露每增加 $10\mu g/m^3$，全因死亡风险上升 1.6%。颗粒物的化学组分包含有机碳、氯离子、砷、铅等，使得人群即使在低浓度的、短期的暴露下，即可造成心血管疾病的死亡风险增加[7]。陈（Chen）等发现，在我国的 30 个县，$PM_{2.5}$ 每增加 $10\mu g/m^3$，当日心血管疾病死亡率增加 0.12%[8]。空气污染也可引起呼吸系统疾病。历史上已多次发生严重空气污染导致的健康灾难，例如，1952 年的“伦敦烟雾事件”等。短期的 CO、$NO_2$、$SO_2$、$PM_{2.5}$、$PM_{10}$ 暴露即可增加慢性阻塞性肺疾病患者的住院率[9]。空气污染亦可影响居民的精神健康，导致焦虑、失落、抑郁。室外空气污染也会降低居民的外出或体力活动水平，从而导致肥胖。空气污染流动性大，外溢性强，对居民的健康福祉影响较大。我国城市的空气污染物的来源主要是工业与交通排放，在乡村主要为生物质燃烧与扬尘。

随着 2013 年《大气污染防治法》的颁布，我国主要大气污染物大幅下降，至 2019 年二氧化硫、氮氧化物、粉尘排放量对比各自峰值时期下降了 82.3%、48.7%、37.5%，空气质量改善明显[10]。京津冀、长三角、珠三角区域的 $PM_{2.5}$ 浓度在 2017 年以比 2013 年严重污染时分别下降了 39.6%、34.4%、27.7%[10-11]。2017 年全国 338 个地级以上城市的 $PM_{10}$ 浓度相较 2013 年平均下降了 22.7%。通过优化产业结构、运输结构、能源结构以及加强科技及管理支撑，北京市大气治理效果明显，2020 年 1—7 月北京市月均 $PM_{2.5}$ 浓度为 42μg/$m^3$，累计空气质量优良天数达 145 天，同比 2019 年增加 20 天[12]。珠海市进行了环境卫生优化行动，对机动车环保检验机构加强监管，进行了机动车排气污染路检和停放地抽检及复检工作。对建筑面积在 10 万平方米以上的建筑工地安装扬尘视频监控设备，对工地扬尘情况进行实时监控。2018 年，珠海市优良天数共计 325 天，空气质量达标率为 89.0%，未出现重度污染天气[13]。虽然我国大气治理成效明显，但在一些指标上对比发达国家仍然偏高，如 TSP 与二氧化硫。此外，我国臭氧污染问题仍然严峻，其近年污染程度及范围仍呈上升趋势[14]。

### （二）绿地与开放空间

城市的绿色空间是构成城市生态系统的重要一环，可提高居民的健康福祉。狭义上，绿色空间是指被草本、树木、灌木等植物覆盖的空间；广义上，绿色空间又称开放空间，泛指一切保持自然特征的且向公众开放的区域，如公园、学校操场、广场等。绿色空间中的植被可吸附有害气体，释放氧气，降低呼吸系统疾病与心血管疾病的发病概率，其形成的局部小气候可一定程度上降低热岛效应，减少高温引发的疾病的发生概率。道尔顿（Dalton）等对英国 24420 位居民的心血管疾病的发病率进行了回顾性分析，发现居民住址附近 800 米缓冲区范围内的绿色空间比例与心血管发病率相关，四分位绿色空间比例地区居住的居民发生心血管疾病的概率要比一分位地区的居民低 8%[15]。此外，由于绿色空间可为居民提供锻炼、活动场地，可间接促进附近居民的体力活动水平，降低肥胖病发病率。罗（Luo）进行的包括中国在内的 57 项研究的综述显示，半数以上研究认为绿色空间可降低居民肥胖病的发病率[16]。此外，绿色空间中的植物有益于舒缓居民的心理压力，可促进居民的心理健康。譬如，高延平在哈尔滨市的研究显示，改善社区绿色空间品质，提高绿色空间使用频率都可显著提升居民健康福祉状况[17]。许志敏发现，在北京，社区绿化率与绿色空间品质均与居民的生活满意度、身心健康显著相关[18]。

自 2016 年《“健康中国 2030”规划纲要》颁布以来，全国各地区各部门结合实际贯彻落实，健康城市建设已初显成效。作为国家卫生计生委疾病预防控制局确定的全国 38 个首批健康城市试点名单以来，内蒙古自治区包头市新建成 28 个社区运动休闲公园、20 余处健康步道，其所辖 8 个旗县区建有全民健身中心，36 个苏木乡镇、189 个社区建成全民健身站（点），覆盖率达 89.4%。2019 年，包头市已有 1 万平方米以上公园广场 71 个，人均公园绿地面积达到14平方米，建成区绿化覆盖率达到44.3%[19]。珠海市围绕“健康生态、健康生活、健康保障”三大健康体系进行健康城市建设。目前，珠海市社区体育公园数量已达216处，城市人均体育场地面积达3平方米，建设绿道1290千米，已建成遍布城区的健康步道，实现了市、区、乡镇/街道、行政村/社区四级“城乡居民10分钟体育健身圈”[20]。

## （三）街道设置与城市交通

### 1. 街道

“健康街道”概念源于健康城市和公共健康的概念，是健康城市有机发展模式的空间细化。在国外的研究中健康街道被认为是以慢行出行方式为主的一种模式。这种模式通过减少汽车的使用，改造周围环境，在实现城市美化的同时达到社区互动的效果。并且通过街道的布局为人们提供生理上安全舒适、心理上愉悦快乐[21]。以达到对经济和环境卫生，公民健康发展等方面带来积极影响。徐若璨的研究指出健康街道的空间设计的核心是满足行人需求，同时将街道的包容性和受欢迎程度作为设计参考，倡导慢行交通。在空间设计方面还需要考虑到绿地、植被环境等自然环境、基础设施、交通的衔接、街道的多样、土地混合程度、智慧体系构建，以避免规范化标准导致千篇一律的现象[22]。

各地结合自己所在地区的自然环境、人文资源等优势以打造适合于当地交通出行和市民生产生活的健康街道。重庆市利用自身临江的地理优势，在毗邻江边的地方为不同人群打造了休闲健身场所和设施。滨江街道空间主要由水体、护坡、自然岸线、滨江绿道、滨江路、临街空间、头排建筑、山体组成。滨江街道为市民创造了活动空间，人们在这样的空间环境下可以释放压力、舒缓心情。并且市民在同一场所进行健身可以调动公众社交积极性。并且市民们以健身的目的聚集在一起，将有利于社交健康，可以增加街区价值生活认同感，随着慢性公共交通的普及，依据上学放学时段开放街道通行来保障步行、骑行和公共交通出行的便利，为行人提供安全空间，人们也会更多的选择由公共交通来代替私家车出行。这种潜移默化的影响为改善人的健康状态做出积极的贡献[22]。

### 2. 城市交通

科林（Colin）的研究表明随着经济增长和现代化的发展，私家车的销量也在与日俱增。然而，这也会带来交通量增加和交通事故[23]。其中年轻人是受伤最大的群体。1990—2010年，公路运输伤害造成的死亡人数超过了艾滋病、结核病和疟疾造成的死亡人数。

在高收入和中等收入国家，改善交通安全的努力主要集中在私家车安全驾驶系统的设计上，这其中包括增加车辆耐撞性和改进驾驶员行为使得驾驶员可以安全规范驾驶 。布勒（Buthler）的报告中提出从1975—2001年在德国、法国、荷兰和瑞典等国家，交通事故伤害和死亡率下降了70%以上[24]。这些国家实施了严格责任的交通法律法规。还将城镇限速降至每小时 30 千米。并且引进高质量的运输系统，需求管理策略。例如，减少停车场设计，以减少行人、骑自行车者和司机之间的信息通信冲突；改善了交通信号[24]。

苏州市委、市政府先后印发《健康苏州 2030》规划纲要，并且通过健康城市领导小组各专业委员会的协调，规划、生态环境、市场监管、水利、城管、医保、交通、公安等部门与卫生相关部门积极履行职责。促进健康，形成健康苏州建设的强大合力。苏州从 2010 年开始实施道路交通安全干预计划，截至 2019 年年底，交通事故死亡率较初期下降 60.52%。解决道路交通事故致残致死的城市健康问题，道路交通安全部门主动介入方案，坚持具体工作思路，创建良好工作机制，构建营造浓厚的安全氛围，建立科学的应急体系，减少道路交通伤害。该项目于 2012 年荣获世界卫生组织健康城市最佳实践奖，并在第九届全球健康促进大会上作为成功案例进行展示[25]。

### （四）健康医疗设施

医疗资源是城市重要的公共资源，数量及其分布的公平可达性是衡量城市发展水平的重要指标。生活在高质量的医疗资源公平可达的地区可极大程度地改善健康结局，包括传染病（肺结核、麻疹）、孕产妇与新生儿疾病、癌症（睾丸癌、皮肤癌、宫颈癌）及一些慢性非传染性疾病等（卒中、糖尿病等）[26]。全球新冠肺炎疫情的暴发是各国医疗资源公平可达的重要考验，加强各国医疗设施建设，实现医疗资源公平分配已成为国际共识。在国外，已有研究对医疗资源的公平可达进行了探索，例如 Jia 等使用改进 Huff 模型对美国佛罗里达州的多级医院服务区域进行了再规划[27]。Luo 与 Wang 使用 2000 年美国人口普查数据与芝加哥地区基层医师数据对芝加哥基层医疗护理的空间可达性进行了评价[28]。也有研究对我国的医疗资源可达性及其影响进行了研究。陶印华与申悦使用改进潜能模型及多元线性回归对上海市各区域医疗资源可达性进行了研究，分析了户籍人口及流动人口就医可达性差异及其影响机理[29]。李俊等采用两步移动搜索法研究了安徽省医疗资源的空间可达性，识别了 2015 年省内医疗资源匮乏地区[30]。

建设公立大医院成本较高，且其带来的“虹吸”效应会使得优质医疗资源分配更为不均，强基层，建立健全农村医疗服务网络和城市社区卫生服务网络是实现医疗资源公平可达的重要途径。十八届六中全会以来，我国逐步优化医疗资源配置，构建分级诊疗体系，深化医改已获得了明显成效。例如，2009—2018 年四川省医院数量由 1186 家增长至 2336 家，年平均增长率 7.8%。基层医疗机构包括卫生院、社区卫生服务中心也由 2009 年的 69739 家增长至 2018 年的 77623 家，年平均增长率为 1.2%，社区卫生服务机构增长较快，年平均增长率为 4.9%。四川省医院和基层医疗卫生机构卫生人员数也呈增长趋势，其中，医院注册护士年均增长率为 12.0%，基层医疗卫生机构为 11.1%。基层医疗卫生机构全科医生人数自 2012 年的 3175 人，增加到 2018 年的 10946 人，年均增长率为 24.1%。虽然我国医院、基层医疗机构数量逐年增加，但卫生人员的质量仍需加强。在我国中西部，乡村医生对于常见病的问诊、诊断、治疗仍存在不足。我国基层医疗服务对我国最常见的慢性病包括高血压、糖尿病还存在着管理方面的不足[31]。

## （五）饮食

凯伦（Karen）等的研究指出全世界每年有260万人死于缺乏水果和蔬菜中所含有的维生素，并且有21亿人存在超重或肥胖问题[32]。比利（Billie）等的文章中指出，越来越多的证据已经检验了食品购买、饮食和城市食品环境，还有土地利用特征之间的关系，即食品可用性（食品供应）和食品可及性（食品供应地点和物理邻近性）之间的关系[33]。明子（Akihiko）等提出健康食品的可获得性和多样性始终与良好的饮食习惯呈正相关，超市的密度与水果和蔬菜高频率消费有关[34]。相反，约翰（John）等证明了快餐供应与快餐购买、快餐消费等行为和肥胖风险呈正相关。在城市环境中，邻近超市与较高的水果和蔬菜摄入量和降低肥胖患病率有关[35]。然而，京子（Kyoko）等表明生活在难以获得健康和实惠的食品的地区，居民的出行和购买手段受到交通的限制从而选择在品种有限、质量较差、价格较高的小型当地商店购物，这现象不但不利于营养健康的发展，还会扩大健康不平等[36]。在另一方面，保护当地耕地对长期粮食供应有着很大的影响[37]。戈弗雷（Godfray）等也指出到2050年，由于世界人口不断增长，粮食需求将同比增长100%。因此，保护和支持城市和城郊地区农业的土地使用对于促进当地粮食来减少不平等至关重要[38]。

在上海居民的每日饮食摄入量尽管呈下降趋势，但是肥胖超重问题仍然与日俱增。为此上海市政府提出了营养师制度。该制度幼儿园、学校、养老机构、医院等需要供餐的位配备营养师，并且在社区配备营养指导员。各单位的营养师需要定期提前在公示栏公布食谱，其中包含标注份量和营养素含量和简要营养成分描述等内容。并且在条件允许的情况下为不同营养状况的人群制定适合的食谱[39]。

## （六）住宅

在杰森（Jie-sen）在其著作《迈向健康城市》一书中提到，住房对人类健康的影响有多种：直接影响包括接触含铅涂料、霉菌、杀虫剂、室内空气污染[40]。间接影响包括搬迁压力、社会隔离加剧以及由于住房成本而导致的大量收入转移。霉菌和蟑螂等室内变应原会加重儿童哮喘。由于人们经济原因导致的拥挤住房，更增加了发生火灾的可能性，以及暴露于环境危害的可能性。例如供暖不足、含铅涂料、门窗未加防护以及通风不足。在住房租金上花费更多，意味着放弃提高健康的必要活动，如饮食、衣着、交通和医疗。虽然住房政策是城市规划的核心之一，但分析和规划制定却鲜有考虑多种族居住环境的特征如何影响人体健康——从住房质量和可负担水平到隔离程度，再到就业和服务的邻近程度。居住环境包括住房的位置属性，也包括其周边环境的物理、社会属性，以及“居住行为（Acts of Residence）”所构成的一组关系。相比于“住房与健康”，居住环境与健康包含更多要素，并抓住了一系列如已建成房屋的所有者与他们的活动、家的概念和邻近的物质与社会特征及其影响力之间的相互作用。采纳健康城市治理的观点意味着聚焦改善整体居住环境而非仅仅健康住房（healthy housing）[40]。

上海作为中国经济最发达的城市，正在形成一种稳定的新城市形态与新城市文化。2002 年上海获得联合国颁发的“城市可持续发展贡献奖”、2005 年获联合国经济与社会事务部“城市信息建设杰出贡献奖”。上海健康住宅的主要成就集中在社会宜居方，2010 年，上海开始实施以“平、缓、特”为特点的交通规划，制定“正生态和快乐生态”的生态系统以及“叠合城市”的地下空间、安全体系及信息交流等一系列规划，建设“让生活更美好”的城市。其次，作为一个多元文化聚集的城市，社会阶层、消费群体的多样化及由此形成市民多元化的生活方式和居住需求。因此需要新理论、新思想、新方法来应用到住宅设计上，来提高居住环境质量和生活服务设施水平，且个性化的住宅区设计和建设一定意义上满足了以住宅为现代社会发展“格式化”需求，以此成为上海宜居城市建设的鲜明特色[41]。

## 三、研究趋势与展望

环境空间是城市生态系统的重要组成部分，一般可被分为自然环境与建成环境。自然环境包括气温、降水、风速、湿度、空气质量等，而建成环境一般指为人类活动提供的人造环境。自然环境可对城市居民的身心健康造成影响，如高温可诱发心血管疾病，频繁的降水可降低人群的体力活动水平造成肥胖等疾病，空气污染可造成呼吸系统、心血管疾病等。良好的自然环境可促进居民的心理健康，提高居民的体力活动水平，降低传染病或慢性非传染性疾病的发病率从而降低居民的全因死亡率。国内外大量的研究对空气污染，特别是细颗粒物污染与人群健康之间的关系进行了调查，结果表明即使短时期低剂量的细颗粒物污染即可对人群健康造成影响。随着我国对大气环境的不断重视，大气治理的成效愈加明显。在全国范围内，空气的主要污染物包括 $PM_{2.5}$、$PM_{10}$、二氧化硫、二氧化氮、一氧化碳均大幅度下降。然而臭氧污染并未大幅度下降，甚至在一些地区有所上升。相对于其他污染物，臭氧污染与人群健康的关联性研究仍然较少，部分原因可归咎于格网化的、精确的、高空间分辨率的臭氧数据较难获得。

城市中的建成环境也可对居民的身心健康造成影响。例如公园广场等绿色开放空间的多寡与其分布可能会影响居民的体力活动水平；其中的绿色植物对环境的调节可能会降低城市热岛效应、降低空气污染物，从而促进人群健康。也有研究表明绿色植物使得居民身心愉悦。建设城市绿色开放空间，提高绿色空间质量与利用率，对健康城市建设有重要意义。我国多个城市已相继大力投入绿色开放空间建设，成效显著。健康的街道设置可促进居民健康，步行或骑行友好型街道及便利的公共交通可降低私家车使用频率，提高居民体力活动水平，避免肥胖等。此外，交通便利的街道或地区可相对提高城市公共设施的可及性，提高如开放空间等的利用率。我国一些城市街道建设已将居民健康纳入考虑，如苏州，未来需要更多的城市在街道交通设置中考虑居民健康因素。除便利的交通外，医疗环境、食品环境也是组成健康城市的重要一环。

公平可达的医疗资源可大幅改变健康结局，提高人群非必要死亡。在《健康中国2030》的背景下，我国加强基层医疗建设，建设分级诊疗制度极大地促进了医疗资源的公平可达。但目前在一些偏远地区，仍存在基层医疗质量不佳的现象。进一步提高基层医疗质量，加强基层医疗资源投入可进一步便利居民就医，提高居民健康福祉。健康的食品环境可极大地促进居民的健康，在我国成人及青少年肥胖率逐年递增的背景下，健康的食品环境对健康城市建设意义非凡。我国虽然治安水平相对较高，但相关研究较少，未来更多的研究可能会促进我国治安与健康城市关联的更多思考。

健康地理学提供了一个独特的时空视角来研究健康城市各要素及其之间的组合，从而实现生活在其中的居民健康状况最优化。其中，空间全生命周期流行病学是健康地理学领域未来应大力发展的一支新兴方向，即遵循流行病学实验设计、基于长期人群健康追访调查数据、采用空间和大数据技术精准测量个体暴露程度、开展高级统计分析从而证实暴露于健康结局之间因果关系的研究，将为健康城市建设和相关政策制定提供更加坚实的科学依据。

# 参考文献


[1] Salgado M，Madureir A J，Mendes A S，et al. Environmental determinants of population health in urban settings. A systematic review[J]. BMC Public Health，2020，20（1）：853.

[2] D. H. Rural Health Disparities，Population Health and Rural Culture[J]. American Journal of Public Health，2004，94：1675–1677.

[3] 马祖琦. 城市健康视角中的公共住房政策研究——美国经验及其对我国的启示[J]. 未来与发展，2012，7.

[4] Zhou M，Wang H，Zeng X，et al. Mortality，morbidity，and risk factors in China and its provinces，1990–2017：a systematic analysis for the Global Burden of Disease Study 2017[J]. The Lancet，2019，394（10204）：1145–1158.

[5] 中华人民共和国生态环境部. GB3095–2012 环境空气质量标准[M]. 北京：中国环境科学出版社，2018.

[6] Hoek G K R，Beelen R，Peters A，Ostro B，Brunekreef B，Kaufman D. Long–term air pollution exposure and cardio–respiratory mortality：a review[J]. Environmental Health，2013.12.

[7] Zhou M，Liu Y，Wang L，et al. Particulate air pollution and mortality in a cohort of Chinese men[J]. Environ Pollut，2014，186（1–6）.

[8] Chen C，Zhu P，Lan L，et al. Short–term exposures to $PM_{2.5}$ and cause–specific mortality of cardiovascular health in China[J]. Environ Res，2018，161（188–194）.

[9] 高楠楠. 北京市室外空气污染对慢性阻塞性肺疾病患者住院率、肺功能及系统炎症的影响[D]. 北京协和

医学院研究生院，北京协和医学院，2019.
[ 10 ] 赵振乾．我国大气污染治理现状分析[ J ]．中国资源综合利用，2021，39（5）：147-149.
[ 11 ] 陈健鹏，李佐军．中国大气污染治理形势与存在问题及若干政策建议[ J ]．发展研究，2013，(10)：4-14.
[ 12 ] 北京市人民政府．2019 年北京市 $PM_{2.5}$ 年均浓度 42 微克 / 立方米 $PM_{10}$ 和 $NO_2$ 首次达到国家二级标准[ M ]．北京市人民政府网，2020.
[ 13 ] 珠海市生态环境局．2018 年珠海市环境质量状况（修订）[ M ]．珠海市生态环境局网 . 2021.
[ 14 ] 陈菁，彭金龙，徐彦森．北京市 2014—2020 年 $PM_{2.5}$ 和 $O_3$ 时空分布与健康效应评估 [ J ]．环境科学，1-24.
[ 15 ] Dalton A M，Jones A P. Residential neighbourhood greenspace is associated with reduced risk of cardiovascular disease：A prospective cohort study[ J ]．PLoS One，2020，15（1）：e0226524.
[ 16 ] Luo Y N，Huang W Z，Liu X X，et al. Greenspace with overweight and obesity：A systematic review and meta-analysis of epidemiological studies up to 2020[ J ]．Obes Rev，2020，21（11）：e13078.
[ 17 ] 高延平．城市绿色空间与居民健康福祉关系研究[ D ]．哈尔滨师范大学，2021.
[ 18 ] 许志敏．居住区绿地与居民身心健康的关系研究[ D ]．北京林业大学，2015.
[ 19 ] 上海复旦大学公共卫生学院．包头市健康城市建设规划（2021—2030 年）[ M ] // 包头市政府．包头市政府网，2021.
[ 20 ] 广东省政府．珠海市卫生与健康“十三五”规划[ M ]．广东省人民政府网，2017.
[ 21 ] Säumel I，Weber F，Kowarik I. Toward livable and healthy urban streets：Roadside vegetation provides ecosystem services where people live and move[ J ]．Environmental Science & Policy，2016，62：24-33.
[ 22 ] 徐若璨．健康视角下山地小城镇滨江街道空间优化探究[ J ]．中国名城，2021，35（7）：66-74.
[ 23 ] Colin D M，Doris M，F，Inoue M，et al. Counting the dead and what they died from an assessment of the global status of cause of death data[ J ]．Bulletin of the World Health Organization，2005，83（6）.
[ 24 ] Buehier R. Walking and Cycling in Western Europe and the United States：trends，policies，and lessons[ J ]．TR News，2012，5：34-42.
[ 25 ] 胡一河 谭卜刘．1999—2019 年新时期健康苏州建设策略 [ J ]．中国健康城市建设研究报告（2020），2020，18.
[ 26 ] Barber R M，Fullman N，Sorensen R J D，et al. Healthcare Access and Quality Index based on mortality from causes amenable to personal health care in 195 countries and territories，1990-2015：a novel analysis from the Global Burden of Disease Study 2015[ J ]．The Lancet，2017，390（10091）：231-266.
[ 27 ] Jia P，Wang，F，Xierali，I. Delineating Hierarchical Hospital Service Areas in Florida [ J ]．Geographical Review，2016，107（4）：608-623.
[ 28 ] Luo W，Wang F. Measures of Spatial Accessibility to Healthcare in a GIS Environment：Synthesis and a Case Study in Chicago Region[ J ]．Environ Plann B Plann Des，2003，30（6）：865-884.
[ 29 ] 陶印华，申悦．医疗设施可达性空间差异及其影响因素——基于上海市户籍与流动人口的对比[ J ]．地理科学进展，2018，37（8）：1075-1085.
[ 30 ] 李俊，牛黎光，周玲．空间可达性视角下安徽省医疗资源缺乏的单元识别[ J ]．安徽工业大学学报（社会科学版），2018，35（5）：29-32.
[ 31 ] 曹菲菲．新疆基层医疗机构发展现状的调查分析[ D ]．新疆医科大学，2021.
[ 32 ] Lock K，Pomerleau，J，Causer，L，et al. The global burden of disease attributable to low consumption of fruit and vegetables：implications for the global strategy on diet [ J ]．Bulletin of the World Health Organization，2005，83（2）：100-108.
[ 33 ] Caspi C E，Sorensen G，Subramanian S V，et al. The local food environment and diet：a systematic review [ J ]．Health Place，2012，18（5）：1172-1187.
[ 34 ] Michimi A，Wimberly M C. Associations of supermarket accessibility with obesity and fruit and vegetable

consumption in the conterminous United States [ J ] . Int J Health Geogr，2010，9（49）.

[ 35 ] Coveney J，O'dwyer L A. Effects of mobility and location on food access [ J ] . Health Place，2009，15（1）：45–55.

[ 36 ] Giles–Corti B，Vernez–Moudon A，Reis R，et al. City planning and population health：a global challenge [ J ] . The Lancet，2016，388（10062）：2912–2924.

[ 37 ] Miura K，Turrell G. Contribution of psychosocial factors to the association between socioeconomic position and takeaway food consumption [ J ] . PLoS One，2014，9（9）：e108799.

[ 38 ] Charles H，Godfray，J，Beddington，J，et al. Food Security The Challenge of Feeding 9 Billion People [ J ] . Science，2010，327.

[ 39 ] 农工党市委、长宁区政协．推行“居民营养计划”深化上海健康城市建设 [ M ] . 上海政协，2020.

[ 40 ] 杰森 科．迈向健康城市 [ M ] . 2019.

[ 41 ] 王双．中外宜居城市建设的比较及借鉴 [ M ] . 中国区域发展网，2017.

撰稿人：贾　鹏

# 老年人居环境研究进展

## 一、引言

2020 年，我国城镇化率已达到 63.9%，到 2050 年，城镇化率将达到 70% ~ 80%，进入城镇化的后期阶段，届时我国将有三分之一的人口为老年人。城镇化率的提高将大部分表现为老年人口的大规模增长，老年人的人居环境水平将极大影响城镇化质量的提高。“十四五”期间，我国城镇化将处于转型发展时期，该阶段是经济社会结构调整最为复杂的时期，关注老年人的人居环境问题，对于提升新型城镇化的内涵和质量具有重要意义。

国际上，为了实现高品质的老年人居环境，各国从“健康老龄化、积极老龄化、就地老龄化、友好老龄化环境”等方面提出了应对老龄化空间问题的理论和实践框架。1986 年，全球范围内发起了“健康城市计划”，世界卫生组织强调健康与建筑、自然和社会环境的关系，以及地方政府在促进老年人居住环境的作用[1]。2002 年，世界卫生组织提出了“积极老龄化”政策，“积极”意味着社会参与、经济、文化、精神和公共事务的积极，并为老年人提供健康、参与和安全的最大化机会，来提高老年人的生活质量。2007 年，WHO 在全世界 33 个城市发起了“全球老年友好型城市项目”（图 1），这项全球性项目在许多国家推广了老年友好社区的概念[2]。近年来，为保证老年人的特殊需求和生活状况，“友好老年人环境”受到了关注，世界范围内各国鼓励建设“老年友好社区”[3]，并采取“就地养老”政策，通过综合的规划并提供广泛的社区支持服务，以扫清限制老年人活动的障碍[4]。

为了贯彻落实积极应对人口老龄化国家战略，我国分别于 2016 年、2019 年和 2021 年印发了《“健康中国 2030”规划纲要》（简称《纲要》）、《国家积极应对人口老龄化中长期规划》（简称《规划》）和《关于加强新时代老龄工作的意见》（简称《意见》）。《纲要》立足“全人群”和“全生命周期”两个着力点，重点强调突出解决老年人、残疾人等重点人群的健康问题，针对生命不同阶段的主要健康问题和主要影响因素提供全程、公平可及、系统连续的健康服务和健康保障。《规划》进一步明确了积极应对人口老龄化的目标，并从社会财富储备、劳动力有效供给、为老服务和产品供给体系、科技创新能力及社会环境五个方面部署了应对人口老龄化的具体工作与任务。《意见》着重从规划实施层面强调加快建立健全相关政策体系和制度框架，促进老年人养老服务、健康服务、社会保障、社会参与、权益保障等统筹发展。国家应对人口老龄化政策的提出，凸显出国家战略层面对老年人居环境改善的迫切需求，老年人居环境问题的解决，对于积极应对人口老龄化国家战略的实施具有重大意义。

本报告从“老年人的空间分布特征、人居空间发展模式、社会空间与出行行为特征、居住空间环境、老年人健康与建成环境”等方面，总结国内外老年人居环境的研究进展、热点问题和重点议题，并结合我国人口老龄化发展趋势和政策要求提出未来老年人居理论研究和实践发展的方向和建议，为构建我国老年人居环境的理论体系、促进学科发展和服务社会，提供全新的视角和路径（见图1）。

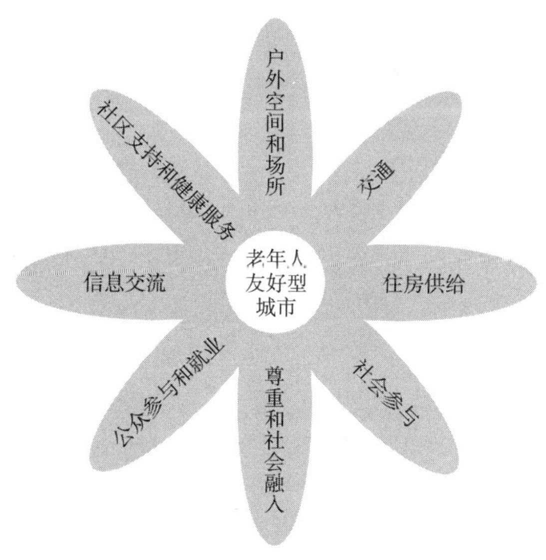


图1　全球老年人友好型城市建设内容

## 二、相关概念与理论方法

### （一）相关概念

#### 1. 老年人居环境

人居环境由人类系统、社会系统、居住系统和支撑系统组成[5]。老年人居环境是老年人聚居生活的空间，目的是满足“老年人聚居”的需要，所涵盖的特征包括人口分布特征、社会空间特征、出行行为特征和居住环境特征，以及承载老年人居住和健康生活的城市空间发展模式与建成环境特征。

2. 人口老龄化

人口老龄化在国际上通常定义某个国家或地区人口中 60 岁以上老年人口占总人口比例超过 10%，或者 65 岁以上老年人口占总人口比例超过 7%，即进入老龄化社会。城市老年人口占总人口的比重定义为老龄化程度，国际上依据 65 岁及以上老年人口占总人口比重的不同，将城市地域空间的人口年龄结构类型划分为年轻型、成年型、老年型、“超老年型”四类。

3. 健康老龄化

健康老龄化是 1990 年 WHO 提出的应对人口老龄化问题的一项战略目标和对策，它不仅强调老年人个体和群体的健康，还指出老年人应生活在一个良好的社会环境，其内涵体现为三方面：①老年人个体健康，老年人生理和心理健康和良好的社会适应能力；②老年人口群体的整体健康，健康预期寿命的延长以及与社会整体相协调；③人文环境健康，人口老龄化社会的社会氛围良好与发展持续、有序与合规律。

## （二）理论方法

1. 老年学理论

老年学理论揭示了老年人与空间互动的内在机理[6]，主要包括脱离理论与活动理论、相互作用理论、连续性理论等。这些理论主要探讨环境、个体等对老年人的社会交往、生活方式、行为活动、身心健康等方面的影响。其中，脱离理论从基础、动力、结果和特征四个方面描述了老年人的脱离过程，认为老年人身心衰弱、脱离社会，而且该脱离过程具有普遍性和不可避性；相反地，活动理论则提出积极参与社会活动有助于老年人保持生命活力。相互作用理论提出为了延缓老年人机体衰老、提高社会适应能力，应当营造积极参与的居住空间环境。连续性理论指出老年人的生活方式受到其中年期生活方式的影响，与其退休前职业类型、收入水平、社会地位密切相关，是导致老年人社会空间分异的重要因素，并对老年人的行为活动、空间需求产生重要影响。

2. 行为地理学

行为地理学揭示了老年人的行为活动规律。“抑制性偏好”理论认为老年人的活动空间受到多方面因素制约，公共交通、步行环境、服务设施配置的空间模式等对老年人活动空间产生了重要影响。“锚点理论模型”认为老年人由于受限于行动能力与健康状况，普遍选择的锚点为家庭、户外休闲空间、购物地点，这些重要的节点以邻里为中心相互作用，形成了主要行为路径网络，并溢出扩散形成老年人典型的社区环境，即老年人主要的生活行为空间。哈格斯坦德的“时空棱柱体模式”理论研究指出老年人的通勤活动主要由居住地、娱乐地、交通方式及活动时间决定，反映出交通方式及其设施的便捷性是决定老年人开展娱乐活动的重要因素。施图茨的“交际活动距离论”指出老年人的社交活动主要发生在邻里，随着邻里距居住地距离的增加，交际次数呈现急剧下降趋势。因此，邻里、社区规模是影响老年人社交活动的重要影响因素，合理的社区规模有助于促进老年人的交际活动。

### 3. 人类生态学

人类生态学揭示了老年人的空间演变特征。“侵入和接替”这一动态变化过程揭示出老年人作为弱势群体在空间选择中的被动性，客观反映了老年人空间演变的动态历程；“共生与竞争”理论反映出老年人在城市地域范围内被动式参与竞争，其居住空间逐渐被侵入与接替，在动态的竞争过程中逐渐形成新的共生关系；“隔离”反映老年人的社会空间演变模式，随着城市外延式扩张和内涵式更新的加快发展，老年人的社会空间隔离将进一步加剧。

### 4. 社会地理学

社会地理学从人口空间演变角度揭示了老年人的迁居行为及驱动因素。“老年人空间集聚”理论将老年人的空间集聚过程分为残留集聚、替代集聚以及汇合集聚三类；非老年人口的流出导致老年人口比例上升的现象被归纳为“老年人空间残留”。老年人迁移类型上，从距离上包括短距离和长距离迁移；依据动机和迁移的空间类型将其分为大都市区内部迁移、从非大都市区向大都市区迁移、从大都市区到非大都市区迁移[1]。而在生命路径模型中，老年期的迁居根据发生时间可以分为“退休后迁移”“援助指向型迁移”“设施指向型迁移”三类。老年人居住迁移的主要动因包括个人社会经济属性、家庭因素与地域环境特征。

### 5. 老年友好城市理论

WHO 将老年友好城市定义为：提供包容的、可接近的城市环境，可以促进积极老龄化，为老年人创造足够机会以促进健康、公众参与和社会安全[2]。“老年友好城市”的建设体系由交通、住房供给、社会参与、尊重和社会融入、公众参与和就业、信息交流、社区支持和健康服务以及户外空间和场所组成。

## 三、国内老年人居环境研究现状

国内老年人居环境研究从探讨多尺度的老年人空间分布特征入手，明确了适应人口老龄化的城市空间发展模式与养老空间模式，并进一步通过分析老年人的社会交往、户外活动、交通出行特征，探讨了满足老年人社会活动、交通出行与健康需求的老年人社区、养老服务设施及公共空间的发展策略。国内老年人居环境研究以问题为导向，通过开展实证分析，从宏观到微观深入解析了城市空间与老年人社会需求互动的基本特征和规律，并提出了规划策略。

### （一）老年人的空间分布特征

我国人口老龄化呈现出“东高西低”的特征，区域尺度，地区经济发展水平的差异引发迁出率和自然增长率的变化，特别是年轻劳动力外流，导致了部分地区“老年人空间残留”现象[3-5]，而低龄人口迁入城市群会对人口老龄化起到“稀释作用”[6]。在城市尺度，普遍表现为中心城区老龄化程度增速较快，特别是社会地位较高、收入水平有保障的老年人形成了“主动残留”[7]；大城市老年人空间分布模式呈现为圈层扩散（集聚 - 递减 - 递增）模式（北京），以及圈层 + 组团式分布模式（广州）[8-9]。

### （二）老年人居空间发展模式

城市空间发展需要为老年人提供良好的人居环境，通过减少城市工作组团与公共休闲空间的重叠性，就近安排老年人休闲、锻炼及日常活动吸引点，使老年人日常活动与交通通勤相对分离，并完善城市慢行交通系统，鼓励老年人积极出行[10]。其次，构建完善的养老服务设施体系是实现积极老龄化的重要手段。我国应以家庭养老为主、社会养老为辅，并与社区养老服务网络相结合，构建多层次的综合养老模式[11]。居家型养老模式应以区隔化市场为导向、产业化服务为特征，实现空间上“大混合、小集聚”的发展[10]。然而，我国的社区养老在规划建设标准、规划设计过程与模式上存在较大问题[12]，通过改变建设养老设施的“增量规划”发展模式，依托现有老龄化社区，通过“存量挖掘”与更新改造，才能真正实现社区“原地养老”[13]。

### （三）老年人的社会空间与出行行为特征

老年人的社会交往、日常活动与出行行为是其重要的社会属性特征，与城市空间环境密切相关。社区建成环境对老年人社会交往活动具有重要影响，距离中心城区越近且周边拥有老年人活动中心、图书馆 / 文化站等较好质量的配套设施，老年人的社会交往活动水平越高[14]。其次，老年人的日常活动也具有较强的规律性。从微观个体角度，老年人的生活历程包括日常活动空间的拓展、逐渐向社区及周边收缩、局限于家及住所附近三个阶段[15-16]，其活动范围主要集中在1千米范围的“日常活动圈”，整体呈现大集聚小分散的流动特征[17]。从中观生活圈角度，老年人对社区生活圈有较大的依赖性[18]，其中高龄老年人以居家休闲活动为主，低龄老年人外出休闲活动时间较长[19]。老年人能够克服空间邻近性的不足，更青睐于选择适宜性的日常活动空间[20]。然而，老年人住区选址的远郊化、年龄结构的单一性与社会隔离问题，对老年人的社会交往与日常活动产生了较为严重的制约[21-22]。

老年人的出行行为相较于成年期发生了重大变化，随着年龄的增长，老年人的交通出行逐渐由生存型转向生活型，出行次数与时耗下降并以步行为主。公共服务设施布局是否与老年人出行行为匹配，是影响老年人交通出行的关键[23]。同时，居住区物质空间环境的安全性、便捷性、适应性、可识别性与可参与性，对老年人的出行需求和出行特征具有重要影响[24]，需要对步行系统、公交站设施等展开科学设计，鼓励老年人积极出行[25]。

### （四）老年人的居住空间环境

老年人社区环境及服务设施是老年人居住空间环境的重要组成部分。老年人社区规划需要考虑不同区位条件下老年人的养老需求，城市中心的养老社区宜采用小街区、密路网、窄断面模式，近郊型和远郊型养老社区应将老年人居住组团靠近医疗等公共服务设施布置，组团尺度应适宜步行，规模不宜过大[26]。在大城市中心区，适合发展“高层复合型适老公寓”，并通过“普通住宅社区＋老幼共融型公寓”模式和“商业地块＋商住型复合老年公寓”模式，缓解城市中心区用地紧张与大规模居住需求量之间的矛盾；而且，通过实现不同年龄层次人群的混合居住，增加老年人与社会的交流，提高社区养老生活品质[27]。

老年人社区服务设施配置方面，关键在于满足老年人群体对养老服务的差异性需求及动态变化[28]，特别是增加面向失能和半失能老年人的服务设施[29]。因此，社区规划中需要综合考虑老年人服务设施的选址、配置的规模效益和服务范围，同时还应当完善服务设施配套的技术标准[30]，建议从老年人口空间分布、行为活动规律和需求角度，通过差异化和集约化方式配套社区养老服务设施[13, 31]。此外，老年人的日常生活行为呈现出内容设施化、活动领域设施化、生活作息时间设施化等特征，建议为老年人提供差异化的居住条件与照料服务，创建小规模、人性化的居家生活空间，促进老年人与服务设施环境的融合[32–34]。

老年人的公共空间环境是其开展社会交往、户外活动的重要载体，需要满足其生理、心理和行为活动需求，应从功能组织、布局模式、营造手段等方面展开多尺度的公共空间优化。户外空间方面，老年人的日常生活具有较强的规律性，但活动的空间分布没有明确的规律性，500米范围属于老年人较强集中活动带。在公共空间设计中应塑造围合及半围合的空间，在住宅单元与室外联系处设计中介空间，以满足老年人休闲活动的时空分布规律及其对公共空间的使用需求[35]。建筑内部的公共空间方面，通过增加机构养老设施内部多层次的公共空间，增强老年人对公共空间的控制感和归属感，并明确建筑空间组织与功能划分，增强老年人对公共空间的认识度[36]。

### （五）老年人健康与建成环境

健康老龄化是老年人居环境发展的主要目标，而社区建成环境是影响老年人健康的主要因素[37]，它通过影响老年人的体力活动与社会交往进而影响老年人健康，涉及的建成环境要素主要包括密度、土地利用混合度、街道设计、公共交通及设施可达性、可步行性等[38-39]。研究发现，老年人社区中休闲运动场所对老年人身体质量指数（BMI）的影响显著，并随着距离增加而衰减[40]；社区老年活动中心、露天健身器材场地、图书馆等设施的可达性，对老年人社会交往活动也具有积极作用[14]。道路密度对于增加老年人的休闲型体力活动频率能够起到促进作用，土地利用模式对老年人的休闲活动场所选择具有主导影响[41]。此外，城市绿色空间促进了居民中高强度体力活动与社会交往水平的提升，特别是对于遭受健康风险的中、老年人，大型绿色空间具有重要的健康效应[42]。道路交叉口密度、公交站点密度等反映出行活动的因素仅在部分活动空间中影响老年人的主观幸福感，而绿地率在不同活动空间对老年人主观幸福感存在相反的影响[43]。

## 四、国内外发展比较

国外老年人居环境的研究背景与我国存在较大差异，老年人的郊区化现象、社会空间隔离、交通出行与活动范围等均与我国老年人显著不同。然而，国外该方面研究已形成较为完善的理论体系，而且在研究方法上具有领先性，对于我国开展老年人居环境研究具有一定的借鉴意义。

### （一）老年人的空间分布特征

人口老龄化的历史 - 地理进程模型指出，全球人口老龄化进程加快，发达地区的人口老龄化增长率大于欠发达地区[44]，然而在欠发达的加勒比地区，老龄化程度也呈现快速上升趋势[45]。伴随着人口老龄化，城市老年人口迁移现象较为普遍，老年人为追求环境的舒适性和设施的便捷性存在向心与离心迁移，而且明显集中于都会地区的核心区及偏远的乡村聚落中，并将向都市的市郊地区扩张[46-49]；城市老年人分布的不均衡以及郊区老龄化是必然的发展趋势[50]，并进一步加剧了老年人的社会空间隔离[51]。总体而言，老年人空间分布的影响因素是多元的，包括老年人的社会经济属性、人口特性、家庭因素、社会交往、迁徙地的环境条件与原居住地的距离、设施指向性和环境指向性等[52-53]。

国外老年人的空间分布已呈现郊区化特征，国内老年人的空间分布特征仍以中心聚集为主、郊区化趋势初步显现。现有研究侧重于从区域层面探讨老年人的空间分布特征，从中微观层面探讨城市尺度老年人的空间演化特征还较为缺乏。此外，针对我国城市老年人郊区化的新现象及其衍生的空间问题，需要借鉴国外理论框架深入探索我国城市老年人的空间演化特征和驱动机理。

## （二）老人人居空间发展模式

面对快速老龄化问题，国外学者及研究机构从战略、实施层面提出了人居环境的发展目标、技术框架和行动指南。“积极老龄化”政策明确了城市人居环境发展的框架体系，涉及生活环境、社区建设、安全交通出行等多方面[54]。“老年友好城市”评价体系指明了老年人居环境发展目标，主要包括老年人的健康是否得到了改善、老年人的收入能否获得体面的居住标准、公共交通系统能否使老年人到达全市地区等 7 个方面[55]。城市空间发展模式方面，集中、紧凑的城市形态以及多模式的交通系统，减缓了城市蔓延、交通拥挤和环境污染，有助于建设更加健康和友好的老年人居环境[56]。

国外学者构建了完善的老年人居空间发展模式，我国当前正全面实施的人口老龄化战略还缺乏空间响应。从我国老年人居环境的核心问题入手，探索面向老龄化社会的城市人居空间发展目标、模式与策略，是当前迫切需要解决的问题。

## （三）老年人的社会空间与出行行为特征

西方国家人口老龄化最典型的社会问题是社会排斥，与老年人收入水平低下及其行动能力衰弱阻碍了正常社交密切相关。通过评价老年人的社会隔离程度[57-58]，发现“尊重与社会排斥”是影响友好老年人居环境的重要因素[59]；此外，城市化和旧城改造带来的中产阶级化侵蚀了老年人的居住空间，迫使老年人离开熟悉的居住区，进一步加剧了老年人社会空间分异[60]。为此，世界卫生组织将“社区服务资源是否足够对抗社会隔离和社会排斥”作为建设老年人友好城市的主要评价指标[61]。

老年人的日常活动与出行特征方面，国外老年人与我国老年人呈现显著差异，其机动车出行次数和流动水平持续增加[62]，社交活动的出行距离和频率并未减少[63]，而主动出行和日常交通旅行有所减少[64]，其中购物是老年人日常出行的主要目的地[65-66]。性别、家庭结构、教育水平、汽车拥有量、是否有残疾、城市密度、距离和社会活动目的是影响老年人社会空间与出行行为需求的主要因素[63]。

国内外老年人的社会空间与出行行为特征呈现较大差异。社会空间分异是国外老年人居环境最典型的社会问题，现有研究聚焦于描述和解释社会排斥现象并采取规划应对措施。国内研究着力探索老年人的日常活动、社会交往与出行行为的特征，从需求角度开展老年人日常生活圈、交通设施等方面的规划研究。相较而言，国外相关研究综合运用 GPS、大数据等新技术方法深入刻画了老年人的社会空间与出行行为特征。我国需要借鉴国外先进的技术方法，从微观的时空行为角度开展深入的分析，为制定精细化的规划措施提供定量化的科学依据。

## （四）老年人的居住空间环境

社区环境是影响老年人迁居、独立生活与社区生活质量的重要因素[67]，为了积极应对老年人的社会隔离问题，国外学者侧重探讨“老年人友好环境”目标下的社区规划模式与方法[68]。从文化、社会学视角，国外学者提出的老年人社区融合式与分离式规划模式具有重要应用价值。具体而言，通过整合社区、工作和家庭领域的社会资源，为老年人提供更好的社会联系，同时改善医疗保健和护理资源的空间分布，建设老年人友好社区[55, 69]。而在老年人住宅设计方面，通过引入全生命周期策略，提升了老年人的居住选择权和控制权[70]，有助于建设老年人友好社区。

老年人服务设施方面，老年人与照料设施存在空间错位现象，通过建立多级居住照料系统实现对医疗资源的均等化配置，以满足老年人的照料需求[69]。其次，提升老年人服务设施可达性是优化老年人居住环境的核心议题，现有研究大多是基于交通网络可达性的服务设施被动评价，对老年人出行的可达性评价还较为缺乏；Titheridge 等根据出行模式的可获得性、出行目的、社会经济分化、出行时间和出行成本，构建了适合老年人的可达性评价标准和指标[57]，以及 Maoh 等运用相对可达性测度指标分析蒙特利尔市健康医疗设施的可达性，相比于传统的固定距离测算可达性的方法有长足进步[62]。公共空间的可达性和可步行性是促进老年人健康生活的重要因素，社区周围设置适宜步行的绿化空间（沿街绿化和小公园）有助于促进老年人开展户外活动并改善其健康状况[71]；有研究指出每周至少去一次户外活动对保持体弱老年人的身体机能具有重要作用[72]，老年人的伴侣依恋也会影响其户外空间的活动范围[73]。

国外学者从多学科视角探讨了“老年人友好社区”规划模式，并运用多种技术方法科学评价老年人服务设施、公共空间的可达性，对于指导老年人居住空间规划具有重要意义。国内该方面的研究视角还较为单一，从多学科视角综合运用新技术方法定量化分析老年人户外活动规律，探索满足老年人行为活动需求的居住空间环境是前沿方向。

## （五）老年人健康与建成环境研究

城市建成环境是影响老年人健康的主要因素，国外学者深入探讨了建成环境与老年人健康的多层级关系与内在机理。绿地、公共空间和街道等建成环境要素，以及安全、可达、可步行的高密度社区环境能够显著提升老年人的体力活动[74]，对老年人健康具有重要影响[75]。城市建成环境与心理健康也存在协同交互作用，通过多层干预有效促进体力活动进而改善老年人健康[76-78]。在建成环境要素中，蓝绿空间具有重要的疗愈效果[79-80]，它加强了社区老年人的社会联系，进而提升老年人健康水平[81]。设施可达性对老年人步行时间具有显著的非线性和阈值效应，通过量化建成环境要素阈值并确定干预优先级，对于指导老年友好型社区建设具有重要意义[82]。

国外关于建成环境与老年人健康的研究形成了较为完善的理论体系，主要从体力活动、社会交往等视角运用定量方法探讨建成环境对居民自评健康与典型疾病的影响和作用机制；而国内该方面研究还处于起步探索阶段，缺乏较为成熟的理论框架与方法体系，未来需要从不同尺度探讨多维建成环境要素与老年人健康的关系。

### （六）小结

国内关于老年人居环境的研究大多停留在策略分析层面，从空间及需求的错位、缺失现象与问题入手研究规划策略，缺乏对老年人居环境发展规律及问题内在机制的深入探讨。国外老年人居环境的研究表现为地理学、社会学、城市规划学等学科交叉的发展趋势。研究视角上融合了空间、非空间视角，不仅关注老年人空间及设施的可达性问题，还关注老年人社会属性特征及其需求对居住空间、服务设施等的影响；研究方法上，不再过度迷恋基于定量化分析模型，更多的关注社会、经济、文化等因素对老年人居环境的影响，并融合了行为地理学的认知行为分析方法、经验分析方法，将质性研究与定量研究结合起来全面解析老年人居环境特征及规律。

## 五、我国发展趋势与对策

### （一）研究趋势及重点

国内外关于老年人居环境的研究呈现多学科交叉融合的发展趋势。老年人社会学从宏观层面研究老年人的社会、经济、文化等方面特征；社会地理学研究宏观层面老年人的空间分布、迁居行为，以及微观层面的行为活动空间规律；老年人心理学、医学研究微观层面老年人的个体及群体活动、行为、心理与健康特征；城乡规划学研究中微观层面老年人住宅、服务设施、公共空间等方面的规划设计。当前，城乡规划与社会地理学、心理学等多学科交叉研究，为老年人居环境研究提供了全新的思路[5]，使得从物质空间视角审视老年人居环境的传统方法，融合了系统和理性过程模式的逻辑分析，以及社会、经济、文化、行为等社会空间视角的思考，综合运用交叉学科的前沿理论与方法，科学指导城市老年人居环境的理论研究与实践工作。

从现有研究的重点来看，国外老年人居环境研究在多学科交叉背景下形成了老年地理学的新学科方向，聚焦于探讨城市建成环境对老年人社会需求、出行行为、健康等的影响和作用机理。国内研究以北京大学柴彦威、东南大学胡仁禄、中山大学周素红、清华大学周燕珉和于涛方、同济大学黄建中和丁一凡、武汉大学周婕和谢波等为代表，从早期关注老年人的社区发展、空间分布特征、日常行为特征，逐渐全面研究老年人的时空演化特征、空间发展模式、社会空间分异、养老设施规划以及建成环境对老年人健康和幸福感的影响。

## （二）问题及对策

当前，我国老年人居环境的理论研究与实践工作面临着战略传导不足、老龄化空间问题应对缺位等重大挑战，需要立足于城乡规划学科进一步凝聚思路与目标展开研究工作。

**1. 老年人居环境理论体系的缺位**

“自上而下”层面，国外关于老年人居环境的研究已形成了全球性行动纲领，例如“积极老龄化”“友好老年人环境”“全球老年友好城市”等战略目标明确指导了老年人居环境的发展。国内该方面研究亟须在政策引导下引入核心理念构建面向老年人居环境可持续发展的理论体系，包括构建“市场引导”与“政府调控”相结合的城市养老空间模式，面向老龄化社会的城市空间发展模式及道路交通系统，满足老年人社会需求的社区、服务设施、公共空间的规划理论与方法。

**2. 老年人居环境研究与规划实践的脱节**

“自下而上”层面，老年人居住环境研究应当以问题为导向，面对老年人的快速郊区化、社会空间隔离、出行受限、社区养老模式缺位、服务设施和公共空间与老年人需求错位等现象与问题，统筹兼顾城市空间资源配置的“公平与效率”，合理制定城市空间规划政策与措施，积极应对日益复杂、多元化的老年人居环境问题。

**3. 老年人居环境研究新技术方法的欠缺**

研究方法上，国际上对于老年人居环境的研究，已呈现为现代前沿科学技术的全面引入，尤其是全球定位系统（GPS）、虚拟现实技术、大数据等已全面应用于老年人居环境的宏观、微观要素的知识挖掘、规律分析和决策指导。在“友好老年人环境”目标引导下，充分运用新技术方法，从多学科视角深层次挖掘老年人的空间分布、社会空间、交通出行、行为活动的特征与规律，将对城市老年人居环境研究具有重要的理论支撑和实践指导意义。

## （三）学科发展展望

全生命周期视角下，健康问题的核心人群为老年群体，探讨老年人居环境的特征和发展规律，是实现全人群健康发展的重要环节。在我国人口老龄化深度发展背景下，老年人的社会、空间需求与健康目标密不可分，构建老年人居环境的理论与实践体系，探索老年人服务设施、公共空间、居住环境等一系列规划指标与标准，其根本目的是提高老年人的健康水平和幸福感，为建设面向“积极老龄化”的健康城市提供理论依据和技术支撑。从学科发展角度，老年人居环境研究的多元化、多学科交叉发展趋势为健康城市科学的建设提供了新方向。在以“建筑、规划、景观”三位一体的核心学科主导下，健康城市科学需要立足空间的内核，探索城乡人居空间发展演变的规律，同时也需要借鉴社会学、地理学、经济学等多学科的理论和方法，逐渐完善健康城市科学的理论和方法体系，为国家重大战略的实施以及全人群健康水平的提升提供科学依据。

# 参考文献


[1] Wiseman R F, Roseman C C.A typology of elderly migration based on the decision making process [J]. Economic Geography, 1979, 55 (4): 324-337.

[2] 窦晓璐，约翰·派努斯，冯长春. 城市与积极老龄化：老年友好城市建设的国际经验［J］. 国际城市规划，2015，30（3）：117-123.

[3] 吴连霞，赵媛，吴开亚，等. 中国人口老龄化区域差异及驱动机制研究［J］. 地理科学，2018，38（6）：877-884.

[4] 吴媛媛，宋玉祥. 中国人口老龄化空间格局演变及其驱动因素［J］. 地理科学，2020，40（5）：768-775.

[5] 于涛方，王瑾. 面向人口老龄化的城市规划应对［J］. 规划师，2012，28（9）：75-79，88.

[6] 王录仓，武荣伟，李巍. 中国城市群人口老龄化时空格局［J］. 地理学报，2017，72（6）：1001-1016.

[7] 周婕. 城市老龄人口空间分布特征及演变趋势［J］. 城市规划，2014，38（3）：18-25.

[8] 谢波，周婕. 大城市老年人的空间分布模式与发展趋势研究——以北京、上海、广州、武汉为例［J］. 城市规划学刊，2013（5）：56-62.

[9] 周春山，童新梅，王珏晗，等. 2000—2010年广州市人口老龄化空间分异及形成机制［J］. 地理研究，2018，37（1）：103-118.

[10] 李峰清，黄璜. 我国迈向老龄社会的两次结构变化及城市规划对策的若干探讨［J］. 现代城市研究，2010，25（7）：85-92.

[11] 胡仁禄，马光. 构筑新世纪我国老龄居的探索［J］. 建筑学报，2000（8）：33-35.

[12] 周燕珉，林婧怡. 我国养老社区的发展现状与规划原则探析［J］. 城市规划，2012，36（1）：46-51.

[13] 谢波，魏伟，周婕. 城市老龄化社区的居住空间环境评价及养老规划策略［J］. 规划师，2015，31（11）：5-11，33.

[14] 李经纬，范晨璟，田莉，等. 社区建成环境对老年人社会交往活动的影响研究［J］. 人文地理，2021，36（1）：56-65.

[15] 谷志莲，柴彦威. 城市老年人的移动性变化及其对日常生活的影响——基于社区老年人生活历程的叙事分析［J］. 地理科学进展，2015，34（12）：1617-1627.

[16] 柴彦威，李昌霞. 中国城市老年人日常购物行为的空间特征——以北京、深圳和上海为例［J］. 地理学报，2005（3）：401-408.

[17] 谢波，郑依玲，李志刚，等. 行为活动视角下城市老年人户外空间的规划布局模式——以武汉为例［J］. 现代城市研究，2019（2）：30-37.

[18] 黄建中，张芮琪，胡刚钰. 基于时空间行为的老年人日常生活圈研究——空间识别与特征分析［J］. 城市规划学刊，2019（3）：87-95.

[19] 张纯，柴彦威，李昌霞. 北京城市老年人的日常活动路径及其时空特征［J］. 地域研究与开发，2007（4）：116-120.

[20] 杨东峰，刘正莹. 邻里建成环境对老年人身体活动的影响——日常购物行为的比较案例分析［J］. 规划师，2015，31（3）：101-105.

[21] 马晖，赵光宇. 独立老年住区的建设与思考［J］. 城市规划，2002（3）：56-59.

[22] Yu J, Rosenberg M W. "No place like home": Aging in post-reform Beijing [J]. Health & Place, 2017, 46: 192-200.

［23］黄建中，吴萌．特大城市老年人出行特征及相关因素分析——以上海市中心城为例［J］．城市规划学刊，2015（2）：93-101.

［24］陆伟，周博，安丽，等．居住区老年人日常出行行为基本特征研究［J］．建筑学报，2015（S1）：176-179.

［25］毛海虓，黄瑾．美国面向老龄社会的城市交通对策以及对中国的启示［J］．国外城市规划，2006（4）：90-92.

［26］魏维，顾宗培．老龄化背景下的养老社区规划设计［J］．规划师，2015，31（11）：12-17.

［27］黄雯，李炜，陈婷婷，等．大城市中心区新型养老模式：高层复合型适老公寓［J］．规划师，2015，31（11）：34-40.

［28］颜秉秋，高晓路，季珏．城市养老设施配置的微观模拟与规划政策分析——以北京市为例［J］．地理科学进展，2015，34（12）：1586-1597.

［29］高晓路，颜秉秋，季珏．北京城市居民的养老模式选择及其合理性分析［J］．地理科学进展，2012，31（10）：1274-1281.

［30］于一凡，田菲，贾淑颖．上海市社区居家养老服务设施体系研究［J］．建筑学报，2016（10）：93-97.

［31］于一凡，徐文娟．农村地区养老服务设施研究——以浙江省江山市为例［J］．城市规划，2018，42（5）：78-86.

［32］李庆丽，李斌．养老设施内老年人的生活行为模式研究［J］．时代建筑，2012（6）：30-36.

［33］胡仁禄．美国老年社区规划及启示［J］．城市规划，1995（3）：58-60.

［34］林琳，郝珊，杨莹，等．老年人自评健康的能力－压力模型研究——以广州社区为例［J］．地理科学，2018，38（4）：548-556.

［35］梁玮男，曹阳．基于社区养老模式的公共空间设计研究［J］．城市发展研究，2012，19（11）：132-134.

［36］陆伟，周博，王时原，等．机构养老设施公共空间形态探索——以大连、沈阳市机构养老院为例（2）［J］．建筑学报，2011（S1）：160-164.

［37］Loo B P，Lam W W，Mahendran R，et al.How is the neighborhood environment related to the health of seniors living in Hong Kong，Singapore，and Tokyo? Some insights for promoting aging in place［J］．Annals of the American Association of Geographers，2017，107（4）：812-828.

［38］孙斌栋，阎宏，张婷麟．社区建成环境对健康的影响——基于居民个体超重的实证研究［J］．地理学报，2016，71（10）：1721-1730.

［39］Gómez L F，Parra D C，Buchner D，et al.Built environment attributes and walking patterns among the elderly population in Bogotá［J］．American journal of preventive medicine，2010，38（6）：592-599.

［40］陈春，陈勇，于立，等．为健康城市而规划：建成环境与老年人身体质量指数关系研究［J］．城市发展研究，2017，24（4）：7-13.

［41］刘正莹，杨东峰．邻里建成环境对老年人户外休闲活动的影响初探——大连典型住区的比较案例分析［J］．建筑学报，2016（6）：25-29.

［42］谢波，伍蕾，王兰．基于自然实验的城市绿道对居民中高强度体力活动的影响研究［J］．风景园林，2021，28（5）：30-35.

［43］周素红，彭伊依，柳林，等．日常活动地建成环境对老年人主观幸福感的影响［J］．地理研究，2019，38（7）：1625-1639.

［44］Mchugh K E.Ageing and place：Perspectives，policy，practice［J］．Professional Geographer，2006，58（4）：493-495.

［45］Serow W J，Cowart M E.Demographic transition and population aging with Caribbean nation states［J］．Journal of Cross-Cultural Gerontology，1998，13（3）：201-213.

［46］Heleniak T.Geographic aspects of population aging in the Russian federation［J］．Eurasian Geography and

Economics, 2003, 44 ( 5 ): 325-347.

[ 47 ] Moore E G, Pacey M A.Geographic dimensions of aging in Canada, 1991—2001 [ J ]. Canadian Journal on Aging-Revue Canadienne Du Vieillissement, 2004, 23: S5-S21.

[ 48 ] Rogers C C. Changes in the older population and implications for rural areas [ M ] . US Department of Agriculture, Economic Research Service, 1999.

[ 49 ] Warnes A M.Geographical Questions In Gerontology – Needed Directions For Research [ J ]. Progress in Human Geography, 1990, 14 ( 1 ): 24-56.

[ 50 ] Somenahalli S, Shipton M D, Bruce D. Investigating the spatial distribution of the elderly and its implications for service provision in Adelaide Metropolitan Area [ D ]. Bureau of Infrastructure, Transport & Regional Economics, 2010.

[ 51 ] Rogerson P A.The geography of elderly minority populations in the United States [ J ]. International Journal of Geographical Information Science, 1998, 12 ( 7 ): 687-698.

[ 52 ] Xie B, Zhou J, Luo X.Mapping spatial variation of population aging in China's mega cities [ J ]. Journal of Maps, 2016, 12 ( 1 ): 181-192.

[ 53 ] Costa-Font J, Elvira D, Mascarilla-Miró O.Ageing in place' ? Exploring elderly people's housing preferences in Spain [ J ]. Urban studies, 2009, 46 ( 2 ): 295-316.

[ 54 ] Hutchison T, Morrison P, Mikhailovich K.A review of the literature on active ageing [ J ]. Canberra: Healthpact Research Centre for Health Promotion and Wellbeing, 2006.

[ 55 ] Bookman A.Innovative models of aging in place: Transforming our communities for an aging population [ J ]. Community, Work & Family, 2008, 11 ( 4 ): 419-438.

[ 56 ] Colangeli J A.Planning for age-friendly cities: Towards a new model [ J ] . 2010.

[ 57 ] Titheridge H, Achuthan K, Mackett R, et al.Assessing the extent of transport social exclusion among the elderly [ J ]. Journal of Transport and Land Use, 2009, 2 ( 2 ): 31-48.

[ 58 ] Harper S, Laws G.Rethinking the geography of ageing [ J ]. Progress in Human Geography, 1995, 19 ( 2 ): 199-221.

[ 59 ] Plouffe L A, Kalache A.Making communities age friendly: state and municipal initiatives in Canada and other countries [ J ]. Gaceta Sanitaria, 2011, 25: 131-137.

[ 60 ] Chui E.Ageing in place in Hong Kong—Challenges and opportunities in a capitalist Chinese city [ J ]. Ageing international, 2008, 32 ( 3 ): 167-182.

[ 61 ] Organization W H. Global age-friendly cities: A guide [ M ]. World Health Organization, 2007.

[ 62 ] Maoh H, Kanaroglou P, Scott D, et al.IMPACT: An integrated GIS-based model for simulating the consequences of demographic changes and population ageing on transportation [ J ]. Computers Environment and Urban Systems, 2009, 33 ( 3 ): 200-210.

[ 63 ] Van Den Berg P, Arentze T, Timmermans H.Estimating social travel demand of senior citizens in the Netherlands [ J ]. Journal of Transport Geography, 2011, 19 ( 2 ): 323-331.

[ 64 ] Yang Y, Xu Y Q, Rodriguez D A, et al.Active travel, public transportation use, and daily transport among older adults: The association of built environment [ J ]. Journal of Transport & Health, 2018, 9: 288-298.

[ 65 ] Winters M, Voss C, Ashe M C, et al.Where do they go and how do they get there ? Older adults' travel behaviour in a highly walkable environment [ J ]. Social Science & Medicine, 2015, 133: 304-312.

[ 66 ] Hjorthol R J, Levin L, Siren A.Mobility in different generations of older persons The development of daily travel in different cohorts in Denmark, Norway and Sweden [ J ]. Journal of Transport Geography, 2010, 18 ( 5 ): 624-633.

[ 67 ] Lui C W, Everingham J A, Warburton J, et al.What makes a community age-friendly: A review of international

literature [ J ]. Australasian Journal on Ageing，2009，28（3）：116–121.

[ 68 ] Everingham J–A，Petriwskyj A，Warburton J，et al.Information provision for an age–friendly community [ J ]. Ageing International，2009，34（1）：79–98.

[ 69 ] Cheng Y，Wang W，Yang L，et al.Population ageing and residential care resources in Beijing：spatial distribution of the elderly population and residential care facilities [ J ]. Asian J. Gerontol. Geriatr，2011，6（1）：14–21.

[ 70 ] Bevan M.Planning for an ageing population in rural England：The place of housing design [ J ]. Planning Practice & Research，2009，24（2）：233–249.

[ 71 ] Widiyastuti D. Identifying the features of successful public space fulfilling needs of the senior citizen [ M ]. University of Cincinnati，2004.

[ 72 ] Shimada H，Ishizaki T，Kato M，et al.How often and how far do frail elderly people need to go outdoors to maintain functional capacity？ [ J ]. Archives of gerontology and geriatrics，2010，50（2）：140–146.

[ 73 ] Marbach J H.Activity space and social network of the aged in their everyday life [ J ]. Zeitschrift Fur Gerontologie Und Geriatrie，2001，34（4）：319–326.

[ 74 ] Carlson J A，Sallis J F，Conway T L，et al.Interactions between psychosocial and built environment factors in explaining older adults' physical activity [ J ]. Preventive Medicine，2012，54（1）：68–73.

[ 75 ] Barnett D W，Barnett A，Nathan A，et al.Built environmental correlates of older adults' total physical activity and walking：a systematic review and meta–analysis [ J ]. International Journal of Behavioral Nutrition and Physical Activity，2017，14：24.

[ 76 ] Hawkesworth S，Silverwood R，Pliakas T，et al.How the local built environment affects physical activity behaviour in older adults in the UK：a cross–sectional analysis linked to two national cohorts [ J ]. Lancet，2015，386：S5–S5.

[ 77 ] Laws G.Aging，contested meanings，and the built environment [ J ]. Environment and Planning A：Economy and Space，1994，26（11）：1787–1802.

[ 78 ] Van Cauwenberg J，De Bourdeaudhuij I，De Meester F，et al.Relationship between the physical environment and physical activity in older adults：a systematic review [ J ]. Health & place，2011，17（2）：458–469.

[ 79 ] Kemperman A，Timmermans H.Green spaces in the direct living environment and social contacts of the aging population [ J ]. Landscape and Urban Planning，2014，129：44–54.

[ 80 ] Finlay J，Franke T，Mckay H，et al.Therapeutic landscapes and wellbeing in later life：Impacts of blue and green spaces for older adults [ J ]. Health & place，2015，34：97–106.

[ 81 ] Cheng L，Chen X W，Yang S，et al.Active travel for active ageing in China：The role of built environment [ J ]. Journal of Transport Geography，2019，76：142–152.

[ 82 ] Cheng L，De Vos J，Zhao P J，et al.Examining non–linear built environment effects on elderly's walking：A random forest approach [ J ]. Transportation Research Part D–Transport and Environment，2020，88：11.

撰稿人：谢 波

# 感知环境与居民健康研究进展

## 一、引言

中华人民共和国成立以来，我国长期坚持以经济建设为中心，大力发展经济，带动了我国社会经济的快速进步，但会相对忽略人民的生活环境和生活质量。在人民生活水平不断提高的今天，人民对于生活品质的诉求也日渐迫切，迫使走出一条更加宜居的“高质量发展之路”。环境对人民日常生活的影响不容小觑，传统视角下研究城市建成环境对健康的影响日益成熟，这在前几个专题中已经有许多论述。但是传统建成环境研究的主要是客观、现实的环境，这种研究方式没有弹性，无法真正地理解居民内心需求。实际上，同样的地理环境对不同居民的影响往往不具有借鉴意义。近年来，城市研究的学者越来越意识到这一局限性，所以关于感知环境对健康影响的研究日益增加，随着研究的深入，感知环境的重要意义逐渐凸显，学者发现所有客观环境对居民行为的影响都是通过感知环境这一中介机制发挥作用。主观感知环境受居民个体属性、参照对象的不同等因素影响，并对居民健康感产生不同影响[1-3]。因此，感知环境的研究可以和鲜活的人群属性特征连接起来，有助于发现城市中的社会公平与包容性问题，完善更加精细化的、融入不同人群包容性的城市管理手段，符合目前我国“以人民生活为中心”的城市建设理念。

## 二、感知环境概念与理论起源

### （一）感知环境的概念

环境可以分为客观地理环境和心理环境，前者是现实存在的、不会随着人的意志而改变的；后者是可操作的，是可以直接或间接地影响人的行为和认知的环境，是指客观环境在一定程度上对个体头脑中映射形成的印象，这种可操作并且与人类有密切关系的环境就可以被感知，也就是感知环境[4]。人在不同的感知环境中会产生不同环境感知，所以感知环境对健康影响也不尽相同。环境感知是指人类在外界环境的刺激下在头脑中形成的意识、态度及认知等映象，人对环境的意识或感觉，以及通过感官理解环境的一种行为[5]，这些映象会对人的行为产生影响，也是环境行为的基础。

关于感知环境的研究多见于文化地理学，随着研究方法和研究范式的综合，由于客观环境因素对问题的解释不够充分，所以加入主观因素，通过将环境感知和技术因素相结合的形式，提出针对环境问题更有效的解决途径。在感知环境的研究过程中，不同个体在主动感知的过程中会受被自身条件所局限，所以在处理主观数据时首先需要明辨个体环境感知的三大特征，即不精确性、空间层次性和文化集团性[4]，同时以此为研究基础和前提来看待数据，则会更加精准地提出相应的解决对策和意见建议。在城市规划中，研究居民对客观环境的主观感知，可以从更加人本的尺度去指引和修正规划过程，使得城市的建成环境更加宜居。

## （二）感知环境的起源与发展

关于感知环境的研究可追溯到 20 世纪 60 年代洛温塔尔发表的论文，指出在地理学的研究中应对感知这一主观评价因子予以关注[6]。此后，城市地理学者开展了大量有关居民对城市环境感知的研究去回应这一关注，并在城市规划中给予更多的人文关怀，引入居民对城市建成环境的感知因素作为一项重要的人本指标。居民的环境感知是对居民关注的城市意象的主体性刻画。

对这一要素的关注也体现了城市研究的视角转变，即由传统的自上而下、由规划到人的研究路径转变为从人的需求和态度出发、自下而上地研究城市与规划。研究的尺度也由区域和城市开始转向社区、街区甚至人的个体。从问题和人民现实感受与需求出发，更符合我们建设“人民的城市”的规划目的。这其中，地理学者段义孚和雷尔夫所倡导的感知环境与不同的城市中的地方相关的“地方感”的研究则进一步丰富了传统“客观”城市地理学的研究视角[7]。

在感知环境领域，虽然有很多研究理论和方法，但是凯文·林奇的城市意象研究始终扮演重要的角色[8]，在他的著作《都市意象》（*The Image of the City*）中提到，虽然每个城市中的每个居民感知都不同，但是每个城市都存在一些共同的意象。我们需要找到城市中居民真正关心的个别的意象，这反映了居民的需求也就是城市对居民意象的影响，经过研究发现城市意象的主要组成要素就是城市的通道、边缘、区域、节点和地标五种要素。在各种城市意象要素中，每个不同的城市结构和形态发挥不同的作用，最终使居民在不同的环境刺激下去产生不同的主观意象[9]。在城市意象的研究中心往往会产生“空间变形”，即认知距离和实际距离往往发生很大的偏差，这反映在“认知地图”上就会产生“变形”。

经过研究发现，这种现象往往会由于人们对城市中心点或者一些地标性的目的地过于常见和熟悉，所以才会在心理认知上产生偏差。除了“空间变形”，也存在“空间批判”的现象，一个城市的各种意象会影响居民的感知，使居民产生各种情绪，这些情绪的产生就会影响居民对城市的感知从而影响居民的判断[10]。

## 三、感知环境对居民健康的影响

近年来，国内外越来越多学者研究感知环境及其影响，国外的研究主要关注气候或环境的变化[11-16]和影响感知环境产生的因素[17]等方面。也有研究从认知和态度等方面入手，研究感知环境对居民行为的影响。国外学者经过研究发现性别[18]、社会地位[19]等会对居民的环境态度产生影响。国内研究主要集中在某一环境具体的现状和变化，以及这种现状分布和变化对人带来的影响。如彭建等学者研究了狭义的感知环境具体的特征以及感知模型的空间次序变化[4]，周旗等学者从自然灾害这一视角来研究了感知环境中客观的自然环境在居民心理上的映像及其产生的影响[20]；城市规划学者也通过对感知环境的应用来修正城市规划，这更多地考虑了居民本身，关注社区（邻里）的感知环境和居民的生活满意度和幸福感，不仅具有学术意义，也具有规划意义。

### （一）基于坎贝尔（Campbell）模型的感知环境影响理论框架

在感知环境的理论研究方面，坎贝尔（后称“Campbell”）模型建构了在小尺度邻里或社区研究建成环境对生活满意度影响的理论框架。这一模型是客观环境影响居民感知环境的雏形，后来出现大批以该模型为基础的相关研究，自此以后感知环境对于居民满意度乃至居民行为的影响逐渐成为丰富和完善这一模型的一部分[21]（见图 1）。

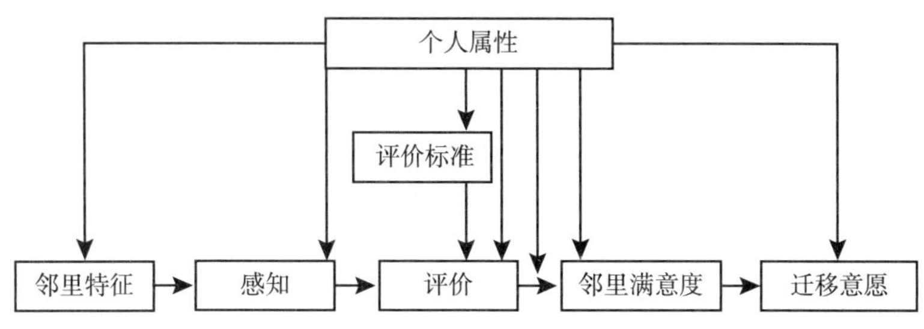


图 1　坎贝尔（后称“Campbell”）模型

坎贝尔模型中的生活满意度产生过程是“个体对客观环境进行接触个体形成个性化的认知响应 - 个体生成满意度评价”，客观环境的差异会对不同个体产生不同的影响。客观环境中的要素作用于不同的个体，会使个体产生不同的感知，这些不同的感知再经过汇总便形成了居民对客观建成环境的满意度。即使是相同的客观环境，由于感知过程有赖于主体的个人属性和个体经验，具有不同属性和经验的居民所接收和感知到的城市建成环境信息便有所差异，居民所感知的环境也投射了其个人属性和个体经验，由此不同的居民便呈现出了不同的、差异化的建成环境印象。城市研究者的一项工作，就是解构居民环境感知差异，从中寻找共性，寻求规律性的认识，以便更好地规划城市。在规划工作实践的层面，则要根据满意度结果，从不同的感知维度有针对性地调整和优化已有的建成环境。由于感知环境建立起了沟通客观环境与居民生活满意度之间的桥梁，因而若研究仅仅关注客观环境或主观环境的单一维度都可能导致无法准确、充分地揭示客观环境与满意度之间的关系[22]。

现有研究大多以经典 Campbell 模型为核心展开，研究观点和结论或是继承或是补充发展了该模型，在验证了 Campbell 模型的适用性同时，对现有研究的综述，有助于更加深刻地认识和理解建成环境与生活满意度或居住满意度之间的相互联系。马朗（Marans）在 1975 年提出了一个与 Campbell 模型较为相似的观点：他们认为住房、邻里与社区三者的客观特性会通过个体的主观性感知与评价相应地影响其住房、邻里与社区满意度，这三方面的满意度同时会与其他领域的满意度产生交互作用，最终影响个体的生活满意度，结论说明该研究在个人属性对主观性感知与评价和满意度评价的影响效果方面持有与 Campbell 模型一致的观点[23]。Campbell 模型的核心强调客观环境会影响个体的主观感知，继而对特定领域的满意度与整体的生活满意度产生影响。

### （二）感知环境对个体积极情绪的影响

感知环境对居民个体的影响研究始于对满意度的关注，而后在地理学、公共健康等多学科的共同推动下，开始关注感知环境对主观幸福感的研究，例如绿色开放空间为居民活动提供了场所[24]，同时在绿色的自然环境中，居民会得到比在合成环境（建筑室内环境等）中更多的积极情绪[25]。紧凑型的街道结构从一定程度上可以促进居民社交，步行友好的社区网络也有相同的作用，而适度的增加交往会提升居民的主观幸福感[26]。有学者以黄浦江两岸游憩公共空间为例，研究上海黄浦江两岸游憩公共空间意象，揭示其意象空间的分布特征和意象空间的内在感知与印象，探究游憩者对旅游目的地的感知和需求是游憩公共空间建设以人为本的重要体现，真正提高游憩者幸福感，研究表明在评价性意象中，游憩者对环境空间总体持积极情感倾向[27]。还有学者主要从城市意象、城市尺度以及设计的可读性进行探讨，从而使人们在提升城市形象的过程中，提升生活品质与生命质量，最后达到对城市正确感知的终极目标[28]。这些早期研究虽然没有直接提出感知环境对健康的影响，但也总结了感知环境对居民积极情绪的作用。

### （三）感知环境对居民行为活动的影响

同时，还有一些研究表明感知环境对居民的行为会产生影响，不同的人群感知到的环境不同，接收到不同的信号，会相应地产生不同的反应，这些反应就会体现在居民行为上。有学者根据不同人群属性探讨感知环境对行为的影响，分别从老年人[29-31]、大学生[32]、成年人[25]等不同属性群体来探讨绿色感知空间对行为及健康的影响，结论均证明不同属性群体对于绿色空间感知与休闲出行以及自体健康评估成正相关，感知到的绿色空间以及绿视率较高会促进出行行为，从而促进居民健康。由于考虑到客体对象对这些城市意象要素的认知程度因其行为模式不同而各有侧重。

### （四）感知环境对健康生活方式的影响

随着健康关注度的提高，明确提出感知环境对个体健康影响相关研究也日益增多。这里健康概念指的是综合各种健康行为的生活方式[33]。关于其研究视角，越来越多的研究表明感知环境相较传统客观环境来讲，对居民健康生活方式影响更加显著[34, 35, 36]，同时两种研究视角下得出的结论对不同社会阶层的影响也不尽相同，其中，主观感知环境对居民健康生活方式影响较大的是中高社会阶层。莱斯利（Leslie）等发现许多邻里因素（如社区安全感、社区噪声、可达性等）较客观环境因素对心理健康的影响显著[37]。基姆（Kim）发现邻里建筑环境与居民自我健康评估之间具有相关性，居民感知到的步行友好的社区更能促进激烈的体育运动从而促进居民健康[38]。姜斌等在新城市主义的背景下，根据城市意象心理认知五要素，探索了社区空间组成要素与大众健康的关系，通过对街道、绿道、邻里社区临近的绿色空间、生物多样性等要素进行分析，最终发现绿量和生物多样性两个基础要素为城市设计的健康基底，通过优化这些变量，可以有效提升空间吸引力并促进居民以通勤或者休闲活动为目的的活动。[39]。许婧雪等比较了三种感知绿地（公园绿地、公共广场绿化和公用事业绿化）和居民健康的三个方面（身体健康、心理健康和社交健康）的关系，发现感知城市绿地对社交健康的作用比对身心健康的作用更显著[40]。虽然公共部门的努力得到了市民的高度认可，但应该有机会将绿色城市主题化，从而缓解一些环境问题和健康问题[41]。

## 四、研究数据与方法的发展

### （一）主观感知数据的获取及计量模型分析进展

目前对主观感知环境的研究数据和研究方法比较固定，数据来源多采用问卷调查、访谈等，关注居民本身的需求和意愿，针对符合自己的研究对象出发，设计问卷，从而得出相应的数据和结论。在设计问卷文本和访谈文书的时候，传统的理论并未明确定义客观居住环境与感知环境的刻度，加之环境本身既已存在的广泛性与多维性，对很多环境的界定和研究存在复杂性和矛盾性，并且存在数据获取困难等问题，所以现有的针对客观环境与感知环境刻度的研究尚未能形成统一的范式，并且往往依赖于研究数据的可得性，地理学家用一般都是根据所选择的主题，来对研究对象的某一维度来进行刻画以丰富研究结果。国内学者关于环境与居民感知的研究，往往关注的重点在于居民感知到环境之后的表征，如满意度、幸福感等居民心理因素，用这些指标来探究其对居民感知之后的行为的作用机制[42-44]。可参考社会生态学模型和环境行为学模型设计实证研究，在计量分析时多采用回归模型和结构方程分析等，评价影响因子的系数，最终目的是找出影响最大的影响要素。OLS 回归及序次 Logistic 回归模型是常见的居住环境影响因素分析方法[39]。近年来，越来越多的学者采用空间多尺度模型研究背景环境对文化感知[41]及幸福感的影响[45]，该模型适用于分析涉及不同地理层级因素的复杂数据关系。还有学者使用地理探测器、探索性因子分析和结构方程模型方法探讨居民生活满意度和幸福感的影响机理[21, 46]，其优点是可以同时测度直接影响和间接影响，从而能够辨识中介因素。对于建成环境的非线性关系，研究指出可以采用参数估计、非参数与半参数估计法来分析[47, 42-43]，目前实证研究主要是讨论建成环境对出行模式选择和肥胖的影响[44, 48]。

### （二）新感知技术的发展

在现实世界中，人们一般通过自身的感觉器官来获取对周围世界的认识[49]，然而，由于自然环境和社会环境的复杂性，有一些对象和事物是基于人的感官无法直接感知或者无法进行全面感知的，这就需要借助工具和仪器来进行感知，称为“感知技术”。一般认为，感知技术包括传感器技术和信息处理技术。其中，传感器是感知、监测和收集信息的窗口，可认为是人类五官的延伸，也被称作“电五官”；而信息处理技术则是对传感器记录的数据进行加工和处理[50]。随着第四次工业革命的到来，越来越多的研究重视新感知技术的应用。以“感知技术”作为关键词进行检索，发现利用新感知技术进行的研究涉及智能充储设备网络研究中的应用、探讨管道地下空间敷设的可行性、古村落保护、智慧农业构建、生物检测系统研究、交通感知状态研究以及城市建成环境研究等领域。例如，有学者采用大量城市内包含有文本和地理位置等信息的社交媒体数据，为开展城市意象的综合感知研究提供了新的途径，运用文本挖掘及地理大数据分析的城市意象研究方法，感知人群在城市不同场所的活动、态度、偏好，从而揭示城市的社会文化及功能特征，是对刻画城市物质形态的城市意象五要素模型的重要补充[46]。还有学者基于深港地区新浪微博签到数据，通过对用户微博签到行为特征总结，提取行为特征参数，并针对居民和游客两类人群的城市感知行为进行对比研究，最终发现激发人们产生城市意象的点、线、面感知空间结构，以及居民和游客感知区域和强度不同[47]。

在大数据的驱动下，健康城市研究方向也出现了很多关于新感知技术的应用研究。清华大学建筑学院龙瀛团队提出了“城市主动感知”，基于个体移动性和可穿戴式设备等影像数据研究城市空间[51]，利用可穿戴相机等设备研究个人城市绿地曝光[52]为健康城市发展提供新的方向。同济大学建筑与城市规划学院王德教授团队基于手机信令数据，提取个体的时空轨迹，进行个体时空行为的规律性研究和可预测性研究，基于手机信令数据的搜索结果表明居民工作日的时空行为整体上具有非常强的规律性，体现了城市空间环境的差异对行为特征和规律性的影响[53]。北京大学柴彦威时空行为研究团队早在2010年就通过整合基于全球定位系统（GPS）和走向市场服务（GMS）设备的定位跟踪技术与活动日志调查对时空行为进行研究[54]。中山大学周素红教授团队基于日常活动日志调查提出对流动人口友好的健康城市规划建议[55]，基于手机信令数据，以广州市为例，研究不同年龄人群周末 $PM_{2.5}$ 暴露时空风险测度[56]。北京大学刘瑜团队提出“社会感知”的概念，基于街景影像和人工智能技术的相关研究，从不同的视角对城市物质空间进行了描述[57]。南京大学甄峰教授团队基于广州市2019年新浪微博签到记录、日气象和空气质量数据，以及建成环境数据构建以街道为空间单元、以天为时间单元的面板数据，通过标准差椭圆（SDE）以及面板回归模型测度空气污染对城市活力的抑制效应以及该抑制效应在不同建成环境上的异质性[58]。

（a）Narrative Clip 2 穿戴相机外观　（b）Narrative Clip 2 穿戴相机的佩戴方法和所拍影像

图2　Narrative Clip 2 穿戴相机的外观、佩戴方法和所拍影像[58]

## 五、研究展望

明晰感知环境的概念以及其对健康的影响，在健康地理领域增加主观影响因素，能够丰富传统研究视角，使之更加具有科学性。但是，目前关于感知环境的研究主要集中在邻里社区尺度，并未形成一套成熟的评价与研究体系。在健康城市研究的大背景下，对于感知环境的研究有必要从更加宏观的视角去综合的考虑问题。同时也可以利用大数据研究方法，开拓感知研究的数据源，更加精准地了解居民的感知环境，从而使得研究结论更具有科学性。参考国外相关研究的发展特点和我国的实际情况，未来的研究应当在以下方面深入发展：

### （一）构建结合中国实际的理论、方法和体系

中国正处于社会经济快速发展的阶段，城市化的速度与规模远远超出当今以及历史上相同阶段的任何国家，取得了全方位的、开创性的成就，但同时也面临十分严峻的挑战，这些成就和挑战均深刻影响着居民的感知环境。由于国内外的城市形态结构、发展阶段、居民行为感知模式存在很大差异，对感知环境的认识并不一致，有必要深入探究中国模式下客观环境、感知环境与居民健康的关联，建立以我为主的研究体系，充分体现中国研究特色、中国的研究风格和流派，而不是简单地接受、拿来和改良，应当从理念、方法、标准到体系逐渐影响世界，提高中国学者研究的国际话语权和影响力，进而为建设健康城市提供中国理念和中国方案。

### （二）拓展不同尺度感知环境对居民健康的影响研究

目前的健康城市研究还属于新兴领域，不同学者从各自经验出发选取感知环境变量，并且受制于数据获取手段，研究成果碎片化程度较高，对多尺度环境的影响及行为感知的变化分析不足。关于感知环境的研究主要集中在邻里社区尺度。实际上，健康问题涉及城市－城区－社区等不同层次的纵贯联系，这些不同层次的空间治理共同构成完整的健康城市建设体系，因此有必要从以上不同尺度入手构建感知环境对居民健康影响的多尺度分析框架和数理模型。例如在城市尺度上，梳理城市生态环境（如日照、地形、温湿度、雾霾状况）、基础设施（如医疗水平、道路通达）、经济稳定性、人口流动性、社会保障情况等因素对居民健康的可能影响及其原因；在城区尺度上，梳理社会经济因素、公共服务空间均衡性（如三甲医院等优质资源的空间配置）、人口密度、空间开敞性等对居民健康的可能影响及其原因；在社区尺度上，从微观尺度梳理物质空间形态（如建筑密度、道路连通性、土地功能等）、各类设施资源（如社区卫生服务中心、活动空间、药店）、社会环境（如邻里关系、社区活动、归属感等）的可能影响及原因。通过从理论上解析不同尺度感知环境对居民健康的影响机制，并在实证上讨论影响居民健康的关键感知环境要素，明确不同要素发挥作用的最优尺度。

### （三）关注社会公平与包容

2016 年联合国人居三会议将社会包容、消除贫困、对于全人类可持续包容的城市振兴与发展作为核心内容，社会公平与包容问题逐渐在城市规划、社会学、地理学中间得到广泛深入研究。由于居民行为感知均有赖于主体的个人属性和个体经验，具有不同属性和经验的居民所接收和感知到的城市建成环境信息便有所差异，居民所感知的环境也投射了其个人属性和个体经验，由此居民便呈现出了不同的、差异化的建成环境印象。例如老年

人、女性、有幼儿的家庭、身体虚弱者和残疾人等生理性弱势群体对社区支持、无障碍设施等要求更高，有可能对环境的认同较低。而居民的居住环境选择受到居民支付能力以及制度门槛的制约，低收入、流动人口群体往往无法享受一些公共服务设施，所暴露的环境风险也更高，可能降低其健康水平。在我国城市人口流动性增强、老龄化、生育率下降等背景下，应特别关注的老年人、流动人口、女性及儿童的偏好与需求，关注他们的感知环境与健康。

## （四）促进多源感知数据的融合

随着传感技术的快速发展，随身传感设备、社交网站及应用程序等类型多样的大数据涌现对感知环境研究提供了更为科学、动态、精细方式，是对社会调查数据、访谈数据等传统主观感知数据的有益补充。健康城市既需要了解城市客观实体状况，也需要了解城市主体"人"的心理感知，以及个体的健康数据，因此，新型大数据不能完全适用，传统数据也并不能遭到摒弃。并且，不同数据的应用尺度、场景各有不同。例如各种空间大数据类型丰富，其独特的空间属性能将城市问题和人类活动空间可视化，但是数据冗余，相容性差，运行量大，位置偏差等缺点也较突出。微博等舆情数据由于其具有丰富的文本内容、位置属性、时间属性等独特属性，在城市研究中已有较丰富的成果，在健康城市研究中还较少运用，这些数据能够对城市某些问题的居民心理活动和情感状况进行文本语义分析和时空冷热点分析，实时地了解居民的主观感受，由于其主要来源于互联网或手机端 APP，用户群体偏年轻化，样本代表性较低且数据量大，运算复杂。社会调查数据不仅可以根据城市不同问题自主设计问卷，还可以获得受访人的性别、年龄、职业、健康、住房性质等多种个人信息，以其可获取内容丰富且能够以调查样本估算全样本的特点在城市体检的研究和实践工作中已经得到较好的运用，但是其研究范围有限、时效性较弱、成本较大等缺点不容忽视。因此需要加强多源数据的融合，将新感知技术获得的丰富客观环境信息，与居民感知环境信息结合起来，探究其对健康产生影响的内在机制。

## （五）推进研究成果的实践应用

健康城市是推动城市"高质量发展"的重要体现，要努力促进研究成果的转化，使成果服务于人民生活和社会发展。加强客观环境、感知环境与居民健康关联的复杂趋势、机理及差异化效应研究，测算出适宜不同人群的规划指标参数，真正做到将"人"作为设置客观指标标准的依据，识别不同尺度上和不同人群最迫切最必需的环境需求，有针对性地提出提升居民健康的调控方向和策略，为建设健康城市提供科学依据与决策支持，回应党的十九大报告中提出的"提升民众安全感、获得感、幸福感"这一目标。

# 参考文献


［1］Kwan M P，Wang J，Tyburski M，et al. Uncertainties in the geographic context of health behaviors：A study of substance users' exposure to psychosocial stress using GPS data［J］. International Journal of Geographical Information Science，2019，33（6）：1176–1195.

［2］Sooman A，Macintyre S. Health and perceptions of the local environment in socially contrasting neighborhoods in Glasgow［J］. Health & Place，1995，1（1）：15–26.

［3］Caughy M O，O' Campo P J，Muntaner C. When being alone might be better：Neighborhood poverty，social capital，and child mental health［J］. Social Science & Medicine，2003，57（2）：227–237.

［4］彭建，周尚意. 公众环境感知与建立环境意识——以北京市南沙河环境感知调查为例［J］. 人文地理，2001，16（3）：21–25.

［5］雷金纳德·戈列奇，罗伯特·斯廷森. 空间行为的地理学［M］. 北京：商务印书馆，2013.

［6］Lowenthal D. Geography，experience，and imagination：Towards a geographical epistemology［J］. Annals of the Association of American Geographers，1961，51（3）：241–260.

［7］O'Leary J F，Tuan Y F. Topophilia：a study of environmental perception，attitudes，and values［J］. Journal of Aesthetics and Art Criticism，1976，34（1）：99.

［8］Lynch K. Urban Image［M］. Translated by Fang Yiping，He Xiaojun. Beijing：Huaxia Publishing House，2001.

［9］Li X，Xu X. Analysis of urban image space in Guangzhou［J］. Human Geography，1993（3）.

［10］College R G. Cognitive approaches to the analysis of spatial behavior［J］. Environment & Cognition，1973.

［11］Ruddell D，Grossman–Clarke S，Chowell G. Scales of perception：public awareness of regional and neighborhood climates［J］. Climatic Change，2012，111（3–4）：581–607.

［12］Krosnick J A，Holbrook A L，Lowe L，et al. The origins and consequences of democratic citizens/policy agendas：A Study of popular concern about global warming［J］. Climatic Change，2006，77（1–2）：7–43.

［13］Rocha K. Perception of environmental problems and common mental disorders（CMD）［J］. Social Psychiatry & Psychiatric Epidemiology，2012，47（10）：1675–1684.

［14］Jamie Z，Jennie L H，Karen Z，et al. Environmental perceptions and objective walking trail audits inform a community–based participatory research walking intervention［J］. International Journal of Behavioral Nutrition and Physical Activity，2012，9（1）：6–13.

［15］Dunlap R，Mccright A M. A Widening Gap：Republican and Democratic Views on Climate Change［J］. Environment Science & Policy for Sustainable Development，2008，50（5）：26–35.

［16］Flynn J，Slovic P，Mertz C K. Gender，race，and perception of environmental health risks［J］. Risk Analysis，2010，14（6）：1101–1108.

［17］Shi X. The environmental pollution perception of residents in coal mining areas：A case study in the Hancheng mine area，Shaanxi Province，China［J］. Environmental Management，2012，50（4）：505–513.

［18］Fyhri A，Jacobsen J K S，Tommervik H. Tourists' landscape perceptions and preferences in a Scandinavian coastal region［J］. Landscape & Urban Planning，2009，91（4）：202–211.

［19］Blocker T J，Eckberg D L. Gender and Environmentalism：Results from the 1993 General Social Survey［J］. Social Science Quarterly，1997，78（4）：841–858.

［20］周旗，郁耀闯．山区乡村居民的自然灾害感知研究——以陕西省太白县咀头镇上白云村为例［J］．山地学报，2008（5）：571–576.

［21］Campbell A，Converse P E，Rodgers W L. The quality of American life：Perceptions，evaluations，and satisfactions［M］．New York：Russell Sage Foundation，1976.

［22］Cao X，Wu X，Yuan Y. Examining built environmental correlates of neighborhood satisfaction：A focus on analysis approaches［J］．Journal of Planning Literature，2018，33（4）：419–432.

［23］Marans R W，Rodgers W. Toward an understanding of community satisfaction［J］．Metropolitan America in contemporary perspective，1975：299–352.

［24］John Gowdy. Can economic theory stop being a cheerleader for corporate capitalism？［J］．Psychological Inquiry，2007，18（1）：33–35.

［25］Bowler D E，Buyung–ALI L M，Knight T M，et al. A Systematic Review of Evidence for the Added Benefits to Health of Exposure to Natural Environments［J］．BMC Public Health，2010，10：456.

［26］Majane H，Vengethesamy L，Toit E D et al. Susceptibility of pressure–overload hypertrophy to obesity–induced deleterious effects on cardiac remodeling and pump function［J］. Cardiovascular Journal of Africa，2007（3Suppl）：S17–S18.

［27］王兰，孙文尧，古佳玉．健康导向城市设计的方法建构及实践探索——以上海市黄浦区为例［J］．城市规划学刊，2018（5）：71–79.

［28］杨辉，范兆媛．环境认知、环境行为对城市居民健康的影响［J］．统计与决策，2016，31（19）：97–99.

［29］韩冰冰，冷红．寒地社区绿色空间对老年人主观幸福感影响研究——以长春市为例［J/OL］．风景园林：1–7［2022–01–03］.

［30］De Vries S，Van Dillen S M，Groenewegen P P，et al. Streetscape Greenery and Health：Stress，Social Cohesion and Physical Activity as Mediators［J］．Social Science and Medicine，2013，94：26–33.

［31］郑振华，彭希哲．社区环境对老年人行为与健康的影响研究：不同年龄阶段老年人的群组比较［J］．地理研究，2019，38（6）：1481–1496.

［32］王墨晗，梅洪元．寒地大学校园冬季健康行为的感知环境循证设计——基于东北 9 座大学校园的实证研究［J］．建筑学报，2020（S1）：87–91.

［33］Sugiyama T，Leslie E，Giles–Corti B，et al. Associations of Neighbourhood Greenness with Physical and Mental Health：Do Walking，Social Coherence and Local Social Interaction Explain the Relationships？［J］．Journal of Epidemiology and Community Health，2008，62（5）：e9.

［34］李春江，马静，柴彦威，等．居住区环境与噪声污染对居民心理健康的影响——以北京为例［J］．地理科学进展，2019（7）：1103–1110.

［35］林杰，孙斌栋．建成环境对城市居民主观幸福感的影响——来自中国劳动力动态调查的证据［J］．城市发展研究，2017（12）：69–75.

［36］高杨，白凯，马耀峰．赴藏旅游者幸福感的时空结构与特征［J］．旅游科学，2019，33（5）：45–61.

［37］Leslie E，Cerin E. Are perceptions of the local environment related to neighborhood satisfaction and mental health in adults？［J］．Pre–ventive Medicine，2008，47（3）：273–278.

［38］Kim Y. Impacts of the perception of physical environments and the actual physical environments on self– rated health［J］．International Journal of Urban Sciences，2016，20（1）：73–87.

［39］姜斌，李良，张恬．论城市空间要素与大众健康的关系：以城市意象理论为研究框架［J］．上海城市规划，2017（3）：63–68.

［40］Xu J，Wang F，Chen L，et al. Perceived urban green and residents' health in Beijing［J］．SSM – Population Health，14.

［41］Chan C. Health–related elements in green space branding in Hong Kong［J］．Urban Forestry & Urban Greening，

2017，21.
［42］张延吉，秦波，唐杰．城市建成环境对居住安全感的影响——基于全国 278 个城市社区的实证分析［J］．地理科学，2017，37（9）：1318-1325.
［43］谌丽，党云晓，张文忠，等．城市文化氛围满意度及影响因素［J］．地理科学进展，2017，36（9）：1119-1127.
［44］党云晓，张文忠，谌丽，等．居民幸福感的城际差异及其影响因素探析——基于多尺度模型的研究［J］．地理研究，2018，37（3）：539-550.
［45］官涛，孙少婧，官珍．城市意象要素认知与环境行为分析——以清华观察者的认知地图为例［J］．美与时代（城市版），2021（1）：62-63.
［46］谢永俊，彭霞，黄舟，等．基于微博数据的北京市热点区域意象感知［J］．地理科学进展，2017，36（9）：1099-1110.
［47］谭少华．基于微博签到行为的城市感知研究——以深港地区为例［J］．建筑与文化，2017（1）：204-206.
［48］湛东升，张文忠，余建辉，等．基于地理探测器的北京市居民宜居满意度影响机理［J］．地理科学进展，2015，34（8）：966-975.
［49］李建国，汤庸，姚良超，等．社交网络中感知技术的研究与应用［J］．计算机科学，2009，36（11）：152-156.
［50］王娟，孟斌，张景秋，等．感知技术在文化遗产研究中的应用与展望［J］．地理科学进展，2017，36（9）：1092-1098.
［51］李文越，龙瀛．建成环境暴露测度的方法转变——从基于固定居住地和 GIS 数据到基于个体移动性和影像数据［J］．西部人居环境学刊，2021，36（2）：23-28.
［52］Zhang Z，Long Y，Chen L，et al. Assessing Personal Exposure to Urban Greenery Using Wearable Cameras and［J］. Cities，2021，109：103006.
［53］王德，谢栋灿，王灿，等．个体时空行为的规律性与可预测性研究——以上海市居民工作日活动为例［J］．地理科学进展，2021，40（3）：433-440.
［54］柴彦威，塔娜．中国时空间行为研究进展［J］．地理科学进展，2013，32（9）：1362-1373.
［55］戴颖宜，周素红，文萍．基于健康分异视角的流动人口日常活动特征及规划启示——以广州市为例［C］// 面向高质量发展的空间治理——2021 中国城市规划年会论文集（11 城乡治理与政策研究）：中国建筑工业出版社，2021：355-366.
［56］彭伊侬，周素红．基于手机数据的不同年龄人群周末 $PM_{2.5}$ 暴露时空风险测度——以广州市为例［C］// 面向高质量发展的空间治理——2020 中国城市规划年会论文集（05 城市规划新技术应用）：中国建筑工业出版社，2021：1350-1363.
［57］张帆，刘瑜．街景影像——基于人工智能的方法与应用［J］．遥感学报，2021，25（5）：1043-1054.
［58］王波，甄峰，张姗琪，等．空气污染对城市活力的影响及其建成环境异质性——基于大数据的分析［J］．地理研究，2021，40（7）：1935-1948.

撰稿人：谌　丽　蒋雅卓

# ABSTRACTS

# Comprehensive Report

## Advances in the Science of Cities : Healthy City

As a comprehensive cross-discipline that systematically studies urban economy, society, culture, environment, and urban planning, construction and management, the development of urban science has always been closely linked with social and economic development, national needs and urban construction practices. With the increasing demands of residents for health improvement, healthy city research has become a hot spot and focus in the field of urban science. The sudden new crown epidemic has brought severe public health challenges to densely populated cities, and caused widespread concern and high concerns about the characteristics of urban vulnerability and health and safety issues.

When the "new normal" of social economy and urban development is ushered in, active intervention and comprehensive response in urban planning, governance and other means are used to enhance the ability to respond to health emergencies, improve national health, and enhance residents' well-being. It has become the city's scientific role. Important tasks at the current stage. More than half of the global population's daily life takes place in cities. Cities have become a key space carrier to promote public health. The improvement and promotion of residents' health status has become an urgent need for cities. Scholars and practitioners need to continue to explore and research and compile comprehensive governance plan, and then promote the construction of a healthy city.

Exploring the improvement of urban public health from a multi-disciplinary perspective has become a frontier hotspot at home and abroad. Interdisciplinary convergence and multi-technology cross-industry integration will become the trend of a new round of scientific and technological revolution and industrial revolution. We will conduct systematic research on the development of healthy city disciplines, compare differences at home and abroad, predict new problems, lay out new directions, and give full play to the leadership of discipline strategies. Role is an important mission of the current development of this discipline. This report systematically sorts out the research progress and research hotspots of healthy cities in urban science in recent years, discusses the development process of the discipline and its achievements in discipline construction, and makes development trend judgments and research prospects based on comparative analysis at home and abroad. At the same time, a detailed analysis and summary of the research progress of healthy cities are carried out, so as to clarify my country's development goals and directions in this subject field, and propose corresponding development plans and strategies.

*Written by Qi Jun hui, Wang Lan, Li Chi, Liu Jia yan, Wu Kang, Xie Bo, Yuan Quan, Li Fang, Zhang Ning, Chen Li, Jia Peng, Shan Feng, Jiang Xi ji, Lin Ge*

# Report on Special Topics

## Advances in Research on Active Interventions of Urban Planning for Non-communicable Chronic Diseases

Continued urbanization worldwide has increased urban population density, traffic congestion and environmental pollution, and has changed the way people live and work, leading to more "unhealthy" problems and outcomes. Among them, non-communicable chronic diseases (NCDs) are already the leading cause of death in the global population and have become a major health crisis facing the public. The positive role of urban planning in addressing health challenges is promoting public health through proactive interventions in built environment. In the background of "Healthy China" policy and "Health in All Policies", active intervention through health-oriented urban planning can play an important role in public health for a wider range of people and in the longer term. Therefore, focusing on NCDs, this study conducts a review of relevant literature at home and abroad to explore the progress of research on active interventions for NCDs in urban planning, aiming to sort out and summarize the characteristics and shortcomings of current research and provide suggestions and ideas for the development of relevant research and the promotion of planning practice in the future.

Currently, the research on active intervention of urban planning on NCDs focuses on three aspects: theoretical constructs, empirical analysis, and health impact assessment (HIA). The main problems identified in this paper including: i) the systemic nature of theoretical research, guidance for planning, and integration with national planning contexts need to be deepened; ii) the basic empirical studies are mainly cross-sectional analyses, focusing on limited types of NCDs, while the complex health impact mechanisms of the built environment are not sufficiently explored; iii) HIA and urban planning are not closely linked, and there are few relevant assessment tools that can use NCDs as a predictor of health outcomes.

In the future, related research needs to be further advanced. Firstly, theoretical research needs to be continuously deepened from a planning intervention and organizational management perspective. For theory expansion, value objectives, impact paths, planning content, organization and management, and institutional safeguards are very important perspectives. Meanwhile, the construction of the theoretical framework also needs to be adapted to China's territorial spatial planning system, which will help to better integrate research and practice.

Secondly, the number and types of NCDs for which empirical analyses have been conducted needs to be expanded continuously, while the complex mechanisms by which built environment factors affect health outcomes still need to be revealed. A broad focus on a wider range of diseases and the use of models with more causal and pathway explanatory power can improve the accuracy and depth of relevant analysis.

Besides, the applicability of HIA tools needs to be enhanced to strengthen the integration of relevant results with planning development and practice. In the future, we need to actively explore the construction of localized HIA tools, and strengthen the policy translation of analysis findings and the effectiveness of guidelines for planning schemes.

Overall, based on the discipline of urban and rural planning, systematically integrating multidisciplinary basic knowledge and analytical methods is very important for healthy urban planning. Empirical research and HIA can provide an important foundation for the scientific establishment of healthy cities, and also contribute to more rational planning and construction of healthy cities, ultimately promoting public health.

*Written by Wang Lan, Jiang Xiji, Xu Yanting, Shang Lihui*

# Advances in Research on Urban Transportation and Public Health

Since the beginning of the 21st century, most cities in China have experienced rapid urbanization and motorization. Such a trend has reshaped the lifestyles of urban residents through altering transportation modes of passenger and goods movements. While advanced transportation technologies have brought much convenience to the residents, air pollution, traffic congestion, and other urban problems have nonetheless emerged and contributed to the exacerbation of various public health threats. In general, urban transportation on one hand affects the way citizens maintain quality of life, access socioeconomic resources, and interact with the built environment, and on the other hand, produces environmental impacts that affect residents' health and welfare. Focusing on the literature of both passenger and freight transportation within the recent two decades or so, this chapter explores how traffic supply and demand affects public health, and analyzes various environmental externalities caused by the transportation sector from the perspective of reducing exposure and harm.

As time goes, the major goals of urban transportation development have shifted from improving traffic speed and reducing congestion to enhancing service quality and maximizing energy efficiency. Satisfactions and values matter in evaluating the quality of public transit services, according to recent empirical studies. Long commuting time has been linked to a series of public health problems, so transport planners have made efforts to promote job-housing balance and help reduce stress during commuting. Researchers also propose that active transportation means a lot in keeping fit, therefore it would be critical to plan the built environment in a way that walking and bicycling can be convenient and safe. Planning practices also show that the planning of a"slow transport system" has attracted growing attention from local governments. In the discussion on health implications of transportation-related environmental externalities, a large number of empirical studies, for instance in the field of freight transportation, have proved noise and air pollution generated by transportation and freight activities pose great threats to public health. The increase in the number of heavy-duty freight vehicles in urban areas has resulted in higher accident rates and mortality. All these environmental externalities need to be more carefully examined given their apparent impacts on public health.

Major takeaways of the literature review are as follows. First, it is necessary to refresh the understanding of how urban transportation affects public health through developing new theoretical frameworks and utilizing innovative techniques such as big data and artificial intelligence. By involving the public in the planning, development, and optimization of urban transportation systems, the governments can effectively link the supply of transportation infrastructure and the demand of citizens for a better quality of life and a healthy environment. Urban transportation systems can thus be reorganized towards greenness, sustainability, and livelihood.

Second, health impact assessment has increasingly been incorporated into urban and transportation planning in many European and American countries and has essentially been regarded as a regional issue rather than a local one. With regard to both passenger and freight movement, its impacts on public health should be considered at the regional scale, as cities interconnect and regions expand. The planning and design of transport infrastructure, as well as the control and mitigation of environmental externalities, should both be done in a regional framework where cities, departments, and stakeholders can collaborate interdependently.

Third, international lessons and experience can greatly help identify potential problems, form effective strategies, and generate new ideas. Compared to developed countries with stably high urbanization rates, China has not yet reached a fully urbanized status and thus will still be faced with challenges when lifestyles and social norms change. Practices in well-developed contexts would be instructive and supportive in the near future when cities in China look for solutions to various conflicts between transport activities and human health.

Fourth, passenger and freight transportation should be considered and examined simultaneously in this field. Relative to passenger transportation, freight transportation has long been largely neglected in the literature. With the boom of e-commerce, freight movement has increased to an unprecedented level, causing growing concern among the public sector. More efforts are needed to explore the impacts of freight activities on public health, especially in China where relevant planning and practices are extremely scarce. Finally, the interconnections between urban transportation and public health are becoming increasingly sophisticated and multi-faceted, so interdisciplinary theories and solutions would be needed to avoid misunderstandings and enhance an accurate assessment of relevant problems.

*Written by Yuan Quan, Li Haoyang*

# Advances in Research on Urban Landscape and Residents' Health

In his important speech at the 7th meeting of the Financial and Economic Commission of the CPC Central Committee in April 2020, general secretary Xi Jinping made the following deployment on "improving urbanization strategy" : ① the key is to take people's life safety and health as the basic goal of urban development. ② We will further promote people-centered urbanization to make cities healthier, safer and more livable and places for our people to live a high-quality life. A series of problems brought by urbanization have posed severe challenges to the sustainable and healthy development of cities. Green space and natural environment have been continuously reduced, the proportion of various mental diseases and chronic diseases has increased, and the health problems of urban residents have become increasingly prominent. As one of the important spatial elements of urban planning, urban green space has potential promoting effect on population health. This paper reviews the current research on urban landscape based on residents' health, interprets relevant concepts at home and abroad, explores the mechanism of urban landscape and residents' health in China, summarizes the hot issues of urban landscape focusing on residents' health, and summarizes the three aspects as 1. Urban landscape planning and design from the perspective of residents' health; 2. Green space management and operation; 3. Interdisciplinary research on landscape architecture. Next, this paper analyzes the development status of foreign countries and compares the development differences of relevant research at home and abroad. Finally, it puts forward urban landscape coping strategies in line with the development trend of healthy cities in China, as follows: 1. Strengthen the construction of small and micro green space and green Internet connection; 2. Improve the theoretical framework of green space health concept; 3. Strengthen interdisciplinary cooperation research and 4. Strengthen the application of new technology tools. This paper hopes to provide effective theoretical basis and empirical inspiration for health-oriented urban landscape planning and design, so that limited urban green space can bring more health benefits into play.

*Written by Li Chi, Zhao Kaiqian*

# Advances in Research on Healthy City Development from the Perspective of Urban Agglomeration

Under the background of human-oriented new urbanization and high-quality development, the study of healthy city has become a frontier topic. In the era when the carrier of new-type urbanization of China has gradually changed from a single city to a coordinated development of urban agglomerations, the construction of "healthy cities" is also facing a series of challenges. In the "14th Five-Year Plan" and the "2035 long-term planning", the construction of "healthy China" is a long-term goal to be realized, and "healthy city" is an important carrier to support "healthy China". This topic clarifies the people-oriented concept of healthy city through the theoretical elaboration of the related concepts of healthy city, and briefly summarizes the multidisciplinary system of healthy city research at home and abroad. Secondly, combined with literature measurement methods, the report systematically reviews the research progress at home and abroad in the field of health research related to urban agglomerations, mega regions, metropolitan areas and sustainable development issues. It also summarizes the index evaluation system of "Healthy Cities" at home and abroad, and points out that the evaluation of healthy cities should not only pay attention to the characteristics of urban individual health development, but also take into account the regional coordination and cooperation of urban healthy development. Through the research on urban health development in a broad sense at the scale of urban agglomeration, this paper shows that the research field of healthy urban agglomeration at home and abroad still needs to be developed. Finally, it looks forward to the healthy urban development and research from the perspective of urban agglomerations. That is, the theoretical framework should be taken as the guidance to promote the multi-scale systematic evaluation research; Advocating cross-industry, cross-department and cross-regional coordination; Finally, the in-depth sharing of big data on urban health should be promoted.

*Written by Wu Kang, Zhang Jing*

# Advances in Research on Healthy Community

With the introduction of the healthy city strategic concept, the community, as the basic unit of building a healthy city, has become an important starting point for the implementation of the national health goals. In addition to the complexity and diversity of the community itself, the healthy community has gradually received extensive attention and exploration from multiple disciplines and industries. On the basis of introducing the background and significance of healthy community building, sorting out the related concepts and connotations of the healthy community, and summarizing the distribution and research progresses, evaluation index systems and practical activities of the domestic and foreign healthy communities, the article puts forward the composition and building mechanism of healthy communities from the three dimensions of public health, spatial environment and social environment. Finally, it summarizes the main problems and development trends in the research and practice of healthy communities. In response to international research trends, China needs to further focus on expanding interdisciplinary and cross-level research and practice in the field of healthy communities, research on the systematic framework of the impact mechanism and the whole process implementation mechanism of healthy communities, as well as the smart healthy communities.

*Written by Liu Jiayan, Zhao Yiyao*

# Advances in Research on Healthy Building Standards

This paper has analyzed the origin and development process, main policies, related concepts, the current development state at home and abroad and relevant standards of healthy buildings. Based on the analysis and discussion, the development trend of healthy building has been summarized, and the countermeasures of future development have been put forward in order to provide reference opinions for the development of healthy building.

Since the 1980s, healthy buildings have been developing rapidly, and countries such as the United States, China, France, Japan, and Canada, have issued corresponding healthy building standards or guidelines. According to the comparative analysis in this paper, the research on healthy buildings at home and abroad all originates from the building users' continuous emergence of health problems in buildings. In terms of the standard system, both domestic and foreign research cover single buildings and community building groups. However, in the field of development form, prevailing foreign standards are an upgrade of the parent standards for healthy buildings to as fully as possibly suit the needs of all functional types and buildings in different regions. In China, after the release of the "Assessment standard for healthy building" for various building types, this is used as the parent standard for the development of a multiple series of healthy building standards that cover a broader scope, more building types, and more comprehensive building stages.

In the discussion of the technical aspects of healthy building standards at home and abroad, this paper selects the current U.S. WELL Building Standard V2 version and China's "Assessment standard for healthy building T/ASC 02-2021" for comparison, as these two standards are more complete, earlier published, widely applicable and relatively better popularized in foreign and domestic health systems. The results show that the U.S. WELL Building Standard V2 version places more emphasis on the guidance of buildings on mental health and comfort through design strategies. The standard sets more requirements for policies and plans that can promote healthy lifestyles, and expresses concern for the health and well-being of different populations at the community level. In contrast, China's "Assessment standard for healthy building" focuses more on providing tangible and healthy living environment and facilities, which can enable users to acquire health knowledge and cultivate healthy habits. There are relatively few intangible health promotion measures or strategies similar to those described in the U.S. WELL Building Standard v2 version.

After sorting out the current situation of healthy building development, the trends of healthy buildings that can be generalized at the present time are the gradual development and improvement of the standard system, the increasing organic integration with healthy city construction and so on. In the face of such development trend, this paper suggests that future

research on healthy buildings can be further studied and promoted from the in-depth integration of interdisciplinary subjects, the combination of "peace time" and "epidemic time" of healthy building, and the collaborative development of healthy building industry, so as to meet the future development needs of healthy buildings.

*Written by Yang Jianrong, Li Fang*

## Advances in Research on the Influence of Urban Environment on Mental Health

Neuroscience research shows that environment influences physical and mental health by shaping nerves and the brain. At present, mental health has played an increasingly important role in the global burden of diseases, and the research on the impact of urbanization on urban mental health has attracted increasing attention. Studies have shown that compared with rural areas, urban residents have lower levels of mental health and higher incidence of mental illness.

China's national health survey also shows that with the rapid economic and social transformation, psychological stress and conflict have become increasingly prominent in recent years, and mental health problems such as anxiety and depression are on the rise. At the current stage, public Health has expanded from the traditional single Health concept of "physical Health" to the multi-dimensional Health concept of "physical Health, mental Health and social behavior Health", emphasizing prevention and integrating Health in All Policies (HiAP) from a wide range of health influencing factors. Exploring the impact of urban environment on residents' mental health will not only help to clarify the mechanism of environmental impact on health outcome, but also provide an important reference for the construction of healthy cities and the promotion of public mental health in the future.

The impact of urban environment on mental health has received the common attention of many disciplines such as urban science, geography, psychology and neuroscience, among which the theoretical methods of environmental psychology are the most widely used. The influence of urban environment on mental health is related to the characteristics of urban environment. On the one hand, the "fast pace" of urban life has formed a comprehensive negative social psychological impact, leading to chronic stress response in susceptible individuals; On the other hand, the urban environment is mainly "man-made environment", and the features of the built environment such as land use intensity, community environmental quality, road traffic flow and public space setting will have different effects on mental health.

Studies in recent years mainly include environmental pollution factors such as air pollution and noise pollution, commuting stress including traffic jam and security threat, and economic status factors such as childhood poverty. Meanwhile, meta-analyses and systematic reviews have been conducted on factors that have been well studied, such as urban landscape and green space. As a whole, there are often interactions among different factors and between urban environment and other health factors. At present, different mechanisms such as neural mechanism, evolutionary mechanism and endocrine mechanism are discussed.

In general, just as chemical pollution and nutritional elements can change the human body, physical and social factors in the urban environment can cause changes in the nervous system, brain function and even structure, and have many impacts on mental health and mental disorders. A city is an open and complex system in which various factors interact with each other. "Which environmental factors have an impact on mental health" and "how do environmental factors have an impact on mental health" need to be further explored in terms of identification of impact factors, analysis of impact process and interpretation of impact mechanism.

*Written by Qi Junhui, Luo Fei, Lin Ge, Shan Feng*

# Advances in Research on Residents' Health Behaviors

The urbanization process during the past several decades has brought new public health challenges such as emergent transmission of infectious diseases and the increasing incidents of noncommunicable diseases. It is necessary to build healthy cities to resolve the challenges of urbanization and promote sustainable development. The World Health Organization initiated the "healthy cities" program in 1984 and launched the "Healthy Cities Projects" in 1986 to deal with these public health challenges. Although many countries have implemented a series of measures to promote the development of healthy cities and made great progress along the way, cities are still facing with many public health challenges in the 21st century. There is increasing advocate on incorporating health promotion into every public policy and taking initiatives to improve public health.

The emphasis on public health development has also transformed from "diagnosis and treatment" to "prevention and healthcare management". In this context, more and more studies have focused on people's engagement in healthy lifestyles and its impact on public health. Adhering to a healthy diet, engagement in optimal physical activities, do not smoke and drink alcohol, and have enough sleep have been proved to be essential for improving and maintaining health. Physical inactivity, unbalanced diet, smoking and alcohol abuse are the main risk factors for public health. For example, studies have found that the overall dietary structure of Chinese residents presents a trend of high caloric energy, more fat and sugar intake. Traditional health promotion focused on health education. However, education is not enough to induce behavior change for enhancing healthy eating. Recent research demonstrates the potential of applying behavioral insights to promote healthy eating. A majority of the population do not meet the recommended level of physical activity. Recent research from psychological and behaviors sciences highlights the potential of applying behavioral science-based strategies (e.g., implementation intention interventions) to increase physical activity through restructuring the physical and social environment. There is also a trend to incorporate gamification into the design of behavioral strategies to reduce sedentary time and promote physical activity. Besides, alcohol consumption has been on the rise during the past two decades. There is an increasing trend on evaluating the negative impacts of alcohol abuse among vulnerable groups such as children and adolescents, women, people with low socioeconomic status. Researcher are also advocating restricting measures such as reducing the exposure of alcohol advertisement and increasing the price and tax of alcohol to curtail the rise of alcohol consumption during the past several decades. High smoking rate remains one of the major public health challenges in China and abroad. In addition to traditional tobacco products, the sales of e-cigarettes are also growing rapidly, therefore, measures should also be taken to address the negative impacts of e-cigarettes on public health, especially for its impact on children and adolescents. Smoking cessation interventions based on mobile phone applications have begun to attract researchers' attention. There is also advocate to increase taxes for tobacco products to reduce cigarettes consumption. Sleep health is also one of the major life style risk factors for public health. Common sleep interventions include stress management and relaxation exercises, stimulation control, sleep hygiene, and physical exercise. Cognition and behavior interventions can improve the sleep quality of adults without clinical sleep disorders. Future research is needed to improve sleep quality through restructuring the working and living environment.

Although great progress has been made on health behavior and interventions to promote healthy living, more research is needed to improve public health around the world. We summarize the latest research progress on healthy cities and health behaviors, and proposes directions for future research. First of all, there is still a lack of empirical research on health behavior interventions among Chinese. It is a research priority to develop health behaviors interventions that are suitable for the Chinese sociocultural context. Second, strategies need to be implemented to promote health behavior and healthy living among people of all age groups, from toddlers to the elders. In the future, it is necessary to develop intervention strategies suitable for promoting health behaviors engagement across the whole life span. Third, since health behavior engagement is affected by individual, organizational, community, social and public health policies, it is necessary to develop effective, scalable and comprehensive strategies from a multilevel, multidisciplinary perspective. Finally, since the development of healthy cities and the promotion of healthy lifestyles is a public health campaign needs involvement of public health-related departments, professional organizations, public health services providers, and the general public, it is necessary to enhance collaboration and coordination between different stakeholders and improve the consistency and synergy of public health policies.

*Written by Zhang Ning, Zhang Ying*

## Advances in Research on Healthy City from the Perspective of Health Geography

Optimizing spatial factors that influence residents' health could promote Healthy City. This study reviewed several spatial factors influential to residents' health, including air pollution,

green space, street layout and transportation, and accessibility of healthcare resources. We briefly discussed the association between these influential spatial factors and residents' health and gave examples of Chinese cities in optimizing these spatial factors. , in China, we found that most of these spatial factors in urban areas were relatively improved in the past few years. Developed areas in southeast China improved these spatial factors better than developing areas in the west of China.$O_3$ pollution needs to be considered more in developing Healthy City in China.

*Written by Jia Peng*

# Advances in Research on the Living Environment of the Elderly

Under the challenge of the rapid aging of the population in China, this demographic increase has dismayingly created numerous representative problems, such as the accelerating suburbanization of the elderly, the isolation of social space, travel restrictions, the deficiency in community pension models, and the dislocation of service facilities and public spaces with the needs of the elderly. It is vital to build a theoretical framework on the sustainable development of the human settlements of the elderly. This study aims to analyze the current situation and trend of the research on the human settlements of the elderly from several aspects, including the spatial distribution of the elderly, the characteristics of social space, spatial development mode, transportation, living space environment, and the relationship between the health status of the elderly and built environment. Under the guidance of Active Aging, Global Age-friendly Cities, et al., current research on the human settlements of the elderly presents the characteristics of multi-disciplinary development and forms a relatively complete theory and practice system, which makes the traditional method of this research from the perspective of physical space integrate the logical analysis, as well as the comprehensive thinking from the social spatial perspective. In summary, domestic research on the human settlements of the elderly needs to be problem-oriented, and devotes to exploring the theoretical framework and practical strategies suitable for our country. Specifically, at the "top-down" level, future studies need to strengthen the guidance of strategic target, and aim to explore the mode of providing for the aged combining "market guidance" and "government regulation", and the urban spatial development mode and transportation system for the aging society. At the "bottom-up" level, it is urgent to explore the theory and method system of community planning, service facilities and public space allocation which meet the social spatial needs of the elderly, by considering the "fairness and efficiency" of urban spatial resource allocation.

*Written by Xie Bo*

# Advances in Research on Perceived Environment's Impact on Health

The perceived environment generally means that people actively or passively perceive the objective environment, which is the product of the objective environment in the human brain. The same objective environment presents different impressions to different people, and this personalized cognition will also have an impact on the human being itself. The traditional study of the influence of the environment on people generally refers to the objective urban built environment, which has gradually matured. The methods used in previous studies often adopt objective influencing factors to evaluate, but it has limitations to only use the objective built environment as influencing factors, and is not flexible to accurately grasp the inner needs of residents. In recent years, more and more geographers are aware of this limitation. Therefore, when studying the impact of the environment on health, scholars take more subjective factors into account. The environment at this time is not only the traditional objective-built environment but a new concept. In the process of research, the perceived environment will be affected by factors such as individual attributes and objects of residents. Different groups of people perceive different environments, receive different signals, and produce different responses. At present, there are not many articles that study the perceived environment as an impact factor, analyze and elaborate the impact of the perceived environment on residents as well, however. By explaining the concept of perceptual environment, starting from classical theories such as cognitive space and Kevin Lynch's city image, at the scale of the community, and a humanistic perspective split the community environment into different indicators, and pay attention to the residents' perception of them, and finally explore the impact of different influencing factors on residents. Through a review of previous studies, it is not difficult to find that the impact of the perceived environment on residents can be divided into three categories according to the research objects, Subjective well-being, residents' physical and mental health, and residents' behavior. At present, the research data and research methods on the perceived environment are relatively fixed, and the data sources mostly use questionnaire surveys, interviews, etc. As for the research methods, comprehensive domestic and foreign research results, Scholars often use OLS regression and ordinal logistic regression models to analyze the influencing factors of the living environment, at the same time, more and more scholars are using spatial multi-scale models to study the impact of the perceived environment and subjective well-being. It also uses geographic detectors, exploratory factor analysis, and structural equation modeling to explore the impact of perceived satisfaction and subjective well-being. Through the image of the objective environment of the city in the human brain, we could analyze the relationship between the objective environment, the perceived environment, and the perception of residents' behavior, explore the most suitable residential community development model, and, provide opinions and policy recommendations for the construction of a livable city, ultimately.

*Written by Shen Li, Jiang Yazhuo*

# 索　引

## K



## L



## M



## P



## Q



## R



## S



## T



## X